世界政治经济学研究 中国

Research on World Political Economics China

程恩富（Cheng Enfu）

［日］大西广（Hiroshi-Onishi）

［法］托尼·安德列阿尼（Tony Andreani） 主编

［美］约翰·贝拉米·福斯特（John Belamy Foster）

 上海财经大学出版社
SHANGHAI UNIVERSITY OF FINANCE & ECONOMICS PRESS

 上海学术·经济学出版中心

图书在版编目(CIP)数据

世界政治经济学研究. 中国 / 程恩富等主编；谭泓等译. -- 上海：上海财经大学出版社，2025. 2.
ISBN 978-7-5642-4544-3

Ⅰ. F0；F120. 2

中国国家版本馆 CIP 数据核字第 20246LR679 号

□ 责任编辑　姚　玮
□ 封面设计　桃　夭

世界政治经济学研究·中国

程恩富(Cheng Enfu)

[日]大西广(Hiroshi-Onishi)

主编

[法]托尼·安德列阿尼(Tony Andreani)

[美]约翰·贝拉米·福斯特(John Bellamy Foster)

上海财经大学出版社出版发行
(上海市中山北一路 369 号　邮编 200083)
网　　址:http://www. sufep. com
电子邮箱:webmaster@sufep. com
全国新华书店经销
苏州市越洋印刷有限公司印刷装订
2025 年 2 月第 1 版　2025 年 2 月第 1 次印刷

787mm×1092mm　1/16　25.5 印张(插页：2)　364 千字
定价：128. 00 元

编写组成员

主编：程恩富（中国社会科学院学部委员、世界政治经济学学会会长）

[日本]大西广（Hiroshi-Onishi）、

[法国]托尼·安德列阿尼（Tony Andreani）、

[美]约翰·贝拉米·福斯特（John Bellamy Foster）

编委：[加拿大]艾伦·弗里曼（Alan Freeman）、

[英国]保罗·库科肖特（Paul Cockshott）、

[加拿大]杰夫·努南（Jeff Noonan）、

[越南]阮明环（Nguyen Minh Hoan）、

[俄罗斯]谢尔盖·博德鲁诺夫（Sergey Bodrunov）、

[希腊]亚历山大·达科卡斯（Alexandros Dagkas）、

丁晓钦、王中保、王新建、陆夏、孙业霞、尹兴、李卓儒

编者说明

　　本文集从当代社会主义、当代资本主义、当代马克思主义经济学以及哲学与历史等方面,联系或研讨中国经济发展背后的理论,特别是著名理论家程恩富及其学术团队的学术观点,阐述多学科的理论观点和现实问题。让我们引用加拿大著名学者艾伦·弗里曼的一段话:"西方马克思主义学者对中国马克思主义知之甚少,更不用说英文版大众读物了。因此,本书具有双重重要性。第一,它是对中国经济思想的介绍,适用于任何想要以开放的心态研究中国经济成就及其背后原理的人。第二,它将西方马克思主义者的思想引入中国马克思主义思想。"

　　作者主要是美国、俄罗斯、法国、日本、加拿大、英国、德国、印度、巴西、希腊等国家的教授和学者,其中主要是全球学术团体——世界政治经济学学会的负责人和理事。

　　本书中外理论结合,学术含量高,适合高校和研究机构的专业人员和有兴趣的读者阅读,有益于了解当代中外马克思主义学术思想和现实问题。

目 录

第 I 部分　当代社会主义理论

第Ⅱ部分　当代资本主义理论

第Ⅲ部分　当代马克思主义经济学

第 I 部分

当代社会主义理论

社会主义市场经济

——西方科学家对中国进入世界市场初期阶段的经济思想的体会

［希腊］亚历山大·达科卡斯　［希腊］鲁拉·索卡利杜[*]

谭泓　曲璇[**]

在 1989—1991 年欧洲共产主义模式失败后,许多马克思主义经济学家和思想家完全将关注转向东方共产主义模式。越南和中国的经济选择成为科学家评价东方共产主义国家指导社会主义发展模式的焦点。鉴于经济是共产主义国家发展的基本要素,通过经济发展可以使国家达到更高的社会水平,这自然是一种具有最高价值的关注。本文叙述了在 20 世纪,来自美国、希腊和其他国家密切关注社会主义市场经济框架演变的第一个十年,以及中国经济科学思想的演变。

一、初始阶段：20 世纪 80 年代到 90 年代的演变

1985 年至 1991 年,以苏联为中心的共产主义运动遭受灾难,给那些接受苏联共产党领导的共产主义政党带来不安。美国共产党也受到了同样的影响,该党的骨干是欧文·马奎特(Erwin Marquit)教授。

---

　* 作者：亚历山大·达科卡斯(Alexandros Dagkas),希腊塞萨洛尼基亚里士多德大学名誉教授;鲁拉·索卡利杜(Roula Tsokalidou),希腊塞萨洛尼基亚里士多德大学教授和希腊孔子学院院长。

　** 译者：谭泓,青岛大学劳动人事研究院院长、二级教授,山东省劳动人事研究基地主任;曲璇,曲阜师范大学马克思主义学院 2022 级博士研究生。

　　欧文·马奎特是美国著名的犹太物理学家和思想家,是明尼苏达大学教授。他因为与埃夫蒂奇斯·比萨斯基(Eftychis Bitsakis)教授和奥格斯特·巴约纳斯(August Bayonas)教授合作而被希腊进步人士所熟知,他的听众中常常会有希腊学生。巴约纳斯教授是一位声誉很高的马克思主义哲学家,是塞萨洛尼基亚里士多德大学哲学系的教授,他是希腊共产党员,犹太人,与欧文·马奎特教授一直保持联系,并且在他去世前几天,两个人还就历史唯物主义交换意见。欧文·马奎特通过巴约纳斯教授与塞萨洛尼基亚里士多德大学的学者和当地共产党组织成员取得联系,并与他们探讨未来合作。

　　欧文·马奎特在他的日记中详细记录了他的活动。之后将这份长达六百多页的文件记录在电脑中,并将副本印刷散发出去。在日记里他描绘了作为科学家和共产主义者的个人经历。他的长文中很大一部分致力于从马克思主义者的视角来描述和解释全球化的影响;他还表现出对社会主义市场经济的研究倾向,而这个议题在马克思主义学界饱受争议[①]。

　　欧洲的共产主义联盟瓦解后,马克思主义理论研究的主要案例就是中国和越南,这两个国家试图寻找适合社会主义国家通往共产主义的道路。自20世纪80年代初,欧文·马奎特就对这两个国家的发展保持着密切关注。以中国为例,尽管他所在的美国共产党与中国共产党之间关系紧张,但依然与中国马克思主义理论界的主要人物取得联系,并且设法对北京进行非正式访问。欧洲共产主义瓦解后,与中国社会科学家合作不存在任何政治障碍。欧文·马奎特是马克思主义教育出版社(Marxist Educational Press)和《自然、社会与思想》(*Nature, Society, and Thought*)期刊的负责人,他在这两个地方都有备受推崇的理论成果。中共干部通过马克思主义教育出版社和《自然、社会与思想》期刊,邀请欧文·马奎特教授策划并共同组织中国社会科学院哲学研究所的会议。1991年6月,由马克思主义教育出版社和中国社会科学院联合主办的会议

---

　　① 欧文·马奎特. 终身共产主义者回忆录(Memoirs of a lifelong communist)[J]. 政治事务(*Politicat Affairs*,美国共产党的理论机关期刊),1975,(05).

在北京举行,参加此次会议的人员,许多是由美国科学家组成的马克思主义教育出版社代表团成员,以及来自中国社会科学院哲学研究所的成员。随后至1999年,伴随着马克思主义研究者对《自然、社会与思想》杂志的参与,并且对当代社会和经济问题及时干预变得越来越重要,中国社会科学院开始寻求与欧文·马奎特进行合作。中国社会科学院社会发展研究中心主任张金鉴教授,邀请欧文·马奎特教授参观中国社会科学院马克思列宁主义毛泽东思想研究所,并讨论2000年在北京举行国际会议。此外,武汉大学邀请马奎特教授参加1999年10月在武汉举行的"社会主义和21世纪"国际会议。欧文·马奎特教授接受两个活动邀请,并在武汉会议结束后,与张金鉴教授、余文烈教授及其他中国社会科学院同事会面。他们达成协议,于2000年10月在北京组织主题为"马克思主义哲学与21世纪"的国际研讨会。2000年10月,会议在北京如期举办,来自中国的49名代表和来自其他国家的12名代表参加,其中包括来自匈牙利的安德拉斯·格德(András Gedö)和来自意大利的哲学家多米尼克·洛苏尔多(Domenico Losurdo)。应欧文·马奎特教授要求,中国同事安排他与中国人民大学经济学教授段忠桥会面,段忠桥教授是社会主义市场经济的主要评论家之一。当时欧文·马奎特教授对段忠桥的观点表示认同,之后他追寻社会主义市场经济前往越南,使他坚信相比全面集中的计划经济,社会主义市场经济更适合发展中国家。2000年9月,欧文·马奎特教授与中国社会科学院在马萨诸塞大学阿姆斯特分校再次合作,由《反思马克思主义》(*Rethinking Marxism*)期刊主办的题为"马克思主义2000"的会议在该校举办,欧文·马奎特教授代表《自然、社会与思想》期刊参加了会议的各种讨论。中国社会科学院提出中国学者们共同参加,因此,会议安排了两场以"中国特色社会主义发展道路"为主题的小组讨论。①

与此同时,在20世纪90年代,人们认识了欧洲共产主义制度失败的原因,

---

① 欧文·马奎特.终身共产主义者回忆录(Memoirs of a lifelong communist)[J].政治事务,1975,(05).

西方马克思主义思想引发了像"滚雪球"般不断演变。欧文·马奎特本人是西方共产党,包括他所在的美国共产党以前的强硬策略的严厉批评者,都高度重视阿尔瓦罗·库哈尔(Alvaro Cunhal)的论点。阿尔瓦罗·库哈尔是受人尊敬的共产党人、葡萄牙共产党的领导人,他在1995年的报告中指出,社会主义经济内部分裂是导致崩溃的主要因素,而不是苏联共产党领导人戈尔巴乔夫和帝国主义。阿尔瓦罗·库哈尔认为,苏联政策是社会主义衰弱的源头,因为脱离社会发展的客观实际,是最终导致社会主义制度解体的模式。市场是存在于资本主义和社会主义制度的客观现实。苏联对马克思关于资本主义商品生产的系统理论进行教条式解释,而欧洲共产主义联盟则发展错误的集中计划经济,忽视消费者意愿和实际经济行为,导致标准和技术的完全量化以及技术停滞,结果使消费者不满、生产力发展放缓。为此,这些体制失败的经验需要人们重新去思考,并且重新审视计划经济作为社会主义经济的内在特征。过度的国有部门是糟糕的选择,需要采用社会主义市场经济。在建设社会主义社会过程中,最好的选择是根据每个国家的具体情况,使经济各部门的经济形态多样化。①

计划与市场关系的理论问题,更具体地说是市场在社会主义经济中是否占有一席之地的问题,重新引发马克思主义政治经济学关于计划与市场关系的讨论,这让人想起苏联时期的争论。当时苏联在这个问题上有两种对立的观点,第一种是E. A. 普列奥布拉任斯基(E. A. Preobrazhensky)所代表的计划;第二种是N. I. 布哈林(N. I. Bukharin)所代表的市场。普列奥布拉任斯基认为,市场关系只是资本主义过去的遗留物,与社会主义社会的生产关系没有任何联系,因此应该被排除。而布哈林的看法则相反,认为市场关系是社会经济体系的组成部分,因此是社会主义所必需的。② 基于这两种方法中任何一种理论基础,以及采用的经济政策所产生的影响,对远东社会主义国家的未来都至关

---

① 欧文·马奎特.终身共产主义者回忆录[J].政治事务,1975,(05):7-15.
② 斯塔夫罗斯·马夫鲁代斯.计划与马克思主义传统中的市场争论[J].希腊马其顿大学发展经济学论文系列,2014(03). http://www.uom.gr/index.php?newlang=eng&tmima=3&categorymenu=2.

重要。

二、与越南科学家的交往

2000年,欧文·马奎特前往越南河内参观胡志明国家政治学院(培养政府和党的官员的著名机构),并参加了由西方马克思主义学者和越南同仁共同组织的关于国家经济形势和社会主义市场经济的会议。[①] 这次会议由胡志明国家政治学院和《自然、社会和思想》杂志共同主办,主题为"全球化与民族国家",会议于2003年1月在胡志明国家政治学院所在地举行。西方学者来自不同国家,希腊的11位科学家发表关于会议主题的各种论文,而15位越南学者则主要介绍他们参与越南社会主义市场经济研究工作的进展。越南学者关注市场经济中的消费主义可能对本国青年产生的意识形态影响,认为这一问题必须通过加强马克思主义理论教育来解决。

欧文·马奎特深入研究了越南向社会主义过渡时期经济发展方向的理论问题,并最终得出结论,认为从理论角度分析,社会主义计划经济中关于发展商品关系的经济理论必不可少,这种理论是有效管理社会主义国家生产资料的基础。必须确定正确的理论去解决一系列问题,这些问题包括在缺乏市场竞争的情况下,两个企业之间产品交换的价格形成等。商品交换理论之所以重要,有许多原因,与马克思主义政治经济学有关。欧文·马奎特强调马克思主义方法论,即商品的交换价值是由生产商品所需要的社会必要劳动时间决定的。在竞争资本主义经济中,利润率被认为在所有工业部门中具有相同水平。为此,劳动密集型产业的商品价格将低于生产的附加值,而机器密集型行业的商品价格将高于生产的附加值。如果不是这样,而是劳动密集型部门的利润率更高,鉴于对劳动力的剥削是资本主义利润的最终来源,那么市场力量的作用就将导致资本从机器密集型部门转移到利润率更高的劳动密集型部门。这种转变会造

---

① 欧文·马奎特.终身共产主义者回忆录(Memoirs of a lifelong communist)[J].政治事务,1975,(05).

成生产供过于求,最终迫使价格下跌,从而使利润率恢复正常。根据欧文·马奎特的说法,这种市场力量的相互作用推动了技术创新。在没有市场力量的情况下,社会主义计划经济与资本主义经济在世界市场上竞争时,必须有意识地将价格与交换价值的理论联系起来,从而对科学技术的创新产生有效刺激。过去,苏联经济思想试图完成这一理论任务,但没有取得任何成果。欧洲共产主义国家并没有认识到问题的严重性,当时欧洲不存在应用这种理论未来成果的必要知识基础。因此,通过五年计划制订工业企业经济效益指标完成对技术发展的要求,仅仅是一种没有任何依据和理由地对未来丰硕结果的期望。首先,无法将这些目标与世界经济发展保持协调;其次,企业未能达到生产目标,没有经济后果。最后,在市场经济条件下,技术进步对企业来说始终是生死攸关的问题。欧文·马奎特的结论是:一旦中央集权的计划经济不得不进入由发达资本主义国家主导的世界资本主义市场,他们就会发现技术发展的激励与计划经济的激励不同,因此技术差距将扩大而不是缩小,直到走向最终欧洲共产主义经济体系内部分裂的不可避免结局。[①]

欧文·马奎特在论及越南经济发展方向转变的历史背景时写道,越南在未能实现五年计划经济生产目标后,于1986年转向社会主义市场经济,越南出现的问题与20世纪70年代欧洲共产主义联盟出现的问题相似。在新的社会经济模式中,社会主义和资本主义两个部分同时运作,其中,国有企业和公私合营企业共同构成社会主义部分,而资本主义部分则由外国和国内的私营企业组成。农业部分主要给予农民家庭土地使用权。社会主义市场经济条件下的国有企业作为独立企业,通过税收为国家提供收入,他们之间相互竞争,并且也与私营企业竞争。政府按照五年计划目标指导经济发展方向,但不再决定个体、私营或国有企业的具体活动。但是,之前的国有经济模式向市场经济模式转变

---

① 参见《自然、社会与思想》,美国,2002年第2期,第15卷,第193-194页。欧文·马奎特:《为什么向社会主义市场经济转变》,《世界人民周刊》(People's Weekly World),芝加哥,2003年7月12日;《再次谈社会主义市场经济》,《世界人民周刊》,2003年10月23日;《晨星报》(Morning Star),伦敦,2003年8月4日。《世界人民周刊》是一份马克思主义报纸,是《世界人民日报》的继承者,该报得到美国共产党的支持。《晨星报》是英国共产党的一份报纸。

的过程并不顺利,甚至产生了许多负面影响。全国城乡之间、山区与平原地区之间、不同人口阶层之间、贫穷与富裕地区之间的收入和生活水平差距继续扩大。此外,如卖淫、吸毒和有组织犯罪等其他负面影响也随之而来。从政治和意识形态的角度来看,欧文·马奎特在他支持越南选择的干预措施中解释说,越南共产党将"社会主义"定义为一个过程,这个过程将劳动人民的利益作为国家的最高利益,并在这个过程中引导国家朝着充分满足人的需求和消除一个人的劳动被另外一个人剥削的目标发展。越南处于社会主义的初级阶段,被普遍认为还没有实现社会主义。为了在国家主导的混合市场经济中保持经济发展的社会主义性质,工人阶级必须发挥其在国家中的主导地位,以确保随着生产的发展,社会主义部分在经济上保持主导地位。尽管资本家的投资只是为了盈利,但越南人仅根据国家需要为投资提供便利。因此,新的社会主义市场经济使越南在克服最紧迫的贫困问题方面取得进展,同时实现了生产的高增长率,并摆脱对农业的依赖,实现工业和服务业的多元化。通过向社会主义市场经济转变,越南在消除贫困和建立足够的医疗保健和普及教育方面也取得进展。另一方面,国家积极投入各项资源以克服混合经济所带来的社会危害性后果,如果越南共产党能够履行承诺,随着经济整体的发展,保持社会主义部分在经济中的主导地位,那么国家的社会主义未来也就得到保证。[①]

三、与中国科学家交往

随着学术界关于社会主义市场经济性质的争论愈演愈烈,欧文·马奎特为中国模式辩护。比如,2004年《每月评论》杂志刊登了一篇长文,对中国政策采取极端批判的态度,该杂志编辑哈里·马格多夫和约翰·贝拉米·福斯特(Harry Magdoff and John Bellamy Foster)在他们的介绍中,提到中国是一个

[①] 欧文·马奎特. 越南的社会主义市场经济[N]. 世界人民周刊,2003 - 07 - 19;晨星报,2003 - 08 - 11.

背离社会主义的后革命社会。① 欧文·马奎特对他们的观点进行批评回应,并在三个月后发表在《政治事务》杂志上。②

2006 年 1 月,越南胡志明国家政治学院举行第二次会议,会议的主题是"变革中的世界经济对阶级关系、意识形态和文化的影响",来自美国、希腊及其他国家参会者向会议提交了 15 篇论文。欧文·马奎特的论文通过探讨混合制市场经济,研究世界经济变化对社会主义发展的影响。③ 越南研究人员对这次高级别的学术活动成果非常满意,胡志明国家政治学院提议在 2008 年再举行一次会议。然而,由于当时西方国家学者在组织方面的各种不利条件,这一意愿未能实现。④

2006 年 4 月,欧文·马奎特出席由中国社会科学院马克思主义研究院与上海财经大学主办的"经济全球化与现代马克思主义理论"研讨会。马克思主义研究院成立于 2005 年,旨在加强中国发展中的马克思主义理论指导作用,时任中共中央总书记胡锦涛强调,要加强马克思主义研究,在更广阔的建设社会主义的实践舞台上探索马克思主义理论。为此,国家必须培养一支高素质的马克思主义理论家队伍,中国社会科学院马克思主义研究院的成立就是为了响应中国共产党提出的迫切需要,由上海财经大学程恩富教授担任马克思主义研究院院长。上海财经大学的会议还得到一个政治经济学协会的赞助,该协会后来被命名为世界政治经济学学会。世界政治经济学学会的成立是中国在国际上进行意识形态斗争的首次努力,同时强调这一努力的理论性,谨慎地避免提及世界范围内的社会现状和政治环境。由于这是协会的第一次会议,因此有必要通过章程并选举理事会,程恩富教授当选为主席。来自 15 个国家的 70 人参加会议,其中大部分来自中国。欧文·马奎特为此发表了一篇关于受全球化影响的

---

① 马丁·哈特-兰斯伯格和保罗·伯克特. 中国市场经济[J]. 月刊(*Monthly Review*),2004,(07).《月刊》是一本独立的社会主义杂志,不与任何政治运动或组织结盟。
② 欧文·马奎特. 转型中的社会主义[J]. 政治事务,2004,(11):12-13.
③ 参见《自然、社会与思想》,2006 年第 1 期。
④ 欧文·马奎特. 终身共产主义者回忆录(Memoirs of a lifelong communist)[J]. 政治事务,1975,(05).

马克思主义政治经济学领域的论文。会议期间,西方学者有机会与程恩富教授讨论各种问题,并对中国缺乏对马克思主义科学哲学发展的认识表示担忧,强调重视这一领域的重要性。程恩富教授和欧文·马奎特教授同意于 2007 年 6 月组织一次会议,由《自然、社会与思想》期刊、中国社会科学院马克思主义研究院和世界政治经济学学会共同主办。闭幕会议通过了一项宣言,其中指出经济全球化问题可以从两个方面来定义:从生产力和经济关系角度,经济全球化是指生产要素的跨国流动日益迅速,以及国家间经济活动联系日益紧密;从当时经济关系的重要特征角度看,经济全球化反映了资本主义生产方式日益强化的控制和扩张。马克思主义政治经济学可以在关于世界社会经济体系未来形态的争论中发挥重要作用。新古典经济学是一种无法对经济体系进行科学分析的方法,马克思主义政治经济学却可以为分析资本主义和社会主义体系提供基础,并针对当前的世界经济问题提供渐进式的解决方案。①

当时,欧文·马奎特撰写并发表了一篇关于全球化本质的简要文章,供美国共产党采用。当时提出的问题是,全球化究竟是可以通过政治斗争扭转的帝国主义政策,还是生产力客观发展的结果,在这种情况下,必须以工人阶级利益的方式处理,不仅是发达资本主义国家的工人阶级,也包括发展中国家的工人阶级,包括越南和中国等社会主义经济体的工人阶级。这篇文章的重点是,全球化主要是由于物质生产力的发展而使经济活动国际化,而物质生产力是指土地、工厂及其工人。这些生产力包括交通运输和信息交流方面的技术进步、经济数据处理的计算机化、生产的自动化和机器人化、进入劳动力市场的人数增加、教育水平的提高等,也包括劳动力国际化的可能性逐渐增加成为客观的发展事实。因此,全球化不具有阶级性,但掌握生产力的人对全球化的应用必然具有阶级性。②

2007 年 6 月,由《自然、社会与思想》杂志社和中国社会科学院马克思主义

---

① 欧文·马奎特. 终身共产主义者回忆录(Memoirs of a lifelong communist)[J]. 政治事务,1975,(05).

② 欧文·马奎特. 全球化有什么错?[J]. 政治事务,2006,(09):36 - 37.

研究院联合主办的"社会主义市场经济及其他理论问题"专题会议在北京召开。来自包括希腊在内的西方国家参会者提交了 22 篇论文,中国学者也提交了论文。许多发言的侧重点是,中国和越南从中央计划经济向市场经济的转变以及随后的高速经济增长并非没有经济失衡。参会者认为,对社会主义发展道路持批评的学者,利用这种失衡作为证据谴责整个发展过程,并将其描述为两国的资本主义反革命复辟。这些评论家的观点突出了消极影响,而没有考虑到社会转型过程中的辩证特征。① 参会者的论文反映出深刻的担忧,即中国经济发展道路虽然实现了许多目标,但仍存在着各种矛盾。程恩富教授在发言中谈到社会主义市场经济的基本特征,并指出其敏感点。尽管国家发展取得很大的成就,但我们应该看到一些社会上的不和谐现象,需要努力探讨造成这些现象的原因,进一步找到解决这些问题所需的正确体制机制。程恩富教授认为,关键的是私有经济比重已经超过一半,更重要的是,国有经济的比重还在下降,这显然是一种负向发展,与最初提出的关于社会主义市场经济的科学理论相去甚远。该模式作为以公有制为主体的不同经济结构类型组成的所有制,从国内生产总值、就业到贸易和税收等都应该以公有制为基础。各种所有制要继续协同发展,虽不应阻止私营部门做强,但私有制比例过高会导致不良的经济现象。首先,失业率上升,最终可能会导致经济失衡和社会发展动荡。其次,市场经济本应在竞争性领域的资源配置中发挥重要作用,但无法维持完全的宏观经济平衡,也无法确保社会财富公平分配。社会主义国家具有全方位调节市场结构的能力,市场在资源配置中起基础性作用,国家在控制市场方面发挥充分作用。最后,社会主义市场经济条件下的国家调控计划不是指令性计划,而是指导性和战略性的计划。从科学角度分析,市场化改革不同于随意改革,社会主义市场经济模式的目的不是简单地建立市场,而是建立社会主义市场经济体制的改革。在国民经济中,国家必须科学地协调改革,需要建立双重调节机制,市场将

---

① 本刊编辑委员会.社会主义市场经济与其他理论问题[J].《自然、社会与思想》,2007,(07):31-32.

发挥基础性作用,国家发挥引导性和战略性作用。①

包括程恩富教授在内的中方与会者,一再引用时任中共总书记胡锦涛的讲话,即中国在经济发展中采用包含了非公资本等混合型经济,可以保持社会主义和谐社会,即社会经济平等和没有社会冲突的和谐社会关系。欧文·马奎特在会议发言中,谈到社会主义市场经济和谐发展中的阶级斗争。社会主义市场经济体制下,劳资冲突不可避免,但阶级斗争的表现形式与资本主义国家完全不同,它得到社会主义国家的支持,国家权力由工农代表在工人阶级政党的领导下行使,国家要求企业承认工人建立的行业工会,并且社会主义国家是支持工人进行工资和其他就业条件谈判的强大力量。欧文·马奎特完全同意程恩富教授的观点,两人广泛讨论了与国家相关的阶级斗争问题。欧文·马奎特的结论是,在所有涉及公有或私有企业工人组成的地方工会的要求的情况下,全国工会组织在相关国家机构的支持下,都可以通过施加压力以达成有利于劳动者的解决方案。②

回国之后,欧文·马奎特给美国和其他国家的进步人士写了一篇短文,试图表明资本主义部门中不可避免的劳资斗争在中国有着不同的形式。他认为,如果在中国占主导地位的阶级利益是工人阶级的利益,那么工会运动就可以利用国家权力,迫使资本家满足适合国家经济发展水平的工资和劳动条件的要求。然而,欧文·马奎特并没有幻想这些没有冲突的和谐社会关系在当时能够实现;只有在共产党坚定不移地执行《中华人民共和国宪法》所规定的中国是工人阶级领导的、以工农联盟为基础的人民民主专政下的社会主义国家的情况下,和谐发展的可能性才继续存在。③

2007 年 10 月,世界政治经济学学会第二届论坛在日本岛根大学召开。会议期间,欧文·马奎特与程恩富教授密切联系,并就各种理论背景问题交换意

---

① 程恩富. 社会主义市场经济的基本特征[J]. 自然、社会与思想,2007,(01):44-51.
② 欧文. 马奎特. 社会主义和谐市场经济中的国内外阶级斗争[J]. 自然、社会与思想,2007,(02):235-240.
③ 欧文·马奎特. 阶级斗争与社会主义市场经济[J]. 政治事务,2007,(07).

见。在会议上,欧文·马奎特关于非物质商品劳动生产率的介绍表明,根据马克思主义理论,从事非物质商品生产的工人,如计算机程序员,是实际生产工人,他们的劳动是剩余价值的来源。同样,服务人员,如酒店文员也是生产工人。欧文·马奎特还讨论了金融部门劳动者的性质——虽然具有剥削性,但不会产生剩余价值。[①]

日本会议结束后,欧文·马奎特收到了中共上海市委于2007年11月召开主题为"马克思的《资本论》及其当代价值"的会议邀请。会议目的是重申马克思劳动价值论的相关性,该理论受到构成大学经济系主流的新自由主义经济学家的挑战。在这次会议中,马克思主义者和试图捍卫资本主义的学者之间发生了一场理论辩论。在一个案例中,一场理论辩论涉及一个观点,即资本主义利润是资本家劳动产物的观点,是在道义上为资本家侵占剩余价值辩护。根据这个观点,资本主义企业包含三个价值来源,即生产商品的生产性工人的劳动、产生利息的银行劳动者的劳动和资本家进行资本投资的风险劳动。[②] 随后,欧文·马奎特发表了一篇论文,讨论了上海会议的问题。其中的一个问题是中国学者采用西方数学方法的趋势。欧文·马奎特解释说,西方对数学方法的关注以市场经济涉及各种复杂的金融操作为出发点,数学方法已经被用来确定何时何地可以获得最有利可图的投资,数学方法也用于各种生产和营销决策,资本主义国家的经济学家开发出这些数学方法来处理这种运算。在中国特色社会主义市场经济发展中,民营和国有工商金融企业,需要借鉴西方或独立开发这些数学方法,才能在世界市场经济中拥有竞争力。[③] 欧文·马奎特认为这篇文章是对他之前关于社会主义市场经济[④]相关的阶级斗争论文的补充,因为这次会议表明,和谐发展原则在多部门经济中发挥作用之前,意识形态斗争是必

① 欧文·马奎特. 终身共产主义者回忆录(Memoirs of a lifelong communist)[J]. 政治事务,1975,(05).

② 欧文·马奎特. 终身共产主义者回忆录(Memoirs of a lifelong communist)[J]. 政治事务,1975,(05).

③ 欧文·马奎特. 意识形态斗争与社会主义市场经济[J]. 政治事务,2008,(01):4-6.

④ 欧文·马奎特. 阶级斗争与社会主义市场经济[J]. 政治事务,2007,(07).

要的。

在讨论中,程恩富教授和欧文·马奎特教授计划在不久的将来举办新一届西方科学家和中国同行之间的会议。这场会议于 2008 年 5 月在廊坊举行,由《自然、社会与思想》杂志、中国社会科学院和清华大学经济管理学院共同主办,本次会议同时也是世界政治经济学学会的第三届论坛,会议主题是"马克思主义与科学的可持续发展"。除了展现高水平科学研究成果外,包括希腊在内的西方与会者还有机会接触到被称为"中国麻省理工学院"的清华大学的基础设施。会议所有设施均由清华国际会议中心提供,该中心是清华科技园的一部分,位于距北京市 70 千米的廊坊经济技术开发区。参会者提交了 26 篇论文,中国学者和研究生在众多参会者面前宣读了 55 篇论文。中方对本次会议的重要贡献,表明中国在努力争取对马克思主义理论的支持。与会者的发言中,一方面侧重于解剖资本主义生产模式,这种以营利性生产和市场为主导的制度,追求资本积累的同时,伴随着物质消耗和物质浪费的增长,与生态可持续性不相容。资本主义制度下的私有制和资本积累导致人与自然关系的恶化。另一方面又强调,社会主义体制内的市场经济必须受到控制,因为个人财富通过寻求国家和政党的支持而获得政治权力,从而更有利于他们的发展。①

清华大学的这次会议是美国共产党学者最后一次访问中国。欧文·马奎特不得不面对个人问题,未能在丰富社会主义市场理论道路上继续与程恩富教授合作。而一些西方学者,包括历届会议的希腊成员,通过参加后续学术活动,继续保持与世界政治经济学学会主席程恩富教授及其骨干的交往。2010 年,在英国出版的《世界政治经济学评论》杂志在学术界问世,程恩富教授当选为杂志主编。同年,世界政治经济学学会第五届论坛在苏州召开,来自西方国家的五十多位科学家参加会议,也包括希腊和许多中国学者。会议场所由北京的中国人民大学位于苏州工业园区的第二校区提供。会议主题是"资本主义的危机及

---

① 参见《马克思主义与科学可持续发展论文集》,第三届世界政治经济学会论坛,中国廊坊,2008年 5 月 24 - 25 日,第 1054 页。

其解决方案：21 世纪的社会主义"。世界政治经济学学会主席程恩富教授在开幕式致辞中表示，他希望在资本主义危机和自由市场经济、私有制所引发的财富与收入分配两极分化之中找到解决方案，该方案不是基于凯恩斯主义经济学，而是基于现代马克思主义经济理论的应用。其他参会者讨论了危机对社会主义市场经济的负面影响，以及努力在公共部门和私营部门、利润和工资、市场和国家之间建立平衡。[①]

四、评价

在中国进入世界市场体系的初级阶段，从激进派到温和派中都有支持社会主义市场经济的声音。当时，包括希腊人在内的西方科学家，接触到了程恩富教授的经济思想，视其为科学的观点，谋求在严格控制的社会主义计划经济制度的极左观点和带有轻微自由主义的温和观点之间取得平衡。关于这个基本问题的讨论始终是开放的，不断推进的，只有未来才能证明哪个是正确的。

---

① 参见《21 世纪社会主义论文集》，第五届世界政治经济学学会论坛，中国苏州，2010 年 5 月 29 - 30 日，第 695 页。

中国特色社会主义与公平发展

［美］艾萨克·克里斯蒂安森　［美］P. 迈克·拉塔纳森昌*

李仙飞**

　　马克思主义者和其他关注发展与公平双重问题的学者面临的一个关键问题是如何在促进公平的同时应对和克服发展不充分的挑战。例如,一个基本上继承了封建生产关系、工业不发达和生产能力不足的社会,能否在不经过资本主义发展阶段的情况下,向社会主义政治经济模式迈进? 有没有可能在发展不充分的情况下,在生产资料所有制社会化和消除阶级对立的同时,将生产力发展到必要的程度并不断创新? 此外,我们还必须考虑帝国主义的敌视这一更为广泛的国际背景。同样重要的是,分析中国解决这些问题的背景,以了解其最近的经济增长,这一经济增长旨在推动到 2050 年全面实现社会主义经济现代化,预计到 2028 年,中国将在经济上超过美国(CEBR,2020)。

　　不同的社会主义国家采取了不同的途径来解决这些问题。苏维埃社会主义共和国联盟(简称苏联)在国内战争后发展迅猛。苏维埃政权通过"工业企业国有化、工业企业垂直集中管理等措施,并以实物配给制替代自由贸易"成功地发展起来(Cheng and Liu,2017:298)。这一经济成就被西方忽视了。在纳粹屠杀了 2 000 万～2 500 万名苏联人的巴巴罗萨计划和苏联击败纳粹德国之后,

---

　　*　作者:艾萨克·克里斯蒂安森(Isaac Christiansen),美国得克萨斯州威奇托福尔斯的中西部州立大学社会学系担任助理教授;P. 迈克·拉塔纳森昌(P. Mike Rattanasengchanh),美国中西部州立大学亚洲和美国历史助理教授。

　　**　译者:李仙飞,北京师范大学教育学博士、厦门大学教育学博士后、公共管理学博士后,澳大利亚新南威尔士大学哲学系访问学者,现任职于厦门大学马克思主义学院,副教授。

苏联重建了自己的社会。苏联经历了持续的工业增长,一直到 20 世纪 80 年代初开始放慢了发展的速度。大部分的增长来自冷战开始时新兴的重工业。苏联在第二次世界大战后的早期和 1964 年至 1982 年的年增长率为 6.1%。"苏联在短短几十年的时间里以比资本主义历史上快十几倍甚至几十倍的速度实现了国家工业化,成为当时世界上仅有的三四个能够制造所有工业产品的国家之一。"(Cheng and Liu,2017:301)。在稳步发展的进程中,经济持续增长,并把经济不均衡控制在较低的水平。"在苏联,收入差距相对较小,虽然所有群体的收入都继续增加,但收入差距比 20 世纪 50 到 60 年代的幅度要小得多。"(Cockshot,2020:24)。

然而,轻工业和消费品却拖了后腿。一旦重新采用资本主义的理念,工业产出就直线下降,而且社会混乱导致了相当高的死亡率(Cockshot,2020)。苏联的解体是由长期的原因、潜在的原因和直接的原因共同促成的,包括美国强加的军备竞赛导致过度的军费开支挤占了公共财政在社会保障领域的支出,族群去政治化,未能转向"集约化生产",官僚机构越来越接受新自由主义意识形态,以及财政收入危机、突发的通货膨胀和贪官污吏等直接原因,这些贪官污吏选择背叛他们的受托责任,通过剥夺苏联人民的财产来中饱私囊(Amin,2016;Cockshot,2020)。

一、发展、愿景与中国特色社会主义

那些对中国持批评态度的人士经常忽略的一个方面是中国共产党的未来目标或愿景。中国寻求实现零净排放,到 2050 年成为一个全面繁荣的社会主义国家。与古巴①和越南一样,中国也不得不在社会主义的各种概念、模式、愿

---

① 古巴也以自己的模式在苏联解体后幸存了下来。菲德尔·卡斯特罗(Fidel Castro)预见到了苏联的解体,并开展了一场整顿运动。其特点是以广泛的公民协商进程取代了苏联的整齐划一的规章和管理体系。在整顿期间,古巴摆脱了苏联的金融诱因,重新调整了经济重心,增加了"由国家控制的国内粮食生产",提高了工资并增强了对工人政治动员的能力,同时重新推出了名为"微型住宅"的自助住房,以解决住房短缺和基础设施问题,而且把私人农场改造成合作企业(Yaffe,2020:32 - 34)。亚夫(Yaffe,2020)认为,这些措施对于在特殊时期拯救革命至关重要。因为苏联解体和美国对古巴经济战争的加剧,古巴也不得不给私营企业腾出更多的空间。

景和发展阶段等问题上劳心费神,如何在咄咄逼人的美帝国主义背景下解决发展问题也同样不可小觑。难道社会主义唯一合法的模式是单一的"指令型经济(或称计划经济)",容不下私营企业、小型企业或合资企业的吗?① 究竟什么是"中国特色社会主义"? 进而,最终的愿景是中国的社会主义市场经济吗? 在避免经济危机、实质性消除极端贫困、扩大教育和医疗体系的准入并提高其质量以及组织大规模植树造林方面,社会主义市场经济体制下的国有和公有制发挥了至关重要的作用。但是,中国是否依然被贫富不均、巨大的城乡差距和日趋严峻的环境问题所困扰?

尽管一些人(Chu and So,2010)认为中国正在建设资本主义,或者中国的经济增长源于西方经济思想的恩泽,但也有一些学者提出不同观点,如程恩富(Cheng,2021)将当前中国的发展模式与国家垄断社会主义的模式、新自由主义、资本主义区分开来,并将中国的进步归因于"源自中国自身……"的理论。而大多数问题的出现则是由于"西方新自由主义的破坏性影响"(Cheng and Ding,2017:46)。事实上,没有一个国家能依赖经济泡沫而存活,因此从邓小平开始的向现代化的过渡产生了一些外部影响。现任美国国家安全委员会中国事务主任的朱利安·格维兹(Julian Gerwitz)是美国对外关系委员会(Council on Foreign Relations)委员和哥伦比亚-哈佛中国与世界项目(Columbia-Harvard China and the World Program)的研究员,他写了一部名为《貌合神离的合作伙伴》(the Unlikely Partners)的著作。其中,他回顾了 1976 年至 1993 年,中国知识分子和政策制定者为了经济改革如何与外国经济学家进行互动的各个方面(Gerwitz,2017:4)。美国和西方的许多人错误地将邓小平的策略视为中国在步苏联后尘的举措,因而误以为邓小平的策略意味着建设

---

① 这是个首要问题,因为它需要分析所有者和雇员之间的关系。个体经营者本身不雇佣劳动力,中小资本主义企业也不雇佣劳动力,但考虑到国家和国际背景以及发展水平,防止阶级对立蔓延可能是必要的。虽然这些企业按照资本主义的逻辑运作,但如果重要企业(大型公司)仍然掌握在国家手中,其他形式的社会主义财产(集体和工人自营企业)就会得到推广,企业也会受到充分的监管,并实施强有力的反腐败措施,这样,资本主义复辟的威胁就可能得以减弱。其他需要考虑的重要因素主要包括生产力的发展状况、创新的速度和质量(哪个行业开发、拥有和控制这些创新),以及国家获取资本和技术的能力。

社会主义社会并最终建设共产主义社会的努力将不得不告一段落。幸运的是，他们错了，因为这不是"历史的终结"，而是社会主义发展的战略性转变。中国从过去的屈辱中吸取了教训，没有全盘接受自由主义的经济理念，而是秉承"取其精华、去其糟粕"的"拿来主义"精神，从西方取其所需，并继续致力于发展社会主义。中国的政治领导人和经济先行者通过社会主义市场经济，而不是通过西方资本主义，在与西式现代化相抗衡的进程中实现中国式的现代化。

中国目前的发展模式是以国有经济为主导、以公有制为主体、以公平发展为导向的混合经济模式。这种模式注重创新和现代化，并向国际市场开放，但这些市场受监管，不会操纵国家。程恩富(Cheng, 2021：4)指出，中国特色社会主义有几个关键原则：以"公有主体型的产权原则为基础的多种所有制共同发展""以劳动主体型的分配原则为基础的多要素分配制度""国家主导型的市场原则""自力主导型的开放原则"等。

中国所有制结构的目标是"巩固、发展、壮大公有制经济，鼓励、支持、引导非公有制经济发展"(Cheng, 2021：4)。江泽民和中国共产党的其他领导人一直坚持"公有制是经济的主体……"，同时为非公有制经济的发展留下了一席之地(Gerwitz, 2017：264)。这是中国经济体制区别于西方资本主义的一个方面。在这方面，并非私营部门而是国家仍处于领先地位，而且必须继续处于领先地位。程恩富(2021：5)认为，"为以劳动主体型为基础的分配结构提供了前提和支持"，这是社会主义经济的一个核心特征，它并非主要基于资本私有制的分配。以"劳动"为关注点对于创造一个以工人阶级(那些长久地受到剥削的群体)为中心的经济体制，以及建立一个公平的社会至关重要。更重要的是，这一原则正是马克思、恩格斯所设想的(Cheng and Zhang, 2021)。这证实了中国政府的说法，即中国一直在延续着马克思主义的传统。资本主义追求剩余价值和利润的私吞，因而其目标是让少数人富裕，而不是造福整个社会。程恩富承认发展的不均衡可能会导致"中产阶级"陷阱，只有一种"国家主导型市场经济"才能恰当地管理市场和配置资源(Cheng, 2017)。

因此，尽管像大卫·哈维(David Harvey)在《新自由主义简史》中所做的那样,经常被描述为"具有中国特色的新自由主义",尽管对私有化、环境破坏和不均衡发展的批评不容小觑,但是中国模式和新自由主义之间存在着重大的差异(哈维所承认的)。这些差异包括国有企业和国家在中国经济中的持续作用、凯恩斯式的反周期的政府支出、对外资的管控、执着于社会主义的愿景、共产党的先锋模范作用,以及一些仍牢牢掌握在国家手中的经济部门。诚如程恩富等所言:"……混合所有制是资本主义基本矛盾的产物",并以此为基础(Cheng and Xie,2015:161)。

尽管资本主义社会中可能有混合经济的某些方面,如国有企业,但西方国家的这种国有企业与中国的国有企业的性质是完全不同的;中国经济服务于人民的利益,而不是"大资产阶级和金融寡头们的利益"(Cheng and Xie,2015:166)。中国共产党坚持以国有企业为龙头,以多种形式的混合所有制企业为支撑。在2011年10月的十七届六中全会上,中国共产党进一步强调了国有企业在文化产业中的作用。报告指出,要形成"以公有制为主体、多种所有制共同发展的文化产业格局"。国有企业也倡导党的、中国的意识形态。这是至关重要的,因为全球化可以增加"西方垄断资产阶级"意识形态的渗透。

在中国模式与新自由主义之间作出区分并非程恩富一家之言。雷米·埃雷拉、托尼·安德列阿尼、龙志明(Rémy Herrera,Tony Andéani and Zhiming Long,2018:33-34)指出了当前中国模式的十大特征,这十大特征将其与资本主义区分开来,包括"坚持强有力的现代化规划""支持这一规划的集体选择""广泛的公共服务""土地和自然资源的公有制""国有资产产权、集体资产产权以及资本产权(在漫长的社会主义转型过程中,这一形式得到了维护甚至有时得到鼓励)在内的多种所有制形式""从更平等的角度促进社会正义""保护自然""双赢的国际关系",以及建立在"和平基础上的国际关系"。此外,中国国有企业不仅为中国的经济成功做出了巨大贡献,而且"通过监事会和职工代表大会的代表,有限但真实地参与单位管理"(Tan and Cheng:35)。

渴望发展共产主义的社会必须经过社会主义的初级、中级和高级阶段,才能进入完全的共产主义阶段。这说明,社会主义建设是一个长期的过程。

自 1978 年以来,中国在减少贫困方面取得了巨大进步。根据中国的国家统计局 2010 年的数据,1978 年每 10 万人中有 77 039 人处于贫困状态;2000年,贫困人口逐渐降至 28 662 人;2018 年降至 1 660 人(国家统计局,2019:6-35)。国家主席习近平宣布中国已消灭绝对贫困现象。这种显著的成就比联合国 2030 年可持续发展议程提前了十年并为中国赢得了当之无愧的赞誉(Granma,2021)。

自 1949 年中国走上社会主义发展道路以来,为实现消除绝对贫困的目标,中国已经尝试了各种不同的途径。中华人民共和国成立之初面对的是一个被日本帝国主义蹂躏、发展水平低、以农村为主的社会。毛泽东和共产党领导人十分清楚的是,革命的力量将主要来自农民,而不是无产阶级或产业工人(Meisner,1999:23,37,43)。在著名的"长征"和在云南的休整之后,毛泽东开始将马克思主义思想与中国的乡土环境结合起来,确定以无地的农村劳动者、贫农、中农为被剥削群众,以富农、地主为剥削者的新的农村各阶级。这就是中国的社会主义道路的诞生。1949 年中华人民共和国成立后,中国开始放手大力建设社会主义社会。

尽管在"大跃进"和"文化大革命"期间发生了混乱,但与大多数批评者(尤其是西方批评家)所理解的情况相反,恰恰是毛泽东奠定了社会主义经济体系和未来经济发展的基础。面对西方的封锁和与苏联的紧张关系,中国的 GDP年增长率达到了 6%以上。毛泽东时代之后,中国的发展方针一直是向更广泛的世界经济开放(开放的时机非常关键),为私营企业提供空间,允许外国投资和合资企业进入,同时保持公有制和国家管控的主导地位。萨米尔·阿明(Samir Amin,2013:73)认为,毛泽东时代的成功使对外开放成为必然。

这第一阶段是成功的而不是失败的,要求改变实现加速发展的方式。允许私营企业的存在是从 1980 年初步开始,但最重要的全面开始是从 1990 年——对于避免那些曾经给苏联造成致命影响的停滞而言是必要的。尽管这种开放与新自由主义(以及这一巧合带来的所有负面影响)的全球化胜利同时发生,但在笔者看来,选择"市场社会主义"或"有市场的社会主义"更好的作为第二阶段加速发展的基础,在很大程度上是合理的。

改革开放以来,中国经济经历了前所未有的 GDP 长期持续增长,虽然 2014年至 2018 年的增长率有所下降,但仍然相当高,在 6%至 8%。2020 年因新冠疫情(COVID‐19),GDP 增长下降至 2.3%,但在 2021 年第一季度,这一比例飙升至惊人的 18.3%(Cheng,2021;BBC,2021)。然而,将发展设想为包括政治和经济投入、医疗和教育系统、政治‐经济主权、社会阶级结构、环境和经济可持续性,以及促进公平的各种措施等几个关键方面是至关重要的。虽然没有一个指数能真正反映国家的所有方面,但人类发展指数比国内生产总值或增长统计数据要全面得多。图 1 对比了 1990 年到 2018 年中国和印度,以及另外两个社会主义国家——古巴和越南的人类发展指数。

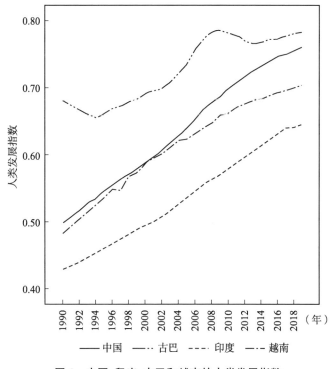

图 1　中国、印度、古巴和越南的人类发展指数

预期寿命和婴儿死亡率也是分析发展轨迹的关键。在 1945 年至 1950 年期间,中国人的预期寿命只有 30.5 岁,而在 1950 年至 1955 年期间,印度人的预期寿命是 41 岁（Navarro，1993；Jamison et al.，1984；Halsted et al.，1985）。到毛泽东时代结束时，中国人的预期寿命（1977 年 64.74 岁）超过了印度人（1977 年 51.7 岁）。印度遵循资本主义发展模式，喀拉拉邦除外。1981 年中国的人均预期寿命为 67.77 岁，2015 年提高到 76.34 岁（国家统计局，2019：2‐4）。根据纳瓦罗（Navarro）的观察数据（Jameson et al.，1984），在降低婴儿死亡率方面也取得了类似的成就，在毛泽东时代，中国的婴儿死亡率从 1945—1950 年的每 1 000 名死亡 265 名下降到 1975—1980 年每 1 000 名死亡 65 名。在印度，情况有所好转，但仍然可怕，1951—1960 年期间，婴儿死亡率为每 1 000 名死亡 140 名。到 1977 年，印度的婴儿死亡率仍盘踞在每 1 000 名死亡 125 名的高位。相比之下，中国继续取得巨大进展，将婴儿死亡率从 1990 年的（每 1 000 名）42.1 名降至 2018 年的 7.4 名。与此相比，印度的婴儿死亡率仍然高得多，为 29.9 名（联合国开发计划署，2021）。近年来，中国在应对环境挑战方面也付出了相当大的努力。例如，在不到 20 年的时间里，中国政府将造林面积从 2000 年的 5 105 138 公顷增加到 2018 年的 7 299 473 公顷（国家统计局，2019：8‐24）。

程恩富认为，中国的政治经济模式是一个"自力更生的、多层面的、开放的体系"。每一个寻求发展的国家都必须努力获得和开发生产技术，即使在出口导向型发展战略占主导的情况下，也要在谨慎的情况下用本土生产替代昂贵的进口。在这方面，目标是刺激本土需求，以避免萨米尔·阿明所说的"脱节（disarticulation）"，即出口导向型经济体无法做到发展的前后联系，因为这些过程是离岸进行的，由于所依赖的有效需求是由国外较富裕的人口提供的，因此可能会保持异常高的剥削率。由于在毛泽东时代，中国在充分的国家保护下将工业发展到一定水平，因此与南半球其他国家相比，中国在世界市场上的竞争地位相对较高。中国寻求在世界经济中扮演一个（与其所占全球人口比例相称的）"经济强国"的重要角色。

通过向高质量生产转型、不断创新、提高劳动收入占比、培育内需，中国能够更好地把握自己的未来发展，不受资本主义危机引发的国际需求波动的影响。中国寻求从一个专注于生产大量商品的经济体向一个致力于"更高质量"的第一、二、三产业的经济体转型。"目标在于中国建立一个世界工厂,而不是一个世界的加工厂。为此,各方已经开始共同努力引进商品和服务、资金和技术"(Cheng,2021:6)。

程恩富和胡乐明(2010:385)发出警告,外资不仅有可能损害国内企业,而且随着外资企业"开始将高污染的制造业外包给中国",中国人必须付出沉重的环境成本。中国不应该成为西方的垃圾堆积场。为了防范这种威胁,中国必须占有公司的大多数股份,以保有所有权。国内企业应该创造自己的品牌和技术,以促进中国的创新和自力更生。程恩富和丁晓钦(2017:56)认为,"中国应该充分利用其进出口的调节,既不进口国内容易采购的产品,也不出口未满足国内需求的产品"。换句话说,中国应该致力于维护经济主权或经济安全。目前,中国拥有大量的外资企业和大量的外国投资,过度依赖外资企业来推动中国经济可能会对国内企业产生负面影响,因为国内企业(尤其是私营企业)往往无法与资产高达数十亿美元的企业竞争。

二、从危机中快速恢复的能力

社会经济发展的另一个关键方面是降低经济危机发生的可能性。新冠疫情并不是唯一一场显示自由经济体弱点和中国体系耐久性的危机。在 2007 年和 2008 年,一场金融危机冲击了世界,特别是美国。大卫·哈维(David Harvey,2020)指出,2007—2008 年的全球经济衰退最初导致中国损失了 3 000 万个工作岗位。然而,中国通过大量投资建设新城市来注入需求的政策,结果两年后净失业人数仅为 300 万。与此同时,截至 2009 年,美国的净失业人数为 1 400 万(Harvey,2021)。

程恩富和胡乐明(2010)对新自由主义政策渗入中国体制的危险发出警告,因为这些政策会引发金融危机。"西方资本主义国家频繁发生金融经济危机的根源在于资本主义根本无法控制的矛盾。市场自发的、短期的、盲目的调整,以及轮流执政的政党周期性的、受限的宏观经济政策,都是导致危机爆发的原因"

(Cheng and Hu，2010：381)。美国政府以更多的新自由主义政策干预来为公司和银行纾困，不过是权宜之计。除了发生在资本主义经济危机期间的大小企业破产、合并和资本集中之外，美国的这些政策进一步加剧了财富分配的向上流动，加剧了不平等。援引萨姆等人（Sum et al.，2011）的研究，奥利弗·斯通和彼得·库兹尼克（Oliver Stone and Peter Kuznick，2019：555）指出，"美国从2009年第二季度到2011年第一季度，国民收入增长了5 050亿美元，税前利润增长了4 650亿美元。然而，工资和薪水却减少了令人警醒的220亿美元"。

程恩富和胡乐明（2010：376）认为，"由于其社会主义制度的优越性和应对措施的有效性，中国相对没有受到危机不良后果的影响"。他们指出了帮助中国应对危机的三个因素：（1）社会生产关系改善了生产，使中国能够抵御西方经济危机的冲击；（2）公有制极大地减少了生产的盲目性和无序状态，这种状态在利润驱动的经济中十分猖獗；（3）更重要的是，中国共产党能够"毫不犹豫地立即采取行动"（Cheng and Hu，2010：376 - 377）。

国家的经济调控对于应对市场或"看不见的手"的波动十分重要。中国的经济模式包括国家主导的多元结构的市场体系，以"买方导向"的市场作为商品分销的主导机制。在这里，国家在确定货币政策方面发挥着调节作用。国家计划既塑造着市场，又受到市场的影响。调控的重点是宏观经济的稳定性、均衡性和可持续性（Cheng，2021：6）。

相比之下，资本主义在本质上容易发生危机，因为大量的内部矛盾促使资本循环的中断。生产过剩源于使用价值和交换价值之间的根本矛盾，债务的增长是一种补偿需求不足的机制，而需求不足是由隐蔽性很高的剥削、技术失业和外包、部门之间的不均衡和缺乏协调，以及虚拟（金融）资本与实体经济的脱钩造成的，这些都是资本主义危机的根本原因（Hossein-Zadeh，2014；Marx，［1867］1976；Marx，［1885］1978）。资本主义每隔4～7年就会产生一次危机（Wolff，2020）。政府监管不足的趋势加剧了资本积累的内在矛盾。

三、中国、不平等和所有制形式

程恩富认为,应该把当前的中国模式与毛泽东时代的中国模式和苏联模式区分开来,强调后两者倾向于僵化的官僚体制和过度的平均主义。在社会主义初级阶段,适度的收入差距是优化劳动分工的激励因素。何谓"适度的"差距?程恩富认为,在国有企业中,管理者和员工之间的收入差距"通常不超过普通员工平均收入的5倍"。他进一步提出:"在企业、国家和私人层面,要有适度的分配和多种形式的监管,从而有效地减少两极分化,实现共同富裕,使社会主义发展成果惠及全体人民。"(Cheng n. d. , 6)基于劳动、培训等的工资差距更符合功能性收入分配。收入和财富的巨大差距反映了中国的资本与劳动分化,尤其是在20世纪90年代和21世纪头十年,由于许多国企的私有化,中国的财富收入不平等程度达到了危险的水平。程恩富、余祖尧、刘国光等反对新自由主义、不计后果的私有化和放松管制。"新马克思经济学综合学派"的学者们强调,中国特色社会主义不应与转向资本主义的新自由主义混为一谈(Zhang,2020)。

导致收入和财富不平等加剧的核心因素是私营部门工人和资本家之间的阶级对立。资本家寻求在同等条件下从工人身上榨取尽可能多的剩余价值。这是资本积累的核心矛盾:脑力劳动者和体力劳动者的劳动使资本运转起来,并为资本提供产生利润的商品,他们所获得的工资与被榨取的剩余价值成反比(Marx,[1867]1976)。相反,公有经济并不受制于私人股东,也缺乏将剥削率提高到不可想象水平的动机。此外,从国有企业工人身上提取的盈余要么回到国有企业(就像私有企业的再投资和扩张一样),要么回到政府对更广泛的公共利益(如医疗、教育和基础设施)的支出。

国有企业的政府管理者不会因为工人的劳动而成为千万富翁或亿万富翁。类似地,在工人自治企业中,工人也是所有者,因此对每个工人而言,阶级对立都会瓦解,他们必须投票决定如何使用从企业获得的利润;他们必须在考虑企业的持久性及经营管理与兼顾健康、安全以及自身收入水平之间保持平衡。

保持和积极提高劳动收入在全社会的占比,必须坚持按劳分配为主体,必须坚决巩固和发展公有制经济。这些努力必须包括发展国有经济和各种形式的集体经济和合作经济。公有制经济是消灭剥削和两极分化、实现共同富裕的经济基础(Cheng，2021：Chapter Ⅳ，Section Ⅳ Part 1)。

"以劳动为基础的多要素分配制度"允许以产权为基础的财富分配，但社会收入和财富分配的首要基础还是基于劳动，这得益于公有制在中国的主导地位。在美国等资本主义经济体中，不平等的主要驱动因素是资本与劳动的对立。"通常，这些国家的收入差距不是由工资收入差距决定的，而是由财产所有权不平等造成的财产收入差距决定的。"(Cheng，2021：5)程恩富认为，当收入分配不是由劳动驱动，而是由所有权的不平等(资本主义的阶级对立和不平等的根本驱动因素)驱动时，就会阻碍经济效率。他的主要观点之一是，中国经济的稳定和持续的高速增长在很大程度上是基于公有制的主导地位和"以市场为基础的按劳分配制度"(Cheng，2012：5)。

改革开放以来，中国的不平等现象明显加剧。由于跨国公司利用全球劳动力套利来盘剥中国庞大的后备劳动力大军，因此也许在中国没有哪个领域比这里的牺牲更大了。关于中国经济性质的讨论往往集中在不平等程度上，其中很大一部分是由于重新出现了阶级对立，外加在与社会主义目标背道而驰的新自由主义世界经济背景下经济发展面临的历史性挑战。为了克服发展的挑战，邓小平领导下的中国共产党把重点转向了发展生产力。获得生产技术、创新、提高生产力对于提高中国众多人口的生活水平是必要的。改革背后的意图不是激发不平等，而是提高中国的整体经济水平，即使有些人"先一步致富"。

图 2 显示了世界银行对中国基尼收入系数的估计。不平等从 1990 年开始增加(基尼系数＝32)，2010 年达到峰值，基尼系数为 44 个百分点，然后到 2016 年下降到 39 个百分点。世界银行对一些国家不平等程度的估值往往较低。例如，世界银行报告称，2015 年美国的基尼系数为 41.2 个百分点，而 2021 年美国人口普查局报告的基尼系数要高得多，为 47.9 个百分点。同理，韩进、赵清霞和张孟楠(2015)认为中国的基尼系数在 2009 年达到 49.1 个百分点的峰值，然后开始逐渐下降到 2014 年的 46.9 个百分点。不过，他们在比较中国和美国时

使用的是世界银行所提供的低得多的估值。基尼系数 40 个百分点的估值通常被视为对更多地倾向于资本主义社会的严重警告,然而,中国特色社会主义应该处于更低的收入和财富不平等水平(可能在 25~30 个百分点)。不管我们接受哪个估值,很明显,收入不平等的程度都太高了,不平等程度的下降始于 2010 年左右,这是让中国继续与其宣称的政治原则保持同步所必需的。

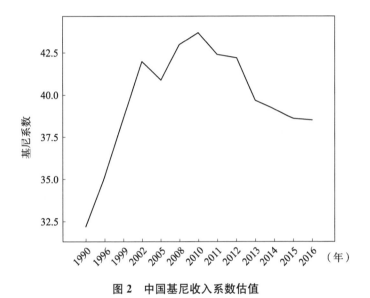

图 2 中国基尼收入系数估值

资料来源:世界银行。

除了与社会主义和共产主义价值观相矛盾之外,研究表明,高度的不平等会给社会带来更广泛的负面后果。例如,严重的不平等往往会损害健康和福祉(Wilkinson and Pickett,2015)。不平等和贫困是相互交织的。例如,根据乐施会(Oxfam,2016)的简报,如果不是因为 1990 年以来全球不平等水平增加,应该会有另外 2 亿人脱离贫困。

财富和收入是消费的基础,消费不足与财富和收入水平低直接挂钩。但这里的关键问题并不是整体分配的蛋糕不够大,因为改革开放以来,中国经济增长速度足够快,财富总量的增长是前所未有的。真正的困境在于部分劳动者的财富和收入增长缓慢,尤其是在初次分配中工资增长缓慢。据统计,2000 年以来,中国规模以上工业企业年利润总额平均增长 35.3%,而职工工资涨幅仅为 14.1%。(Cheng,2021:Chapter Ⅳ,Section Ⅲ.Ⅲ)

中国不平等的增长主要源于私有化、城乡差距、农民工的脆弱性、行业间的不平等、中国私营部门的不平等以及政府对私营企业的监管不足。导致规模收入分配(基尼系数)不平等加剧的主要因素是劳动收入占比的下降,而中国非公有制经济的增长加剧了劳动收入占比的下降。因此,要素收入分配不平等的增长导致了规模收入分配(也称个人收入分配或家庭收入分配)不平等的增长。

在一段将中国体制与新自由主义经济区分开来的关键时期中,程恩富指出:"收入和贫富差距的扩大、资源的破坏性开发和浪费、严重的环境污染、公共资产的流失、一些私营企业恶劣的工作条件以及腐败盛行等问题,正是以新自由主义经济学为代表的西方主流经济理论和政策影响的结果。"与此同时,中国国有企业的工资却在增长。1995 年的工资总额约为 8 055.8 亿元;2017 年为 129 889.1 亿元;国有企业的工资总额从 1995 年的 8 055.8 亿元到 2018 年增长了 51 126.6 亿元(中国国家统计局,2019:4-10)。

在目前采用多要素分配的情况下,中国需要重点提高中低收入群体的收入,并逐步提高最低工资标准(程恩富,2021:5)。低收入群体可支配收入由 2013 年的 4 402.4 元提高到 2018 年的 6 440.5 元;中低收入群体的可支配收入从 2013 年的 9 653.7 元增加到 2018 年的 14 360.5 元;中等收入群体的可支配收入从 2013 年的 15 698 元增加到 2018 年的 23 188.9 元(中国国家统计局,2019:6-2)。

关于劳动收入占比的下降问题,我们必须意识到史密斯(Smith,2015:146-151)所发现的"伪装成劳动收入的资本收入"。伪装成劳动收入的资本收入形式包括"支付给雇主和经理的超额工资、奖金、股票期权和其他福利,这些福利被错误地算作劳动收入"(Smith,2015:146)。这些扭曲和其他形式的扭曲(如主流经济学的生产力概念)往往会高估劳动收入占比。劳动收入占比下降已经成为影响全球南北双方的现象。用史密斯的话来说,全球劳动收入占比的下降"是系统性矛盾的结果,是资本家及其政府致力于通过增加对活劳动和自然的剥削来解决这些问题的结果"(Smith，2015：155)。

如前所述，中国不平等的增长是在新自由主义模式主导全球的背景下发生的。全球生产、流通和金融的特点是新帝国主义，即跨国、跨部门(行业)、国际垄断资本的支配地位。自 1980 年以来，我们目睹了资本、专有技术和知识产权的巨大增长、集中和集聚，以及少数跨国公司对价值和供应链的控制加剧了全球不平等。正如程恩富和鲁保林(2021：27)所言："在以跨国公司为基础的新帝国主义时期，由于越来越多的社会财富被越来越少的私人资本巨头所占有，垄断资本对劳动的控制和剥削加深，形成世界规模的资本积累，从而加剧了全球某些生产能力过剩和贫富分化。"

在中国，从 20 世纪 80 年代到 21 世纪初，大量为工人提供了相当多就业保障(被称为"铁饭碗")的国有企业被私有化。在毛泽东时代末期，几乎整个经济都是集体经济，因此在不威胁社会主义经济方向的情况下，一些私有制有相当大的发展空间。正如哈维(Harvey，2005：125)所阐明的："1978 年邓小平发起改革进程时，几乎所有重要的事务都与国有部门相关。国有企业在国计民生的部门中占据主导地位。大多数情况下，这些部门是相当有利可图的。他们不仅为工人提供安全保障和就业，还提供广泛的福利和养老金。"

哈维(Harvey，2005)指出，1983 年，国有企业管理者获得了更大的自主权，并被允许雇用合同工，而这些合同工没有得到与全职国有企业员工相同的保护。许多表现欠佳的国有企业得到了中国国有银行的纾困，并很快转型为有限责任或股份制企业。这一趋势在"90 年代末持续了下去，到 2002 年，国企员工只占制造业总就业人数的 14%，而在 1990 年，国企员工所占比例为 40%"(Harvey，2005：129)。这一过程使劳动力所有者相对于资本处于较为不利的地位。

20 世纪 90 年代以来，中国劳动收入占比下降主要源于中国所有制结构的调整。劳动收入占比反映了劳动者在收入分配中的经济地位和社会地位。比例越低，劳动者的经济和社会地位就越低。据统计，在中国不同所有制经济中，非公有制经济劳动收入占比普遍较低，劳动者平均工资水平也较低。在同样的

情况下,劳动收入在公有制经济中所占的比重较高,劳动者的平均工资也较高
(Cheng,2021:Chapter Ⅳ,Section 1.2)。

同样令人不安的是,统计学家资讯网(Statista,2021)显示,与私营企业的
雇员相比,中国城镇国有企业和集体企业雇员的数量持续下降,从 2009 年的
6 420 万人和 618 万人分别下降到 2019 年的 5 473 万人和 296 万人。与此同时,
私营部门雇员的数量几乎增加了两倍,从 2009 年的 5 500 万人增至 2019 年的
1.456 亿人。2017 年,国有企业 133 223 家,集体企业 155 641 家,合资企业
62 350 家,民营企业 14 368 860 家(国家统计局,2018:1-8)。尽管私营部门相
对有所增加,但促进更多国有企业和集体企业增加的可能性仍然存在。公有制
和集体所有制作为中国经济的支柱,应该得到加强,以帮助控制要素和规模分
配的不平等。

四、建议与结论

综观全局,中国的政治经济学者们试图缓解那些不熟悉中国经济体系性质
的人的疑虑并且避免那些不熟悉改革的人对中国"放弃社会主义"的误读。此
外,他们还对那些将中国的增长归因于在实践中放弃社会主义并将中国的增长
视为资本主义"先天优势"之佐证的人们作出了回应。"改革不是改变社会主义
制度的底版,也不是照搬外国的模版。"(Cheng,2021:8)相反,中国正处于社会
主义建设的漫长道路上,很清楚新自由主义意识形态的威胁,以及日益增长的
不平等和劳动收入占比下降对中国共产主义价值观念和目标的威胁。此外,社
会主义市场经济体制绝非意味着放弃马克思主义。"实行社会主义基本制度与
市场经济相结合的社会主义市场经济体制,是科学社会主义历史发展的伟大创
举,是马克思主义政治经济学的重大理论创新。"(Cheng,2021:9)

为了解决中国的不平等问题并铺平其通往社会主义中级阶段的道路,以推
进习近平总书记和中国共产党所倡导的共享经济、减少收入和财富不平等的目
标,就必须加强国有企业和集体企业,增加劳动占比,加强对现有私营企业的监
管,继续强化中国的整体发展模式。进而,程恩富指出了把握这一紧要关头的

其他关键措施,包括普遍遵守最低工资的必要性,缩小城乡差距,扩大绿色发展,引入转移支付,对资本征收比劳动更高的税率,实施累进遗产税,严格执行中国现有劳动法,减少非生产性政府支出,增加包括转移支付、卫生和教育等与社会保障相关的事项的政府支出。

我们建议中国考虑征收最高收入税、财产税和股票交易税。此外,为了加强国有经济和集体经济,我们建议建立激励机制,促进大中型私营企业向集体企业和合作企业转变,并要求私营企业在董事会中有足够的工人代表。

参 考 文 献

［1］A. Sum, I. Khatiawada, J. McLaughlin and S. Palma. 2011. "The 'Jobless and Wageless' Recovery from the Great Recession of 2007 – 2009: The Magnitude and Sources of Economic Growth through 2011 Ⅰ and Their Impact on Workers, Profits, and Stock Values. "Center for Labor Market Studies. Northeastern University. Accessed Online: 6/14/2021. http://www. lerachapters. org/OJS/ojs-2. 4. 4-1/index. php/EPRN/article/viewFile/1981/1977.

［2］CEBR. 2020. World Economic League Table 2021: A World Economic League Table with Forecasts for 193 Countries to 2035. Accessed online June 23 2021. file:///Users/isaacchristiansen/Downloads/WELT-2021-final-15. 01. pdf.

［3］Cheng E. , and Ding X. A Theory of China's Miracle: Eight Principles of Contemporary Chinese Political Economy[J]. *Monthly Review*. 2017, 68 (8).

［4］Cheng E. , and Hu L. The "Chinese Experience" in Responding to the Global, Financial and Economic Crisis[J]. *World Review of Political Economy*. 2010, 1 (3), 375 – 387.

［5］Cheng E. , and Liu Z. The Historical Contribution of the October Revolution to the Economic and Social Development of the Soviet Union—Analysis of the Soviet Economic Model and the Causes of Its Dramatic End[J]. *International Critical Thought*. 2017, 7 (3), 297 – 308. DOI: 10. 1080/21598282. 2017. 1355143.

［6］Cheng E. , and Lu B. Five Characteristics of Neoimperialism: Building on Lenin's

Theory of Imperialism in the Twenty First Century[J]. *Monthly Review*. 2021, 73 (1), 22 – 58.

[7] Cheng E. , and Xie Chang'an. On Capitalist and Socialist Mixed Ownership[J]. *Marxist Studies in China*. 2015, (01).

[8] Cheng E. , and Zhang J. Five Hundred Years of World Socialism and Its Prospect: Interview with Professor Enfu Cheng[J]. *International Critical Thought*. 2021, 11 (1), 1 – 19.

[9] Cheng E. N. D. On the Three Stages in the Development of Socialism: Economic System and Its Actual Operation. Unpublished Manuscript.

[10] Cheng E. *The Original Intention of Reform*[M]. India: Left Word Books, 2021.

[11] Chu Y. , So A. Y. . 2010. *State Neoliberalism: The Chinese Road to Capitalism*. In: Chu Y. (eds) Chinese Capitalisms. International Political Economy Series. London: Palgrave Macmillan. https://doi. org/10. 1057/9780230251359_3.

[12] Cockshott P. Crisis of Socialism and Effects of Capitalist Restoration[J]. *Monthly Review*. 2020, 71 (11) 20 – 27.

[13] Deng X. We Can Develop a Market Economy Under Socialism [J]. *Marxist Internet Archive*. Accessed June 25 2021. https://www. marxists. org/reference/archive/deng-xiaoping/1979/152. htm.

[14] D. Harvey. *A Brief History of Neoliberalism*[M]. Oxford: Oxford University Press, 2005.

[15] D. Harvey. Anti Capitalist Chronicles: China's Economic Rise—Part 1 [J]. *Democracy at Work*, 2021. YouTube. Accessed online: https//youtu. be/3CEkvjzDtz4.

[16] Granma. Agradece China mensaje de Cuba con felicitación por fin de pobreza extrema[J]. *Granma*. March 28, 2021. Accessed online: 6/3/2021 http://www. granma. cu/cuba-china/2021-03-28/agra-dece-china-mensaje-de-cuba-con-felicitacion-por-fin-de-pobreza-extrema.

[17] Hai Fang. China Country Profile. The Commonwealth Fund website. Accessed online: 6/10/2021. https://www. commonwealthfund. org/international-health-policy-center/countries/china.

[18] Han J. , Q. Zhao, and Zhang M. China's income inequality in the global context

［J］. *Perspectives in Science*. 2016，(7) 24 - 29.

　　［19］Helen Yaffe. *We Are Cuba: How A Revolutionary People Have Survived in a Post-Soviet World*［M］. Cornwall：Yale University Press，2020.

　　［20］I. Hossein-Zadeh. Beyond Mainstream Explanations of the Financial Crisis：Parasitic Finance Capital［M］. London and New York：Routledge，2014.

　　［21］Jameson D. T. et al. , J. R. Evans，T. King，and I. Porter. *China: The Health Sector. A World Bank Study*［R］. The World Bank Washington D. C，1984.

　　［22］J. Smith. *Imperialism in the Twenty-First Century: Globalization，Super-Exploitation and Capitalism's Final Crisis*［M］. New York：Monthly Review Press，2015.

　　［23］Julian Gerwitz. *Unlikely Partners: Chinese Reformers，Western Economists，and the Making of Global China*［M］. Cambridge：Harvard University Press，2017.

　　［24］Marx. K. ［1885］1978. *Capital*. Vol Ⅱ［M］. London：Penguin books.

　　［25］Marx. K. ［1867］1976. *Capital*. Vol Ⅰ［M］. London：Penguin books.

　　［26］Marx K. ［1875］1938. *The Critique of the Gotha Program*［M］. International Publishers.

　　［27］M. Meisner. *Mao's China and After: A History of the People's Republic Third Edition*［M］. New York：The Free Press，1999.

　　［28］National Bureau of Statistics. Accessed online：5/15/2021 http://www. stats. gov. cn/tjsj/ndsj/2019/indexeh. htm.

　　［29］O. Stone，and P. Kuznick. *The Untold History of the United States*［M］. New York：Gallery Books，2019.

　　［30］Pickett K. and Wilkinson R. . Income Inequality and Health：A Causal Review［J］. *Social Science and Medicine*. 2015, 128：316 - 326.

　　［31］Qiao Collective. We Are Trying to Build Humanity-Vijay Prashad on Chinese Socialism and Internationalism. Accessed online 6/23/21 https：//www. qiaocollective. com/en/articles/conversation-vijay-prashad.

　　［32］S. Amin. *Russia and the Long Transition from Capitalism to Socialism*［M］. New York：Monthly Review Press，2016.

　　［33］S. Amin. *The Implosion of Contemporary Capitalism*［M］. New York：Monthly Review Press，2013.

[34] S. Halstead, J. Walsh and K. Warren. *Good Health at Low Cost* [M]. New York: The Rockefeller Foundation, 1985.

[35] Statista. Number of employees at state-owned, collective-owned, and private enterprises in urban China from 2009 to 2019. Statista. Accessed online: 6/20/2021. https://www. statista. com/statistics/252924/employees-at-state-owned-collective-owned-and-private-enterprises-in-china/.

[36] Tan J. and Cheng E. . "State-Owned Enterprises Should Play a Dominant Role in Cultural Industry".

[37] UNDP. Mortality Rate, infant (per 1000 live births) [J/OL]. Human Development Reports. Accessed Online: 6/25/2021. http://hdr. undp. org/en/indicators/ 57206.

[38] US Census Bureau. Table A-4. Selected Measures of Household Income Dispersion: 1967 to 2019[J/OL]. Accessed online: 6/26/2021. https://www. census. gov/ data/tables/time-series/demo/income-poverty/historical-income-inequality. html.

[39] V. Navarro. Has Socialism Failed?: An Analysis of Health Indicators Under Capitalism and Socialism[J]. *Science & Society*. 1993, 57 (1) 6 – 30.

[40] Wolff R. . *Democracy at Work: A Cure for Capitalism*[M]. Chicago: Haymarket Books, 2012.

[41] Wolff R. There's a Crisis in US Capitalism[J/OL]. Accessed online: 6/25/2021. https://www. rdwolff. com/theres_a_crisis_in_us_capitalism.

[42] Zhang Y. . The Contribution of the School of New Marxist Economics to China's Socialist Marxist Economy[J]. *World Review of Political Economy*. 2020, 11 (1) 4 – 27.

[43] Z. Long, R. Herrera, and T. Andréani. On the Nature of the Chinese Economic System[J]. *Monthly Review*. 2018, 70 (5) 32 – 43.

现实中的社会主义：
洛苏尔多与程恩富的对话

［巴西］迭戈·保塔索　［巴西］蒂亚戈·诺加拉[*]
肖斌^{**}

一、对话背景

本文试图在当代两位马克思主义者——洛苏尔多(Domenico Losurdo)与程恩富的著作之间建立一种对话。尽管有许多不同之处,但二者在避免陷入孤独恐惧症的同时,都努力通过批判来破解现实中的社会主义之谜。二者都认识到中国道路作为现实中的社会主义经验的象征性延续具有重要意义,因此,他们试图去理解中国,因为中国是为数不多的抵御了社会主义阵营崩溃浪潮的国家之一,并在当代西方马克思主义准则下饱受严厉的指责。[1] 对于那些想要理解与当代资本主义危机、国际体系,尤其是 21 世纪社会主义相关的困境的人来说,二者做出了重要的贡献。

首先,我们将揭示 20 世纪末的社会主义危机如何影响了西方马克思主义

---

　* 作者:迭戈·保塔索(Diego Pautasso),巴西阿雷格里港军事学院地理学教授、南大河联邦大学国际关系学客座教授,金砖国家关系专家;蒂亚戈·诺加拉(Tiago Nogara),巴西圣保罗大学(USP)政治学博士生。
　** 译者:肖斌,厦门大学马克思主义学院副教授,博士生导师。兼任中央马克思主义理论研究与建设工程专家、中国政治经济学学会副秘书长兼中国政治经济学青年智库总干事、中国历史唯物主义学会理事、中国社会科学院世界社会主义研究中心特邀研究员。
　① 这一观点的起源可以追溯到佩里·安德森(Perry Anderson)在 1976 年出版的《对西方马克思主义的思考》一书中。

的主要理论方向。其次,参照他们在解读所谓现实中的社会主义经验时的局限性。我们将初步分析洛苏尔多是如何形成西方马克思主义范式的某种孤独恐惧症的观念。最后,我们将把程恩富的中国特色社会主义观与战胜自由主义和后现代主义分析的必要性联系起来(自由主义和后现代主义分析盛行于西方马克思主义,且被洛苏尔多所批判)。

二、现实中的社会主义的危机及其影响

1989 年柏林墙的倒塌和 1991 年苏联的解体是社会主义阵营重大的系统性变化。一方面,这些变化反映了以美国为首的显著的新保守主义反应,引起了新自由主义议程的强制实施和世界范围内干涉主义的明显升级。另一方面,他们也证明了左派中大部分人无法用他们的经典范式来应对新世界秩序的挑战,这些经典范式即使不被后现代方法取代,也会逐渐被社会自由主义的方法所取代。

基本上,这些事件扩大了反共产主义倾向在左派中的主导地位,这一倾向从 1956 年的秘密报告发布以来逐渐抬升(Furr,2019),在 1968 的"五月风暴"后得到强化,并在 20 世纪 90 年代的全球化舆论的主导下进一步升级。对社会冲突理论(Losurdo,2015)的误解使得承认议程相对于再分配议程存在压倒性优势,导致了左派中的一部分人对帝国主义、阶级斗争、国家发展等概念的忽视或抛弃。

首先要解决的问题是关于现实中的社会主义的概括。毕竟,这种经历以不同的方式在整个 20 世纪几十个国家中发生过——1983 年是其鼎盛时期,32 个国家宣称自己是马克思主义的社会主义者(Visentini,2017),且每个国家都存在巨大的差异和特殊性。甚至每一经历都存在差异显著的不同阶段、经济政策的变化,以及最终在政治和战略导向方面的剧烈变化。正如诺夫(Nove,1989)所强调的,即使是现实社会主义的改革,也是以市场、计划、经济管理的实践等多元素结合为标志。

尽管社会主义阵营的大部分已经崩溃,但我们不应忽视的是,这只是建设

现代平等社会大规模实践的第一个大周期。这种政治建设是在非殖民化过程中由于资本主义和帝国主义制度的矛盾而产生的，因此存在着许多困难。尽管如此，这些实践还是试图增加人民获得物质和权利（如安全、健康和教育服务、住房、就业和文化）的机会，并提升工人在政治领域的参与度。值得注意的是，这样的社会阶层成为文化的消费者：进入博物馆、电影院和剧院，听音乐和接触书籍，在历史上这是第一次（Keeran and Kenny，2008：13 - 15）。实际上，这迫使资本主义将公民身份和扩大普选权等概念内在化。

当我们分析社会主义和苏联所经历的国内挑战与国际围剿时，只有理论和政治上的妥协才会使某些分析家"恰巧"掩盖了他们的遗产。在苏联成就中，应该强调以下几点：（1）伴随迄今为止规模最大的社会阶层流动，一个相对落后的民族国家转变为一个超级大国，指明了一种替代资本主义制度的可能性；（2）战胜纳粹德国这个有史以来最大的战争机器；（3）对许多边缘国家的殖民地独立斗争和民族解放运动做出决定性贡献；（4）为社会权利的宣扬以及后来的福利国家的建立创造了基础。

这一切都与一种平衡交织在一起，在涉及现实的社会主义经验时更倾向于孤独恐惧，而不是自我批评。西方马克思主义一贯热衷于对带有社会主义性质的争取民族解放的反殖民主义斗争（如苏联、中国、越南等）所带来的挑战进行理论上和学术上的批判，但在干涉主义和新殖民主义的扩张过程中，面对霸权国家为诋毁边缘国家而进行的非难，他们却一再保持沉默（Losurdo，2016）。

许多理论方法试图理解现实中的社会主义，其中包括西方苏联学的变体和以官僚化堕落概念、新生产方式理论、国家或官僚资本主义的分析为中心的一系列马克思主义方法。在这些方法的综合平衡中（Fernandes，2000），由于自身的不一致和矛盾，大多数否定上述经验的社会主义特性。

尽管许多国家在冷战期间声称自己是社会主义国家，并成为社会主义阵营的一部分，但一般情况下，他们本身的差异通常被低估了，仿佛只有一种单一的经验或模式。实际上，在中国改革开放政策闻名全球之前，就有其他国家进行了各种市场与计划相结合的试验（Nove，1989）。

关于现实社会主义经验中错误的叙述,既有来自右派的,也有来自左派的。在面对这些明显的自由主义叙事时,由于孤独恐惧和妥协,很少有人能够提出反对意见。确切地说,这正是多梅尼克·洛苏尔多和程恩富等学者的重要性所在。为此,我们将首先对洛苏尔多对西方左派孤独恐惧症的相关阐述进行分析,而后考察程恩富对中国特色社会主义的严谨分析如何有助于克服这一困境。

三、多梅尼克·洛苏尔多和西方左派的孤独恐惧症

在多梅尼克·洛苏尔多的大量著作中,他试图在严格的历史分析和对比分析的基础上对社会主义经验进行评估。他的出发点是:(1)既对这些现象进行批评,又不必诉诸恐惧;(2)分析时既摆脱怀旧感,又不陷入羞耻感;(3)既拒绝反共产主义宣传,又不把马克思主义当作神圣文本的一种平衡(Losurdo,2005a)。实际上,他意识到某些社会主义理想类型是在西方左派的思想中形成的,例如,阶级和冲突、权力和国家、劳动和市场分工、宗教和国家等消亡的设想。正如诺夫(Nove,1989)所指出的,这种认为富裕可以使冲突消失的成见只是一种简单化的假设,而新新人类(全知天使)则构造了一种新的稳定平衡。

在拒绝恐惧和投降的同时,洛苏尔多(Losurdo,2004)并没有放弃在各种社会主义经验之间达成谨慎的平衡。他根据各自所处的历史条件来理解各种社会主义经验——这是方法论上的严谨性所要求的。换句话说,他对这些经验的分析,其根据是国际环境、内部冲突、欠发达的历史遗产以及制度和政治上的困难,特别是被他称为辩证的例外状态——抽象的乌托邦及后来例外状态的僵化。换句话说,典型的乌托邦(如消灭国家、民族、市场和货币的弥赛亚主义)在旧政权痕迹的持续存在下、在制度框架的缺失下、在民族压迫下,以及在不充分的商品市场中变化着形象(Losurdo,2004:118-121)。

应对发展不足和外部压力的需要导致了国家的强化和制度的功能障碍。因此,并没有像一些理论家最初想象的那样出现国家的消亡,而是出现了国家机构僵化、国家机构与政府和共产党的纠缠,以及阻碍社会主义法律形态

的发展。① 以下几个方面造成了国家高度自治下政治权力的集中：（1）极端不利的国际局势；（2）社会主义政治形式在当前现代社会中的发展成熟；（3）通过国家行为实现现代化势在必行（Fernandes，2000：162－201）。在这种背景下，一个魅力型领导直接使以国家与社会调和为表象的制度性矛盾减弱，党与国家关系变得模糊。与此同时，也出现了一些关于国家灭亡的末世论和弥赛亚主义观点。

　　洛苏尔多拒绝那种不存在抵抗和冲突的、发达且民主的、理想化的社会主义，因为这无益于自我批评，也无益于理解渗透在现实经验中的、渗透在艰难曲折的真实历史进程中的矛盾。事实上，在用具体行动来改变现实的时候，把一些纯洁的优越的想法视为一种理想类型其实是虚伪的。这就是自恋的左派在反对"一国的社会主义"和向东欧以及其他地方输出革命、反对在实行真正的社会主义生产关系时缺乏激进主义和对沙俄时期富农的镇压、既反对经济封闭及其停滞僵化也反对融入世界经济的选择、反对对国际社会主义运动及其军事装备的漠视、反对唯生产主义道德观和相对于资本主义国家的物质短缺和落后（Losurdo，2015a：197）、反对权力的膨胀、反对资产阶级的参与和外来的干涉时的所作所为。似乎他们的革命激情在实践的唯心主义中找到了更加舒适的庇护——认为稀释市场、民族、语言、宗教、国家、社会冲突是简单的事情，而不去理解革命之后面临的挑战（Losurdo，2015b）。

　　那些所谓的西方马克思主义，在激进的理论与贫乏的政治实践相结合的过程中，继续保持着他们的孤独恐惧。对具体经验失灵的批评被化简成诸如斯大林主义、极权主义等陈腐的概念，其关于想象中的革命还额外增加了一种对自由主义精神的附着——被设想为"真正的"社会主义和马克思主义（Losurdo，2018）。因此，西方马克思主义将十月革命、中国、大多数东方共产党和第三世界的发展轨迹作为一个总体进行强烈的批判，一直为自己与他们所认为的滑稽

---

①　正如费尔南德斯（2000：189）所强调的，直到 20 世纪 30 年代，苏联的尤金尼·帕舒卡尼斯（Eugeny Pashukanis）对法律形式是异化社会关系的表达，一直是主流理解。

的马克思主义截然不同而感到自豪。他们甚至没有认识到,现实中的社会主义的崩溃是保守主义的重大复辟,它推动了新自由主义浪潮和美国干预的升级,这也不足为奇。

的确,西方马克思主义一直忽视或排斥反殖民主义的民族解放斗争和社会主义实践经验(苏联、中国、越南等)。除了明显的欧洲中心主义和民族中心主义,这种方法通常倾向于"无罪阐释学的仲裁"(教条的,有时是救世主般的),而不是去理解反殖民主义斗争发展的历史环境;它更喜欢的是"解构"理论的真实性和对权力本身的谴责,而不是应对建构新秩序的挑战来替代强加给东方马克思主义的主导秩序。然而,洛苏尔多强调,其后果是无力应对当前的争斗升级,从而宣告了西方马克思主义的灭亡(Losurdo, 2018)。

这就是为什么马克思主义在西方和东方之间的分歧变得明显:消灭国家的口号与建设有自治能力的独立国家的口号的对立;崇高抽象的国际主义与反殖民的爱国主义的对立;废除市场与致力于国家发展的对立;科学和技术是压迫机器的一部分还是克服半殖民地依赖状况的核心角色之间的对立(Losurdo, 2018: 23 - 35)。

许多带有帝国主义、民粹主义或无政府主义色彩的西方"左"派,屈服于干预主义的升级,如博比奥、哈特和哈贝马斯。其他人则更喜欢批评中国,比如哈维。哈维忽略了中国自1978年以来已经让8.5亿居民走出贫困[1],并将人类发展指数从0.5(1990年)提高到0.781(2020年)。如果保持现有速度,预计到2035年,该指数将达到0.902。[2]

一般来说,西方马克思主义常常屈服于标榜着民主和发达的西方中心国家,而忽略了帝国主义等概念。阿伦特和福柯把第三帝国和苏联的所谓"国家种族主义"等同起来,而面对一些国家公开的种族主义却保持沉默,这并非偶

---

[1] According to data from the World Bank, informed the Chinese agency CGTN, available at: https://news.cgtn.com/news/2020-09-29/China-s-role-in-poverty-alleviation-Ua3rlpYYZW/index.html.

[2] According to a report by the UNDP, according to the Chinese agency China Daily, available at: https://www.chinadaily.com.cn/china/2016-08/22/content_26561442.htm.

然。齐泽克就表现得更为明显,他在自己的分析中剔除了第三世界和帝国主义
等范畴,同时在涉及查韦斯领导的委内瑞拉反殖民主义斗争和共产党领导的古
巴、越南和中国等国家的时候强化专制主义叙事。面对不断升级的干预,一些
人保持了沉默,如博比奥面对南斯拉夫战争和海湾战争;而其他人,如塞奇拉图
(Serge Latouche),则更倾向于给反新自由主义斗争和反帝国主义斗争去合法
化(Losurdo,2016)。

新左派(或"民主左派")以批判独裁主义和福利国家的干涉主义为中心,它
产生于20世纪60年代,并伴随着1968年的"五月风暴"、嬉皮士和反文化运动
等事件在全球范围内得到传播,而对现实中的社会主义的失望为这一过程火上
浇油(Fiori,1995:2)。新左派的诞生是与自由主义的重获新生以及后现代主
义的兴起相互交织的,一方面导致了对发展和反帝运动的忽视;另一方面又导
致了对以身份认同和碎片化的社团主义为中心的行为准则的迷恋。因此,要么
以适当的批评挽救现实中的社会主义的遗产(将全面的集体事业置于中心地
位,具有普遍性,旨在实现国家发展和反殖民斗争),要么孤独恐惧症将加深这
种政治力量的自我毁灭性质,因为它无法认识政治斗争的重要性。否则,对现
实社会主义经验的批评就不会超出修辞上的道德主义,这是一种与具体的权力
关系分析不相适应的革命术语,容易走向虚无主义和失败主义,也无法改变当
前的权力结构。在经历着具体的斗争、具有反抗列强的压力和围剿的需要、面
对权力运行的挑战和克服不发达状态的迫切要求的国家中,西方马克思主义者
和新左派与马克思主义者意见相左,这并非偶然。

在复杂和不利的环境中寻找后资本主义社会的解决方案,迫使我们必须克
服救世主(messianic)般的期望。进行价值判断、解构观念和叙事、声明其真实
性,这些都不能提供可行的替代方案。简而言之,洛苏尔多在他的著作中表现
出了对社会主义经验的谨慎平衡和对自由化的西方马克思主义的深刻批判的
关注。

通过对现实社会主义经验的马克思主义研究导向一种必要的、自我批判式
的重估,而不是孤独恐惧症式的重估,洛苏尔多的著作不可避免地与程恩富关

于中国特色社会主义的著作形成了对话。从这个意义上说,对社会主义社会具体现实的具体分析所面临的困境,在很大程度上被两位作者的著作对同一话题重新定位,我们将在下面看到这一点。

四、程恩富与中国特色社会主义的马克思主义分析

东亚是 21 世纪持续进行社会主义实验的中心,特别是中国、越南和朝鲜。然而,某种民族中心主义阻碍了西方国家超越刻板印象来讨论这些中心的马克思主义理论系统化的努力。如前所述,这一事实很大程度上源于西方马克思主义范式与马克思列宁主义基本原理的分离。毕竟,正如马克林和奈特(Mackerras and Knight,1985)指出的那样,列宁主义对马克思主义的解释包含了能够影响亚洲和周边地区革命的因素,因为他为殖民地或前资本主义社会的革命和社会变革理论提供了基本要素。

自 20 世纪 20 年代以来,亚洲马克思主义者的观点在很大程度上与他们的列宁主义阵营是一致的,因为它包含了社会和国家革命的理论和实践(Mackerras and Knight,1985)。就中国而言,正如靳辉明(2017)在《马克思主义与中国特色社会主义》一书中所详述的那样,马克思主义中国化是中国取得成功的核心保障。尽管被西方的政治和学术领域所忽视,但该理论如何适应中国的具体挑战一直是复杂的,有其自身的论争、挑战和构想。这些适应的方法和相应的经验教训都是我们在社会主义市场经济和政治制度建设中学到的。

我们打算阐明程恩富这位著名学者对中国特色社会主义的论述。中国经历了不可阻挡的、快速的发展,它不属于已经崩溃了的现实中的社会主义国家,也不属于学院马克思主义者的教科书中的理想社会主义类型。中国称自己是中国特色社会主义,因为它使革命的遗产适应了时代的挑战,尽管西方马克思主义者更倾向于将其归结为资本主义复辟。

程恩富致力于马克思主义中国化的理解和建构。他对共产国际的历史解读就是朝着这个方向发展的,他认可中国共产党的诞生和成熟过程中共产国际对中国革命的支持,但他也强调将经典马克思主义者的理论概念和俄国经验绝

对化的局限性。换句话说，正是中国共产党人把马克思列宁主义与中国具体实际相结合的能力，使他们克服了错误的判断，取得了革命的最终胜利。主要的调整在于一开始就把焦点集中在农村地区（这与共产国际关于城市革命的立场不同），即便这是由无产阶级政党所领导的(Cheng and Yang, 2020)。

程恩富还论述了发展和丰富马克思主义的必要性。他认为，马克思主义的革新主要包括六个方面的内容：（1）由马克思恩格斯创造的，并为后继者所发展起来的理论体系；（2）自然、社会和思想发展的规律；（3）指导社会主义革命的马克思主义思想；（4）人类自由而全面的发展；（5）马克思主义的文化和思想信仰体系及其理念；（6）世界的和平与发展。这一更新包括三个基本要素：民族化、现代化和大众化(Cheng and Wang, 2018)。因此，很明显，在不放弃其结构要素的情况下，有必要在空间和时间上改进其思想。

程恩富对中国所经历的社会主义市场经济作了更为详尽的表述。和洛苏尔多一样，他的批判并不表现为孤独恐惧症；相反，他拒绝接受流行的结论，即苏联20世纪80年代改革失去了控制、被人民抛弃、军备竞赛的影响，以及与民族、宗教有关的政治主张等。

对他来说，论述的核心在于以苏共领导人戈尔巴乔夫为首的统治集团对马克思主义和科学社会主义的背叛。这经历了赫鲁晓夫对斯大林的谴责和与西方和平共处的战略——到1975年，中情局以各种方式为超过1 500份关于苏联的出版物提供了帮助，其中很多妖魔化了斯大林。导致的结果就是，组织上的错误使得大量非马克思主义干部进入党的高层，他们的机构和国家机器没能及时而有效地纠正这些错误，导致苏共的弱化和功能障碍(Cheng and Liu, 2017)。因此，中国领导人关心新进干部的素质、开展理论学习教育和开展反腐败斗争，而西方马克思主义则倾向于质疑这些经验。

程恩富认为，社会主义市场经济包括如下内容：

（1）多种形式的生产资料以公有制占主导地位。他明确指出，既然民营企业并不反对社会主义，就必须对各种形式的非公有制经济进行评估。中国还处于社会主义初级阶段，并不存在一个纯粹的形式，所以各种各样的所有制形式必须结合起来。所谓的双重经营体制,就是指将国内的承包责任制和总体规划结合起来——正如在农村地区,土地承包权并不意味着私有化。

(2) 解放和发展生产力是实现共同富裕的根本要求,不仅要在数量上而且要在质量上对其进行监督和管理,这是稳定宏观经济、实现科学发展的必要条件。这些都是克服市场机制本身固有的生产自发性和无政府状态,进而消除周期性经济危机产生的条件。

(3) 国家权力的社会主义性质与经济基础的多样性相协调,巩固共产党的领导和参与机制,如公司的民主管理。

(4) 有必要通过大量增加政府对教育、科学、信息、安全、福利等领域公共产品的投资,建立社会调控平台(Cheng and Hu, 2010)。

一些数据可能有助于说明中国经济建设的特点。例如,在《财富》2020 年全球 500 强企业报告中,中国超过了美国。[①] 在这份报告中,共有 133 家中国公司(四分之三为国有企业)——美国为 121 家,揭示了国家与企业之间的联系。在履行经济和外交政策中处于核心地位的国有企业被改组为国资委(2003 年成立)所属控股公司。因此,考虑到预算、土地和国有企业的净利润,中国的公有经济控制着很大一部分国民收入(见图 1),而且这一比例还在不断上升。

在另一篇文章中,程恩富仍然致力于捍卫中国特色社会主义市场经济的优越性,他谈到了 2008 年的金融危机。在他看来,中国体制的优越性来自生产力的提高,也来自巨额外汇储备;公有制的作用大大减少了生产的盲目性和无政府状态,有助于通过积极的财政政策恢复经济活力;社会主义政治制度享有灵活、高效的决策体系,能够快速推进各项措施(Cheng and Hu, 2010)。

简而言之,程恩富基于马克思主义经典著作所揭示的关于中国特色社会主义市场经济的观点,与由自由主义和反共产主义分析占主导地位的所谓的西方马克思主义主要流派形成了鲜明对比。通过讨论中国特色社会主义建设的具

---

① 参考《中国日报》,可访问:https://www.chinadaily.com.cn/a/202008/11/WS5f324861a31083481725f9fe.html.

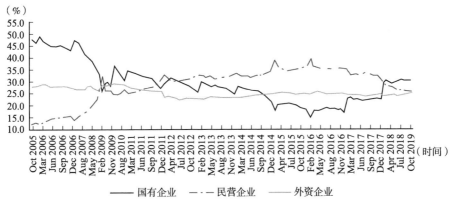

图 1　按企业类型划分的国民收入趋势

注：数据截至 2018 年 10 月。"外资企业"指中国境外，以及中国香港、中国澳门和中国台湾的投资
　企业。
资料来源：国家统计局，经济学家智库。

体现实，程恩富为马克思主义的理论和方法辩论做出了重要贡献，这些辩论涉及研究现实存在的社会主义所使用的定义和调查。

五、几点思考

近几十年来，从对实际存在的社会主义经验的分析和批判来看，孤独恐惧症现象在左派中反复出现。西方马克思主义的空想家们，不是采用辩证唯物主义和历史唯物主义的分析方法来验证现实中的具体问题，而是把他们的观点集中于对理想类型社会主义的复制，并排斥与他们观点不符的历史经验，或是完全遵守后现代主义和自由主义范式，后者在世界各地逐渐控制了进步阶层的想象力。

洛苏尔多和程恩富的著作以不同的方式构成了一个丰富的分析集合，以马克思主义理论为基础，对社会主义进行了反思。因此，他们用现实中的社会主义的奥秘来理解当代社会主义的经验，将自由主义潮流与西方左派内部的主流思想进行对比。他们的著作，反复揭露了反共产主义的左派同否定中国经验的社会主义特点之间的联系。这对于那些既想了解中国，又想更新对时代挑战的认识的人来说,是不可或缺的工具。

毫无疑问,如洛苏尔多和程恩富那样,重新实现对历史唯物主义和辩证唯物主义方法的缜密运用,代表了马克思主义和社会主义在不同国家实际中的适用过程。正如罗多尔夫·普伊格罗斯(Rodol Puiggrós, 1986)强调,我们从马克思列宁主义中汲取的,不是那些偶然的、特殊的、不根据本国实际进行必要调整而机械地照搬照抄外国社会发展成果的内容,而是那些必然的、普遍的、能够引领大众向民族解放和发展道路奋进的方法论和世界观。

参 考 文 献

〔1〕Alec Nove. *A economia do socialismo possível*〔M〕. São Paulo: Ática, 1989.

〔2〕Cheng Enfu and Hu Leming. The "Chinese Experience" in Responding to the Global Financial and Economic Crisis〔J〕. *World Review of Political Economy*, 2010, 1 (3): 375 - 387.

〔3〕Cheng Enfu and Liu Zixu. The Historical Contribution of the October Revolution to the Economic and Social Development of the Soviet Union — Analysis of the Soviet Economic Model and the Causes of Its Dramatic End〔J〕. *International Critical Thought*, 2017, 7 (3): 297 - 308.

〔4〕Cheng Enfu and Wang Zhongbao. Enriching and Developing Marxism in the Twenty-First Century in Various Aspects: Six Definitions of Marxism〔J〕. *International Critical Thought*, 2018, 8 (2): 177 - 192. doi: 10. 1080/21598282. 2018. 1478542.

〔5〕Cheng Enfu, and Yang Jun. The Chinese Revolution and the Communist International〔J〕. *Third World Quarterly*, 2020, 1 - 15.

〔6〕Colin Mackerras, and Nick Knight. Marxism in Asia〔M〕. New York: Routledge, 1985.

〔7〕David Harvey. *O neoliberalismo: história e implicações*〔M〕. São Paulo: Loyola, 2008.

〔8〕Domenico Losurdo. *Fuga da história? A Revolução Russa e a Revolução Chinesa vistas de hoje*〔M〕. Rio de Janeiro: Revan, 2005a.

［9］Domenico Losurdo. *Marx e o balanço histórico do século XX*［M］. São Paulo：Anita Garibaldi，2015a.

［10］Domenico Losurdo. *A luta de classes: uma história política e filosófica*［M］. São Paulo：Boitempo，2015b.

［11］Domenico Losurdo. *Democracia ou bonapartismo*［M］. Rio de Janeiro：UFRJ/UNESP，2004.

［12］Domenico Losurdo. *O marxismo ocidental*［M］. São Paulo：Boitempo，2018.

［13］Grover Furr. *Khrushchev Lied*［M］. Kettering：Erythros Press & Media，2011.

［14］Grover Furr. *Stalin: Waiting for … the Truth*［M］. Russia：Red Star Publishers，2019.

［15］Jiu Huiming. *Marxism and socialism with Chinese characteristics*［M］. Singapore：Gale Asia，2017.

［16］José Fiori. *O voo da coruja*［M］. Rio de Janeiro：EdUERJ，1995.

［17］Luís Fernandes. *O Enigma do Socialismo Real*［M］. Rio de Janeiro：Mauad，2000.

［18］Paulo Visentini. *Os paradoxos da Revolução Russa*［M］. Rio de Janeiro：Alta Books，2017.

［19］Perry Anderson. *Considerações sobre o marxismo ocidental*［M］. Rio de Janeiro：Brasiliense，1989.

［20］Rodolfo Puiggrós. *Historia crítica de los partidos políticos argentinos*［M］. Buenos Aires：Hyspamérica Ediciones Argentina，1986.

［21］Roger Keeran and Thomas Kenny. *O socialismo traído*［M］. Lisboa：Avante，2008.

［22］Slavoj Žižek. *Vivendo no fim dos tempos*［M］. São Paulo：Boitempo，2012.

庆祝中国共产党百年华诞、探究社会主义奋斗百年史

［德］科尼利厄斯·伦克尔 　［德］恩斯特·赫尔佐格*

杨成果**

一、1921 年前几个月国际形势的简要概述

1921 年 1 月,意大利共产党(Partito Comunista Italy,PCI)成立。

1921 年 2 月,新成立的苏联红军镇压了格鲁吉亚的反革命分子。在伊朗,礼萨·汗·巴列维通过政变上台。

1921 年 3 月,爱尔兰共和军对英国占领军发动武装袭击。英国占领军在都柏林绞死了自由战士(所谓的"被遗忘的十人")。葡萄牙共产党成立。法国和比利时联军在德国占领杜伊斯堡、杜塞尔多夫等城市。德国中部爆发武装斗争,超过 20 万名工人参加了德国共产党(Kommunistische Partei Deutschlands,KPD)在帝国境内发起的总罢工。一支白卫军占领了属于中国的蒙古(反动派冯·翁根-斯腾伯格宣布自己为统治者)。俄罗斯苏维埃联邦社会主义共和国(Russian Soviet Federative Socialist Republic,RSFSR)在喀琅施塔得镇压了反革命动乱的企图。俄罗斯苏维埃联邦社会主义共和国通过签订《莫斯科条约》

---

* 作者:科尼利厄斯·伦克尔(Cornelius Renkl),德国独立研究员和记者;恩斯特·赫尔佐格(Ernst Herzog),德国独立研究员和记者。

** 译者:杨成果,博士,温州大学马克思主义学院副教授,硕士生导师,研究方向为国际共产主义运动与世界社会主义。

与土耳其建立了友好关系,并与波兰缔结了《里加和约》(*Peace of Riga*)。列宁在七年战争和内战结束后提出新经济政策,以稳定无产阶级政权。英国矿工举行大罢工,资本家采取停工措施来反对。英国政府宣布进入紧急状态。

1921 年 5 月,捷克斯洛伐克共产党成立。上西里西亚(当时的地名)发生武装冲突,伦敦会议要求德意志帝国赔偿 1 340 亿黄金马克。挪威总罢工。美国限制移民,在俄克拉何马州塔尔萨市,在种族主义冲突中 300 人丧生,6 000 名非裔美国人被监禁。

1921 年 6 月,瑞典废除死刑。列宁和高尔基呼吁所有诚实的欧洲人和美国人帮助对抗俄罗斯的饥荒,俄罗斯在可怕的世界大战和 14 个外国列强的入侵之后,差一点被白卫军击败,但是最终并没有被击溃。共产国际第三次代表大会于 6 月 22 日在莫斯科开幕。

1921 年 7 月,爱尔兰共和军与英国军队达成停火协议。马萨诸塞州法院在一场恐怖的审判中,判处无政府主义者萨科(Sacco)和万泽蒂(Vanzetti)死刑(尽管全世界兴起抗议浪潮,但他们还是在 1927 年被处决)。阿卜杜勒·卡里姆(Abdel Karim)在摩洛哥击败了西班牙军队。蒙古人民共和国(现为蒙古国)在苏联红军的保护下成立。在巴黎首次接种结核病疫苗卡介苗。在多伦多发现胰岛素。希特勒被选为国家社会主义德国工人党(NSDAP)主席。

二、中国的形势和阶级状况

1911 年随着孙中山领导的资产阶级民主革命——辛亥革命的发生和千年帝制被推翻,中国重生的希望发出闪亮的光芒。然而这种希望迅速破灭。在第一次世界大战后,日本大大加强了在中国的影响力,特别是日本企图在东北追随沙俄的脚步,其中包括占领德国控制的青岛和胶州殖民地。在与大英帝国和美国的竞争中,日本寻求进一步扩大其势力范围。这些帝国主义列强之间的斗争是由中国军事独裁者(军阀)进行的,他们担任帝国主义列强的雇佣军领袖,并由帝国主义列强为其提供资金和武器。一个历史最悠久的文明古国在经历了近 80 年的掠夺之后被西方列强踩在脚下——陷入屈辱、落后和贫困之中。

1919 年,在伟大的十月社会主义革命的鼓舞下,五四运动兴起,以反抗列强的掠夺,并成为反帝解放斗争开始的标志。同年,工人阶级(当时约有 200 万工人,主要从事纺织业、造船业、采矿业、运输业等)在第一次总罢工后登上政治舞台。

1921 年 7 月,在动荡的条件下 13 名代表(全国共 50 名成员)在上海召开中国共产党建党代表大会,共产国际(成立于 1919 年)的两名特使也出席了会议。中国共产党有两个重要的根源,首先是工人阶级联合农民、城市小资产阶级和民族资产阶级开展争取民族解放和独立的斗争,这场斗争也指向帝国主义列强的内部支持者、地主和买办资产阶级。其次是马克思列宁主义塑造的无产阶级国际主义,即中国工人阶级与国际工人运动的联系。中国共产党就是在这样的背景下成立的。从那时起,中国共产党表现出色,积累了丰富的经验,从错误中吸取了教训,取得了举世瞩目的成就。

关于当时中国各阶级的地位和无产阶级的突出地位——尽管它的数量还比较少——毛泽东后来写道:"中国革命战争的主要敌人,是帝国主义和封建势力。中国资产阶级虽然在某种历史时机可以参加革命战争,然而由于它的自私自利性和政治上经济上的缺乏独立性,不愿意也不能领导中国革命战争走上彻底胜利的道路。中国农民群众和城市小资产阶级群众,是愿意积极地参加革命战争,并愿意使战争得到彻底胜利的。他们是革命战争的主力军;然而他们的小生产的特点,使他们的政治眼光受到限制(一部分失业群众则具有无政府思想),所以他们不能成为战争的正确的领导者。因此,在无产阶级已经走上政治舞台的时代,中国革命战争的领导责任,就不得不落到中国共产党的肩上。在这种时候,任何的革命战争如果没有或违背无产阶级和共产党的领导,那个战争是一定要失败的。因为半殖民地的中国的社会各阶层和各种政治集团中,只有无产阶级和共产党,才最没有狭隘性和自私自利性,最有远大的政治眼光和最有组织性,而且也最能虚心地接受世界上先进的无产阶级及其政党的经验而用之于自己的事业。因此,只有无产阶级和共产党能够领导农民、城市小资产阶级和资产阶级,克服农民和小资产阶级的狭隘性,克服失业者群体的破坏性,并且还能够克服资产阶级的动摇和不彻底性(如果共产党的政策不犯错误的话),而使革命和战争走上胜利的道路。"①

三、中国共产党的历史教训

1927年,随着上海、南京以及毛泽东的家乡湖南爆发起义,这个年轻的政党达到了第一个高峰。尤其是南昌起义(它孕育了中国红军——1949年以来被称作中国人民解放军)和1927年的广州公社不可磨灭地铭刻在中国工人运动和国际工人运动的记忆中,即使他们以失败而告终。在以恩斯特·台尔曼(Ernst Thälmann)为首的德国共产党领导下,德国对于这个在中国土地上的第一个工农政府的声援也是巨大的。

广州起义的失败导致中国共产党的决定性路线修正:以农村包围城市,创建革命根据地——这就是使俄国以大城市为中心的十月革命的"样板"适应中国国情,走向"人民战争"。这种战略方法随后激发了许多革命者,尤其是在古巴和越南。这考虑到农民在革命斗争中的重要性。在中国,农民仍然占总人口的80%以上,这是由不发达和落后的半殖民地半封建条件所决定的。

共产党指挥的红军在蒋介石军队的五次围剿中存活下来。蒋介石军队得到了德国顾问的支持,并配备了德国武器。随着1934—1936年"长征"的战略转移,中国共产党——在毛泽东的领导下——设法重建、巩固和扩大其在解放区的影响力。

日本帝国主义者于1931年占领东北;1937年全面侵华,以武力残暴镇压中国人民。在此情况下,中国共产党成为中华民族抵抗日寇侵略的主导力量。中国共产党独自坚持斗争,而蒋介石和他的集团却在是否与日本一起对中国共产党和苏联开战问题上犹豫不决。中国共产党在朱德这样杰出的军队领导人的领导下英勇地战斗,成功地牵制了自1936年以来日本帝国主义的强大力量,保护了苏联免受两线战争的威胁。1941年12月当美国被日本袭击时,即使是当

---

① 《毛泽东选集》第一卷,人民出版社1991年第2版,第183-184页。

时最强大的帝国主义国家也必须承认中国共产党的国家影响力、军事战斗力和国际意义。1945年,日军被驱逐出境。

蒋介石在美国和英国的支持下,再次试图消灭中国共产党,其结果不仅是蒋介石的巨大失败,而且是整个资本主义世界的巨大失败。1949年10月1日,毛泽东宣布中华人民共和国成立。这是经过近30年的血腥斗争后,中国共产党取得的胜利,它对于人民争取解放和脱离帝国主义的独立斗争而言,就像十月革命对于工业化国家的工人运动一样,具有相当重要的意义。

四、1949年成立的中华人民共和国

早在1936年底长征结束后不久,毛泽东就已经宣布了中华人民共和国的性质——中国是中华人民的共和国。毛泽东指出:

> 为什么要把工农共和国改变为人民共和国呢?
>
> 我们的政府不但是代表工农的,而且是代表民族的。这个意义,是在工农民主共和国的口号里原来就包括了的,因为工人、农民占了全民族人口的百分之八十至九十。我们党的第六次全国代表大会所规定的十大政纲,不但代表了工农的利益,同时也代表了民族的利益。但是现在的情况,使得我们要把这个口号改变一下,改变为人民共和国。这是因为日本侵略的情况变动了中国的阶级关系,不但小资产阶级,而且民族资产阶级,有了参加抗日斗争的可能性。
>
> 那是没有问题的,人民共和国不代表敌对阶级的利益。相反,人民共和国同帝国主义的走狗豪绅买办阶级是处在正相反的地位,它不把那些成分放在所谓人民之列。这和蒋介石的"中华民国国民政府",仅仅代表最大的富翁,并不代表老百姓,并不把老百姓放在所谓"国民"之列,是一样的。中国百分之八十至九十的人口是工人和农民,所以人民共和国应当首先代表工人和农民的利益。但是人民共和国去掉帝国主义的压迫,使中国自由独立,去掉地主的压迫,使中国离开半封建制度,这些事情就不但使工农得

了利益,也使其他人民得了利益。总括工农及其他人民的全部利益,就构成了中华民族的利益。买办阶级和地主阶级虽然也住在中国的土地上,可是他们是不顾民族利益的,他们的利益是同多数人的利益相冲突的。我们仅仅离开他们这些少数人,仅仅同他们这些少数人相冲突,所以我们有权利称我们自己是代表全民族的。

工人阶级的利益同民族资产阶级的利益也是有冲突的。要开展民族革命,对于民族革命的先锋队不给以政治上、经济上的权利,不使工人阶级能够拿出力量来对付帝国主义及其走狗卖国贼,是不能成功的。但是民族资产阶级如果参加反对帝国主义的统一战线,那么,工人阶级和民族资产阶级就有了共同的利害关系。人民共和国在资产阶级民主革命的时代并不废除非帝国主义的、非封建主义的私有财产,并不没收民族资产阶级的工商业,而且还鼓励这些工商业的发展。任何民族资本家,只要他不赞助帝国主义和中国卖国贼,我们就要保护他。在民主革命阶段,劳资间的斗争是有限度的。人民共和国的劳动法保护工人的利益,却并不反对民族资本家发财,并不反对民族工商业的发展,因为这种发展不利于帝国主义,而有利于中国人民。由此可知,人民共和国是代表反帝国主义反封建势力的各阶层人民的利益的。人民共和国的政府以工农为主体,同时容纳其他反帝国主义反封建势力的阶级。

让这些人参加人民共和国的政府,不危险吗?不危险的。工人农民是这个共和国的基本群众。给城市小资产阶级、知识分子及其他拥护反帝反封建纲领的分子以在人民共和国政府中说话做事的权利,给他们以选举权和被选举权,不能违背工农基本群众的利益。我们纲领的重要部分应当保护工农基本群众的利益。工农基本群众的代表在人民共和国政府中占了大多数,共产党在这个政府中的领导和活动,都保证了他们进来不危险。中国革命的现时阶段依然是资产阶级民主主义性质的革命,不是无产阶级社会主义性质的革命,这是十分明显的。只有反革命的托洛茨基分子,才瞎说中国已经完成了资产阶级民主革命,再要革命就只是社会主义的革命了。一九二四年至一九二七年的革命是资产阶级民主主义性质的革命,这次革命没有完成,而是失败了。一九二七年至现在,我们领导的土地革命,也是资产阶级民主主义性质的革命,因为革命的任务是反帝反封建,并不是反资本主义。今后一个相当长时期中的革命还是如此。

革命的动力,基本上依然是工人、农民和城市小资产阶级,现在则可能增加一个民族资产阶级。

革命的转变,那是将来的事。在将来,民主主义的革命必然要转变为社会主义的革命。何时转变,应以是否具备了转变的条件为标准,时间会要相当地长。不到具备了政治上经济上一切应有的条件之时,不到转变对于全国最大多数人民有利而不是不利之时,不应当轻易谈转变。怀疑这一点而希望在很短的时间内去转变,如像过去某些同志所谓民主革命在重要省份开始胜利之日,就是革命开始转变之时,是不对的。这是因为他们看不见中国是一个何等样的政治经济情况的国家,他们不知道中国在政治上经济上完成民主革命,较之俄国要困难得多,需要更多的时间和努力。[①]

毛泽东指出新民主主义革命是世界无产阶级革命及其向社会主义发展的一部分。[②]

五、中国共产党在世界舞台上的作用

民族压迫、半殖民地的依赖性、饥饿和苦难已不再是不可改变的命运,世界上人口最多的国家(约有 4.5 亿居民,当时几乎占世界人口的 1/4)正在走向新的道路——从新民主主义革命走向社会主义!德意志民主共和国成立于 1949年 10 月 7 日,是世界上最早承认中华人民共和国的国家之一。反之亦然:中华人民共和国承认了德意志民主共和国。而德意志联邦共和国受美帝国主义的

① 毛泽东.毛泽东选集·第一卷(第 2 版)[M].北京:人民出版社,1991:158 - 161.
② 毛泽东.毛泽东选集·第一卷(第 2 版)[M].北京:人民出版社,1991:662 - 711.

影响，从一开始就对新中国持敌对态度。

1956 年，中国共产党反抗了苏共二十大的破坏行为。苏共二十大谴责了斯大林，它不是批判性地审视社会主义兴起和战胜法西斯主义的整个时代，而是以最恶劣的方式抹黑它。中国共产党反对赫鲁晓夫对马克思列宁主义的修正主义歪曲和对帝国主义的讨好；中国在苏联撤出重建援助以及苏联和经济互助委员会事实上的禁运中幸存下来。

中国共产党克服中苏关系破裂造成的困难，依靠自己的力量保卫自己免受事实上的国际孤立和帝国主义的威胁。

1976 年，中国共产党、人民和国家遭受重创，中国失去了三位久经考验的伟大领袖：毛泽东、周恩来和朱德。但是中国共产党经受住了这一打击。

在邓小平的领导下，中国共产党成功地打破了国际孤立，为生产力的快速发展创造了条件，使中国在未来几十年成为世界工业大国、世界工厂。这涉及打破社会主义的平均主义和集体主义（指"大锅饭"）观念——对于西方的一些革命"浪漫主义者"来说尤其痛苦。这也意味着不可避免地做出让步，联合并利用外国资本（按照列宁的新经济政策）和民族资产阶级的力量来建设一个大国。

1989 年，中国共产党抵制戈尔巴乔夫和帝国主义反革命势力消灭社会主义的企图。中国认识到，反革命的胜利（如几个月后的东德和 1991 年的苏联）并非不可阻挡的。中国共产党遵从了毛泽东的教导，即社会主义不是"不可逆转的"，在一个历史时期中，阶级和阶级斗争是长期存在的，"谁胜谁负"的问题尚未最终解决。

中国共产党领导下的中国，通过新的外交出击，突破了帝国主义重新孤立中国的企图。中国的发展风起云涌，首先成为世界的工厂，不仅在技术上赶超，而且在众多行业中成为领先者；它完成了从农业国到工业国的转变，并在 2021 年消除了绝对贫困——这一成功为全世界指明了道路。

自 2001 年以来，中国通过上海合作组织与俄罗斯和苏联的众多继承国建立稳定友好基础，这成为抵御帝国主义国家一再支持的地区恐怖主义和分裂主义的障碍。美国在 2005 年申请观察员地位被拒绝。

通过"一带一路"倡议,中国正在与世界许多国家共同发展经济。中国提出"人类命运共同体"倡议,不仅为避免战争、和平共处,而且为共同解决气候、环境和贫困等未来重大问题指明了方向。

截至 2021 年,中国共产党拥有 9 500 万名党员。习近平同志是一位非凡的党的领袖,中国拥有这样的领袖令全世界羡慕。中国共产党通过开展令人信服的反腐运动(腐败是世界资产阶级的愿望及其对中国的隐性阶级斗争的一种表达),在飘扬着五星红旗的大地上掀起了一场清正风暴,以革新党和整个社会。这场运动是美国和德意志联邦共和国怒吼的原因之一。金融寡头们逐渐意识到,他们无法随心所欲地与中国打交道。他们意识到"通过和平手段改变"的方法在中国行不通。他们曾经用这种方法诱骗东德,让社会主义屈服。他们宣称中国是"制度竞争者",并试图将中国塑造成新战线(今天仍然存在)和冷战的敌人形象。

帝国主义集团正陷入危机和新冠病毒大流行,将最贫穷的国家拖入漩涡。最贫穷的国家不得不承受比富裕国家更严重的灾难。相比之下,在全民支持下,坚持抗击疫情的中国战胜了危机,自 2020 年 2 月以来,已经向需要援助的许多国家,甚至意大利提供了援助。

现在外国资本渴望与中国做生意,同时不放弃其令人作呕的破坏中国领土完整的行动。

尽管有疫情的影响,在中国共产党领导下,中国在 2021 年按计划全面建成小康社会。之后,中国共产党着眼于实现第二个"百年目标"。2049 年是中华人民共和国成立一百周年,要把中华人民共和国建设成为一个富强、民主、文明、和谐的社会主义现代化强国。

中国在共产党领导下,已成为世界上保护和平、民主、自由贸易的一个重要和有影响力的因素。它保护最重要的人权:生命权和工作权。

我们感谢中国及伟大的中国共产党为战胜德、意、日帝国主义做出的伟大牺牲和贡献,它使 1945 年后出现人民的春天和消灭赤裸裸的殖民主义成为可能。

　　我们感谢中国和中国共产党从未向帝国主义退缩,也感谢中国和中国共产党带来变革和消除苦难的希望,带来消除富有的金融寡头的独裁统治、垄断利润的贪婪"秃鹰"及其企图颠覆社会主义制度的敌对势力的希望。总而言之,社会主义的希望并非遥不可及,而是在我们眼前蓬勃发展。

向社会主义变迁：昨天和今天

［英］大卫·莱恩*

谭泓　时苗**

在这篇论文中，笔者讨论了社会主义进化史和从资本主义过渡的历史。中国共产党提出的社会主义发展的三个阶段（初级阶段、中级阶段和高级阶段），可能适用于中国等已经开始从资本主义向社会主义过渡的国家。中国被公认为在社会主义第一阶段和第二阶段之间正在崛起的大国。

笔者想把重点放在那些仍处于发达资本主义阶段的国家，同时也考虑到那些从社会主义初级阶段"倒退回"资本主义的国家，如苏联和东欧的社会主义国家。在这里，笔者回到马克思、恩格斯、列宁关于资本主义向社会主义第一阶段过渡的经典著作的讨论中提出问题。这样做，就要考虑"马克思列宁主义诞生后的深远历史事件和世界历史进程中发生的变化"。①

与 20 世纪初相比，发达资本主义国家的社会主义力量已经大大减弱。苏联和东欧社会主义国家的解体和"倒退回"资本主义是至关重要的事件。程恩富和张军提出了一些原因：改革派领导人造成的意识形态混乱，资本主义的和平演变，苏联共产党结构中的组织缺陷以及将国家引向社会主义反方向的错误

---

　　* 作者：大卫·莱恩（David Lane），英国社会科学院院士、剑桥大学伊曼纽尔学院名誉院士和北京大学客座教授。

　　** 译者：谭泓，青岛大学劳动人事研究院院长、二级教授，山东省劳动人事研究基地主任；时苗，中央民族大学法学院，2022 级硕士研究生。

　　① 程恩富、李伟. 马列主义是认识和改造世界的科学方法与指南[J]. 马克思主义研究，2011，(01)：22－37＋159.

政治领导。程恩富认为，苏联政治领导人否认了苏联和苏共的历史。戈尔巴乔夫和叶利钦领导层利用高度集中、肆无忌惮的政治体制和机制，背叛马克思主义、社会主义和广大人民群众的根本利益。这是苏联和东欧社会主义国家解体和剧变的致命政治根源和直接原因。①

虽然笔者同意欧洲社会主义国家是被政治领导层瓦解的，但这些国家也有潜在的社会和经济隐患，这一点不容忽视。苏联政治领导层未能充分回应社会主义发展过程中出现的城市中产阶级和受过教育人口的需求。这一体系没有提供年轻一代所需的理性表达形式和商品消费。正如许多社会主义批评者所说，领导层被绑在传统威权主义的紧身衣里。欧洲社会主义国家的自由改革运动认识到了这些问题，但现任政治领导层对矛盾处理不当——他们非但没有改革社会主义，反而废除了社会主义。

一、资本主义的结构性矛盾

亚历山大·布兹加林(A. Buzgalin et al.，2020)提出了一些关于如何超越资本主义的根本性问题。他强调客观过程的重要性、客观过程在过去和现在的矛盾，以及客观过程是如何揭示向社会主义过渡的。按照恩格斯的推论，社会主义是社会发展规律性趋势的必然结果。资本主义固有的结构性矛盾必然导致一个新的综合体——社会主义："生产方式与交换方式相对立，生产力与已不能发展的生产方式相对立"(Engels，1878)。恩格斯明确指出，社会受制于独立于人类行为的规律。科学的马克思主义强调社会的客观条件，特别是生产力的技术构成。正如马克思所说："(资本主义)不断推动的普遍性有其自身的局限性，在其发展的某一阶段，这将使其本身成为阻碍这一趋势的最大障碍，从而导致其自身的自我毁灭。"(Grundrisse，1977：364)恩格斯在《反杜林论》(1878)中描述了资本主义向社会主义的转变："当资本主义生产方式越来越彻底地将绝

---

① 《回顾与展望：世界社会主义五百年——访世界政治经济学会会长程恩富学部委员》，载《世界马克思主义研究》，中国社会科学出版社 2021 年版，第 1 期。

大多数人转变为无产阶级时,它创造了一种力量,而这种力量在自身毁灭的惩罚下,被迫完成了这场革命。"(Engels,1878)在这里,客观的发展规律导致了共产主义生产方式的第一阶段,共产主义生产方式必然从资本主义演变而来。规律有其自身的逻辑,社会规律与达尔文的自然界规律相似。正如达尔文发现了有机自然组织及其发展规律一样,马克思也发现了人类历史的发展规律……(Engels,1883)。然而,达尔文的世界是基于自然界固有的竞争,基于物种对环境的适应,而变化是无意识地设计的适应性变异的积累。

这条路线在19世纪被欧洲崛起的社会党所接受。德国社会民主派领袖卡尔·考茨基在《权力之路》(1909年)一书中指出:"只有在资本主义生产方式高度发达的地方,才有可能利用国家力量将生产资料中的资本主义财产转化为社会财产。……这些条件是由资本主义生产方式的发展和由此产生的资本家和劳动者之间的阶级斗争不断创造出来的。因此,正如资本主义的不断扩张必然和不可避免地继续下去一样,这种扩张的必然对立面——无产阶级革命——也同样不可避免地和不可抗拒地进行着……"(Kautsky,1909)

但作为一种蜕变形式,向社会主义的过渡存在着激烈的争议。与自然界中的自发变化不同的是,在人类社会,人类为了自己的利益,干预并有意识地改变自然。马克思、恩格斯和考茨基都主张依靠阶级力量实现社会主义的革命性变革。人们一致认为,革命的推动者是社会阶级,无产阶级是社会主义的推动者。但无产阶级将如何使其所谓的优势转化为政治和权力,这一点还没有确定。相反,他们的想法背后是资本主义将转变为社会主义。

正是列宁强调的从资本主义到社会主义是自发的蜕变过程,这一点意义重大。在他那本划时代的小册子《怎么办?》(列宁,1965)中,他强调了政治上有组织的人在实现政治变革——建设社会主义中的积极作用。革命政党的政治行动,是向社会主义过渡的需要。在如何改变世界这一方面,马克思列宁主义引起了争议。恩格斯的遗产是一种寻找发展规律的社会分析方法,而积极的马克思主义(实现理论的过程)则包含了人类干预历史的作用(Kautsky,1909),这二者需要加以区分。正如马克思在《关于费尔巴哈的提纲》的第11条中所说的那样，"哲学家们只是用不同的方式解释世界，问题在于改变世界"(Feuerbach，1845)。"积极的马克思主义"是实现以生产力发展为前提的变革所必需的政治干预。为了促进政治行动，在从资本主义向社会主义过渡的方式上可能会有不同的意见。这里，我们从对社会科学的解释转向对政治行动的评价。必须区分这些不同的马克思主义的评价标准。"积极的马克思主义"是人类行动推进社会主义或共产主义的实践。解放只能作为打破经济剥削的政治行动的结果。这种方法使人类在历史上发挥了创造性的作用。

积极的马克思主义方法，是将马克思的思想应用于马克思没有预料到的社会和政治环境中。例如，在前资本主义社会，人们争辩说，在正确的政治领导下，人类的行动可以推动社会朝着共产主义生产方式的方向发展，而完全不依赖于出现更高生产方式的客观前提条件。苏联领导人声称绕过资本主义生产方式，建立了社会主义的经济基础。这样的评价可能与文化或社会类型的其他要素不同，也可能与人们在社会主义社会中看到的政治形式(如强化的民主形式)不同。换言之，从前资本主义向社会主义第一状态的过渡(绕过资本主义生产方式)，很可能是经济领域的人类解放进步运动与政治领域的其他特征(甚至是压迫)相结合的。可以将其与西方启蒙运动的解放思想相比较，后者与奴隶制和殖民统治相结合。斯大林和毛泽东主政的时代就有这样的矛盾。"积极的马克思主义"在这样的意义上是合理的，即建立了一个促进现代化而没有大量私人经济剥削的社会。在另一些国家，反殖民主义促进了现代化和政治解放，进一步发展了民族资本主义。

程恩富和李伟(2011)认为，学习马克思列宁主义，就是要提高运用马克思列宁主义深刻观察和科学分析当前西方金融经济危机和世界新发展方向的能力，这一点无疑是正确的。[①] 一个科学的方法是根据新发现的事实对现有的理论和知识进行重新评估。马克思的方法不是对理论著作进行塔木德(Talmudic)

---

① 程恩富、李伟.马列主义是认识和改造世界的科学方法与指南[J].马克思主义研究，2011，(01)：22-37+159.

式的审查,而是研究社会结构,以揭示其原动力。今天,我们不仅要运用马克思的见解,而且要运用马克思之后发展的其他方法。没有创造性的批判和更新,马克思的著作就成为象牙塔中的学术经典(理解马克思著作的语言和意义的表述和主张)。

自从恩格斯和列宁的理论被阐明以来,他们所熟知的世界已经发生了变化。尽管他们的方法论和目标可能会持续下去,但他们对资本主义的描述已经被取代。自马克思那个时代以来,已经发生了五大结构性变化:先进资本主义生产和通信形式的技术水平、经济危机的性质、资本主义在全球范围内的扩张、金融和非金融企业的全球扩张、阶级结构的转变以及国际政治机构在管理经济协调方面的作用。

20世纪末,欧洲社会主义政党的知识分子领导层未能对世界资本主义制度在意识形态、经济和政治领域的复兴提出思想批评。戈尔巴乔夫领导下的改革是"重建"国家计划经济以便与全球资本主义竞争的最后一次尝试,但这是一个模棱两可、考虑不周、仓促实施的计划,政治领导层对此失去了控制力。中国采取了经济发展的道路:在引入市场经济和私营贸易的同时,共产党保持主导权。这一纲领在经济增长和繁荣方面取得了成功。如果苏联在短期内采取了这样的政策,它将确保经济结构调整,并可能与更渐进的政治改革以及后来可能转向选举民主的运动相平行。这些民主国家是根据国情逐渐地兴起的,即使是西方不完美的民主国家,也要花上几个世纪才能建立起来。

列宁主义通过向革命政党过渡的方法,特别适合于早期资本主义发展和农业人口众多的国家情况。列宁、毛泽东以高瞻远瞩的政治眼光,把农民带到社会主义事业中来:现在用联合收割机代替了农民的劳动。1871年的巴黎公社和1917年10月布尔什维克夺取政权,都是具有历史意义的重要事件,但重新审视这些事件不会为2022年直接向社会主义过渡的政策提供任何信息。在21世纪,先进资本主义国家的社会主义政党基本上抛弃了列宁主义革命党。然而,问题仍然是,在全球化资本主义的条件下,资本主义向共产主义的转变是否会发生?

二、向社会主义变迁的两种当代思考方法

（一）不断变化的阶级结构

亚历山大·布兹加林和安德烈·科尔加诺夫（A. Buzgalin and A. Kolganov，2015：575－598）以及保罗·梅森（P. Mason，2015）采用了类似的方法论，但在不同的背景下也适用于恩格斯的发展规律的社会分析方法。他们认为，资本主义的全球经济正朝着富裕的方向发展，高科技正在导致市场关系的更替和资本主义的竞争。布兹加林和科尔加诺夫还提出，市场关系被国家广泛的再分配角色所取代，被商业监管的兴起所取代，被非营利性社群主义企业的发展所取代，或许最重要的是，被没有直接劳动力的生产的发展所取代。所有这些发展导致行为者追求金钱利益的动机减弱，从而消除了资本主义制度的基本组成部分（Buzgalin et al.，2015）。这种方法更新了马克思关于资本主义即将崩溃的观点，这是生产方式的客观发展造成的。

此外，资本主义的发展使资本主义社会的政治、经济协调程度提高，形成了分散自治、独立自治和集体生产的资本主义社会。在发达资本主义条件下，劳动力的转变是非常重要的。人口的职业和社会构成正在朝着恩格斯所预期的方向变化——但后果不同。由于现代生产方式已经取代了19世纪资本主义的生产方式，因此有关由半熟练工厂劳动大军组成的无产阶级崛起的想法必然被取代。

这些作者认为，目前在资本主义下，一个新崛起的阶级已经形成（或正在形成），它是由工人阶级中最先进的部分组成的。也就是说，"创造阶级"（基于人类智慧、知识和创造力的劳动）（Florida，2004：xiii）构成了社会主义生产方式的萌芽。保罗·梅森、理查德·弗罗里达和亚历山大·布兹加林依赖于新的后资本主义技术组织形式，这种组织形式将带来财富并破坏市场，同时也成为榨取剩余价值的手段。这些著作的优点是明确了构成创造阶级的职业类型：计算机、建筑和工程职业；生活、物理和社会科学、教育、培训和图书馆职业；艺术、设计、娱乐、体育和媒体职业。根据佛罗里达的描述，第二层包括创意专业人士：

管理、商业和金融运营、法律职业、医疗从业者和技术职业，以及高端销售和销售管理(Florida，2004：74)。在这里，我们看到了一个与马克思、恩格斯和列宁设想的世界截然不同的图景。

萨伯·马克和米克洛斯·艾靳思详细描述了21世纪欧洲发生的变化(Csaba Mako and Miklos Illess，2020：112 - 129)。根据欧洲工作条件调查(European Working Conditions Survey，EWCS)收集的数据，他们将职业分为三个不同的类别：创造性工人、受约束的问题解决者和泰勒制工人。创造性工人在工作中必须在很大程度上利用他们的认知能力，并享有很大程度的自主权。根据泰勒制原则组织的工作，至少使用认知能力和自主性。最后一个群体实质上是19世纪社会主义者设想的无产阶级。这些调查显示，2015年，59%的工作属于"创造性"类型，只有20%属于"泰勒式"类型。然而，不同国家之间存在显著差异：丹麦、瑞典、德国和英国在"创意部门"拥有77%、74%、49%、59%的工作岗位。其他国家仍然更加"泰勒式"：拉脱维亚、匈牙利和罗马尼亚保留了大量传统劳动力，分别只有35%、37%和35%的工作岗位属于创造性类型。

这在实质上对工人阶级的分化相当重要。在《反杜林论》中，恩格斯指出，技术的引入导致了结构性失业：机器的"完善"使人类的劳动"变得多余"(Engels，1878：379)，并构成了一支"工业后备军"(Engels，1878：379)。然而，并不是所有人都加入了这支军队。正如马克和艾靳思指出的那样，与那些处于"泰勒式"类型的人相比，处于"创造性"地位的人不太可能受到技术创新的威胁，并被机器(由人工智能引导)所取代(Mako and Illessy，2020：120 - 121)。这种分层形式并没有导致优势阶级的崛起，而是使创造阶级融入资本主义制度，疏远了受教育程度较低和没有技能的人。

重要的是，这些作者发现了在资本主义制度下发展起来的一个正在崛起的阶级，并将辩论从革命无产阶级冲破障碍的形象转向对先进资本主义制度下工作性质和政治战略的分析上。这里的意思是说，一个经典的社会主义理论家没有料到的社会阶级处于生产力发展的前沿。教育水平的极大提高，从事需要思考和主动性工作的人数增加，是这一阶级的技术基础。此外，它具有(实际上或潜在地)通过质变过程取代资产阶级的社会力量。当这些阶层面临由于自动化和人工智能的日益使用而导致的就业机会下降时，矛盾就出现了。

虽然这样的归纳无疑意义重大，但完全不清楚他们是如何构成挑战执政的资产阶级的"优势阶级"的。在全球化的地缘政治条件下，不仅在国家内部分歧严重，而且在国家之间也是如此。工人阶级仍然按照职业出现高度分层，甚至在拥有舒适的生活方式和可持续就业的非体力劳动者与其他工作不确定、报酬低、不可持续的无论是体力劳动还是非体力劳动之间出现两极分化。西方国家存在这种分化，后者为在21世纪崭露头角的民粹主义政党的崛起提供了基石。"创造阶级"认同跨国资本主义的价值观。职业归类与政治的关联将取决于政府、政党、工会对政策的表述，以及历史进程中确定的集体意识水平。社会主义组织和所有制关系的替代形式是当前的一个挑战，需要创造出来。

（二）等级化控制的替代

第二种方法针对的是上述优势阶级模式未能解决的政治组织和领导的问题。19世纪的社会民主主义将社会主义政党视为变革的工具：要么通过改革和议会式民主，要么通过列宁主义式的政党领导的革命。

安东尼奥·内格里和迈克尔·哈特（Antonio Negri and Michael Hardt，2000）建议对恩格斯和列宁的思想都进行重大修改，他们反对社会民主主义的议会道路、列宁提出的政党领导的民主集中制和等级化的国家计划制。他们呼应了人们普遍认为的官僚管理的不利影响，赞同罗伯特·米歇尔斯（Robert Michels，1915）的批评，即任何等级组织都会导致寡头政治。在内格里和哈特看来，等级组织是一种压迫形式，严重损害了作为实现社会主义手段的政党领导。内格里和哈特提出了"大众"的概念，认为大众是具有解放潜力的革命角色，大众具有政治创业者的能力（Negri and Hardt，2017：280）。他们认为，人类"大众"形式的社会力量能够起到真正的民主作用。

根据哈特和内格里的观点，列宁的"民主集中制"的组织形式应该颠倒过来。①

---

① M. Hardt and A. Negri. *Assembly*[M]. New York：Oxford University Press，2017.

他们认为,"全面的长期政治计划不应再是领导人或党的责任"。领导力是有一席之地的,但这只是与现有机构的对抗,它是暂时的和临时的,总是从属于大众。领导层应该"仅限于短期行动,并只在特定场合起作用"(Hardt and Negri,2017:19)。只有当前的战术才应该是领导人关注的问题。

他们的论点的基础是后工业资本主义正在创造各种从生产过程中涌现出来的"合作形式"。在这里,他们依赖于新技术的发展,也就是建立一种新的生产方式的数字和通信技术。这种模式是一种异质形态,包含了以前生产形式的要素(Hardt and Negri,2017:144-145)。这种理解回到了资本主义会发生转变的观点,但不是国家集体主义计划经济的一种形式,而是自主、自治、自我推动的单位对资本主义空间的占领。替代性的生产方式,即社会主义,将通过资本主义生产方式内部发生的突变而到来,而不是在革命性的政治领导下的变革。

这是一个有争议的观点,排除了人类直接干预以推动革命进程的可能性。"大众"没有组织形式,这种"自治主义"立场将变革的推动者从社会阶级分析中分离出来。它是错误的,因为它把讨论从历史唯物主义的解释中转移出来。生产力水平限制了人类干预的形式,但它没看到有社会主义的未来。

三、结论

虽然以上讨论的两种当代思考方法在分析工人阶级不断变化的性质方面具有创新性,并提出了新的社会主义政治战略,但它们的解决方案与实际政治相去甚远。一边是梅森和布兹加林学派,另一边是哈特和内格里学派,他们都依赖于马克思关于资本主义"自掘坟墓"的观点。此外,这些批评者认为列宁的《怎么办?》(1965)中的话语是多余的,甚至是有害的。在他们的理论中,存在阶级力量,但没有组织代理人。理查德·弗罗里达和亚历山大·布兹加林着重地指出了"创造阶级",这是一个重要的经济职业类别。他们的论点勾勒出了一个长期的发展过程。"创造阶级"和"大众"不是能够自主定义经济和政治目标的可行工具,需要某种形式的制度结构来取代或改革当代占主导地位的跨国投资公司、布雷顿森林协调组织和国家政党。当前跨国公司（包括中国公司）的结构，资本和劳动力的全球流动，导致了全球相互依存和复杂的等级网络。哈特和内格里的提议并没有超越资本主义，而是"自治单位"对资本主义空间的侵占。

恩格斯的社会主义计划理念要求一种使国际经济体系合理化和民主化的政治形式。问题在于在全球范围内而不是在国家范围内界定建设社会主义所必需的工具。在西方经济发达的国家，工人阶级已经成熟，但没有发生资本主义向社会主义的转变。这就是人类行动和政治组织变得重要的地方。其他政治因素——政党、国家和国际组织的政策，决定了这些变化是如何发生的。社会主义政党必须更新他们对社会主义替代方案的愿景，以引导崛起的力量向社会主义方向发展。在完全不同的政治和制度环境下，列宁"唤醒"群众的思想需要更新。

尽管资本主义扩张并达到全球化的程度，但它的发展带来了危机，而不是自身的毁灭。它甚至作为一种政治和经济协调模式得到了加强。列宁关于社会主义在俄国（后来在东欧国家）兴起的愿景被遮挡，社会主义的道路被反转。资本主义并没有自掘坟墓：统治阶级已经能够驾驭竞争性资本主义的不利影响，工人阶级崛起的阶层已被纳入资本主义结构。没有倾向于社会主义形式的国家计划，这与官僚控制和错误的国家社会主义观念（苏联的解体证实了这一点）有关。哈特和内格里提出另类发展的观点，其基础在于资本主义的分裂和包含了资本主义生产方式中自我生成的半自主行为的碎片或岛屿的兴起。对资本主义的这种逐步侵蚀是否会导致向社会主义过渡，这是值得怀疑的。正如程恩富所说，我们必须重新思考政治和政党的作用。① 现在的挑战是使政党和社会运动的结构适应现代条件，并制定政策，确保市场的自发性不会凌驾于社会主义计划之上。

---

① 程恩富、李伟. 马列主义是认识和改造世界的科学方法与指南[J]. 马克思主义研究,2011,(01):22-37+159。

参 考 文 献

［1］列宁. 怎么办？［M］. 北京：人民出版社，1965.

［2］A. Buzgalin. Fridrikh Engels. 2020. ustremlennost'v budushchee［J］. Moscow：*Alternativy*. No 2，2020.

［3］Alexander Buzgalin and Andrey Kolganov. Critical political economy：the 'market-centric' model of economic theory must remain in the past［J］. *Cambridge Journal of Economics*. Vol 40，2015：575 – 598.

［4］Csaba Mako and Miklos Illessy. Automation，Creativity，and the Future of Work in Europe：A Comparison between the Old and New Member States with a Special Focus on Hungary. EEJSP，2020，6（2）. DOI：10. 17356/ieejsp. v6i2. 625 http://intersections. tk. mta. hu.

［5］Frederick Engels' Speech at the Grave of Karl Marx Highgate Cemetery. London：March 17，1883. Available at：https://www. marxists. org/archive/marx/works/1883/death/burial. htm.

［6］Friedrich Engels. *Herr Eugen Dühring's Revolution in Science* ［EB/OL］. Available at：https://www. marxists. org/archive/marx/works/download/pdf/anti_duhring. pdf.

［7］Friedrich Engels. *Herr Eugen Dühring's Revolution in Science Written：September 1876 – June 1878*. Moscow：Vorwärts，Jan 3 1877 – July 7 1878［EB/OL］. Available at：https://www. marxists. org/archive/marx/works/download/pdf/anti_duhring. pdf. P. 382.

［8］Grundrisse. The Rise and Downfall of Capitalism，in *David McLellan，Karl Marx，Selected Writings*. Oxford：Oxford University Press，1977.

［9］K. Kautsky. *The Road to Power*［M］. chapter on the conquest of political power，1909. Available at：https://www. marxists. org/archive/kautsky/1909/power/ch01. htm.

［10］M. Hardt and A. Negri. *Assembly*［M］. New York：Oxford University Press，2017.

［11］M. Hardt and A. Negri. *Empire*［M］. Mass. ：Harvard University Press，2000.

［12］Paul Mason. *Post Capitalism: A Guide to Our Future*［M］. London：Allen Lane，2015.

［13］Richard Florida. *The Rise of the Creative Class*［M］. New York：Basic Books，2004.

［14］Robert Michels. *Political Parties*［M］. New York：Hearst，1915.

［15］Theses on Feuerbach (written in 1845)，Marx Engels Archive［EB/OL］. Available at：https://www. marxists. org/archive/marx/works/1845/theses/theses. htm. Accessed 4 June 2018.

第 II 部分

当代资本主义理论

基于马克思列宁主义视角和方法
对当代帝国主义的分析

[法] 佩吉·康塔夫·富耶[*]

张忠胜[**]

当我们考虑到 15 世纪至 19 世纪欧洲各帝国对美洲的殖民，19 世纪至 20 世纪美国、日本及欧洲列强对非洲、亚洲、大洋洲地区的殖民或占领，以及 21 世纪由美国及其盟友在阿富汗、伊拉克、利比亚和叙利亚发动的战争，我们不能不提到 一个词：帝国主义。然而，有些人反驳存在当代帝国主义的观点。也有些人虽然相信当代帝国主义的存在，但由于不使用马克思列宁主义的视角和方法，以致根本无法理解当代帝国主义这种现象的起源和性质。甚至有的马克思主义者也在试图摆脱他们所认为已经过时的列宁的帝国主义理论，并因此迷失在了对帝国主义的错综复杂的误导性分析中。

马克思列宁主义对帝国主义的定义并不局限于一个笼统的定义，即通过获取领土和实施经济、政治、军事和文化控制来实现一些国家对其他国家及其人民的统治。此外，它还解释了当代帝国主义的深层本质、特征及其与资本主义的联系。当代中国著名马克思主义研究者程恩富与其合作者撰写的《新帝国主义的五大特征：以列宁 21 世纪帝国主义理论为基础》(Cheng and Lu, 2021) 是一篇非常具有启发性的文章，这篇文章使用马克思列宁主义的理论、方法对当

---

　　* 作者：佩吉·康塔夫·富耶(Peggy Cantave Fuyet)，法学博士，中共中央党史和文献研究院第六研究部外籍专家。

　　** 译者：张忠胜，经济学博士，中央财经大学马克思主义学院副教授、硕士生导师。

代帝国主义做出分析,向我们呈现了一些很有价值的观点。

了解当代帝国主义的特征、表现及其起源和性质,以及列宁的帝国主义理论的意义,对于准确地了解世界并为改变世界做出贡献来说,至关重要。因此,本文运用马克思列宁主义的方法和视角,首先,考察当代帝国主义的特征和表现;其次,通过介入并分析一些马克思主义学者关于当代帝国主义相关问题特别是方法论问题的争论,申明马克思列宁主义分析视角和方法的重要性;最后,将非洲金融共同体(CFA)法郎作为法国在非洲实行帝国主义的一个具体例子,阐释帝国主义阵营国家的共同性及帝国主义在非洲特别是法国势力范围内的显现,进一步展示运用马克思列宁主义对于深层次分析和理解当今世界的必要性。

一、关于当代帝国主义特征和表现

（一）当代帝国主义的特征

正如列宁在他那个时代所做的那样,程恩富及其合作者在他们的文章中强调了当代帝国主义的五个主要特征,概括如下:

1. 生产和流通的新垄断

资本和生产的集中是资本主义竞争的结果,这种集中的趋势自动导致垄断。事实上,自 20 世纪初以来,生产越来越集中在拥有跨部门多产品管理的大公司手中,导致垄断联盟而非自由竞争占据了上风。伴随着 20 世纪 70 年代经济危机、通货膨胀和经济衰退并存,垄断资本在海外寻找新的盈利机会。同时,信息通信技术迅猛发展,外商直接投资和产业异地化,以及生产和流通的国际化大大增加。资本的集中导致大型垄断跨国公司的崛起并积累了巨额财富。如程恩富所言,"在全球经济中,跨国公司已成为国际投资和生产的主要渠道、国际经济活动的核心组织者和全球经济增长的引擎"（Cheng and Lu, 2021）。我们可以看到,跨国公司虽然数量不多,但由于垄断了生产和流通过程,因此占据了非常有利的地位。它们与国家机构结成联盟,发展与全球金融体系的联系,形成国家支持的金融垄断组织。"虽然工业全球化使经济活动更加分散,但大量利润仍然流向发达资本主义世界的少数国家。投资、贸易、出口和技术转让主要通过大型跨国公司或其海外分支机构进行管理,而这些跨国垄断企业的母公司在地域上仍然高度集中。"(Cheng and Lu,2021)跨国公司凭借资本积累和科技优势,在世界生产、贸易、投资、金融、知识产权创造等领域占据主导地位。少数大寡头垄断的社会财富越多,垄断资本对劳动力的控制和剥削就越多。这带来的后果就是它"导致资本积累达到世界规模,加剧全球产能过剩和贫富两极分化"(Cheng and Lu,2021)。

互联网的发展减少了社会生产和流通的时间和空间,从而增加了贸易、投资和跨境企业融合。因此,非资本主义国家被纳入了垄断资本主导的积累过程,这加强和扩大了全世界的资本主义体系。而垄断资本的全球化需要世界经济和政治制度的统一。

然而,尽管理论上新自由主义经济学家称赞消除国家之间的制度障碍,以促进发展和稳定,但事实上许多放弃了自己的体制而实行资本主义制度的国家并没有看到预期的结果。相反,它为帝国主义把霸权和垄断资本强加给它们铺平了道路。

2. 金融资本的垄断

20世纪前后出现的金融资本是一种新的资本,是银行垄断资本和工业垄断资本的融合。第二次世界大战后,随着经济全球化的加剧,伴随着技术革命的巨大发展,金融、贸易、全球投资和市场之间的联系更加紧密。20世纪70年代西方的经济衰退(通货膨胀和经济停滞并存)"不仅是垄断资本国际化的催化剂,也是产业资本金融化的起点"(Cheng and Lu,2021)。的确,为了面对危机,保持竞争力和盈利,垄断资本将其传统产业转移到其他国家,加快与传统产业的脱钩,并试图寻找新的金融领域。此后,国家垄断迅速发展为国际垄断,产业实体垄断迅速发展为金融业垄断,显示出全球化与金融化之间的内在联系。少数跨国公司,特别是银行,通过融合、收购、持股等方式,控制着大量的中小企业和全球主要的经济活动。与此同时,金融寡头及其推动者制定贸易和投资规则,发动各种战争(资源、信息、货币、贸易等),掠夺世界尤其是发展中国家的资源和财富。正如程恩富所强调的,"金融垄断资本摆脱了物质形态的束缚,是资本的最高、最抽象的形态,极具灵活性和投机性"(Cheng and Lu,2021)。

与第二次世界大战后经济受到凯恩斯主义的影响相反,20 世纪 70 年代新自由主义开始占据主导地位,金融部门开始放松管制。此后,市场,而不是国家,开始控制金融市场的运作,借口是金融业可以更好地配置金融资源,从而更有能力拉动经济增长。实际上,过度金融化不可避免地导致经济活动的虚拟化、去工业化和投机泡沫的兴起。大多数大公司的现金流从固定资本投资转向金融投资。与此同时,"随着贫富差距的不断扩大,金融机构不得不(在政府的支持下)依靠各种金融创新来支持非资产所有者的信贷消费,并分散由此产生的财务风险"(Cheng and Lu,2021)。事实上,金融产品的贸易与生产如此分离,以至于变成了一种赌博交易。

3. 美元和知识产权的垄断

列宁在《帝国主义是资本主义的最高阶段》[①]中说,旧资本主义在自由竞争下以货物出口为特征,而在垄断统治下的资本主义最新阶段则是资本的出口。的确,垄断资本的目的是争夺有利的贸易平台,获得高额的垄断利润。此外,由于美元霸权和发达国家的知识产权垄断,国际分工不平等,全球经济和财富分配两极分化。跨国公司将越来越多的公司和国家整合到他们控制的全球生产网络中。几十年来,垄断资本将生产从发达国家转移到发展中国家。劳动力的这种地域分离加剧了世界上试图确保生计的工人之间的竞争。低成本的庞大的国际劳动大军促使了资本积累,因为这样使得工人分裂以避免他们团结起来争取自己的权利,并使跨国公司能够凭借工人的劳动赚取超额利润。此外,跨国公司有能力影响或迫使政府,特别是发展中国家的政府,制定有利于他们所需的资本和投资流动的政策。因此,许多发展中国家采取低税率措施,对保护劳工权益和社会福利视而不见,希望通过国际资本投资和建立工厂来确保 GDP增长。为了使他们的国家现代化,他们经常接受资本以及帝国主义者在公平贸

---

① 列宁.帝国主义是资本主义的最高阶段[M].北京:人民出版社,2020.

易的座右铭下实施剥削的条件。与跨国公司的分包商签订合同的发展中国家的工厂一般从事生产、加工和组装。"这些企业为跨国公司进行相对非专业化的工厂经营,利润微薄。这些企业的岗位普遍存在工资低、劳动强度大、工作时间长、工作环境差等特点。虽然产品所体现的价值主要由发展中国家工厂的生产工人创造,但大部分增值却通过生产网络内的不平等交换被跨国公司掠夺"(Cheng and Lu,2021)。因此,虽然发展中国家的工人创造了价值,但跨国公司通常通过资本输出、拥有与核心部件相关的知识产权等占有了大部分份额的剩余价值。

20 世纪 80 年代以来,随着金融寡头和军工复合体对美国政府施加压力和控制,后者放弃凯恩斯主义而成为金融寡头的拥护者,以保护其经济和政治利益,而不利于工人阶级。1944 年,布雷顿森林协议建立了以美元为中心的国际货币体系。从此,美元受益于与其他国家相比的优势地位,成为世界货币。"由于美元是国际公认的储备货币和贸易结算货币,美国不仅可以用它换取真正的商品、资源和劳动力,从而弥补其长期的贸易逆差和财政赤字,而且还可以印制美元进行跨境投资,进行境外企业的跨境并购,几乎不需要成本……美国还可以通过出口美元获得国际铸币税,并可以通过贬值美元或以美元计价的资产减少其外债"(Cheng and Lu,2021)。另外,美元霸权进一步导致财富从穷国(债务国)转移到富国(债权国)。①

4. 国际寡头联盟的新垄断

当前新帝国主义的国际垄断经济联盟和全球经济治理的框架都是由美国主导的(Cheng and Lu,2021)。第二次世界大战后,由布雷顿森林协议所确立的世界经济秩序,导致了国际货币基金组织(IMF)和世界银行的创立,它们与世界贸易组织都是功能性机构,而七国集团(G7)及其相关组织是这个世界经济

---

① 为了抑制通货膨胀,美联储在 1979 年将短期利率从 10% 提高到 15%,最高达到 20% 以上。由于发展中国家的现有债务与美元利率挂钩,美元利率每上升 1%,发展中国家债务国每年将额外支付 400 亿～500 亿美元的利息。1981 年下半年,拉丁美洲以每周 10 亿美元的利率借贷,主要是为了支付现有债务的利息。1983 年,利息支出几乎消耗了拉丁美洲出口收入的一半。在偿还贷款的压力下,拉丁美洲国家被迫接受国际货币基金组织发起的新自由主义改革计划。

秩序的协调平台。它们代表由美国领导的国际资本主义垄断联盟,服务其经济和政治利益。G7 的国家联合起来反对社会主义国家,拒绝倾听发展中国家对世界经济和政治秩序的改革呼吁。随着新自由主义在 20 世纪七八十年代影响力的不断增强,这些多边机构和平台,如国际货币基金组织和世界银行,成为新自由主义全球扩张的主要工具和力量。它们尤其推动发展中国家开展私有化、金融自由化和经济紧缩措施,同时创造金融泡沫,进行投机活动,以不利条件向这些国家提供贷款,以便实施控制和掠夺,为国际资本主义垄断联盟牟取暴利。与之相应,北大西洋公约(简称北约)组织是捍卫垄断资本主义的国际军事联盟。很多人知道,北约组织是美国霸权主义的一个工具(服务于其战略目标),涉及多个国家,尤其是许多西方大国。它是在第二次世界大战后成立的,目的是遏制和打击苏联和东欧国家,并影响和控制西欧国家。苏联解体后,这一资本主义军事寡头开始变得更具攻击性,并以共同利益和共有价值观的名义进行军事干预,拒绝接受联合国安理会的权威。此外,霸主美国在本国领土外建立军事基地,加强其与盟友的帝国主义军事联盟,以便于控制世界各地区,并在符合其利益的任何时候威胁和挑起其他国家的战争。

关于西方普世价值观主导的文化霸权,程恩富总结了约瑟夫·奈(Joseph Nye)对软实力的定义,即利用吸引力而不是强制力让他人做自己想要的事情。换言之,这是塑造其他国家和民族在文化、政治价值观和外交政策方面的偏好的一个便利途径,根据奈的说法,这是软实力的三大主要来源。程恩富强调,西方发达国家,特别是美国,利用其资本、先进技术和市场优势,将西方"普世价值"强加给其他国家。美国试图通过新干涉主义文化理论强加其生活方式和价值观,使美国文化成为世界主流文化。这种文化霸权主义通过国际舆论的控制进行"颜色革命"与和平演变。它还迫使发展中国家放松对自身金融系统的监管。程恩富强调,价值观渗透有很多微妙、长期和缓慢的方式,比如电影和电视节目、书籍、学术交流、智库和基金会等。苏联解体后,美国取得了彻底的垄断,其他大国无法与之竞争。它统治着全球体系,并以货币、军队和文化三大支柱为基础实施帝国主义霸权。当美国政府面临竞争时,它会通过发动各种战争

（商业贸易、科技、金融、经济和军事）、制裁（特别是经济制裁）和威胁（特别是军事威胁）来应对。因此，美国利用硬实力（战争）、强实力（经济制裁）、软实力（文化）和智能实力（硬实力和软实力的结合）捍卫其全球领导地位，并继续其帝国主义对世界其他地区的霸权行为。

5. 经济本质、总趋势以及四种意识形态欺诈形式（经济、政治、文化和军事霸权）

当代资本主义经济在经济全球化时代的基本矛盾是："一方面，在生产要素私人、集体或国家所有的情况下经济的不断社会化和全球化；另一方面，国民经济和世界经济中生产的无序或无政府状态"（Cheng and Lu，2021）。

（1）当代帝国主义的经济本质是垄断性金融资本主义，其基础是控制和掠夺世界各地劳动力和国家的大型跨国公司。这些跨国公司拥有金融和生产垄断，金融资本和生产的这种集中导致少数人拥有几乎所有的企业（"掠夺性积累"）。

（2）经济全球化、金融化和新自由主义政策极大地挤压了劳动力的工资，而企业的利润率却很高。程恩富认为，当代帝国主义主要有三个方面：金融掠夺、公共资源和国有资产私有化，以及"中心-外围"模式的强化。① 金融掠夺反映在跨国公司和寡头对重要国际商品价格的控制上，这使他们能够赚取巨大利润并掠夺社会财富。它们使用不同的方法（如金融化、金融制裁等）对生产原材料的国家施加压力，使其价格保持在较低水平，这可能造成大量资本的流入和流出。这种不受控制的资本流动产生了金融泡沫和危机，对这些国家的经济和政治计划的稳定产生了影响。② 关于公共资源和国有资产的私有化，在过去 40 年中，随着撒切尔主义和里根主义经济决策主导地位的延续，私有化规模庞大，世界上出现了巨大的私有化浪潮。公共资产，特别是发展中国家的公共资产，在私人垄断资本和跨国垄断企业的控制下转移。因此，自 20 世纪 70 年代以来，私人财富大幅增加，而公共财富大幅减少。公共资产的减少导致政府在调整收入差距方面遇到更多困难。③ 在强化"中心-外围"格局方面，帝国主义国家在金融、货币、贸易、军事以及国际组织等诸多领域占据主导地位。它们利用这一优势强化其垄断或寡头垄断地位,不断掠夺周边国家的资源和财富,以确保自身的发展和繁荣。结果是,帝国主义国家利用其经济、政治和军事力量将发展中国家创造的剩余价值的一部分转化为帝国主义国家的财富。帝国主义的垄断资本以及"中心"国家的金融和环境财富的积累,加剧了全球的贫富分化,加剧了"边缘"国家的相对贫困和污染。

(3) 关于《新帝国主义的五大特征:以列宁 21 世纪帝国主义理论为基础》中提到的帝国主义的四种意识形态骗局。美国所利用的第一个意识形态骗局是经济霸权。它依赖的主要优势是其货币(美元)、军事力量、科技和对外宣传。美国利用这些优势实施霸权主义、单边主义和恃强凌弱,同时通过经济制裁和赢输协议或合作确保没有任何国家对其世界霸权地位构成威胁。第二个意识形态骗局,是政治霸权,也是以美国为核心。美国口头上表示它促进民主、自由、平等、人权等,其实却向非政府组织、媒体、个人等提供资金和其他奖励,以煽动"颜色革命",推翻美国单方面称之为"不民主"或"专制"的合法政府。美国认为任何促进世界经济和政治新秩序的企图都是危险的,并采取了"接触和遏制、接触和侵略的双重战略,试图将其伪装成'和平演变'"(Cheng and Lu,2021)。事实上,美国的政治制度本质上是不民主的"垄断资本专制"或少数人的民主。第三个意识形态骗局,是由美国领导的文化霸权。美国试图将其文化作为全世界效仿的榜样。它利用电影、音乐、文学、媒体等来塑造全球舆论。它提出普世价值观,以促进西方宪政观点和新自由主义世界化。后者声称鼓励发展和增加人民福利,但实际上却只能导致经济危机和贫富差距的扩大。第四个意识形态骗局,是美国实施的军事霸权。随着苏联的解体,美国在国际关系中使用或威胁使用更多的军事力量。美国别有用心,经常利用自由、人权等价值观,制造虚假证据发动战争或支持"颜色革命"。它无视联合国的权威,推动北约在欧洲扩张。它的军事霸权是"当今世界普遍存在的不稳定、持续不断的局部战争、战争威胁的上升以及难民问题"的根源(Cheng and Lu,2021)。

(二) 当代帝国主义的表现

程恩富(2021)的文章强调,当今以美国为首的当代帝国主义是寄生的、处于后期的腐朽帝国主义。第一,美国利用其在经济、政治、文化和军事计划上的优势掠夺其他国家,特别是发展中国家的财富。比如,不平等的美中贸易,中国利用廉价劳动力、土地和自然资源向美国出售商品,而美国则反过来出售国债等虚拟资产,为美国消费者提供融资贷款并促进对外扩张。第二,美国的军费开支正在阻碍美国人民的福祉。事实上,军费开支和发动战争的成本不断增加阻碍了美国人生活条件(如医疗保险等)的改善。第三,财富和收入集中在少数金融资产所有者手中。尽管国际化、信息化和社会化达到了前所未有的水平,人类创造了前所未有的财富,但这种先进的生产力在很大程度上主要是让金融寡头受益。第四,垄断资本为了维持其垄断地位和高利润,减缓了技术创新和进步。例如,手机公司即使有可能同时添加所有功能,也选择逐步引入新功能,以确保消费者只能通过经常购买新手机来获得新功能,从而实现公司利润。第五,垄断资本及其代理人造成群众运动日益衰败的趋势。当代帝国主义利用其垄断利润,通过各种方式削弱工人运动和其他群众运动,例如,向一些个人支付报酬,鼓励他们内部的机会主义和自由主义或新自由主义势力等。

关于资本主义衰亡和资本主义向社会主义过渡的问题,根据历史唯物主义的分析,世界上存在的任何事物都在不断变化,当代帝国主义也不例外。通过各种革命斗争,它最终将过渡到社会主义,并几乎不可避免地过渡到更高的社会形态。主要发生在发达资本主义国家的技术发展和体制改革(如宏观调控、更好的收入分配、更好的社会保障等)为资本主义发展奠定了基础,并延缓了资本主义的衰落。此外,"在经济全球化进程中,强大的发达资本主义国家占据着绝对的主导地位,通过这一地位,它们开始最大限度地获得利益"(Cheng and Lu,2021)。一些国家可以暂时采取反全球化措施来应对国内经济困难和国际危机,但总的趋势是扩大全球化以扩大市场。最后,程恩富的文章强调,当代帝国主义代表了国际垄断(在自由竞争资本主义、一般私人垄断和国家垄断之后)的一个新阶段,资本主义不断发展并构成了国际垄断资本主义的新扩张;它也是"由少数发达资本主义国家控制的新体系,实行了经济、政治、文化和军事霸权主义的新政策"(Cheng and Lu,2021)。

通过这个总结,我们可以看到,程恩富的文章对当代帝国主义进行了"具体情况的具体分析"。通过对生产和流通、金融资本、美元和知识产权、国际寡头联盟等方面的分析,他强调了帝国主义在我们这个时代的一些表现形式,总结了帝国主义的主要特征。他以全球逻辑框架、视角和方法完全支持了列宁的观点,同时也研究并总结了帝国主义与当今全球化世界有关的一些新的表现和特点。程恩富的文章因此反映了列宁的帝国主义理论的时代性,也呈现了其思想的活力。整体而理论联系实际地看,这一方面是列宁帝国主义理论的一种延续,另一方面是根据当今世界的具体情况对列宁理论的一种现代化。

二、运用马克思列宁主义方法和视角分析当代帝国主义的重要性

正如本文第一部分所述,程恩富的文章根据当代帝国主义的表现形式和马克思列宁主义的视角和方法来分析当代帝国主义。尽管自列宁在 1916 年写下《帝国主义是资本主义的最高阶段》以来,世界发生了很大变化,但帝国主义并没有消失。相反,它在适应新的历史背景和新的国际力量平衡的同时保持了其基本特征。然而,一些自封的马克思主义知识分子,如大卫·哈维(David Harvey),认为帝国主义理论已经过时,因而无法由此理解当今世界。大卫·哈维说:"我认为接受乔瓦尼·阿里吉(Giovanni Arrighi)的观点是有益的,他倾向于放弃帝国主义(以及僵化的世界体系理论的核心-外围模式),转而更灵活地理解全球国家体系内相互竞争和不断变化的霸权。"(Harvey,2017:171)哈维还补充道:"我们中那些认为旧的帝国主义在当今时代行不通的人,根本不否认复杂的价值流动,这种流动以牺牲其他地区为代价扩大了世界某一地区的财富和权力积累。我们只是认为这种流动更加复杂,而且不断改变方向。例如,在过去 30 年中,财富从东方向西方长达两个多世纪的流失状态很大程度上发生了逆转。"(Harvey,2017:169)此外,根据哈维更早的说法,"在当前形势下,吸收过剩资本的一个明显候选国是中国,……它不仅说明了当代时空解决过度积累问题的潜力,而且还与全球体系内霸权转移的问题有关"(Harvey,2003:122)。

哈维在结论上认定了,剩余资本从北美和欧洲流向东亚和东南亚,自动等同于财富和权力从西方向东方的流失,但事实并非如此。如果是这样的话,像孟加拉国或中国这样的国家今天会很富裕,但如果你看看它们的人均 GDP,情况就不是这样了。在比较发展中国家(南方)和发达国家(北方)工人的工资和生活水平时,这一现实也是显而易见的。此外,权力的垄断仍然掌握在帝国主义国家手中,这些国家拥有强大的军事力量,控制着金融体系和国际机构,拥有最大的公司和银行等。中国现在越来越富有、越来越强大(这是发展中国家的一个例外),这并不是因为它从西方国家获得了过剩资本,而是因为中国共产党领导中国的成功方式以及中国特色社会主义的某些优势。此外,中国没有将其货币、政治制度、文化、语言或军事基地强加给地球上的任何国家。

乌特萨·帕特奈克(Utsa Patnaik)和普拉巴特·帕特奈克(Prabhat Patnaik)驳斥了财富从西方向东方流失的说法。他们认为,"流失"的概念不仅是关于资本流动的方向,而且还指在不给予任何回报的情况下(殖民国家从其殖民地无偿占有商品)占有经济剩余。然而,东方并没有免费从西方获得任何剩余,而且自从非殖民化以来,西方不再能够免费占有东方剩余的一部分。的确,"殖民地的税收不能再像从前那样被用于'支付'当地的出口商品生产商而同时占有其全球外汇收入,这在从前意味着商品和国际购买力可以自由流向资本主义中心国家。但还有其他占有手段,如不平等交换、强制执行'知识产权'、要求发展中国家在设备上的预算支出必须在全球范围内招标等完全不合理的要求等,这些仍然在继续。另一方面,东方并不以任何这样的方式从西方占有"(Utsa Patnaik and Prabhat Patnaik,2017:196)。因此,他们说的"流失"现象根本没有逆转。大卫·哈维看不到殖民时期和今天之间的连续性,那是因为他不理解殖民主义和当代帝国主义。

事实上,亚洲国家从未殖民过北美和欧洲国家,因此也没有掠夺它们的自然资源和剥削它们的活劳动。然而,北美和欧洲国家确实殖民过亚洲国家。这是列宁所说的"世界上最大的资本主义国家之间的领土分割"的一部分,是帝国主义的一个基本特征。很多马克思主义者在分析帝国主义时,会用"南方和北方"或"核心与外围"而不是"东方和西方"来区分发达国家和发展中国家。然而,哈维避免使用这些术语,可能是他认为"南方-北方"概念与"核心-外围"概念一样"僵化"。这可以解释为什么他避免使用这些概念。与之相反,哈维用"东方"和"西方"来强调各国的地理位置和资本流动的空间方向。正如约翰·史密斯(John Smith)所解释的那样,"确定这些国家集团成员资格的标准可以有效地包括政治、经济、历史、文化和许多其他方面,但不包括地理位置——'南方-北方'只不过是其他标准的描述性简写,'北方'被公认为包括澳大利亚和新西兰在内就说明了这一点"(Smith, 2018)。而在萨米尔·阿明(Samir Amin)称为"帝国主义三位一体"概念中,日本就是"北方"的一部分,尽管它在地理上位于东方,而不是西方。

实际上,财富的流失不仅没有改变方向,相反,即使在非殖民化之后,它也一直朝着同一方向发展。它通过特别是强加的不平等交换和知识产权垄断从发展中国家流失到发达国家(主要是帝国主义国家)。正如程恩富所强调的,"尽管工业全球化使经济活动更加分散,但大量利润仍流向发达资本主义世界的少数国家。投资、贸易、出口和技术转让主要通过大型跨国公司或其海外分支机构进行管理,而这些跨国垄断企业的母公司在地域上仍然高度集中"(Cheng and Lu, 2021)。

为了更好地理解大卫·哈维关于"流失"的断言,以及他关于帝国主义的概念,分析以下引文很有意义:

为了追踪剥削的交错流动,我们需要看看资本剩余是从哪里产生的,它们在地理上是如何分布的,以及它们的目标。韩国在20世纪70年代末突然发现自己拥有大量的剩余资本,几年后中国台湾地区紧随其后,然后剩余资本从这些国家和地区流出,最初进入中国和东南亚,后来流向全球,形成了一种在一个地方进行剥削以使源自别处的资本获益的模式。韩国和中国台湾地区的分包商试图通过将业务转移到国外来吸收积聚在本国的剩余资本,因此他们在世界各地(特别是在热带地区)造成了一些最可怕和最严重的剥削劳工的行为。我不愿将其称为老式意义上的"帝国主义"，但它显然包含了地缘经济剥削。如果这是帝国主义的一种形式，那么我们最好将其称为"次帝国主义"，因为中国台湾人和韩国人是为主要位于资本主义中心国家的商业资本家(如耐克、沃尔玛、盖普)提供商品。我认为，正是这些剥削和超级剥削模式在地理上的不平衡发展，才是我们研究的重点。(Harvey，2017：169)

在这里，大卫·哈维不仅在谈论财富从西方流向东方，而且在东方内部以及从世界其他贫困地区流向东方，他称之为"次帝国主义"。实际上，这种剥削必须从总体上看。要做到这一点，我们需要从另一个角度来思考，从头开始。正如我们所知，跨国公司把生产外迁至低工资水平国家，以赚取更多利润，从而保持与其他跨国公司的竞争力(如果他们不这样做，其他公司就会这样做，他们最终会破产或被其他公司收购)。他们还必须与股东分享部分利润。资本主义的金融化增加了资本积累的需要，而牺牲了对生产系统的投资和不平等的收入再分配。让我们用哈维的例子：一家美国跨国公司的韩国分包商再次将生产外包出去。在这种情况下，我们有一个双重离域。首先，有一家美国跨国公司为了赚取更多利润，将其生产外包给一家韩国公司；接着，这家韩国公司为了赚取一些利润，将其生产外包给一家较贫穷国家的公司；最后，较贫穷国家的公司只获得很少的利润。这家韩国公司本身就服从于施加价格条件的大公司。为了能够以规定的价格生产，同时仍能盈利，分包商(这里指韩国公司)必须将其生产外包，从而在劳动力成本较低、原材料便宜、价格低廉、法律保护欠发达、政策对外国资本具有吸引力的国家剥削工人。韩国公司生产了超级利润，列宁将该类行为定义为"超过资本家从其'本国'工人身上榨取的利润"(Lenin，1916，1974：193)。换句话说，这种过度剥削导致劳动力的报酬低于其实际价值。然而，事实上，超级利润的绝大部分被占据主导地位的美国跨国公司吸收。因此，这是一种间接的超级剥削。对跨国公司来说，实行这种外包是有利的，因为正如约翰·史密斯提醒我们的那样，"基于市场价值的外包现在是比外国直接投资、证券投资和债务（资本输出的三个组成部分）更重要的利润来源"（Smith，2016：233）。

事实上，正如程恩富的文章所解释的那样：与跨国公司签约的发展中国家工厂通常从事生产、加工和组装。"这些企业为跨国公司从事相对非专业化的工厂运营，利润微薄。这些企业的工作通常工资低、劳动强度高、工作时间长、工作环境差。虽然产品所体现的价值主要是由发展中国家工厂的生产工人创造，但大部分增值是通过生产网络内的不平等交换被跨国公司掠夺。"（Cheng and Lu，2021）除此之外，跨国公司在获取和控制地球资源、科学技术、知识产权、贸易、与全球金融体系和国家机构的相互关联等方面还有其他优势。程恩富强调，在全球经济中，跨国公司已成为国际投资和生产的主要渠道、国际经济活动的核心组织者和全球经济增长的引擎（Cheng and Lu，2021）。所有这些都表明，大多数来自发达国家的跨国公司是如何垄断整个生产和流通过程的，因此，财富仍然是从发展中国家流向发达国家。尽管有大量资本流入发展中国家，"自 20 世纪 80 年代初以来，所有发展中国家的净资源转移额（NRT）大多巨大且为负"（全球金融诚信，2015），例如，根据发展中国家向发达国家的 NRT 计算的资源净流失[1]，2012 年高达 2 万亿美元；从 1980 年到 2012 年，资本外逃占发展中国家 GDP 的比重为 5.8%（不包括中国时为 6.1%）[2]。

现在，要回答关于韩国"次帝国主义"的问题，我们必须着眼于全球。的确，要考虑一个国家是不是帝国主义，不是关注"这些剥削和超级剥削模式的地理发展"（这不是一种新形式的帝国主义即"次帝国主义"的表现，而是帝国主义在全球范围内适应和强化的结果，也是帝国主义国家改变利润率下降趋势的方

---

① 在报告《金融流动和避税天堂：联合限制数十亿人的生命》中净资源转移额被定义为"流入或流出一国的净记录减去非法资本流出"；OECD 统计术语表中定义为："净资源转移额是不包括任何净利息支付的经常账户赤字"。资料来源：2021 年 10 月 27 日，https://stats.oecd.org/glossary/detail.asp? ID=5982。

② 参见 2015 年 12 月出版的《金融流动和避税天堂：联合限制数十亿人的生活》报告，该报告计算了发达国家和发展中国家之间的净资源转移额，并利用 1980 年至 2012 年的数据（他们可能获得的最新数据），考虑了合法和非法的流入和流出。http://www.gfintegrity.org/wp-content/uploads/2016/12/Financial_Flows-final.pdf。

式），我们必须分析这些剩余资本在哪里被占有以及与世界其他地区相比所占的比例。李民骐（2021）的一篇文章强调，"一个国家可能同时参与了对某些国家的剥削关系，但对其他国家也有剥削关系。因此，要确定一个国家在资本主义世界体系中的地位，重要的是不能只关注关系的某一方面（例如，仅仅因为中国输出了资本就称中国为帝国主义），相反，有必要考虑所有涉及的贸易和投资关系，并从总体上找出该国从世界其他地方获得的剩余价值是否大于向世界其他国家转移的剩余价值"。

在不平等的全球资本主义分工中，韩国（及其资本主义公司）仍然处于"弱势"地位（尽管比贫穷国家要好）。它向美国和其他发达国家（北方、中心或核心、发达国家）转移的剩余价值比从发展中国家（南方、外围、发展中国家）获得的要多。因此，准确地讲，它不是一个帝国主义国家，而只是一个外围国家，或者，为了区别于外围较穷的国家，它是一个半外围国家（被中心剥削，但在外围剥削其他国家，并且有低利润和高利润的生产）。此外，出口大量资本、对其他国家实施残酷剥削、获取巨额利润等，还不足以称一个国家为帝国主义国家。在列宁看来，垄断资本主义是帝国主义的经济本质。这意味着"极少数非常富裕国家获得高额垄断利润"（Lenin，1916，1974：281），是通过瓜分和掠夺世界而实现的。这些超额利润"是资本家从其'本国'工人身上榨取的利润之外获得的"（Lenin，1916，1974：193），其中一部分用于"贿赂劳工领袖和上层社会"（Lenin，1916，1974：194）。正如程恩富在文章中强调的那样，跨国公司将越来越多的公司和国家整合到他们控制的全球生产网络中，这种从发达国家向发展中国家转移生产的战略分散了劳动力，增加了工人之间的竞争，削弱了他们的团结，同时使得跨国公司获得超额利润。前面例子中的那家美国跨国公司及其韩国分包商（本身也将生产外包）证实了该论断。

此外，世界范围内的阶级斗争问题也是分析帝国主义的关键。正如萨米尔·阿明所说，我们需要在全球范围内审视阶级斗争，并解释它们如何改变经济基础以及朝哪个方向发展。为此，阿明区分了帝国主义资产阶级、中心无产阶级、外围依附资产阶级、外围无产阶级和外围被剥削农民（Amin，2013：91）。

阿明强调,这些阶级之间的斗争"首先直接地和同时地决定了中心-边缘交换的相对价格和国际劳动分工的结构。它们决定了中心、外围和全球范围内积累的方向和节奏。因此,他们以中心的斗争为条件"(Amin,2013:91)。阿明还补充道:"因此,这些斗争和联盟决定了:全球范围内的剩余价值率以及中心和外围各自的(不同)比率、从受约束的非资本主义生产方式中榨取的剩余劳动,以及通过剩余价值的再分配(特别是帝国主义资本和依附资产阶级的资本之间)所形成的世界商品的价格结构、处于世界平均水平、中心平均水平和外围平均水平的实际工资、非资产阶级(尤其是外围)的租金水平、中心与外围贸易的平衡、商品和资本流动(及由此产生的汇率)等。"(Amin,2013:92)

通过比较分析可见,虽然现在是 21 世纪,但列宁的帝国主义理论并没有过时。如果我们用马克思列宁主义的视角和方法来分析,我们就会明白"西方向东方的财富流失"并不存在,"次帝国主义"是一种混淆和误导概念。正是发达国家和发展中国家之间的权力和财富不对称导致了发展中国家之间的竞争和外包,以降低出口价格。这些是帝国主义国家及其跨国公司获得超额利润的重要因素,它们与本国工人分享一定比例的利润。发展中国家的工人工资保持低位,而帝国主义租金的份额却使其工人过得更好,这不仅分裂了世界工人阶级,而且有助于在其国内保持相对的社会和平,避免其国内工人考虑推翻也剥削他们的资本主义制度。显然,财富从发展中国家向发达国家的流失仍在继续,而且发展中国家间的剥削并不是一种"次帝国主义"行为,而是发达国家剥削的扩大和加剧的表现。这一切都归功于资本主义的最新或最高的阶段:帝国主义。

三、从法国和非洲关系看帝国主义国家的共性:实行帝国主义经济控制的一个例子

这一部分中,我们将通过法国在非洲的例子,尤其是其经济表现,揭示帝国主义阵营国家的共性,再次展示马克思列宁主义的视角和方法的时代价值。

正如程恩富所强调的,发展中国家创造的剩余价值有一部分成了发达国家的国家财富。帝国主义国家利用他们在许多领域的优势地位,掠夺发展中国家

的资源和财富,这使他们变得更加富有和强大。因此,他们能够巩固其垄断或寡头垄断地位。这一分析可以得到历史事实的证实,例如,欧洲殖民主义(这是帝国主义在第一阶段的一种形式)。

现在,让我们以19世纪和20世纪欧洲对非洲的殖民为例。20世纪后半叶,非洲的殖民主义随着非殖民化时期的结束而结束。但是,非洲的非殖民化是否意味着非洲不再有帝国主义?不是的。尽管非洲旧的殖民地赢得了独立,但这要归功于其人民的斗争,包括苏联、中国、古巴等国和不结盟运动的支持,以及来自全世界进步主义者的政治压力等。然而,他们还未真正摆脱法国等前殖民地国家的经济甚至政治控制。

法国和非洲的关系,在很多方面与程恩富所说的帝国主义的四大“霸权和骗局”(军事、政治、文化和经济)有共同性。毫不奇怪,尽管他强调了当今最大的帝国主义国家美国,但法国仍然是一个帝国主义国家。一方面,法国是美国的盟友;另一方面,法国在某些领域与美国又是竞争对手,特别是在非洲。因此,两者的一般特征是相同的。法国呈现了帝国主义阵营国家的共同性,不仅表现在一些根本的共同利益上,而且体现在一些共同表现上。

比如,我们只需要看看所谓的法语非洲(Françafrique),它是法国和非洲之间基于庇护主义的不平等合作体系,这一体系可以让非洲殖民地永远受到控制。这是在戴高乐担任法国领导人时建立的,它可以让法国继续统治其前非洲殖民地,尽管这些殖民地已经正式独立了几十年。法语非洲强加了一种非对称关系,允许法国继续垄断这些国家的自然资源和财富,并与它们的民族资产阶级串通一气,而这些国家的统治阶级中有很大一部分来自民族资产阶级。因此,这是一种间接地再殖民,或者更确切地说,是以另一种方式延续先前的殖民。为了维持对这些前殖民地的控制并剥削他们的财富,法国采取了多种手段,包括军事存在、政治和文化影响以及经济控制,特别是通过实施货币策略。笔者将对前三点简要分析,并对后一点进行更详细的分析,这是当今法国和非洲之间不平等关系的核心。

关于几十年来法国在非洲的军事存在,其表现是维持法国永久性和临时性军事基地,并进行武装干预,一旦当地人民的抵抗和要求成为法国公司资本集中和利润最大化的障碍,就立即予以镇压。暗中参与或直接杀害被认为不够温顺的非洲领导人,如1987年被法国参与同谋暗杀的布基纳法索反帝国主义的总统托马斯・桑卡拉(De Miramon,2021;Moussaoui,2017);帮助加蓬总统奥马尔・邦戈(1990年)、乍得总统伊德里斯・代比(2008年)和科特迪瓦总统阿拉萨内・瓦塔拉(2011年)掌权或保护他们;防止社会经济制度的变化(确保非洲国家避免走社会主义道路,特别是苏联存在时期);利用内部政治危机,以反恐为借口,加强法国在非洲大陆的军事力量。根据法国武装部的报告,2021年6月,共有5 100名法国士兵部署在毛里塔尼亚、马里、布基纳法索、尼日尔和乍得;3 100名法国士兵部署在吉布提、加蓬、科特迪瓦和塞内加尔,以及中非的几个共和国,刚果共和国、几内亚湾(Ministère des Armées,2021)。

法国在非洲的政治影响,是通过削弱政治阻力和帮助(通常在军队的帮助和/或通过提供经济支持)奉法国之命的"分包商"取代领导人来实现的,这些分包商为他们自己和他们的家庭在权力和金钱方面受益。此外,还有意识形态,在政治层面上提倡自由主义和在经济层面上提倡资本主义的言论,逐渐取代了争取真正独立和寻求另一条道路(特别是社会主义道路)促进非洲经济发展的斗争。在多党选举的意义上,"独立"一词已被"民主"一词所取代,无论它们如何受到违规、腐败或暴力的破坏,以及它们如何给非洲国家带来更多的不稳定和更少的主权。只要这些"民主"选举(行式上的)的结果符合法国的利益(或者更准确地说,符合法国跨国公司和其他私人公司的利益),领导人和占主导地位的法国媒体就会保持沉默或予以赞扬。另外,公共服务、基础设施和自然资源的开采基本上已经私有化(特别与20世纪80年代在法国支持下由国际货币基金组织强加给非洲的新自由主义政策和结构调整有关),使外国私营公司和外国跨国公司受益,这些公司往往以某种方式与权力挂钩,也与某些同谋的和腐败的非洲领导人相关联,损害当地人民的利益。这导致了当地人口的贫困,这也是欧洲今天面临移民危机的原因之一。

就法国在其非洲前殖民地的文化影响而言,法语是官方语言,在大多数情况下,法语仍然是行政当局在中小学和大学、教堂(特别是天主教堂),以及文学和电影中使用,尽管它可能有一些优势,比如在拥有多种语言的国家使用一种共同语言,无须选择,用一种语言在各国范围内进行交流,就可以接触到丰富的不同文化。然而,殖民时期非洲的教育主要是留给非洲精英的,因此只有少数人能够掌握法国殖民者的语言并真正接触到法国文化。即使在今天,许多生活在前法国殖民地的非洲人也只能说和听,但不会读或写法语。此外,它还造成了前非洲殖民地民族语言和文化的边缘化,以及只允许传播"西方价值观",特别是促进自由主义和资本主义的价值观。法国殖民期间强加的天主教也仍然具有影响力,包括政治影响力。

在经济控制方面,非洲金融共同体(CFA)法郎,今天被称为西非金融共同体法郎(XOF)和中非金融合作法郎(XAF),是1945年法国在非洲殖民地强制使用的货币。事实上,非洲金融共同体法郎是在1945年12月26日即法国批准布雷顿森林协定之日成立的。它最初被称为非洲法兰西殖民地的法郎,从1958年起被称为非洲法兰西共同体法郎,该名称一直使用至今。目前仍有15个非洲国家使用该货币,包括西非8个国家(贝宁、布基纳法索、科特迪瓦、几内亚比绍、马里、尼日尔、塞内加尔和多哥)、西非经济和货币联盟;中非6个国家(喀麦隆、中非共和国、刚果共和国、加蓬、赤道几内亚和乍得)、中部非洲经济和货币共同体;还有南部非洲的一个国家(科摩罗),它是法郎区的一部分(但不是上述两个货币联盟的一部分),其货币是科摩罗法郎(KMF)。

起初,非洲金融共同体法郎的目的是允许法国公司在法国的非洲殖民地获得原材料,并使法国制成品向这些殖民地开放市场,避免产生货币风险(非洲金融共同体法郎与法国法郎挂钩)。法国还可以用本国货币支付从这些殖民地进口的商品费用,这使得它可以节省外汇,以低于全球市场的价格购买商品,以及其他优势。非洲国家独立五十多年后,非洲金融共同体法郎曾经与法国法郎挂钩,现在与欧元挂钩,因此也达到了同样的目的,并在其前殖民地保持了一定的控制权。尽管法国不再使用法郎,而是使用欧元(与法郎不同,法国不是欧元的发行国),但其对法郎区的控制并未受到影响。此外,非洲金融共同体法郎不是在非洲印制的,而是在法国印制的。

　　法国对非洲金融共同体区域国家实行的货币控制使它们无法完全自主。例如,中非国家银行(BEAC)必须将其 50％的外汇储备(1973 年至 2005 年为 65％,1973 年之前为 100％)存入在法国财政部开立的运营账户,以换取非洲法郎-欧元兑换担保。直到现在,西非国家中央银行(BCEAO)也不得不这样做。将部分外汇储备集中到法国国库阻碍了法郎区国家的经济增长,因为这些资金本可以用于发展工业化建设和现代化基础设施、支持就业等,相反,法国可以用这些钱来偿还国家债务和进行私人投资。此外,"法国财政部经常为非洲外汇储备提供负利率(实际利率),这意味着 BCEAO 和 BEAC 一直在赔钱;这就好像他们付钱给法国财政部以保留其外汇储备"(Sylla,2020)。发展经济学家恩多戈·桑巴·希拉提醒我们。另一方面,法国实施了一定的严格预算(通胀必须保持在 3％以下,公共债务不得超过 GDP 的 70％,总预算赤字小于或等于 GDP 的 3％等,这通常会导致公共支出减少和私有化),以换取运营账户供应的保证。此外,两名法国代表担任中非国家银行董事会成员,直到最近,西非国家中央银行也是如此。两名法国代表参加了中非国家银行货币政策委员会,该委员会是货币政策和外汇储备管理的决策机构(直到最近几年,中非国家银行的情况才有所变化)。虽然他们只有两人,但他们的权力是巨大的,因为他们可以参与决策,所有重大决策都需要一致投票。此外,非洲金融共同体法郎和欧元之间的平价降低了非洲金融共同体区域各国的国际竞争力。事实上,非洲金融共同体法郎在国际市场上的价值取决于欧元的价值,这意味着它跟随欧元的波动,与非洲金融共同体区的经济现实脱离。非洲金融共同体国家出口收入要么以欧元计价,要么从外币兑换成欧元,然后再兑换成非洲金融共同体法郎。这种双重转换导致非洲金融共同体区域非洲国家的收入不仅根据其固定的欧元本身的波动,而且根据外币与欧元之间转换的波动而变化。一旦欧元兑外币走强,非洲金融共同体区域国家就很难将其产品出口到国外,甚至难以购买自己生产需要的产品,这进一步削弱了它们的经济,特别是因为它们没有能力让非洲金融共同体法郎贬值。正如经济学家卡科·努布波(Kako Nubukpo)所说,非洲金融共同体法郎与欧元挂钩的事实"起到了出口税和进口补贴的作用"
(Carlier，2017)。

关于非洲金融共同体法郎和欧元之间的无限可兑换以及资本的自由流通，
它一方面促进了法国公司在非洲金融共同体区域非洲国家的投资、这些国家向
法国进口原材料,法国公司将资本汇回法国、法国和这些非洲国家之间的资金
转移，以及(甚至是与腐败相关的情况下)资本外逃和金融资源从这些国家转移
到法国；另一方面,它不能促进与 CFA 区域外其他非洲国家的贸易,甚至也不
能促进 CFA 区域内西非和中非国家之间的贸易,这些贸易在 2017 年非洲各国
贸易总量中仅占 15%。相比之下,欧盟国家之间的贸易在欧盟成员国总贸易中
的占比则高达 60%(Carlier，2017),因为尽管它们使用 CFA 法郎,但西非法郎
(XOF)和中非法郎(XAF)不可互换。科摩罗法郎也是如此,尽管科摩罗法郎也
是法郎区的一部分,与欧元挂钩,但不能与西非和中非地区非洲金融共同体法
郎互换。这完全是荒谬!

正如我们所看到的,非洲金融共同体法郎主要服务于法国资本主义的利益
以及听命于它的非洲统治阶级的利益,但它对法郎区非洲国家及其人民的发展
毫无帮助,也不是为了发展与 CFA 区域非洲国家的经济关系。事实上,这种货
币体系确保了 CFA 区域的国家不是其货币政策的主人,而这对于任何国家的
主权都是至关重要的。

两年前,CFA 区域的一些非洲国家朝着更大的主权方向迈出了一小步。事
实上,2019 年 12 月 21 日,法国总统马克龙和科特迪瓦总统瓦塔拉在科特迪瓦
阿比让宣布,非洲金融共同体法郎将不再是使用它的西非 8 个国家(即贝宁、布
基纳法索、科特迪瓦、几内亚比绍、马里、尼日尔、塞内加尔和多哥)的货币,并将
在 2020 年被一种称为"eco"的新货币取代。① 2019 年 12 月,法国与西非经济和
货币联盟的 8 个国家签署了一项协议,该协议于 2020 年 5 月由部长会议(法

---

① 非洲金融共同体法郎不会消失,因为 6 个中非国家(喀麦隆、中非共和国、刚果共和国、加蓬、赤
道几内亚和乍得)将继续使用它,直到另行通知。

国)通过,并于 2020 年 12 月由法国议会批准。该协议启动了一项"非洲金融共同体法郎改革"(而非取消),分为三点:① 西非国家中央银行不再需要将其外汇储备的 50% 存入法国中央银行;② 西非国家中央银行理事会将不再有任何法国代表;③ 根据 2021 年 10 月法国银行发布的《非洲与法国货币合作年度报告》(Banque de France,2021:31),在 2027 年某个日期之后,西非经济和货币联盟 8 个国家将其使用的货币称为"eco",但其与欧元的固定汇率(1 欧元 = 655.96 非洲法郎)将由法兰西银行维持和担保,直至另行通知。

为了解释这一突然的变化,法国总统伊曼纽尔·马克龙(Emmanuel Macron)于 2019 年 12 月在官方政府的推特账户上表示:"我想让法国参与西非经济和货币联盟与我国之间历史性的、雄心勃勃的合作改革。我们这样做是为了非洲青年。"(Diawara,2019)从他的话看,似乎这一变化源自他和法国!事实上,生活在 CFA 区域的非洲人民,特别是西非人民,是推动变革最积极的人。事实上,尽管一种货币取代非洲法郎的问题至少可以追溯到 20 世纪八九十年代,但近年来,随着非洲前法国殖民地人民中的反法情绪持续显著增长,这一问题变得至关重要。此外,法郎区国家的一些非洲领导人也在质疑非洲金融共同体法郎的重要性。2019 年 3 月 7 日,西非国家经济共同体(西非经共体)议会在塞内加尔达喀尔举行会议。2019 年 6 月 29 日西非经共体国家元首(法郎区的 8 个西非国家和其他 7 个拥有本国货币的国家)在尼日利亚阿布贾举行了会议(Jacquemot,2019)。在这些会议上,他们更具体地讨论了新的单一区域货币"eco"的项目,该货币将与一篮子外币(欧元、美元、人民币等)挂钩,这将意味着非洲法郎的终结。因此,通过对法郎区 8 个西非国家的非洲金融共同体法郎进行轻微改革,马克龙总统实际上只是确保法国能够保持对法郎区国家的经济和货币控制。马克龙总统的改革不是为了非洲青年的利益,而是为了法国资本家的利益。

马克龙所采取的家长式姿态证明,殖民主义深深扎根于许多法国领导人的心中。如果法国改革了非洲金融共同体法郎,那不是因为它带头(它早就可以这么做了),而是因为它不再能够像以前那样继续做事情了。正如经济学家邓巴·穆萨·登贝莱(Demba Moussa Dembele)所说,"他们正在消除让人们愤怒的符号,而不触及问题的核心,从而让批评家们望而却步。非洲人民要求的是非洲法郎的终结,而不是它的改革"(Kouagheu、Douce and Maillard,2019)。例如,许多非洲经济学家质疑将 eco 与欧元挂钩的问题,他们主张将 eco 与一篮子货币挂钩,包括欧元、人民币和美元以及其他货币,以适应非洲大陆的经济现实(中国是最大的投资者,拥有 310 亿欧元;美国以 30 亿欧元排名第二;法国以18 亿欧元排名第三)。然而,非洲金融共同体法郎的改革确保了未出生的"eco"与欧元挂钩。正如我们所看到的,在经济和货币解放方面已经迈出了一小步,但要真正打破法国的"经济和货币监管"制度还有很长的路要走,该制度力求通过一切手段保持控制。

正如法国蒙田研究所①智库的报告所述,该研究所正在帮助法国领导人和法国公司建立面向非洲的新对话:"现在也是将非洲国家视为我们的政治和经济伙伴的时候了。非洲为法国公司提供了许多机会。"其目标是促进"由公共部门在非洲展开以'重启'概念为中心的法国话语,以使我们的公司摆脱阻碍其在非洲大陆发展的历史和政治负担。这一'重启'话语应有利于法国公司进入非洲市场"(Institut Montaigne,2017)。从这些话中,我们可以推断:第一,非洲国家直到现在都从未真正被视为法国的政治和经济伙伴。第二,"重启话语"的建构不是为了承认殖民地的过去,不是基于历史现实和法国与非洲大陆之间的关系而展开一个真正的新开端,而是试图抹去历史的记忆,向更多的法国公司开放非洲市场。事实上,报告说,"重启话语"必须打破禁忌,这些禁忌是"腐败、民主变革、一些新兴国家的金融实践、非洲金融共同体法郎……"。除了与法国有关的非洲法郎之外,报告中讨论的其他禁忌似乎大多是与法国完全脱节的非洲问题。哪里有提到法国跨国公司在非洲的腐败和逃税行为?哪里有提到法国政府参与推翻民主选举产生的非洲总统?事实上,重启话语的目的是使在非

---

① 蒙田研究所(Institut Montaigne)的使命是制定公共政策建议,以影响法国和欧洲的政治辩论和决策。

洲的法国公司,特别是为了法国跨国公司获取更多利润,这些公司的利益往往与法国政府的利益交织在一起,就像法国石油和天然气跨国公司道达尔(Deneault,2018)的情况一样。因此,在中国等其他国家在非洲获得影响力的同时,保持法国在非洲的竞争力是至关重要的。没有意愿在平等和尊重的基础上与非洲国家真正建立新的伙伴关系,法国领导人没有从过去吸取教训,他们只是试图用新的色彩重新描绘他们与非洲的不对称关系,认为非洲人民不会看出这是伪装。

2017 年 11 月 28 日,在布基纳法索,当一名非洲学生就非洲金融共同体法郎的重要性向马克龙总统提问时,马克龙说:"不要在这个问题上采取愚蠢的后殖民主义或反帝国主义方针。"(France 24-Reuters,2017)我要说的是,恰恰相反,采取非反帝国主义的方针是愚蠢的!综观非洲金融共同体法郎体系,很明显,这与其说是一种优势,不如说是一种负担。因此,套用马克思的话来说,法郎区的非洲国家失去的只有锁链。

四、结论

自从列宁写了《帝国主义是资本主义的最高阶段》以来,世界发生了很大变化。然而,尽管我们处于资本主义经济全球化和垄断资本主义金融化的时代,即使帝国主义已经适应了新的历史环境和新的国际力量对比,帝国主义的一般特征和特点在今天从根本上也仍与一百多年前列宁所总结的相同。与那些否认当代帝国主义存在的人、那些认为当代帝国主义存在但由于不采用马克思列宁主义的视角和方法而不能理解这种现象的起源和性质的人,以及那些在试图摆脱他们所认为的已经过时的列宁帝国主义理论而迷失在自己关于帝国主义的错综复杂的误导性分析中的马克思主义者(包括所谓的或自封的)相反,那些坚持用马克思列宁主义视角和方法来分析当今世界的学者,能够根据今天的具体情况对列宁的帝国主义理论进行现代化,能够分析 21 世纪帝国主义的本质、特征及其表现。

正如本文所解释的,权力的垄断掌握在帝国主义国家和跨国公司手中。帝国主义国家拥有强大的军事力量,控制着金融体系和国际机构,拥有大多数最大的公司和银行,以及其他优势。跨国公司(主要来自发达国家)除了与全球金融体系和国家机构有着相互交织的联系外,还在获取和控制地球资源、科学技术、知识产权和贸易等方面占据着有利地位。除了公共物品和财富之外,它们还将自然资源私有化,同时让社会为其损失买单。因此,它们垄断了整个生产和流通过程,凭借这些优势以及公司和国家在其控制的全球生产网络中的持续的和日益加剧的一体化,确保了它们在主要经济部门的主导地位。它导致财富通过强加的不平等交换从发展中国家流向发达国家,从而导致财富和权力不对称。此外,跨国企业实行的生产异地化和外包是帝国主义在全球范围内适应和强化的表现,也是扭转利润率下降趋势的一种方式。由于在发展中国家工资极低,因此帝国主义国家和跨国公司可以与本国工人分享一定比例的租金,在国内维持一定的社会安宁,以保护资本主义制度。这些做法极大地加剧了发展中国家和发达国家之间的社会不平等、资本主义全球分工的不平等、劳动力的分散、工人之间竞争加剧、工人团结削弱等,让这些大公司在工人身上剥削和赚取超级利润。

此外,虽然欧洲国家不再正式拥有殖民地,但它们仍然实行帝国主义,特别是在它们的旧殖民地,这些地区从未真正摆脱法国等前殖民国家的经济和政治控制。非洲金融共同体法郎是法国在非洲实行帝国主义,同时说明帝国主义阵营国家共同性的一个具体例子。事实上,正如我们所看到的,这是一种货币体系,它阻碍了非洲金融共同体区域国家主权的基本属性。它主要服务于法国的资本主义利益,而不是非洲的发展和非洲人民。即使现在在经济和货币解放方面迈出了一小步,但要真正打破法国使用各种诡计试图保持控制的"经济和货币监管"制度还有很长的路要走。

发达国家对工人的剥削及其人民的异化,以及发展中国家对工人的过度剥削及其人民的异化,都源于资本主义发展及其对资本高度集中和利润快速最大化的无休止追求,而不管人类和环境付出了什么代价。除非全世界的工人和被压迫国家站起来,团结起来,共同奋斗,推翻帝国主义和资本主义(这是同一枚硬币的两面），否则它将继续这样下去，直到它导致人类和地球的毁灭。为了理解这一切，马克思列宁主义的理论、视角和方法仍然必不可少，因为它们在帮助我们解释当代世界和理解我们必须努力改革起着非常重要的作用。

参 考 文 献

［1］A. Deneault. Total，un gouvernement bis［J］. *Le Monde Diplomatique*，2018，August. Accessed on October 11，2021. https：//www. monde-diplomatique. fr/2018/08/DENEAULT/58987.

［2］Banque de France. Coopérations monétaires Afrique-France：Rapport économique et financier 2020 surla CEMAC，l'UEMOA et l'Union des Comores［J］. 2021，October 27. Accessed on October 30，2021. https：//publications. banque-france. fr/rapport-annuel-des-cooperations-monetaires-afrique-france-2020.

［3］Banque de France. The CFA franc zone. 2016，December 9. Accessed on October 8，2021. https：//abc-economie. banque-france. fr/node/20399.

［4］Cheng E. and Lu B.. The Five Characteristics of Neo-imperialism：Building on Lenin's Theory of Imperialism in the Twenty-First Century［J］. *Monthly Review*，2021，73 (1)，22－58. Accessed on July 15，2021. https：//monthlyreview. org/2021/05/01/five-characteristics-of-neoimperialism.

［5］D. Harvey. A Commentary on A Theory of Imperialism. In *A Theory of Imperialism*［M］. edited by Utsa Patnaik and Prabhat Patnaik. New York：Colombia University Press，2017.

［6］D. Harvey. *The New Imperialism*［M］. New York：Oxford University Press，2003.

［7］Economic Community of West African States. 2019. "ECOWAS Parliamentarians engage in the Single Currency Creation Programme". March 7. Accessed on October 13，2021. https：//www. ecowas. int/ecowas-parliamentarians-engage-in-the-single-currency-creation-pro-gramme/.

［8］F. Pigeaud. Présence française en Afrique，le ras-le-bol［J］. *Le Monde*

Diplomatique，March. Accessed October 21，2021. https：//www. monde-diplomatique. fr/2020/03/PIGEAUD/61500.

［9］France 24-Reuters. 2017. "Supprimer ou renommer le franc CFA：Emmanuel Macron ne dit pas 'non'". *France* 24，November 29. Accessed on October 17，2021. https：//www. france24. com/fr/20171129-afrique-franc-cfa-emmanuel-macron-changement-perimetre-nom.

［10］Global Financial Integrity. 2015. Financial flows and tax havens：combining to limit the lives of billions of people. December. Accessed on October 27，2021. http：//www. gfintegrity. org/wp-content/uploads/2016/12/Financial_Flows-final. pdf.

［11］Institut Montaigne. 2017. "Ready Today's Africa". September. Accessed on October 18，2021. http：//www. institutmontaigne. org/en/publications/ready-todays-africa.

［12］J. Smith. *Imperialism in the Twenty-First Century*［M］. New York：Monthly Review Press，2016.

［13］J. Smith. Imperialist Realities vs. the Myths of David Harvey［J］. *Review of African Political Economy*，March 19，2018. Accessed on October 16，2021. http：//roape. net/2018/03/19/imperialist-realities-vs-the-myths-of-david-harvey/.

［14］Kouagheu J.，S. Douce，and M. Maillard. 2019. "'Semi-révolution' ou 'arnaque politique'，la fin du franc CFA vue par des économistes africains". *Le Monde*，December 24. Accessed on October 3，2021. https：//www. lemonde. fr/afrique/article/2019/12/24/semi-revolution-ou-arnaque-politique-la-fin-du-franc-cfa-vue-par-des-economistes-africains_6023971_3212. html.

［15］M. De Miramon. Assassinat de Thomas Sankara：la France complice［J］. *L'Humanité*，April 9，2021. Accessed on October 19，2021. https：//www. humanite. fr/assassinat-de-thomas-sankara-la-france-complice-702961.

［16］M. De Vergès. La réforme du franc CFA：plus qu'un symbole. *Le Monde*，December 23，2019. Accessed on October 12，2021. https：//www. lemonde. fr/afrique/article/2019/12/23/la-reforme-du-franc-cfa-plus-qu-un-symbole_6023901_3212. html.

［17］M. Diawara. Réformé，le franc CFA va glisser vers l'Éco［J］. *Le Point*，December 21，2019. Accessed on October 18，2021. https：//www. lepoint. fr/afrique/le-franc-cfa-va-glisser-vers-l-eco-21-12-2019-2354391_3826. php.

　　[18] Ministère des Armées. Dispositif opérationnel français déployé à travers le monde [J]. June 15, 2021. Accessed on October 13, 2021. https://www. defense. gouv. fr/operations/rubriques_complementaires/dispositif-operationnel-francais-deploye-a-travers-le-monde.

　　[19] M. Li. China: Imperialism or Semi-Periphery? [J]. *Monthly Review*, 2021, 73 (3). Accessed on October 19, 2021. https://monthlyre-view. org/2021/07/01/china-imperialism-or-semi-periphery/.

　　[20] N. S. Sylla. The Franc Zone, a Tool of French Neocolonialism in Africa[J]. *Jacobin*, June 1, 2020. Accessed on October 17, 2021. https://www. jacobinmag. com/2020/01/franc-zone-french-neocolo-nialism-africa.

　　[21] P. Jacquemot. CEDEAO, la voie difficile vers l'Eco, la monnaie unique[J]. *Policy Center for the New South*, December, 2019. Accessed on October 5, 2021. https://media. africaportal. org/documents/CEDEAO_la_voie_difficile. pdf.

　　[22] R. Carlier. Le franc CFA est un outil de la servitude volontaire[J]. *France* 24, August 10, 2017. Accessed on October 31, 2021. https://www. france24. com/fr/20170810-franc-cfa-outil-servitude-volontaire-nubukpo-monnaie-afrique-uemoa-cemac-deby-ouattara.

　　[23] R. Moussaoui. Burkina Faso. Thomas Sankara, la possibilité d'une Afrique émancipée[J]. *L'Humanité*, October 12, 2017. Accessed on October 19, 2021. https://www. humanite. fr/burkina-faso-thomas-sankara-la-possibilite-dune-afrique-emancipee-643588.

　　[24] S. Amin. *La loi de la valeur mondialisée*[M]. Paris: Le temps des cerises/éditions Delga, 2013.

　　[25] U. Patnaik, and P. Patnaik. *A Theory of Imperialism*[M]. New York: Colombia University Press, 2017.

　　[26] V. I. Lenin. Imperialism, Highest Stage of Capitalism. In *Collected Works of V. I. Lenin*, vol. 22, 185 – 304[M]. Moscow: Progress Publishers, [1916] 1974.

帝国主义和马克思主义理论

［美］大卫·科茨[*]

尹兴[**]

一、导论

本文的灵感来自《新自由主义的五大特征：21 世纪基于列宁的帝国主义理论的研究》(Cheng and Lu，2021)中对帝国主义的引人深思的分析。本文对马克思主义的帝国主义概念进行了分析；探索了"帝国主义"在马克思主义传统中的含义；考察了帝国主义在资本主义的基本关系中的根源；回顾了帝国主义体系自 1990 年以来的资本主义时代的演变，并评价了当代世界体系。

我自己第一次认真接触马克思主义是在 20 世纪 60 年代反对美帝国主义的斗争中，当时我还是一名大学生。我们这一代有很多人参与了反对越南战争的运动。美国政府不顾国内外不断增长的反战情绪，继续升级侵略战争，我们不得不努力理解战争的原因。当时，约翰·F.肯尼迪总统和继任者林登·B.约翰逊总统的政府在国内经济和社会问题上相对进步。他们主持通过了具有里程碑意义的民权立法，以保障不分种族或性别的平等权利，并采取了一系列减少贫困的措施。然而，正是这个政府，同时却在进行大规模的和不分青红皂白

---

[*] 作者：大卫·科茨(David Kotz)，美国马萨诸塞大学阿默斯特分校经济系名誉教授、政治经济学研究所高级研究员。

[**] 译者：尹兴，上海海事大学马克思主义学院副教授，主要研究方向包括马克思主义经济危机和周期理论，当代西方经济制度变革等。

的暴力活动,企图阻止一个东南亚小国最终要实现的民族独立。为了理解是什么推动了美国在越南的战争,我们阅读了列宁的《帝国主义是资本主义的最高阶段》(Lenin,1939)。我们发现这本书提供了一个有说服力的解释,使我们意识到这不仅是一个错误的政策,而且是美帝国主义企图控制其他国家的一个例子。[①] 列宁对帝国主义的分析解释了帝国主义驱动是如何在强大的资本主义国家中出现的。我们意识到我们需要更多地了解资本主义。20世纪60年代末至70年代初,我是加州大学伯克利分校的经济学博士生,我们班上教授的主流的新古典主义和凯恩斯主义经济学并不能说明资本主义经济为什么会导致帝国主义的兴起。相反,教授们教导说,资本主义——他们称之为"市场经济"——促进了自由贸易,每个国家都从中受益,不可能有任何经济动机来统治另一个国家。那个理论并没有解释我们生活的真实世界!

读完列宁的著作后,我们进一步读了马克思的著作。这次探索使我们在加州大学伯克利分校成立了一个学习小组来阅读马克思的《资本论》三卷本,就像我们这一代在其他美国一流大学的许多经济学博士生一样。我们在一年的时间里批判性地阅读了马克思著作。到年底,几乎所有参与者都得出结论,马克思主义分析为资本主义制度提供了令人信服的解释。它为理解帝国主义、战争、劳工剥削、种族压迫和性别压迫等问题提供了基础——所有这些问题都无法根据新古典主义或凯恩斯主义的经济分析来理解。

值得注意的是,以历史经验来看,帝国主义和战争也许是推动马克思主义和社会主义运动的最强大力量。20世纪的两次世界大战和帝国主义对第三世界的多次干涉,使千百万人走向马克思主义和社会主义。

二、何为帝国主义[②]

马克思主义对帝国主义概念的理解以人类社会的地理维度为中心,这一维

[①] 在反对越南战争的抗议运动中出现的一个流行口号就是"从反战到反帝国主义"!
[②] 本文的第二和第三部分借鉴了我与李钟瑾的联合研究(Li and Kotz,2021)。

度并不直接参与构建马克思主义理论的许多其他核心概念,如马克思主义关于阶级、阶级冲突、剥削、占有、统治、价值、剩余价值、生产、交换、危机、经济、国家、意识形态、资本循环、生产方式和转型的概念中。有些概念需要时间维度,但没有一个需要空间维度。

　　人类社会既存在于时间中,也存在于空间中。人类社会分布在世界各地的特定地区。在阶级社会时代,不同地域的社会之间的关系得到发展。帝国主义的概念可以理解为马克思主义对同时存在于不同地区的社会之间关系的分析。相比之下,转型的概念适用于在一个特定地区存在的社会中随着时间的推移而产生的发展。

　　马克思的帝国主义理论建立在马克思主义理论的非空间概念的基础上,但将它们应用于不同的领域。我们先来看列宁的名著《帝国主义是资本主义的最高阶段》,这是提出马克思的帝国主义理论的最有影响力的著作,长期以来一直以马克思主义作为分析帝国主义的出发点。列宁的"这本小册子"写作目的是"帮助读者理解帝国主义的经济实质这个基本的经济问题"(Lenin,1939:8)。但是,他指出,"我无法处理这一问题的非经济方面,不论它们多么值得处理"(Lenin,1939:15)。

　　列宁在书中不止一次地使用了"帝国主义"这个词。这本书着重分析 20 世纪初资本主义的具体特征,这与理解那个时期的帝国主义有关。[①] 他给出了"可能是帝国主义的最简明的定义",即"资本主义的垄断阶段"。他通过列举五个基本特征来阐述帝国主义的含义:(1)垄断的出现并起决定性作用;(2)银行资本与产业资本合并形成金融资本;(3)资本输出相对于商品输出变得更为重要;(4)资本主义的大公司共同划分世界市场;(5)最大的资本主义列强之间完成对世界各地领土的瓜分。(Lenin,1939:88-89)

　　然而,列宁在书中表明,他还想到了帝国主义的另一个更广泛的含义。他

----

　　① 在法文版和德文版的序言中,列宁写道:"本书的主要任务……是说明 20 世纪初期全世界资本主义经济在其国际相互关系上的总的情况"(Lenin,1939:9)。

在几处提到了"资本主义的帝国主义"(Lenin,1939:85-86),这意味着可能存在着非资本主义的帝国主义。他指出,"在资本主义最新阶段之前,甚至在资本主义之前,帝国主义就已经存在了"(Lenin,1939:81-82)。他指出,"建立在奴隶制基础上的罗马奉行殖民政策并实现了帝国主义"(Lenin,1939:82)。这种更广泛意义上的帝国主义不是资本主义的一个特定阶段,而且确实可以适用于各种生产方式。让我们来看看列宁的帝国主义隐含的第二个含义是什么。

首先,请注意,在马克思主义分析中,一个关键术语或概念在不同的抽象层次上具有不同的含义并不罕见。在历史唯物主义理论中,"剥削"的核心概念一般是在相对抽象的阶级社会层面上理解的,包括奴隶制、封建制和资本主义社会。这个一般概念围绕着对剩余劳动的占有。当剥削的概念被赋予更具体的含义"资本主义剥削"时,它就包含了资本主义生产关系的特征,这些特征不一定与其他生产方式下的剥削相同。例如,自由劳动力是资本主义剥削关系概念的一部分,这是奴隶制或封建制剥削没有的特征。对于"帝国主义"这样的概念,没有"最佳"的抽象层次。最佳的抽象层次取决于分析的目的。

列宁除了关注他所处时代资本主义的具体特征外,还指出了他认为是资本主义时代帝国主义关系的主要特征。第一,帝国主义涉及国家之间的关系。他将国家视为帝国主义中的主体性力量,这里指的是"掠夺整个世界中的富有而强大的国家"和"瓜分世界的少数国家"。第二,他强调,帝国主义的关系包括各种形式的统治,在那个时期包括吞并、金融扼杀、殖民压迫。第三,他认为,帝国主义列强的收益包括掠夺、超额利润和年回报率(有时达到 30%、40%)甚至更高的息票收入(投资的金融回报)。第四,他指出,获得这种收益的手段包括消除竞争和建立垄断权力,建立金融统治地位,以及确保对原材料的控制。

综合以上四个特点,资本主义时代的帝国主义作为一个整体可以定义为,一个国家的统治阶级为了攫取经济利益而在经济和政治上统治另一个国家。政治统治是定义的一部分,因为在资本主义时代,国家是强制的工具。资本主义的大公司不能只靠自己在其他国家建立统治地位,它们需要动用身后的国家力量来支持他们的海外利益。① 统治关系中的行为主体是占统治地位国家的统治阶级，而不是整个国家，其理论依据是马克思主义认为阶级社会中的国家代表统治阶级。将某个"国家"视为帝国主义统治的行为主体，忽视了当代社会的阶级特征。

帝国主义可能涉及社会的其他方面，如社会的文化方面。然而，文化统治的方向并不一定与经济和政治统治的方向相匹配。在某些情况下，被统治国家的文化在很大程度上渗透到了帝国主义势力中。帝国主义关系的核心是经济和政治统治。

马克思主义关于帝国主义的文献中提出了帝国主义损害被统治国家的几种方式，包括：（1）剥夺自决权；（2）阻碍发展（依附论）；（3）不利于当地人口的畸形发展；（4）对自然环境和人民健康与安全的损害；（5）不平等的交换；（6）强加沉重的债务；（7）强加或支持压迫性的政府；（8）帝国主义强权对当地居民的暴力行为。依附论在马克思主义者中引发了争论，争论点在于，帝国主义到底是减缓、阻碍还是最终加速了资本主义在被统治国家的发展。本文将不介入这个争论。

如上所述，列宁暗示帝国主义在资本主义之前就已存在，比如古罗马的奴隶制帝国主义。上面提出的定义即一个国家的统治阶级对另一个国家实行经济和政治统治，目的是为该统治阶级榨取经济利益，既适用于资本主义时代，也适用于前资本主义的生产方式。然而，由于前资本主义的生产方式不同于资本主义生产方式，因此其提取经济利益的类型以及提取经济利益的方式也会有所不同。

历史上曾出现过不符合本文提出的帝国主义一般定义的国家间统治的案

---

① 在资本主义社会早期，就曾出现过由公司本身进行帝国主义统治的案例，例如17—18世纪（译者注：原文为17世纪，但由于印度的莫卧儿王朝在17世纪仍很强盛，进入18世纪后才明显衰落，因此英国东印度公司才能乘机在印度进行帝国主义统治和扩张）的英国东印度公司在英国对亚洲的帝国主义扩张中所扮演的角色。甚至在最近一段时间，私营公司也偶尔会与国家一起参与对外武力统治，例如，私人保安公司在21世纪头十年美国占领伊拉克中的作用。然而，随着资本主义的发展，国家很快就成为帝国主义统治的主要行为主体。

例。例如,苏联通过华沙条约组织和经济互助委员会对东欧六个社会主义国家的支配关系。社会主义苏联实行计划经济和公有制,并没有支配其他国家以攫取经济利益的动力。尽管如此,苏联确实对六个东欧社会主义国家建立了政治和经济支配的关系。然而,这种支配关系不是为了获取经济利益,而是为了提供缓冲,保护苏联免受西方的另一次军事攻击。实际上,经济互助委员会的经济关系似乎是为了向其他六个成员国提供经济利益而设计的,保证他们能够获得来自苏联的低价原材料,并为来自东欧的制成品提供有保障的市场。这种经济关系提供了一种接受支配或从属关系的动机。根据本文提出的术语,我们不把这种关系视为马克思主义概念意义上的帝国主义。

三、资本主义时代帝国主义的根源

虽然资本主义的形式自其诞生以来随着时间推移不断演变,但资本主义在整个资本主义阶段都会造成帝国主义的统治。帝国主义驱动的根源可以在资本主义的基本制度中找到:资本主义是一种商品生产体系(市场经济),生产资料为一个独特的资本家阶级所有,他们雇佣自由的工资劳动者,目的是攫取利润。资本家必须在市场上相互竞争,迫使其追求利润最大化用于资本积累,从而在激烈的市场竞争中求生存。

正如马克思和恩格斯在《共产党宣言》中所描述的,利润动机迫使资本家承认,其经营领域没有地理界限:"不断扩大产品销路的需要,驱使资产阶级奔走于全球各地。它必须到处落户,到处开发,到处建立联系。"(Tucker,1978:476)

虽然我们引用了马克思和恩格斯的"扩大产品市场的需要",但这只是起作用的力量之一。资本家通过三种方式扩大其活动的地域范围:(1)商品输出;(2)资本输出;(3)进口包括原材料在内的商品和服务。

商品输出的增长是由利润和积累关系驱动的——对外出口是销售由于资本积累而促成产量不断增长的商品的一种方式。

资本输出又分为两种:国际直接投资和国与国间接投资。国际直接投资是在国外建造或购买生产设施,这可能会特别有利可图,其原因可以是以下任何一个。第一种,由于工资低、工作日较长、没有健康和安全法规、缺少环境监管、税收待遇优惠以及其他当地条件,国外的生产成本可能会更低廉。第二种,在国外生产有利于在东道国销售产品,如绕开关税壁垒。因此,劳动密集型产业往往会转移到工资低的国家,而更多的资本密集型产业可能会转移到产品销售的主要市场。国与国间接投资是指通过跨境借贷和购买金融证券,为扩大金融机构利润而进行的金融资本输出。

跨越国界的经济活动扩张模式是进口商品,包括消费品(由零售公司进口)、生产资料和原材料。寻找原材料尤为重要,因为资本积累产生了对遍布全球各地的原材料的巨大需求。

一些过去的马克思主义分析家,如罗莎 · 卢森堡(Luxemburg,1968[1913])认为,如果不增加对另一个国家的销售,资本积累就根本无法进行。然而,正如布哈林(Bukharin,1972 [1924])和其他人所证明的那样,卢森堡尝试给出的证明是有缺陷的。资本积累原则上可以在一国的封闭经济中进行。有效的一点是,资本主义从竞争、利润动机和积累中产生出一种强大的驱动力来积极地追求商品输出、资本输出和原材料的进口。

然而,跨越国界的经济扩张并不等同于帝国主义。跨越国界的统治是帝国主义的一个重要特征。该论点的最后一部分是,跨国经济扩张的动力不可避免地会导致支配其他国家以获取经济利益的动力。帝国主义国家的资本家从帝国主义关系中获得的潜在利益涉及资本家在海外开展业务的三种方式:商品输出、资本输出和包括原材料在内的商品进口。这三种国际经济交流方式并不一定依赖国家间的支配关系,原则上可以通过自愿交换和合同进行,其中任何一方不受另一方支配。然而,帝国主义国家的资本家可以通过支配关系获得如下特殊利益:

(1)通过排除来自其他强国的竞争对手和获取比当地生产商更有利的经商条件等手段,控制出口市场;

(2)压低进口中间产品的价格;

（3）保持国际直接投资在东道国获得超高利润率的有利条件，并确保此类
投资的安全性；

（4）保障帝国主义金融机构在东道国推行高利率的有利条件；

（5）控制东道国原材料的开发和出口，攫取原材料开发的绝大部分收益。

值得注意的是，资本家在国内经济活动中也会为实现上述这些利益而操
作。然而，当在其他国家从事经济活动时，东道国政府未必会保护他们这些外
国资本家的利益。由于资本家无法靠自己支配其他国家，他们被迫向自己的母
国政府施压，以保护其海外利益。这就是资本主义的帝国主义的核心动力。

资本主义的帝国主义有一个特点。古罗马帝国主义派出军队，带回奴隶和
贡品。英美帝国主义在派出军队的同时，还对外输出商品和雇用当地劳工。基
于追求使用价值是资本主义经济的驱动力的观点，是不可能理解资本主义的帝
国主义的动力的。资本家追求价值和剩余价值，而不是使用价值。如果他们可
以通过对外输出有用的商品和生产性工厂来获得剩余价值，他们就会这么做。
当然，由此产生的关系在资本家"落户、开发和建立联系"的地方产生了多种形
式的剥削和压迫。

四、截至 1990 年的资本主义的帝国主义阶段

随着资本主义的发展，国际经济关系以及国家为追求利润而支配其他国家
行为的确切形式也会不断发生变化。下面对资本主义的帝国主义时代，截至
1990 年简要划分为四个阶段概述，必然有些过于简化。帝国主义在每个时期的
特征在世界各地都有所不同。然而，简要的划分说明有助于确定帝国主义各个
阶段主要特征的变化。

1. 商业帝国主义：15 世纪晚期至 18 世纪中叶

这是马克思在《资本论》第一卷最后一节所描述的欧洲资本主义原始积累
时期。欧洲商人资助探险队前往美洲、非洲和亚洲，在一些地方探索并建立殖
民地。其目的是发展有利可图的贸易以增加财富，并获得贵金属和宝石。在这
一时期的后期，出现了大规模的奴隶贸易，用欧洲制成品换取非洲俘虏，然后卖

给美洲的种植园。这一时期由此产生的贸易主要涉及在前资本主义生产模式下生产的产品,如印度丝绸①、奴隶开采的贵金属和种植园的作物等。正如马克思在《资本论》中指出的那样,这给欧洲带来了新的财富,并在资本主义的崛起中发挥了作用。这一过程在欧洲主要贸易国中产生了巨大的帝国。

2. 竞争性资本主义的帝国主义:1750 年至 1870 年

现代工业兴起于这一时期,或者用西方主流历史学家的语言来说,工业革命发生了。这使得资本主义生产中心的生产力迅速提高。工业化带来了产量的迅速增加,急需扩大产品出口和增加原材料(如棉花)进口。第一次出现了真正的国际分工,中心(资本主义)出口企业生产的制成品,并从殖民地进口原材料和一些欧洲不生产的奢侈品。奴隶生产的棉花、糖和其他作物从美国南部和世界各地的英国殖民地流入英国。在很多情况下,欧洲列强对殖民地的政治控制主要是通过与当地精英的结盟来实现的。作为最发达的资本主义国家,英国在这一时期成为占主导地位的帝国。

3. 现代殖民帝国主义:1870 年至 1945 年

19 世纪的最后 30 年见证了资本主义在中心国家的转变——从自由竞争阶段走向垄断或金融资本主义阶段。股份制公司在很大程度上取代了个人或合伙制的企业组织形式。并购浪潮将许多小企业合并为大公司,特别是在德国和美国,许多核心产业被一个或几个大公司所主导。通过金融机构与非金融公司的并购,形成了金融资本关系。在德国和美国出现了金融财团,其中一家或几家银行控制和协调采矿业、制造业、交通运输业和电力行业等大量企业的行动。这就产生了列宁在 1916 年所描述的帝国主义形式。

这一时期呈现了国际经济互动的一个新特征——实体资本和金融资本的输出都快速增长。虽然商品输出仍然是该体系的一个特征,但资本输出的相对重要性增加。英国资本家在英属殖民地修建铁路以促进海外贸易,并向海外提供大量贷款。

---

① 译者注:原文为印度丝绸,可能是作者笔误,应为印度棉纺织品或中国丝绸。

资本输出的重要性日益增加,影响了帝国主义体系下政治统治的特征。商品一经售出就收到货款,商品输出就可以立刻给母国资本家带回利润。然而,资本输出产生的利润只能在较长一段时间内逐渐流回帝国资本家。如果东道国经济出现问题,资本输出就会面临损失的风险,甚至面临被征收的威胁。

19世纪后期垄断和资本输出的作用日益增强,导致了欧洲殖民主义在世界许多地区的政治特征发生转变。以前主要通过与当地精英结盟来实施(间接)统治的方法,现在已经不够了,在许多地方转为实施帝国主义的直接政治统治,并向殖民地派遣大量公务员。

新的资本主义形式加剧了帝国主义主要国家之间的竞争,因为他们都在争夺世界各地市场的主导权。19世纪90年代,美国作为新兴的资本主义国家之一,其核心产业由金融资本主导,加入了对殖民地的争夺战,占领了波多黎各、古巴和菲律宾。正如列宁指出的那样,帝国主义列强在第一次世界大战之前就已经完成了对世界的瓜分,这加剧了帝国主义主要国家之间的紧张关系。

上述事态发展,使帝国主义主要国家之间为重新划分殖民地和势力范围而爆发战争的倾向增强。新兴的德国、美国和日本等国的资本家试图扩大自己的主导领域,而英国和其他老牌帝国主义国家的资本家则试图保住自己利润丰厚的殖民地和势力范围。资本主义发展不平衡的规律,使这种冲突必然出现。帝国之间竞争日益紧张的最终结果是爆发了第一次世界大战这样的重大武装冲突,这可以理解为试图重新瓜分世界的战争。二十年后,第一次世界大战的失败者再次试图重新分配世界权力,第二次世界大战爆发。

4. 后殖民冷战帝国主义:1945年至1990年

现代殖民主义后期,两大发展因素为这一体系的终结铺平了道路:两次世界大战以及强大的共产党执政(社会主义)的国家阵营的出现。这两次毁灭性的战争使欧洲的帝国主义列强筋疲力尽,在第二次世界大战后缺乏保住殖民地的能力。1945年欧洲满目疮痍之时,本土远离战争的美国远没有被两次大战搞得筋疲力尽,反而在经济和军事上强势崛起。欧洲殖民主义曾试图阻碍美国在发展中国家的势力扩张,当美国崛起为主导性的帝国主义强权时,它没有理由去拯救英国或法国的殖民主义,除非这些前殖民地(如法属印度支那)需要抵御新出现的反资本主义革命的威胁。

此外,在两次世界大战期间,欧洲殖民列强拼命寻求击败对手,为此招募殖民地人民入伍。因此,殖民地人民学会了使用当时的现代武器,并得到了扩大政治权利的承诺。20世纪上半叶兴起了反殖民运动,这些运动能够利用资产阶级意识形态的元素来为殖民地人民的要求辩护,如所有民族的自决权。殖民地人民已经掌握了在必要时使用现代武器进行斗争的技能。

第二个发展因素是一个庞大而强有力的社会主义阵营的崛起。1917年的俄国革命引发了世界上第一次建立社会主义国家的尝试,但新成立的苏联最初并不发达且比较虚弱。然而,苏联经济和军事的快速发展,使其在战胜纳粹德国中发挥了主要作用。第二次世界大战结束后,苏联红军推动了波兰、捷克斯洛伐克、匈牙利、保加利亚、罗马尼亚和德国东部的共产党政权的崛起。因此,新成为主导性帝国主义强权的美国,面临着社会主义对世界资本主义未来的严重威胁。几年后,中国共产党在世界上人口最多的国家夺取政权,超过世界三分之一的人口从资本主义制度转向建设社会主义。

这一发展因素正式促成了殖民主义的消亡。社会主义国家支持殖民地人民的要求,他们为殖民地人民争取独立的斗争提供意识形态、政治、经济和军事援助。在许多情况下,当地的共产党人和社会主义者在领导独立运动中发挥了重要作用。主要资本主义国家现在不得不与社会主义阵营在世界上不发达的地区展开竞争,这迫使帝国主义列强承认殖民地人民的自决权。虽然美国取代英国成为主导性的帝国主义强权,但美国再也不可能像英国那样以殖民统治的方式来构建其不断扩张的帝国版图。

随着第二次世界大战后的时代的开始,出现了一个新的主导性帝国——美国,一个正在瓦解的殖民体系,以及资本主义和社会主义在世界范围内的竞争。这导致帝国主义进入了一个新的阶段,以主要资本主义国家和社会主义威胁之间的"冷战"为主导,社会主义威胁主要来自社会主义阵营,也来自一些主要资本主义国家内部的强大的共产党的崛起。

资本主义和社会主义之间的冷战对抗导致主要资本主义国家团结在美国身边，拥护其作为帝国主义阵营的领袖。帝国之间不可避免的竞争趋势并没有消失，而是被反对社会主义的共同利益所抑制。帝国主义主要列强之间偶尔也会爆发冲突，例如，1966年法国退出北约时的美法冲突，以及20世纪80年代日本出口征服美国市场时的美日冲突。但是，这些冲突的处理都没有诉诸武装冲突。

帝国主义新阶段的特点是非正式的政治统治。美国在拉丁美洲、非洲、中东和亚洲建立了一个由美国政府控制的庞大帝国，但在几乎所有情况下，美国的统治都是非正式的，而不是帝国主义之前阶段的直接政治统治。美国的政治统治促进了美国公司在世界各地的高利润活动的扩展。

在这一阶段，随着帝国主义列强的公司和银行将其活动扩展到世界各地，资本全球化的进程逐渐发展起来。在这一阶段后期，通过新的子公司网络和分包关系，生产过程本身开始全球化。

一些冷战"前线国家"被允许推行国家主导的经济发展计划，比如韩国。鼓励日本通过积极国家干预（包括产业政策）进行经济复苏。与此同时，在其他发展中国家和地区，进步的经济改革者经常因帝国主义国家公开或秘密的干涉而被破坏或推翻，例如，1953年的伊朗、1964年的巴西、1953年的危地马拉和1964年的多米尼加共和国。

虽然在这一时期没有帝国之间对抗的战争，但帝国主义导致了许多其他类型的武装冲突。20世纪50年代的朝鲜和60年代初的古巴都发生了阵营间战争和军事干涉。1973年，在美国的援助下，智利民主选举产生的萨尔瓦多·阿连德的社会主义政府被以血腥的方式推翻。在那个时期，越南、安哥拉、莫桑比克和尼加拉瓜都爆发了反对帝国主义统治的民族解放战争。

第二次世界大战后，资本主义进入了一个受管制或社会民主主义的资本主义新阶段。全球经济受到布雷顿森林体系的监管，在该体系下，美元是全球贸易和储备货币；国际货币基金组织和世界银行这两个新机构主导了一个半开放的世界经济，对跨国资本流动设置了一些障碍；有强大的工会、国家对商业和银行的积极监管、一些国有企业、更多国家提供的公共产品和服务,以及福利国家计划。在此期间,随着利润的增长,欧洲和北美的平均实际工资增长相对较快。许多发展中国家的政府实施了进口替代工业化的发展战略,取得了一定的成功。

1980 年左右,随着新自由主义取代管制资本主义,资本主义再次转型。资本主义的新自由主义转型包括消除国际资本流动障碍、削弱工会、放松对商业和银行的管制、国有企业私有化以及公共产品供给的外包。新的口号是自由化、私有化和稳定化,后者指的是削减公共项目和紧缩货币政策。

随着新自由主义时代的开始,实际工资停滞或下降,发展中国家被迫实施紧缩计划,全球化也加速了。随着金融机构摆脱政府监管,它们从专注于服务非金融企业的金融需求,转向通过创造和交易一系列令人眼花缭乱的新型高风险金融资产来追求投机利润。

五、当代世界体系:1990 年至今

帝国主义新阶段还在发展的时期,很难准确地描述这一新阶段的特征。现在判断帝国主义这一阶段的矛盾将走向何方还为时过早。但是,可以注意到这一阶段的主要特征,因为它是从上一阶段产生并发展至今的。

关键事件是共产党政权在苏联和其他东欧国家的终结,苏联解体后,苏联时代的俄罗斯、其他加盟共和国以及六个东欧前盟国迅速转向资本主义制度。俄罗斯经历了长达八年的经济萧条,经济萎缩了一半,工业产能被严重破坏。[①]此外,另一个社会主义大国——中国,在 20 世纪 70 年代末开始实行改革开放政策,到 20 世纪 90 年代初已过渡到市场经济,开始在国内引入私营企业,并将其经济与全球资本主义市场融为一体。这些显著变化消除了来自传统社会主义阵营的以公有制和中央计划为基础的替代经济体制的挑战,使美国成为唯一

---

① 大卫·科茨和弗雷德·威尔(Kotz and Weir, 2007):在《从戈尔巴乔夫到普京的俄罗斯道路》中对导致苏联体系消亡的力量进行了分析。

的超级大国。这迅速地重组了帝国主义体系。

　　一些人希望，上述事态发展将带来一段非军事化与和平的时期。然而，美国作为当今世界唯一的超级大国，却采取了侵略性的政治和军事战略，维护在未来永远统治世界的权利。1992 年，美国国防部准备了一份新的规划文件，其中包括以下内容：

　　"我们的首要目标是防止新的竞争对手再次出现。这是新的区域防御战略的主要考虑因素，要求我们努力防止任何敌对势力控制一个其资源在集中控制下足以产生全球力量的地区。这些地区包括西欧、东亚、苏联地区和西南亚。"①

　　这一主张旨在表明，它是关于防御"敌对势力"的。但在 1992 年，世界上已经没有显著的"敌对势力"了。这实际上是在警告，任何不愿服从美国统治的国家，未来都不许成为全球强国，甚至是地区性强国。从那时起，这一政策被应用于其他不威胁美国但仍在美国控制之外的大大小小的国家，包括俄罗斯、伊朗、伊拉克、朝鲜以及最近的中国。北约成立的初衷是对抗苏联及其盟国，但当苏联解体后，美国非但没有解散北约，反而把它变成了扩大美国全球统治地位的工具。美国违背了对苏联领导人米哈伊尔·戈尔巴乔夫不东扩北约的承诺，开始不断东扩，不仅招募苏联在东欧的盟国、前波罗的海三国，而且主张将乌克兰和格鲁吉亚纳入北约。美国 1991 年对伊拉克、1999 年对南斯拉夫、2001 年对阿富汗、2003 年再次对伊拉克、2011 年对利比亚发起了一系列军事行动，这些军事行动，有的有盟友参加，有的则没有。在此期间，美国利用其全球经济和金融力量对拒绝接受美国政府政策指令的国家实施制裁。

　　随着新自由主义转型的深入，中央集权的资本主义发展模式遭到破坏。在 1997 年亚洲金融危机期间，冷战时期被允许的亚洲中央集权资本主义发展模式，在国际货币基金组织和美国财政部的压力下被废除。日本长期存在的中央集权模式在 1989 年崩溃，此前的长期快速经济增长也结束了。

　　全球化在 1980 年后加速，在 1990 年后进一步深化。全球价值链得到扩

---

　　①　美国公共电视网站，https://www.pbs.org/wgbh/pages/frontline/shows/iraq/etc/wolf.html。

展,更加关注降低成本以从企业运营中最大化攫取利润,并得益于交通、通信和信息处理领域的新技术。制造业从旧的资本主义中心移出,留下了去工业化和贫困,转移到拉丁美洲和亚洲的低收入地区,尤其是中国,使其大量农村人口迁移到新的制造业中心。

美国在 1980 年前后出台了一系列放松银行监管的法律,为金融化奠定了法律基础,但金融化又过了十年才"起飞"。美国金融机构的利润占所有企业利润的比例,从 1994 年的 21%上升到 2001—2003 年的 40%(Kotz,2015:35)。然而,这种发展与列宁所分析的早期金融资本的崛起并不相同。金融资本是金融机构对实际生产的支配关系,其目的是增加非金融公司的垄断力量和利润,使金融家和非金融公司都受益。金融化是指金融机构从过去与非金融公司的密切稳定关系中分离出来,以便通过创造和交易新的金融证券来追求新的利润形式。这一过程有时会损害生产性企业。例如,投机性金融机构接管了一家高效的制造业公司,迫使其承担沉重的债务负担,并将借来的资金用于向该金融机构支付大笔股息。金融公司变得更加富有,而制造业公司无法进行真正的投资以维持有效的运营,这一结果直到金融公司出售其股份时才为人所知。①

当代世界体系的另一个特征是加强保护所谓的"知识产权",即知识和信息所有者的权利。当然,知识和信息本质上是公共产品,当每个人都能免费获取它们时,它们的整体社会价值是最大的。在这一时期,美国利用其权力创造并寻求全球强制保护通常位于美国和其他主要帝国主义国家的企业所有者控制新知识的权利。这促成了 1995 年世界贸易组织关于知识产权的《与贸易有关的知识产权协定》(Agreement on Trade-Related Aspects of Intellectual Property Rights,TRIPs)。一些人认为,这代表了与新自由主义倡导的不受监管的市场背道而驰的政策方向。然而,新自由主义意识形态向来主张,需要一个强大的国家来执行产权,因为这是产权所有者参与市场交换的基础。知识产

---

① 这不是美国的首波金融化浪潮,20 世纪 20 年代发生过类似的浪潮。参见科茨(Kotz,2015:第六章)。

权为帝国主义国家的一些公司带来了巨大的垄断利润,特别是在制药行业。

在 21 世纪头十年,一些研究者声称,全球化已经取代了帝国主义,使民族国家在新的相互依存的全球经济中不再重要(Hardt and Negri, 2000)。然而,这种观点误解了资本主义的本质,资本主义不仅仅是一种市场经济体系。资本主义是一种阶级制度,它要求国家支持和保护剥削关系,并为营利创造有利条件。在资本主义时代,国家是警察、军队等强制手段的主要拥有者。这意味着,尽管全球化表明资本主义有超越民族国家边界的趋势,但资本家仍然需要民族国家保护其体系及利润。几乎每家大公司的运营基地都在一个单一的民族国家,可通过其注册地或主要控制人的国籍来识别其背后的国家。民族国家仍然是当代资本主义的关键角色,民族国家的力量继续构成帝国主义运作的基础。

如果未来发展出一个全球性的资本主义国家,它将在原则上取代民族国家力量,对帝国主义的未来产生影响。然而,这种假设的可能性与当今现实相去甚远,也没有迹象表明它正在发展。事实上,这个时代见证了(一些)民族国家的解体,而不是政治和军事力量向世界单一实体集聚的趋势。

新自由主义全球体系在 20 世纪 80 年代和 90 年代给发展中国家带来了一系列危机,美国和其他发达经济体的经济增长率也低于前一时期,但这一体系确实为美国和其他发达经济体带来了长达 25 年的经济扩张,间以相对温和的衰退,通胀也较低。然而,新自由主义的增长机制所产生的趋势在长期不可持续。工会力量的削弱和工资的下降导致利润增加,这鼓励了经济扩张,但在工资下降和政府开支受到限制的情况下,谁来购买经济增长中不断增加的产出呢? 为了维持必要的需求增长,只好依靠负债来增加消费支出,而这反过来又形成了周期性的巨大资产泡沫,特别是 21 世纪头十年的房地产泡沫。金融机构新创造的高风险的抵押贷款支持证券又进一步推动了房地产泡沫。随着时间的推移,家庭的债务负担稳步增长,而金融部门的债务负担甚至增长得更快,因为他们通过借贷为其高利润的投机活动融资。在高风险金融资产的支撑下,金融部门的债务不断增长,显示出一种不可持续的趋势,导致 2008 年金融部门崩溃。随之而来的是家庭财务紧缩,无法再借钱维持不断增长的消费支出,这进一步导致了严重的金融危机和大衰退。只是通过大规模的政府干预和救助，大萧条时期的崩溃才得以避免（Kotz，2015：第五章）。

甚至在 2008 年金融和经济危机之前的 20 世纪 90 年代，一场反对运动就已出现了，它是由新自由主义世界体系的各种矛盾驱动的，这些矛盾表现为去工业化、工作条件恶化、工资停滞或下降以及不平等程度急剧上升，导致了 20 世纪 90 年代后期的许多国家出现了一系列反对公司全球化的大规模示威抗议运动。2008 年危机发生几年后，一场针对"前 1%"的大众反资本主义抗议运动兴起。2011 年，"占领华尔街"运动在全球 81 个国家的 951 个城市引发了大规模的公开的反资本主义示威活动。民意调查显示，抗议活动得到了广泛的公众支持。

2008 年可能标志着向资本主义新形式和帝国主义新阶段过渡的开始，尽管现在下结论还为时过早。2008 年后，全球经济陷入停滞，美国经济增长非常缓慢，欧盟经济则长期零增长。2020 年新冠疫情暴发后，这种缓慢的经济增长最终被全球经济急剧衰退所打断。虽然之后世界经济有所复苏，但目前经济前景仍不明朗。

自 2008 年以来，经济长期停滞不前，加上不平等加剧、工作临时化和不安全感增加等新自由主义的持续倒退趋势，加剧了日益严重的政治两极化。右翼民族主义政治人物和政党在美国等多个国家崛起。在这一时期，包括美国在内的一些国家对社会主义或社会民主主义变革方向的支持也越来越多，这也许为努力打破资本主义体系开辟了新的可能性。

近期另一个重要的发展是美国对中国立场的转变。2001 年美国政府鼓励中国加入世界贸易组织（WTO），美国大公司也在对华经贸关系中赚取高额利润。当中国主要生产廉价、低技术含量的消费品，并为外国投资提供高利润机会时，美国资本家认为中美关系非常令人满意。美国公司垄断了全球价值链的高利润端。然而，中国正在逐渐向高科技产品阶梯攀升，走上了与美国经济和技术平等的轨道。在过去的 5～10 年里，美国政府和大众媒体转向将中国视为对美国霸权的威胁。最近，美国对中国发起了一场咄咄逼人的新冷战。

针对中国的新冷战可能导致全球帝国主义进入新阶段。这再次表明,帝国主义的本质没有改变。在过去的很长一段时间里,主要资本主义国家之间的对抗被搁置在一边,以对抗社会主义阵营。苏联和东欧社会主义阵营解体后不久又进入一个新的全球紧张时期,因为一个新兴经济大国的崛起威胁到了占主导地位的帝国主义国家的霸权。第二次世界大战后的冷战具有不同的特点,早期的社会主义阵营没有与主要资本主义国家进行经济竞争。当前日益紧张的全球局势与第一次世界大战前夕的全球关系有一些相似之处。但是,它有一个新的特征,即新崛起的大国是共产党执政的,其经济体制虽然不再是中央计划经济,但仍然与长期占主导地位的资本主义国家的政治经济存在显著差异。美国统治阶级不仅是在应对一个新崛起的经济大国,而且是在应对它所感知到的不同社会经济体系对西方资本主义的经济威胁。

六、结论

本文对资本主义的帝国主义的回顾,说明了列宁对帝国主义的著名分析的价值,不在于其对帝国主义提供的五点定义可以适用于所有未来历史,而在于其提供了一个模型,说明如何使用马克思主义分析方法来理解资本主义时代任何阶段的帝国主义。正如列宁所指出的,帝国主义甚至早于资本主义,并且在20世纪初,它采取了一种新的形式,产生的紧张局势导致了毁灭性战争,但也为社会主义革命提供了机会。本文试图追随列宁的步伐,用马克思主义分析过去60年的帝国主义,首先从更抽象的意义上阐释帝国主义的含义,认为帝国主义是一国统治阶级为了攫取经济利益而对其他国家实行经济和政治统治的体系。

一个没有帝国主义的未来世界将是人类福祉的一大进步。然而,在资本主义时代以及相应的阶级社会接近尾声之前,帝国主义不会消失。在未来的社会主义世界中,如果民族国家仍然存在,民族国家之间的偶尔摩擦就无法避免。然而,未来的社会主义世界,即使由某种民族国家组成,也不会有帝国主义的经济动机。阶级社会中,帝国主义可以给少数统治阶级带来巨大利益,但要花费大量资源来建立和维持帝国主义的统治关系。在阶级社会中,这一成本在很大程度上由被剥削阶级来承担,而收益归属统治阶级。这种如意算盘在未来的无阶级社会的社会主义世界中是行不通的。未来的社会主义可能仍有经济和社会问题,但帝国主义及其统治和暴力应该不是其中之一。

参 考 文 献

［1］Cheng Enfu, and Lu Baolin. Five Characteristics of Neoliberalism: Building on Lenin's Theory of Imperialism in the Twenty-First Century［J］. *Monthly Review* . vol 73 No. 1, May, 2021: 22 - 59.

［2］David M. Kotz, and Fred Weir. *Russia's Path from Gorbachev to Putin: The Demise of the Soviet System and the New Russia*［M］. London and New York: Routledge, 2007.

［3］David M. Kotz. *The Rise and Fall of Neoliberal Capitalism*［M］. Cambridge, MA: Harvard University Press, 2015.

［4］Li Zhongjin, and David M. Kotz. Is China Imperialist? Economy, State, and Insertion in the Global System［J］. *Review of Radical Political Economics*. vol. 53 no. 4, December, 2021: 600 - 610.

［5］Michael Hardt, and Antonio Negri. *Empire*［M］. Cambridge. MA: Harvard University Press, 2000.

［6］N. I. Bukharin. *Imperialism and the Accumulation of Capital*［M］. New York: Monthly Review Press, 1972［1917］.

［7］R. Luxemburg. *The Accumulation of Capital*［M］. New York: Monthly Review Press, 1968［1913］.

［8］Robert C. Tucker. *The Marx-Engels Reader*. second edition［M］. New York and London: W. W. Norton and Company, 1978.

［9］Vladimir Ilich Lenin. *Imperialism: The Highest Stage of Capitalism*［M］. New York: International Publishers, 1939［1917］.

论当代帝国主义和中国特色社会主义

［巴西］马塞洛·费尔南德斯*

孙业霞**

一、引言

在这里,我将论述帝国主义和中国特色社会主义。帝国主义和社会主义是在社会主义阵营结束和弗朗西斯·福山宣布"历史终结"之后被搁置的话题。

这是一个受到赞誉的全球化时代,它预示着战争的结束和一个民族国家衰落背景下变革时代的开始。为了实现承诺的福利并防止可能出现的挫折,各国政府致力于新自由主义政策,如贸易和金融开放、劳动力市场放松管制、企业私有化、紧缩的货币政策、财政平衡等。然而,20 世纪 90 年代震撼世界经济的几次金融危机,以及美国侵略性外交政策的持续,表明将全球化理解为有利于所有国家的新经济秩序是个神话。这是"历史的终结"的终结。

关于帝国主义,这个主题在 21 世纪初再次被一些学者认真讨论,其原因主要是 2001 年的"9·11"事件、阿富汗战争和 2003 年的伊拉克战争。然而,帝国

---

* 作者:马塞洛·费尔南德斯(Marcelo Fernandes),巴西里约热内卢联邦大学博士,现任区域经济与发展研究生项目(PPGER/UFRRJ)副教授和教授、联邦经济委员会(COFECON)成员和巴西人民团结与争取和平中心(CEBRAPAZ)咨询委员会成员、南美洲经济发展历史模式研究小组和国际关系研究跨学科实验室成员。

** 译者:孙业霞,东北师范大学马克思主义学部副教授,博士生导师。研究方向:数字帝国主义、马克思主义政治经济学和中国的经济发展。

主义这个概念的使用并不总是有着必要的严谨态度。这一概念的传播只和强国剥削弱国有关，这削弱了对该主题本身的研究，其根源也与中心国家之间的争端和金融资本的作用相关。

帝国主义仍然是一个有效的概念，因为列宁在经典著作《帝国主义是资本主义的最高阶段》（［1916］2021）中分析的国际体系的基本结构和基本矛盾——金融资本、垄断和国家间的竞争，特别是资本主义大国之间的竞争仍然存在。然而，自从列宁写下这部作品以来，国际体系显然发生了变化。先后有第二次世界大战的爆发，社会主义阵营的形成，多边组织的建立，前所未有的货币标准的出现——美元灵活标准。特别是随着 20 世纪 90 年代初苏联解体以及新自由主义的崛起。为了更新帝国主义这一概念，程恩富和鲁保林（2021）讨论了新帝国主义并涵盖当前国际体系的变化。当前资本主义制度的状况——掠夺性、欺诈性、寄生性和腐朽性，它必将灭亡，为向社会主义过渡开辟了道路。

中国拥有的显著优势表明，社会主义不仅在经济上可行，而且是一个优越的体系，未来会超越资本主义，正如科学社会主义的创始人马克思和恩格斯所预测的那样。中国特色社会主义是中国共产党近几十年来总结的重要经验。

程恩富教授与其他作者合作的研究，对这些问题做出了卓越的贡献。这些新的变化特点使更发达的社会形态战胜资本主义成为可能。最显著的例子是社会主义中国，中国在经济发展方面与主要资本主义国家相比具有领先地位。

本文讨论了程恩富对帝国主义和中国特色社会主义的分析，这不仅有利于理解中国特色社会主义转型过程中的基本问题，而且有利于理解这一进程对国际体系的影响。在此之前，我将讨论关于帝国主义的一些理论问题。

二、关于帝国主义：一些理论方面

关于帝国主义的概念从来不是只有单一的理论方法。米利奥斯和索提罗斯（Milios and Sotiropoulos，2009）指出，这个概念在世界各地的工人运动中流行起来，尤其是在共产党内部。然而，这种传播使这个概念要么自相矛盾，要么变得肤浅。

在列宁([1916] 2021)看来,帝国主义是导致资本主义生产方式的组织结构发生重大变化的一个特定阶段,即垄断资本主义阶段,而不仅仅为了领土扩张和经济、政治控制的金融资本的"首选"政策。帝国主义起源于 19 世纪最后 25 年,它是资本主义的内在现象,是资本积累趋势——资本的集中,以及马克思分析的资本主义阶级斗争所产生的矛盾的结果。在垄断占主导的这一阶段,危机不会被抑制,不同资本之间的竞争也不会被消除。事实上,垄断会加剧世界经济的无政府状态和矛盾,使竞争更加激烈,导致冲突加剧。

列宁([1916] 2021:114)指出了帝国主义的五个基本特征:(1)生产和资本的高度集中造成了在经济生活中起决定作用的垄断组织;(2)银行资本和工业资本融合为"金融资本"并在此基础上形成了金融寡头;(3)商品输出不同于资本输出具有特别重要的意义;(4)瓜分世界的资本家国际垄断同盟已经形成;(5)最大资本主义列强已把世界上的领土瓜分完毕。

此外,列宁([1916] 2021)突出强调了金融资本是帝国主义的核心。在金融领域,可以观察到资本主义体系的质的变化:与工业资本主义占主导地位的前一阶段不同,高级金融是帝国主义的经济动力。值得注意的是,帝国主义的特殊性在于存在输出资本的内在需求,而不是输出商品。通过资本输出,资本主义的国际性及其所有的经济和社会矛盾得到了有力的、不可逆转的肯定,而不是像列宁([1916] 2021)在引用英国对巴西、阿根廷和乌拉圭的非正式统治时所警告的那样(Mazzucchelli,1985),通过领土的正式合并。

然而,资本输出不会是最发达经济体的利润下降造成的现象。列宁明白,资本主义具有变通性,生产无限增加的趋势以及不断寻找新市场正是资本主义变通性的表现。因此,外部市场是必要的。这并不是资本主义特有局限性的反映,无论其表现是工人消费不足导致剩余价值的无法实现,还是利润率的下降;相反,这恰恰是资本主义的变通,是其无限生产的趋势的结果,这不能与其局限性相混淆(Fernandes,2017)。

尽管如此,根据列宁([1916] 2021)的观点,资本主义体系的稳定性是不可能的,因为发展的不平衡性将导致最发达国家间力量关联的变化,经济活力更强的新力量将会削弱处于中心地位的老牌资本主义的力量。很快,大国之间的矛盾就会激化,而不是像考茨基认为的冷却下来。发展的不平衡是资本主义的显著特征,在阐明国家间的冲突关系方面起着决定性作用,是战争的经济基础。

还有一点需要强调的是,列宁在关于帝国主义的辩论中提出了民族斗争问题。这意味着列宁与那些承认殖民主义拥有某些积极因素的人(Eduard Bernstein and Van Kol)相比,出现了一个根本性的转变(Fiori,2007)。列宁将民族压迫视为无产阶级革命和夺取政权的潜在因素,将各国的阶级斗争与反帝国主义的民族解放斗争联系起来(Cheng Enfu and Li Wei,2012)。列宁打破了欧洲劳工运动中占主导地位的民族中心主义,这既有助于马克思主义的非殖民化,也有助于使劳工运动与国际体系边缘的人们的斗争相一致。绝大多数非殖民化运动,特别是 1945 年以后,认同共产主义运动和反帝国主义传统,这并非偶然。一旦实现了独立的目标,这些国家大多数就采取了社会主义的方向(Hobsbawm,1992)。这些问题值得关注,因为使中国共产党成为执政党的中国革命也是一场反帝国主义革命。

三、新帝国主义理论:程恩富的贡献

列宁提出的帝国主义概念仍然具有相关性,因为它的基本结构仍然存在。在承认了这一点的情况下,随着资本主义的发展和新问题的出现,有必要评估哪些问题需要更新。程恩富教授为阐明当代资本主义的历史趋势作出了重要贡献,如下所述。

程恩富和鲁保林(2021)指出,资本主义的历史演进形成了若干个不同的具体阶段。20 世纪初,资本主义由自由竞争阶段发展到私人垄断阶段,列宁称其为帝国主义阶段。尽管有着经济危机、政变和战争的巨大动荡,但是帝国主义仍存活了下来。从 20 世纪 80 年代开始,随着新自由主义政策的兴起,资本主义经历了一场战略变革,并发展到新的阶段,即新帝国主义阶段。

程恩富和鲁保林(2021)认为,新帝国主义是垄断资本主义在当代经济全球化和金融化条件下的特殊历史发展阶段。按照列宁([1916] 2021)的步骤,新阶

段考虑五个特征：(1)生产和流通的新垄断；(2)金融资本的新垄断；(3)美元和知识产权的垄断；(4)国际寡头同盟的新垄断；(5)资本主义的经济本质和大趋势将加剧资本主义的矛盾，形成当代资本主义垄断性和掠夺性、霸权性和欺诈性、腐朽性和寄生性、垂危性的新态势。

第一个特征是生产和流通的国际化和资本集中的强化，形成富可敌国的巨型垄断跨国公司。这一过程起源于 20 世纪 70 年代的"滞胀"时期。经济衰退和国内市场竞争压力推动垄断资本在海外寻找新的增长机会，包括将传统产业转移到其他国家。在新一代信息通信技术的支撑下，对外直接投资不断掀起新的高潮，生产和流通的国际化程度远远超过了过去(Cheng Enfu and Lu Baolin,2021)。

20 世纪 80 年代以来，跨国公司逐步成为国际经济交往的主要驱动力量。20 世纪 90 年代，随着各国金融开放进程加快，国际直接投资的规模已经达到空前水平，并持续扩大。事实上，跨国垄断资本的积累程度已经形成了一个"企业帝国"(Cheng Enfu and Lu Baolin,2021)。

第二个特征是，新的金融资本的垄断在全球经济生活中起决定性作用，形成畸形的经济金融化发展。金融资本——最抽象的资本形态——在 20 世纪 70 年代初随着石油危机和随之而来的滞涨而获得了新的发展，凯恩斯主义经济学却无力应对这一危机与滞涨。这场危机使发达国家有机会逐步取消对资本流动的限制，最初是在英国和美国，后来是在落后的"边缘"国家。而海外投资的压力导致了新的金融领域的开放(Cheng Enfu and Lu Baolin,2021)。

金融资本加剧了落后的"边缘"国家的经济劣势，这导致了资本的反复外逃和汇率的不稳定。金融管制的放松使得连锁超市般的机构提供各种各样的金融产品。这些越来越脱离生产的金融产品无助于经济增长，而且它们的短期愿景实际上会阻碍经济增长。资本的高度流动性，以及缺乏一个拥有能够协调国际货币和金融体系的工具的机构，导致浮动汇率制度具有强烈的不稳定性。货币金融业务的急剧增加，以及新的风险对冲金融工具特别是与货币和利率波动相关的所谓的衍生品的发展，揭示了这一点。

程恩富和鲁保林(2021：10)举例指出,20 世纪 80 年代后流行的股东价值最大化原则导致公司 CEO 的目标短期化,通过推高股价来提高自己的薪酬。这使得美国 CEO 的平常薪酬相当于普通员工工资的 400 倍。此前,在 20 世纪 60 年代和 70 年代,这一差距在 30～40 倍。自 70 年代以来,CEO 的薪酬加速增长,而美国工人的薪酬几乎停滞不前。

美元霸权[①]和知识产权垄断是新帝国主义的第三个特征。程恩富和鲁保林(2021)认为,这一特点将形成不平等的国际分工、全球经济的两极分化和不平等的财富分配。"特别是由于美元霸权和知识产权垄断的存在,国际交换严重不平等。可见,旧帝国主义时期表现为与商品输出并存而又作为特征的是一般资本输出,而新帝国主义时期表现为与商品输出、一般资本输出并存而又作为特征的是美元和知识产权输出"(Cheng Enfu and Lu Baolin,2021：11)。

正如程恩富和王萃(2011)所强调的那样,随着 2008 年金融危机的出现,美元在国际金融体系中的作用使其对世界经济产生的威胁变得明显起来。这导致了人们呼吁重新建立一种真正的全球货币来取代美元,以减少金融不稳定。2009 年,时任中国人民银行行长的周小川在一篇文章中主张重组国际货币体系。周小川(2009)认为,国际储备货币不应为任何特定国家的利益服务,并提出建立发行规则,以维护全球经济金融稳定。国际货币体系的创立需要发展中国家在国际体系中更有成效地参与。然而,这个问题却很复杂。近几十年来,美国通过国际铸币税收入从美元霸权中获得了最大利益。因此,美国政府一直在阻止构建一种将打破这种霸权的全球货币。[②] 这就是 2008 年危机后提出的大多数必要的金融改革没有得到实施的原因之一。[③] 事实上,在特朗普政府期

---

① 继塞拉诺(Serrano,2002)之后,笔者将这种美元垄断称为"灵活的美元标准"。这是一种独特且不对称的货币标准,为美国带来了巨大的好处。

② 王萃(2011：550)认为,"全球货币有两个重要特征:第一,其成员应包括发展中国家,最终应在更广泛的基础上发挥作用,包括发展中国家和发达国家。第二,全球货币是超国家统一货币,而不是单一发达国家的货币。"

③ 正如程恩富教授提醒我们的那样,巴拉克·奥巴马本人在担任总统期间多次提到需要一个更强大的监管体系,以便未来不会发生新的危机。然而,世界经济的政策仍然服从于"太大而不能倒"的金融机构,使社会受制于经济金融化所产生的厌恶情绪(Cheng Enfu and Shan Tong,2012)。

间,这些改革已经有所倒退。

　　新帝国主义的第四个特征,即"一霸数强"结成的国际垄断资本主义同盟,为剥削整个世界,货币政策、庸俗文化和军事威胁提供了经济基础。现今新帝国主义的国际垄断经济同盟和全球经济治理框架是由美国通过七国集团(G7)指挥的。国际货币基金组织、世界银行和关贸总协定(后来被世界贸易组织取代),是在1944年布雷顿森林体系架构下建立的全球经济治理机构,旨在服务西方国家,特别是美国的经济和政治利益。20世纪90年代初,冷战结束后,这些机构有利于垄断企业的作用更加明显。因此,这并不是像鲁宾孙(Robinson,2014)、哈里斯(Harris,2012)、斯克莱尔(Sklair,2017)等人认为的那样,是在建立跨国机构,在国家之上运作,而是为某些国家的特殊利益而创建的机构,每个机构都旨在为各自的资产阶级谋取利益。正如考茨基的论文所指出的,此类协同并不能使资本主义更加和平。

　　根据程恩富和鲁保林(2021:17)的观点,理想中良好的全球经济治理体系就是新自由主义的理想体系,因此,国际货币基金组织和世界银行等多边机构成为新自由资本主义在全球传播和扩展的推动力量。例如,国际货币基金组织开始要求采用新自由主义改革——公司私有化、贸易和金融自由化——作为向需要财政援助的国家释放资源的基本条件。捍卫自由资本流入和流出成为国际货币基金组织的主要标志之一,这符合金融寡头的利益(Fernandes,2014)。

　　北大西洋公约组织(NATO)是国际资本主义垄断经济的军事同盟。冷战期间,北约被美国用来遏制和抗衡苏联和东欧国家,影响和控制西欧国家,那是特殊时期。冷战结束后,尽管全球化承诺了和平,但是北约极力向东欧扩张。北约仍然主要服务于美国的战略利益,现在的主要目标是俄罗斯和中国,中国被认为是自第二次世界大战以来对美国产生最大威胁的国家(Cohen,2020),以至于2021年10月5日,北约秘书长延斯·斯托尔滕贝格(Jens Stoltenberg),在美国乔治敦大学的一次演讲中表示,中国的军事扩张可能对北约盟国构成严重挑战。

　　程恩富和鲁保林(2021:19)强调,新帝国主义的特征还表现为文化霸权主义,这导致了西方价值观的盛行。所谓的"软实力",主要来自三种资源:文化、政治价值观及外交政策。洛苏尔多(Losurdo,2010)也指出,文化帝国主义通过控制国际舆论,输出西方的普世价值观,从而使其权力结构合法化。这将使它能够不战而胜,正如一些国家所发生的"颜色革命"那样。作为主要帝国主义大国,美国通过虚假信息运动鼓动其他国家政权更迭,推广其文化价值观,并迫使发展中国家放松金融体系管制,导致它们更容易受到经济不稳定的影响。因此,"美元、美军与美国文化是美帝国主义实施霸权的三大支柱,并形成互相配合利用的'硬实力''软实力''强实力'(经济制裁)和'巧实力'"(Cheng and Lu,2021:20)。

新帝国主义的第五个特征指出了全球化资本主义矛盾和各种危机时常激化,形成当代资本主义垄断性和掠夺性、腐朽性和寄生性、过渡性和垂危性的帝国主义最新形式。新帝国主义排斥国家和国际社会的必要调节,推崇私人垄断资本自我调节(Chang and Lu,2021:20),加剧了经济矛盾,引发可能成为流行危机的生态危机,"……形成当代资本主义垄断性和掠夺性、腐朽性和寄生性、过渡性和垂危性的新态势"(Cheng and Lu,2021:21)。

新帝国主义的本质就是控制和掠夺,其"掠夺式积累"特性不仅体现在剥削国内劳工上,更体现在对其他国家的疯狂掠夺上。程恩富和鲁保林(2021:21)认为,掠夺的形式和手段主要包括三种。第一,金融掠夺。包括通过金融化的方式攫取暴利,给原材料生产国施压。压力包括通过资本外逃和实施金融制裁引发的金融危机。第二,国有资产的私有化。自20世纪80年代初这一政策占据主导地位以来,将公共资产移交给私营部门大大提高了全球收入和财富的集中度。① 第三,强化"中心-外围"格局。新帝国主义国家利用其在经济、军事和国际组织中的优势地位强化"中心-外围"格局。此外,新帝国主义的垄断资本积累,将加剧贫富两极分化,破坏包括中心国家在内的部分人口的生计。

---

① 正如皮凯蒂(Piketty,2020)所强调的那样,过去几十年里不平等的加剧并非自然现象,而是人为的,如美国压制竞选活动的私人捐款的价值所表明的那样,大资本在选举过程中发挥了巨大影响。这与程恩富和鲁保林(2021)对新帝国主义的民主问题的批评相一致。

美国领导的新帝国主义,采用各种恐吓、单边主义和欺骗手段,对内迫害本国公民,在外交政策上也是如此,正如其国内官员毫不掩饰地宣布的那样(O'Connor,2019)。中国目前是它们进行非法经济压制、恐吓和欺诈的主要对象,是帝国主义的头号竞争对手(Cheng and Zhai,2021)。美国当局挑起与技术转让、知识产权和创新有关的无谓指控,指责中国公司窃取信息和技术。这些指控是挑起贸易摩擦的借口,这并不是什么新鲜事。自 20 世纪 90 年代末以来,中国政府一直面临着美国的"汇率操纵"指控,类似于 20 世纪 80 年代日本所遭受的,当时美国当局认为日本是亚洲的主要威胁。[①]

四、向社会主义过渡的可能性

在程恩富和鲁保林的分析中需要强调的一个重要问题是,同世界上任何事物一样,新帝国主义制度也是变化着的。它在人类历史上不具有永恒性,只具有暂时性。"我们有理由相信新帝国主义最终必然通过多种形式的革命而转向社会主义。"(Cheng and Lu,2021:30)列宁(2021)宣称作为垄断资本主义的帝国主义具有垄断性和寄生性,这表明它的颓废和向社会主义过渡的开始。但这并不是要指出资本主义灭亡的具体时间,事实上,列宁从没有这样做过。

然而,正如程恩富和鲁保林(2021)所指出的那样,即使无法确定资本主义灭亡的最后期限,如果社会不陷入一种野蛮状态,那么向更高社会形态即社会主义的过渡也就必须在某个时候发生。这一点似乎越来越明显,因为中国正在建立的社会主义体系——中国特色社会主义——被证明是优越的(Cheng and Hu,2010;Jabour and Dantas,2020)。然而,在具体讨论中国的经验之前,我将回顾程恩富和丁晓钦(2012)提出的一些社会主义实践的例子,这些例子在

---

① 联合国贸易与发展会议的一份报告(2010n/p)提醒人们注意 2008 年金融危机后的货币混乱现象:"国际社会在危机前后都允许全球货币不一致。事实上,'市场'被允许操纵货币,其方式让一些主权政府和央行看起来就像身无分文的孤儿。对全球宏观经济治理的新方法的需求比以往任何时候都更加迫切,因为今天的货币混乱已经成为国际贸易的威胁,并可能被主要贸易国用作诉诸保护主义措施的借口。"(Fernandes,2013)

2008 年金融危机后得到强调,并展示了社会主义的勃勃生机。

(一)全球社会主义者的实践

程恩富和丁晓钦(2012)列举了四种全球社会主义实践。第一,委内瑞拉的社会主义运动。1998 年当选的乌戈·查韦斯是 21 世纪初拉丁美洲社会主义运动的伟大领袖,为一个自 20 世纪 80 年代末以来就陷入新自由主义的地区带来了希望。作为总统,查韦斯将旧的代议制民主形式转变为参与式民主,增加了人民在委内瑞拉发展的关键决策中的影响。此外,查韦斯以公司国有化为开端,启动了一系列社会改革。石油资源在政府实施的收入分配和扶贫计划中发挥了重要作用。

然而,改革从一开始就遭到委内瑞拉精英阶层的强烈反对,特别是与私营石油工业和大型媒体有关的部门,他们参与了 2002 年 4 月的一场失败的政变。这次政变得到了布什政府和国际货币基金组织的直接支持,所采取的政策直接指向查韦斯称之为"21 世纪社会主义"的社会主义过渡。查韦斯去世后,尼古拉斯·马杜罗当选为总统,并延续着同样的政策。然而,委内瑞拉目前面临严重的经济困难,这主要是由于美国政府的侵略政策,其中包括一系列破坏活动和对委内瑞拉极右翼团体的资助。

第二,程恩富和丁晓钦(2012)分析了白俄罗斯的经验。1991 年宣布独立后不久,白俄罗斯实施了新自由主义政策,实现了公司私有化和市场自由化。其结果是通货膨胀加剧,失业率急剧上升,产出下降,导致人民生活水平急剧下跌(Cheng and Du,2018)。1994 年亚历山大·卢卡申科选举获胜后,这些失败的政策在白俄罗斯发生了根本性的变化。从那时起,该国采取了"社会主义市场经济"的形式。该模式被称为"白俄罗斯最适合的经济转型模式"。根据程恩富和丁晓钦(2012)的说法,该模式可概括如下:(1)国家所有制为主体的混合所有制结构;(2)国家调控与市场调节相结合,但以国家调控为主;(3)坚持以苏联模式的社会保障制度为基础,改革并加强社会保障。在该国,公共部门占国内生产总值(GDP)的 50% 以上,国有经济在整个工业中占比在 70% 以上。白俄罗斯模式已经取得了无可争辩的经济成就(Cheng and Du,2018)。

第三,1956 年成立的西班牙蒙德拉贡公司现在是世界上最大的企业间合作集团之一。该集团包括 96 个自治合作社,超过 81 000 人,14 个研发中心,形成了巴斯克自治区的领先商业集团,是西班牙的第十大商业集团。蒙德拉贡公司业务涉及四个领域:金融、工业、零售和知识。程恩富和丁晓钦(2012)指出,在巴斯克自治区,集团的成员既是工人,也是所有者。因此,他们之间的工资差异很小。此外,人人持有股份,并参与管理,分享利益。这是一项具有社会主义集体特征的实验,根据程恩富和丁晓钦(2012:136)的观点:"合作企业的利润丝毫不低于私营企业,而且在社会福利方面,特别是在个人发展方面,合作企业完全超过私营企业。"

第四,程恩富和丁晓钦(2012)以日本山岸会为例。山岸会是一个具有平等主义理想的社区网络,人们生活在其中,没有钱,个人财产极少,他们的需求由社区来照顾。没有老板或设定的工作时间。"吉肯奇"从事农业和产品加工,他们的产品,如"吉肯奇鸡蛋""吉肯奇猪肉""吉肯奇牛肉",在日本很受欢迎。"吉肯奇"成员的所有资产和债务均为公有。会员享有免费的食宿,并可以随时自由加入或离开社区。"吉肯奇"成员按照市场的规则,与外界进行大规模的商业活动。程恩富和丁晓钦(2012)认为山岸会没有宗教内涵,并且这个社区声称与社会主义意识形态无关,但它看起来像是一个社会主义集体经济组织,如罗伯特·欧文 19 世纪在美国经营的组织。

(二)中国特色社会主义经济体系

最令帝国主义国家和资本家恐惧的是中国的例子,因为中国与西方的经济发展差距正在迅速缩小。首先,必须牢记,在 1949 年中国共产党领导的革命胜利之前,从 19 世纪中叶开始,帝国主义就使中国沦为半殖民地,即中国所说的"屈辱世纪",外国入侵导致了 1839—1842 年和 1856—1860 年的两次鸦片战争,割让了部分领土。同时,在 1937—1945 年日本侵华时期,日本侵略军对手无寸铁的中国人民进行了惨无人道的屠杀。

数十年的战乱摧毁了城市的基础设施,使中国极其落后,仍然具有封建特征,绝大部分人口生活在农村。革命胜利后,中国仍然面临着来自美国的威胁,其目的是扼杀中国经济。正是在这种情况下，根据国务院官方文件的记载，中国共产党开始建设社会主义，即中国特色社会主义的进程，并始终保有长远眼光逐步地推进着这一进程。

这种忧虑从革命初期就一直存在，而且不仅仅是始于 1978 年的改革。20 世纪 50 年代，邓小平就提醒中国共产党需要运用马克思列宁主义的原则，但不是像教条主义者那样只知道"马克思列宁主义的词句，不从具体情况出发来运用"，否则就会使中国革命遭受失败和挫折。另外，"经验主义家"只看到一些具体实践，只看到一国一地一时的经验，没有看到马克思列宁主义的原则。中国共产党人理应反对这两种观点(Deng，1956)。

在僵化的社会主义阵营瓦解后，中国走出孤立状态的必要性变得更加明显了。同时，中国共产党还承担着使国家政权法治化改革；国家统一大业；重新建立政治、社会和文化基础；对外经济开放和抵御帝国主义威胁。这些之所以能够实现，是因为中国共产党与苏联共产党不同，中国共产党并没有放弃阶级斗争的概念(Cheng，2019)。由于中国领导层一直坚持走社会主义道路，因此，中国成功融入世界体系并重塑了世界地缘政治格局。

无论从何角度来看，中国过去四十多年的经济增长都是令人印象深刻的(Shambaugh，2016)。中国没有重复西方世界的暴力工业化的方法。此外，中国几乎不受世界经济不稳定的影响，如前所述，世界经济的这种不稳定性已变得愈加显著。

在中国共产党的领导下，中国特色社会主义事业蓬勃发展，这是中国共产党历任领导人根据中国国情对马克思列宁主义的创造性运用和发展。例如，由江泽民同志提出并在 2002 年中共十六大确立的"三个代表"重要思想，是中国特色社会主义理论体系的重要组成部分(Xi，2019)。中国共产党的"三个代表"具体为：代表先进生产力的发展要求、代表先进文化的前进方向和代表最广大人民的根本利益。

中国特色社会主义作为一项全新的事业，也引起了许多误解。正如杜奋根和程恩富(2018)所阐明的那样，中国的社会主义建设需要考虑到基本国情，并认识到这是一项长期性建设,中国仍处于社会主义初级阶段。[①] 中国特色社会主义不是天上掉下来的,也不是某些人凭空想出来的,它是马克思主义基本原理同当代中国具体实际相结合的产物。

杜奋根和程恩富(2018)详细探讨了中国特色社会主义与科学社会主义的关系。有些人认为,科学社会主义基本原则已经过时,中国特色社会主义是对科学社会主义的否定。也有人把科学社会主义的基本原则当成了教条,认为中国特色社会主义经济制度的实质是"中国特色的资本主义"。杜奋根和程恩富(2018)指出,无论是"过时论"还是"教条论",都会对社会主义事业造成伤害。

诚然,马克思和恩格斯虽然没有专门系统地论述未来社会,也没有提出建立一种新的生产方式的模式,但是他们对未来社会制度还是提出了很多科学预见。例如,马克思和恩格斯在《共产党宣言》(1848)中指出:"共产党人可以把自己的理论概括为一句话:消灭私有制。"事实上,对于科学社会主义的创始人而言,私有制是人类不平等的起源,是人类社会一切祸害的根源,消灭私有制将意味着实现人类的解放,这是共产主义事业的最终目标(Du and Cheng,2018)。从这个意义上说,生产资料公有制的重要性是毫无疑问的。这是科学社会主义的基本原则,也是中国特色社会主义的基本问题之一。

杜奋根和程恩富(2018)讨论社会主义的另一个重要问题是按劳分配。马克思在《哥达纲领批判》中,全面阐述了共产主义社会的分配原则。据杜奋根和程恩富(2018)回忆,马克思在此书中第一次明确提出了共产主义社会发展两个阶段的学说,把按劳分配理论与共产主义社会发展阶段结合起来。第一个时期是过渡时期——无产阶级革命专政,第二个时期是共产主义社会。马克思说,在第一阶段,工人将根据其劳动获得报酬,这个阶段不可避免地要经过迂回曲折的道路。然而,在物质财富极大丰富的共产主义社会,工人可以根据其工作和需求来享受商品。"消费资料的任何一种分配,都不过是生产条件本身分配

[①] 这与苏联共产党的教条主义和不切实际的观点形成了鲜明对比,即在 20 世纪 60 年代认为苏联的社会主义不仅已经成熟,而且正在向共产主义过渡。

的结果;而生产条件的分配,则表现生产方式本身的性质。"(Marx,2012:3)因此,分配不可能独立于生产方式,人们在考虑分配时不能不关注生产力的发展。至此,按劳分配作为社会主义的分配原则,已明确无误地成为科学社会主义理论的重要组成部分,这也是社会主义中国的分配制度改革在当前的发展阶段不能忽视的一个重要原则。

杜奋根和程恩富(2018)也讨论了计划调节作为社会主义经济制度的管理原则。资本主义社会存在的生产的社会化和资本家私人占有之间的矛盾,既是资本主义生产无政府状态的根源,更是资本主义各种经济危机的根源。社会主义市场经济坚持公有制为主体的所有制结构,以此来有计划地调节社会生产,克服资本主义市场经济中生产的无政府状态。然而,中国应对近几十年严重金融危机的能力,如1997—1998年的亚洲金融危机、2008年国际金融危机以及之后的新冠肺炎疫情大流行引发的全球性危机,有力证明了中国拥有优越的经济形态,可以成功运用经济规划(Cheng and Hu,2010;Fernandes and Wegner,2021)。

谈到中国特色社会主义,就意味着对马克思和恩格斯的科学社会主义基本原则的继承和发展,即既要坚持生产资料公有制、按劳分配和计划调节,又要紧密结合当代中国的基本国情。但这又不可"教条"式理解,不可生搬硬套地照抄照搬。杜奋根和程恩富(2018)认为,有必要将这些原则与当代中国的基本国情紧密结合起来。值得注意的是,中国已经融入了帝国主义主导的国际体系中。对此,杜奋根和程恩富(2018:77)认为,必须从以下三个方面搞清中国特色社会主义在初级阶段是如何发展科学社会主义基本经济原则的。

第一,市场导向的公有制为主体。从这个意义上说,公有制在不改变根本属性的前提下主动适应市场经济要求。也就是说,为适应市场经济的要求,公有制要在保持其本质规定不变的前提下接受改革,各国有企业自主经营、自负盈亏。要记住的是,这些上市公司中有许多是在中国政府几乎没有干预的情况下进行海外竞争的。

另外,市场经济必须与公有制兼容,但也要保持其在资源配置方面的基本属性。所有企业都有进行生产经营活动的自由,自负盈亏;政府部门原则上不直接干预企业的经营。正如杜奋根和程恩富(2018:77)指出的那样,市场经济本身既不姓"资",也不姓"社"。在中国,为了发展社会主义,市场经济就必须与公有制相结合。习近平总书记很好地阐明了这个问题,"在市场作用和政府作用的问题上,要辩证法、两点论,'看不见的手'和'看得见的手'都要用好,努力形成市场作用和政府作用有机统一、相互补充、相互协调、相互促进的格局,推动经济社会持续健康发展"(Xi,2019:141)。

第二,把中国特色社会主义初级阶段的分配制度确定为按劳分配为主体、多种分配方式并存。值得注意的是,按劳分配不同于按生产要素分配。后者是指符合生产资料私人所有者的利益的分配方式,因此不能在社会主义中占主体地位(Du and Cheng,2018:81)。

第三,市场型国家调节为主导。在中国特色社会主义中,市场在资源配置中发挥着重要作用,但市场受社会主义国家的宏观调控。这意味着在社会主义条件下可以有效地发展市场作用。例如,决定小商人商品价格的不是国家,反而是大型国有企业的投资政策受国家控制,并且有可能不完全遵守"市场规律",特别是当国家面临严重的外部危机,如2008年金融危机,需要迅速采取经济行动以减轻其对经济的负面影响的时候(Cheng and Hu,2010)。

中国特色社会主义的市场是受到国家宏观调控和微观调节的。不坚持这一基本特征,国家就无法规划国民经济,而且正是这一正确的规划让中国为应对近几十年来发生的经济危机做好了更充分的准备(Cheng and Hu,2010)。中国作为一个完全融入国际体系的经济体,防范外部经济危机的能力是那些与大资本相关的分析人士难以理解的一个特点。

最后,杜奋根和程恩富(2018)指出,中国特色社会主义既坚持了科学社会主义基本经济原则,又不是科学社会主义唯一的经济制度模式。这是共产主义运动历尽艰辛得出的基本经验。在社会主义发展史上,曾经把"苏联模式"当作唯一模式。如今看来,教训深刻。早在1956年邓小平就指出了研究中国具体情况的重要性,警示中国共产党不要机械地模仿和照搬其他国家的经验(Deng,

1956）。中国遵循科学社会主义的基本原则,并且每一代中国共产党人都积极应对各个历史时刻的风险挑战。

中国在过去十几年中取得的显著成就是中国面对每一次新挑战的结果。中国模式可以为其他国家提供参考,事实上,越南已经成功地部分借鉴了这一模式,但这不是唯一的模式。在社会主义建设过程中需要考虑各个国家的具体国情。因此,正如程恩富和丁晓钦(2012)所指出的,目前世界上还有其他形式的社会主义正在发展,需要加以观察。

参 考 文 献

［1］Alex Marquardt. CIA will focus on China with new mission center[J/OL]. *CNN*. October, 7, 2021. Disponível em:〈https://www. newsweek. com/china-responds-iran-us-spies-1450789.〉. Acesso em:08 de outubro de 2021.

［2］Chang, Ha-Joon. *Coisas que não nos Contaram Sobre o Capitalismo*[M]. São Paulo:Cultrix, 2013, 23.

［3］Cheng Enfu and Hu Leming. The "Chinese Experience" in Responding to the Global Financial and Economic Crisis[J]. *World Review of Political Economy*, 2010, 1(3):375 - 387.

［4］Cheng Enfu and Li Wei. Marxism-Leninism Is the Scientific Method and the Guide to Recognize and Transform the World[M]. In *Marxist Studies in China: 2011*. edited by Enfu Cheng and Huiqin Hou, 2012:125 - 162. Beijing:China Translation and Publishing Corporation.

［5］Cheng Enfu and Lu Baolin. Five Characteristics of Neoimperialism:Building on Lenin's Theory of Imperialism in the Twenty-First-Century[J]. *Monthly Review*. May, 2021.

［6］Cheng Enfu and Tong Shan. Speeches at the Seventh Forum of the World Association for Political Economy[J]. *World Review of Political Economy*, 2012, 3(3):269 - 276.

［7］Cheng Enfu and Wang Cui. The Possibility of Creating a Global Currency, and the

Path to Its Realization[J]. *World Review of Political Economy*，2011，2 (4)：543 – 561.

［8］Cheng Enfu and Zhai Chan. China as a "Quasi-Center" in the World Economic System-Developing a New "Center-Quasi-center-Semi-periphery-Periphery" Theory［J］. *World Review of Political Economy*，2021，12 (1)：4 – 27.

［9］Cheng Enfu. Opening Speech at the Fourteenth Forum of the World Association for Political Economy[J]. *World Review of Political Economy*，2019，10 (4)：519 – 526.

［10］David Shambaugh. *China's Future?*［M］. Cambridge：Polity Press，2016.

［11］Deng Xiaoping. 1956. Integrate Marxism-Leninism With the Concrete Conditions of China. The selected works of Deng Xiaoping modern day contributions to marxism-leninism. 17 de nov. Disponível em：⟨https：//dengxiaopingworks. wordpress. com/selected-works-vol-2-1975-1982//⟩. Acesso em 02 de nov. de 2020.

［12］Domenico Losurdo. *Linguagem do império*［M］. São Paulo：Contraponto，2010.

［13］Elias Jabour，Alexis Dantas. Sobre a China e o socialismo de mercado como uma nova formação econômico-social［M］. *Nova Economia*（UFMG）. v. 30，2020：1029 – 1051.

［14］Eric Hobsbawm. *Nations and Nationalism since 1780：Program*，*Myth*，*Reality*［M］. Cambridge：Cambridge University Press，1992.

［15］Fengen Du and Cheng Enfu. Socialist Economic System with Chinese Characteristics as the Inheritance and Development of Scientific Socialism［J］. *Marxist Studies in China*：2017. edited by Chundong Deng and Enfu Cheng，2018，66 – 94. Beijing：China Translation and Publishing Corporation.

［16］Franklin Serrano. Do ouro imóvel ao dólar-flexível［J］. *Economia e Sociedade*. Campinas，v. 11，n. 2 (19)，2002：p. 237 – 253，jul/dez.

［17］Frederico Mazzucchelli. *A contradição em processo：o capitalismo e suas crises*［M］. São Paulo：Brasiliense，1985.

［18］Jerry Harris. Global monopolies and the transnational capitalist class［J］. *International Critical Thought*. v. 2，n. 1，p. 1 – 6，2012.

［19］John Milios，Dimitris P. Sotiropoulos. *Rethinking imperialism：a study of capitalist rule*［M］. Houndmills：Palgrave Macmillan，2009.

［20］José Luís Fiori. *O poder global e a nova geopolíticas das nações*［M］. São Paulo：Boitempo editorial，2007.

[21] Karl Marx. *Crítica ao Programa de Gotha*[M]. São Paulo：Boitempo，2012.

[22] Leslie Sklair. *The icon project: architecture，cities，and capitalist globalization*[M]. New York：Oxford. University Press，2017.

[23] Marcelo Pereira Fernandes. A Busca por Uma Nova Governança Econômica Global Pós—Crise Financeira e o Papel do FMI[J]. *Princípios* (São Paulo). v. 2，p. 51－56，2014.

[24] Marcelo Pereira Fernandes and Rubia Cristina Wegner. Avanço da China ante à crise econômicosanitária[M]. In Fernandes，Marcelo Pereira *et al* (org). *A doença do neoliberalismo: o falso dilema entre saúde e conomia na pandemia do novo coronavírus*. São Paulo：Editora da Física，2021.

[25] Marcelo Pereira Fernandes. Estratégia Imperialista Na Ásia e o Padrão Dólar Flexível: A Controvérsia Sobre a Política Cambial Chinesa[M]. In Tostes Ana Paula et al (Org.). *Estudos Americanos em Perspectiva: Relações Internacionais，Política externa e Ideologias Políticas*. 1# ed. Curitiba，2013.

[26] Marcelo Pereira Fernandes. O capitalismo como sistema Expansivo：a controversia entre Lenin e os populistas[J]. *Oikos* (Rio de Janeiro). v. 16，p. 6－14，2017.

[27] Stoltenberg：ascensão da China é útil para economias，mas representa risco de segurança para OTAN. 2021. *Sputnik*. 5 de outubro. Disponível em：〈https://br. sputniknews. com/americas/2021100518094157-stoltenberg-ascensao-da-china-e-util-para-economias-mas-representa-risco-de-seguranca-para-otan/. 〉. Acesso em：07 de outubro de 2021.

[28] Thomas Piketty. *Capital e Ideologia*[M]. Rio de Janeiro：Intrínsica，2020.

[29] Tom O'Connor. China Responds to Iran Capturing "U. S. Spies"：Remember When Mike Pompeo Said CIA Lies, Cheats and Steals? [J]. *Newsweek*. July 23，2019. Disponível em：〈https://www. news-week. com/china-responds-iran-us-spies-1450789. 〉. Acesso em：20 de setembro de 2021.

[30] UNCTAD. Global monetary chaos：Systemic failures need bold multilateral responses[J]. *Unctad Policy Briefs*，n. 12，March，2010. Disponível em：〈http://unctad. org/en/docs/presspb20102_en. pdf〉. Acesso em：27/08/2012.

[31] Vladímir Ilich Lenin. *Imperialismo，estágio superior do capitalismo*[M]. São Paulo：Boitempo，2021.

［32］William Robinson. *Global capitalism and the crisis of humanity*［M］. New York：Cambridge University Press，2014.

［33］Xi Jinping. *A governança na China*［M］. Rio de Janeiro：Contraponto：Foreign Language Press，2019.

［34］Zachary Cohen. Trump's intelligence chief warns China is the greatest threat to US since WWII. *CNN*. December，4，2020. Disponível em：⟨https：//edition. cnn. com/2020/12/03/politics/ratcliffe-china-threat-biden/index. html⟩. Acesso em：07/08/2021.

［35］Zhou Xiaochuan. Reform the international monetary system. BIS. 23 mar. 2009. Disponível em：https：//www. bis. org/review/r090402c. pdf. Acesso em：25 Jul. 2020.

走出灰烬，归于尘土：
英国的发展型国家

［芬兰］迈克尔·基尼[*]

李立男[**]

没有什么地方比政治经济学领域更明显地体现出西方对二元思维模式普遍的和独特的偏好(Johnson，1982：18)。

迷恋市场而放弃计划，或将计划视为禁区是荒谬的。作为一个整体，我们应该尊重市场，但不能沉迷于市场。我们既不能迷恋计划，也不能放弃计划，计划是人类调节经济的创新手段(Cheng，2007：48)。

五十多年前，欧洲激进的(甚至不那么激进的)社会民主党人就开始争论这些观点，当时他们正在努力应对第二次世界大战带来经济长期增长局势结束后的综合挑战，包括去工业化、制造业日益自动化、能源价格上涨、劳动力竞争加剧，以及跨国公司日益占据主导地位，这些公司的跨国影响使"政府的需求管理传统观念"与"大企业的供应管理周期"脱节(Holland，1978：141)。

在英国，这些辩论是两个主要政党——保守党和工党努力通过立法建立一种经济秩序，为第二次世界大战后的国家统一奠定基础，尽管他们对于这种统一的经济基础存在重大分歧。这本身并不令人惊讶，但这些分歧的严重程度足

---

[*] 作者：迈克尔·基尼(Michael Keaney)，芬兰大都会商学院全球政治经济学高级讲师。

[**] 译者：李立男，厦门工学院教授、经济学博士。

以使英国与非共产主义欧洲,尤其德国和斯堪的纳维亚半岛的法团主义共识截然不同。要说在1979年之前指导着英国的经济政策的"共识",就是忽略了一个日益削弱的霸权计划,这个计划越来越难以保持的霸权地位,因为右翼的金融资本、复仇式帝国主义、冷战地缘政治经济和左翼的激进劳工组织的共同作用,最终压倒了一个已经精疲力竭的帝国模式。

基思·米德尔马斯(Keith Middlemas)的开创性著作《工业社会中的政治》(Middlemas,1979),描绘了英国作为经济管理者的国家起源和发展,它监督"工业社会的基本政治,不是威斯敏斯特的政治,而是劳资关系的议会外政治"(Edgerton,2018:210)。历史学家大卫·埃哲顿(David Edgerton)最近的著作中的研究背景接续了米德尔马斯著作中的历史背景,他在《不列颠国家的兴衰》一书中,开始随着第二次世界大战的结束试图重建,实际上就是构建一个新构想下的"不列颠",而不是"帝国""英格兰"甚至"联合王国",同时全面描述了第二次世界大战前就已经存在的福利国家与战争国家并行发展的历史。1945年后新的国家计划可以说是已延续几十年帝国历史进程的高潮,尤其脱胎和成型于全面战争及战后重建中。更根本的是,埃哲顿强调,这一发展计划的核心在于恢复经济,他以英国经济复苏为题材的著作《战争国家》和《英国战争机器》(Edgerton,2006:2012),回忆了进口控制、出口目标、技术优势和农业自给自足的好的做法。英国政府、各方面的专家与资本家故意否认国家对经济的干预,撒切尔主义将英国塑造为撒切尔领导下战胜经济衰退,在某种程度上掩盖了各种形式的"社会主义"。《不列颠国家的兴衰》甚至挑战了后撒切尔时代的共识,即撒切尔时代未能悖逆传统,扭转衰落,乃至在某些方面夸大其词而受到指责(Anderson,2021)。然而,尽管这些指控可能真实存在,埃哲顿的著作还是在社会上产生了巨大的震撼,因为它让人记起大英帝国曾经的辉煌,让人们重新把科学独创性和技术成就当作国家的胜利(而不是私有财产)来赞颂,不仅如此,它还让人们再次相信国家有能力提供政策和服务来实现经济现代化并提高所有人的生活水平——这是一种完全不同的民族自豪感,而不是对帝国的怀旧。

本文依据对埃哲顿的著作的具体研究,考察了英国这个发达国家的没落,不得不变卖祖产,为有效地清算撒切尔夫人的经济政策提供帮助。复辟的帝国主义和市场原教旨主义混合而成的自相矛盾的意识形态,再加上许多新闻媒体的全力支持,使英国"国家企业家"的合法性遭到质疑,并最终被摧毁(Holland,1972)。由此引发的实际破产,最终导致了英国内部的不稳定和英国脱离欧盟。推动英国脱欧的几个主要因素很大程度上是由自己造成的经济衰退的抗议、对主权和沙文主义的呼吁、脱欧派(一个无力为其虚夸军事主张买单的)对"全球化英国"的幻想姿态,以及一个"伟大的贸易国家"急于达成各种协议却仍不足以弥补、无法再进入欧洲单一市场的损失。这些与撒切尔主义所宣称的"经济奇迹"的胜利形成了鲜明对比,后者在越来越自信和充满活力的政治领导下以及一套精心挑选的指标和比较观点的支持下,至少还有着胜利的虚假外表。

这里提出的论点是,英国政府在第一次世界大战后已经承担了越来越多的干预主义和向下再分配的角色,而第二次世界大战让它做了更加彻底的转变。在第二次世界大战的直接后果的影响下,为了进行战时经济管理所必不可少的全面动员而形成的改革小组开始着手进行和平时期的经济现代化建设。此时他们对于国家能够做什么有了更全面的理解——这是尼尔·阿谢尔森(Neal Ascherson,2021:6)称为"战争的附带创造力"的一个例子。阿谢尔森在提出这一概念的同时还引用了社会学家查尔斯·蒂利的名言:国家制造战争,战争造就国家(Tilly,1990)。

在这项工作中,英国发展主义改革小组面临着各种重大障碍和限制,其中许多来自一个已经大大削弱但仍继续对国内政治经济的重建和更广泛的政治设想施加强大阻碍的帝国。这在一定程度上因为大英帝国虽然已大不如前,却似乎并未被击败。大英帝国的国家机器以帝国为基础,以伦敦为总部,代表着地主(贵族)和资本家(工业和金融)利益集团,监督着广袤的领土和海岸线。即使该帝国已经开始解体,它的利益集团也仍然继续阻碍着在国内建立一个有别于曾经的帝国国家的努力。在这种改革努力中,帝国利益集团中的许多人往往是非常坚定的反对者,最多是不情愿的合作者。他们利用帝国时代的怀旧情绪和网络来击败那些对"失去"帝国负有责任的人。再加上冷战时期的地缘政治和对欧洲经济共同体的不情愿地延迟的接受,这个霸权的帝国主义集团在越来越困难的情况下蹒跚而行,直到 1976 年不可逆转地破裂。支撑英国经济的物质条件让位给了美国支持的利益联盟,这些利益联盟在 20 世纪 80 年代形成了英国经济政策(以及许多其他政策)重要转向的基础,但一场旨在迫使英国做出根本改变的金融危机预示了这一局面。

新制度宣布国家"倒退",停止支持无利可图的行业(被讽刺为"跛脚鸭"),并像米尔顿·弗里德曼大力倡导的那样,鼓励个体企业和自由经济,他们的想法得到了保守党内部的大力支持,正是这些人在 1975 年支持玛格丽特·撒切尔取代爱德华·希思(Edward Heath)成为领袖(Frazer,1982)。当然,现实情况更为微妙,但不足以缓解政策路线的变化及其对社会经济的影响。最具讽刺意味的是,在运用对市场"逻辑"的有限理解时,撒切尔夫人和她的追随者、继任者为英国经济所做的也就是许多英国企业高管对自己公司所做的,而这两种情况都是英国的发展过程中曾试图扭转的局面。

一、衰落与"衰落主义"意识形态

一个多世纪以来,一代又一代的英国精英都在为经济衰退而烦恼,无论是帝国的衰落,还是 1945 年后的争议地区的衰落。早在 1870 年,来自德国、法国、俄罗斯和美国的竞争就已经使得英国在全球的经济地位相对下降(Overbeek,1990:46)。当这些国家的工业产出赶上,然后,在德国和美国超过了英国的产出时,英国最初的反应是越来越依赖帝国作为一种"逃离"的手段,尽管 1902—1903 年约瑟夫·张伯伦(Joseph Chamberlain)就倡导保护主义和关税改革运动,但是鉴于自由贸易的权威地位,其花了几十年才得以实施(Zebel,1967)。受保护的市场似乎提供了一条摆脱竞争的捷径,正如 1902 年约翰·A.霍布森(John A. Hobson)所指出的,英国纳税人为保护海上航线和管理(并进一步扩大)帝国的军事机构提供的资金,实际上是补贴了那些选择在海外投资而不是在国内投资的人(Edgerton,2006:52)。

　　第一次世界大战暴露了英国资本主义在与外国竞争中的脆弱性，并加强了那些关心英国国内工业现代化的人的力量。这证明了国家可以控制和平时期更积极的经济政策潜在的经济收益，以及逐渐形成的"生产者联盟"（Ramsay，1998：115）；或者用马克思主义的术语来说，"密集积累制度"（Aglietta，1979）和福特主义；或凯恩斯主义的福利国家（Jessop，2002）；或企业集团自由主义（Overbeek，1990）。然而，与德国或瑞典不同的是，众所周知的集团主义没有类似的三方协调机制（Carpenter，1976）。相反，米德尔马斯发现并提出了"企业偏好"，或一种制度化的三方主义倾向，这是对"工会和雇主协会提升了一种更高的地位：从利益集团变成了'管理机构'"（Middlemas，1979：20）的回应。然而，正如他所阐明的那样，资本代表和劳工代表之间的相互不信任以及倾向于站在资本一边（甚至反对政府）的国家，意味着英国从来没有过与西欧同等程度的制度化。

　　米德尔马斯将 20 世纪 20 至 60 年代描绘为英国"发现如何运用公共管理艺术"（Middlemas，1979：18）的时期，因此这一时期的政党实际上是某些基本政策趋势的附带品。当然，有充分的证据表明，艾德礼（Attlee）的所谓特殊任职时期与之前的任职时期有着很强的连续性，而埃哲顿则充分证明了这一点。米德尔马斯指出，"从 20 世纪 30 年代继承的工业基础能够创造出效率惊人的全面战争机器"（Middlemas，1979：267；Edgerton，2012）。同样，艾德礼时期的国家生产主义政策框架强调了"常任政府"所发挥的重要作用，这一框架后来被撒切尔夫人的支持者斥为过时"共识"的一部分。抛开争论不谈，保守党和工党都在战争期间从经济管理中吸取了重要的教训，工党吸收了英国传统外交政策，而保守党虽然没有一以贯之地实践（如在钢铁行业），却在原则上基本接受了国家所有制以及更重要的对关键行业的控制（Middlemas，1979：302-303）。这些变化得到了 20 世纪 30 年代已经深入人心的集团主义倾向的支持，十年后战争进一步巩固了"丹尼尔·贝尔（Daniel Bell）在《意识形态的终结》中归类的心态"（Middlemas，1979：301）。阶级斗争被坚决排除在议程之外，因为有组织的劳工将激进的左派边缘化，而主要雇主组织则否认了工业目标和全国自由联盟等右翼团体的行动。在米德尔马斯的理论中,企业偏好从根本上是为了避免危机,因此它促进并确实鼓励通过吸纳某些机构行使国家权力来实现这一目的。同样,它也排挤了其他党派,例如共产党和小资产阶级的反集团右翼(但后者的效果较差,最终成为撒切尔派上台的关键因素)。尽管基层持续的激进主义威胁到工会代表大会(TUC)的地位,但这种状况一直存在,直到撒切尔夫人的到来标志着工会主义被驱逐出国家范围,以及几十年来一直实行的集团偏好的终结。

在《战争国家》(*Warfare State*)一书中,戴维·埃哲顿早期详细地研究了英国的强大时期,令人惊讶的是忽视了军事政治经济学的相关问题。针对右翼"衰落主义"时期,历任政府对战争准备不足,并因此牺牲了英国在技术和军事方面的领导地位。埃哲顿驳斥了同时期对左派衰落主义在工业方面的忽视,以及将左派1945年至1979年期间描述为存在凯恩斯主义经济政策"共识"和现代福利国家的特征,这种观点被撒切尔夫人极为有效地用来抹黑其前任,从而为其"强硬"做法辩护。

1945年以后英国统治阶级内部统一"共识"的概念充其量是有争议的:它是一场"可流动的盛宴,一种常常用来满足使用这一概念的人或团体目的的结构"(Marsh and Akram,2015:54)。埃哲顿不太相信这一概念,鉴于保守党和工党"他们在经济、社会和国家中权力不同的关系"会导致社会两极分化的结果(Edgerton,2018:372),并且如果该政策不是实际目标,他们实现产业政策的相应方法、手段会有差异的。尽管如此,"战后工党开始接受保护、征兵(男性义务兵役)和一定程度的帝国主义,这是保守党长期制定的政策"(Edgerton,2018:378)。这种政策帝国主义的表现形式有很多种,包括著名的工党政治家哈罗德·威尔逊(Harold Wilson)、休·盖茨凯尔(Hugh Gaitskell)和克莱门特·艾德礼(Clement Attlee)对保守派历史学家亚瑟·布莱恩特(Arthur Bryant)著作的赞扬,布莱恩特对英格兰的描述似乎最接近伊诺克·鲍威尔(Enoch Powell),二者对非白人移民和欧洲经济共同体成员表现出同样的厌恶(Stapleton,2004:239;Paxman,2007)。尽管如此,埃哲顿对战后"共识"的认识提出了两个重要的限定以使这种认识不受置疑：外交和国防政策——"共识主张尚未普遍应用的领域"（Edgerton，2018：377），以及相关和（可以说）更重要的——保护主义、购买和推广英国技术的义务。在这里，议会政治也无关紧要——更深层次的国家和行政文化处于支配地位（Edgerton，2018：377 - 378）。

国家对国内技术创新和发展的管理目的在于支持埃哲顿所说的"自由军国主义"或资本密集型的"基于高相对人均收入和强大的工业基础的彻底现代军国主义"（Edgerton，2018：47），因此，战争开支是21世纪上半叶最大的预算项目，尽管在两次世界大战之间的年份里，大部分开支是用来偿还战争债务的。尽管如此，自巴兹尔·利德尔-哈特（Basil Liddell-Hart）时代以来，军事历史学家和技术民族主义者就一直在抱怨研发和采购方面的长期投资不足，使英国特别无力面对20世纪30年代纳粹德国的侵略性扩张[一个支持内维尔·张伯伦（Neville Chamberlain）的绥靖政策为重新武装争取时间的观点]。这种哀叹，最主要由科雷利·巴内特（Correlli Barnett）引发直到战后时期，他对国家为了福利而放弃制造业感到痛心。不仅如此，"国民的反军事幻想"也需要不断纠正，因为军队的迫切需求会周期性地暴露出来（Barnett 转引 Edgerton，2006：279）。

对于这些说法，埃哲顿创造了"反历史"这个词来描述支持强大的衰落叙事的历史学研究，这种叙事对20世纪的英国政治经济学话语有着广泛的影响：

在这一传统中，历史记载特别重要……但历史记载了非常奇怪的内容，内容叙述通常是官僚机构最关心的被抹杀的过去和现在。作者的重点是反对这些官僚机构的力量，因此有了"反历史"一词。反历史派否认官僚机构对历史严重扭曲的记载和官僚机构被高估的意义。英国官僚在"反历史"中被否定，因此不再对普通的历史问题持开放态度。官僚的反历史本身就是否认自己在官僚批判的历史传统中的地位。矛盾的是，由此产生的官僚制度及书写的反历史传统在一定程度上成为英国的传统的隐形标准（Edgerton，2006：192 - 193）。

根据埃哲顿的说法，建立这种意识形态结构以及由此产生的"虚假意识"背后的原因,与人们熟悉的夸大对共同利益的威胁的修辞策略有关。约翰·F.肯尼迪(John F. Kennedy)臭名昭著的"导弹发展差距"就是这种类型的著名例子(Sherry,1995:215ff)。正如巴内特的批评所例证的那样,右翼民族主义的衰落被指责为缺乏民族主义和军事精神(与德国的例子相反),导致美国在第二次世界大战期间篡夺了英国在全球的领先地位。随之而来的是,国家将重点放在国内的福利提供上,而资本则集中在海外的投机上,这加剧了这种优势地位的丧失。另一方面与左翼衰落主义的批评相吻合,后者批评英国资本主义未能在国内投资,因而依赖进口,削弱了国内制造业基础。

对于左派和右派来说,衰落主义的共识代表着拒绝接受两次世界大战后英国经济能力大幅下降的事实,也代表着没有认识到相对衰退的不可避免,因为西欧和日本的经济已经复苏,更不用说战时动员带来的美国经济的增长。对帝国的怀旧也继续在意识形态方面起着重要作用。右翼的帝国延续梦想和左翼的"社会主义联邦"梦想(Gamble,2003:14)与一种道德帝国主义联系在一起,这种帝国主义源于一种例外主义,这种例外主义蒙蔽了并将继续蒙蔽大众对英国地缘政治和经济地位不断下降的普遍看法,鲍里斯·约翰逊(Boris Johnson)在英国脱欧后的夸夸其谈就证明了这一点。最能体现这种难以置信的利益结合的莫过于欧内斯特·贝文(Ernest Bevin,艾德礼的外交大臣)任职时期的外交政策,贝文的工会背景并没有妨碍他与民政和外交部门中极其保守的官员合作,而这些人是全然不同的社会阶层的产物和代表。在美国的安全保护伞下,英国这个独立的"第三势力"(Mullen,2007:46),其强烈的反共产主义情绪以及保持英国国际影响力的愿望(以本质上不稳定的甚至自相矛盾的方式)压倒了贝文和他的职责之间可能出现的任何问题或矛盾。事实上,正是贝文的很多工作让英国的战争国家的状态没有被其福利国家的状态所掩盖,因为他在决定英国的核武器政策方面显然发挥了关键作用(Hennessy,2007:48;Edgerton,2018:190)。

虽然克莱门特·艾德礼政府"主张激进的改革……但是在某些领域,它试图维持现状,特别是在外交政策方面"(Vickers,2000:49)。在这方面,他没有与温斯顿·丘吉尔一样认为未来取决于与美国的合作（Edgerton，2018：351），而是着手发展独立的核弹，同时加强对剩余殖民地的开发（Fieldhouse，1984）。最终，这一努力被证明是徒劳的，虽然"独立的"核威慑表面上仍然存在，但自1962 年以来，对美国核技术和特权的依赖就一直是既成事实。此时，哈罗德·麦克米伦（Harold Macmillan）获得了美国"北极星"导弹系统的购买权，该系统的使用最初被描述为相互依存的威慑力量的一部分，但很难掩盖英国冷战时期军事政策核心中的依赖性（Edgerton，2018：353）。

然而，尽管艾德礼政府由于朝鲜战争爆发后决定重整军备而增加了军事开支，并因此导致三名内阁部长辞职（Brookshire，1995：117），但是人们习惯性地认为，第二次世界大战为社会民主主义的最高成就——福利国家——奠定了基础，这已成为 1945 年以后英国历史的主旋律。因此，才会有安格斯·考尔德（Angus Calder，1969）、保罗·艾迪森（Paul Addison，1975）、肯尼斯·摩根（Kenneth Morgan，1990）和汤姆·林（Tom Ling，1998）等人的历史著作中，强调英国福利国家的发展是战时努力的合乎逻辑的胜利的结果。根据这种观点，"战争释放了自由主义根深蒂固的束缚民间的现代化力量"（Edgerton，2006：287）。同样，1945 年后历史也表明，人们普遍认为第二次世界大战暴露了英国在与备战（Taylor，1965）和经济竞争力（Newton and Porter，1988）相关的产业领导力特别是政治领导力方面的不足。如科雷利·巴内特（Correlli Barnett，1972，1986，1995）和马丁·维纳（Martin Wiener，1981）指出，历届政府都未能支持军事或民用研发，因此牺牲了英国在这两个领域的领导地位。

这两段话中（左翼"福利主义"和"衰退主义"，右翼批评中的"军国主义""官僚主义""衰退主义"派别）都系统地淡化或忽略了大卫·埃哲顿所提到的战争国家，即军方主导的国家部门，包括军事和民用部门，以及致力于武器开发和生产的工业部门。因此，《战争国家：英国 1920—1970》和他最近的《不列颠国家的兴衰》（Edgerton，2006，2018）都试图纠正在 20 世纪英国史学和政治经济学中最多只是被隐约注意到遗憾。

"衰落主义"作为一种相关的意识形态，被英国发展型国家的批评者以不同的方式使用,就定义而言,它是将更好的过去和变弱了的现在对比之后得到的一种强烈的、共同的看法。右翼批评者认为,崛起的美国——第一次世界大战后的主要债权国、日益渴望主导世界的强国,对国际秩序和自己在其中的地位有自己的想法——所带来的挑战,再加上亚洲和非洲的前殖民地国家的独立,使得衰落的指责有了一个容易被理解的实质性的衡量标准。在不到40年的时间里,战争首先将大英帝国从债权人变成了债务人,然后加深了这种债务,同时放松了帝国的纽带,以至于伊丽莎白公主在1952年"成为'这个领域和其他所有领域及领土的女王,联邦的首脑,信仰的捍卫者',此种说法巧妙地避免了指定她的领域实际上是什么",这令年轻保守党议员伊诺克·鲍威尔非常愤怒(Edgerton,2018:56),其独特的英国神秘主义掩盖了一种罕见的能力,即利用帝国主义和种族主义演说在民众当中产生了巨大的破坏性效果(Bourne,2008;Fekete,2016;Shilliam,2021)。

正如右派衰落论的支持者和目标相对容易识别甚至量化一样,一个泛化的"左派"(更准确地说是一个英国民族主义集团,在不同程度上包含了激进的、好战的劳工运动)的衰落,主要是基于工业主导地位的丧失及其对国内福利的影响。后者与更传统的关于劳动收入份额的担忧重叠。然而,埃哲顿并不认可工业衰退是由于大多英国管理层能力下降的普遍观点(Shonfield,1958;Pollard,1982;Healey,1989:406;Adeney,2016:302;Brown,2017)。此外,衰落论对于右翼的反指控,即当时和后来被许多新闻媒体大力宣传的工业衰退主要是由于工会的激进和顽固的观点,他再一次不予理会。到1979年,恢复"管理特权"成为公共讨论中的首要话题,它将英国的经济弊病完全归咎于工会,其次是国家在工业政策上的拙劣努力(Storey,1983)。与产业政策一起,承认有组织的劳工在经济管理中的有效地位在玛格丽特·撒切尔领导下正式不复存在,她无情地嘲笑二者为"社会主义",并得到了日益僵化的苏联的"实际存在的社会主义"的帮助,而苏联继续存在的时间仅比她的首相任期晚了一年多。

20世纪60年代的《新左翼评论》(New Left Review)中出现了一种更为显著的左派衰落论,其中包括汤姆·奈恩(Tom Nairn)和佩里·安德森(Perry

Anderson)的批判,他们认为,英国未能完成其资产阶级革命并超越其帝国烙印(Anderson,1992)。因此,英国的衰落有其独特的原因,它的工业资本从属于帝国政治经济内更原始形式的商业和金融资本,而商业和金融资本是帝国政治经济的组成部分。贸易保护同样依赖帝国传统,再投资手段无法满足这种需求,而金融手段的广泛应用支持了帝国追逐利润的需求,不是通过现代化方式(被视为费用);韦伯式的观点(Weberian)指出,一种生产关系,要么增强,要么降低这种帝国传统。

> 由于普遍存在的阶级制度,成功的实业家将他们的儿子送到"公立学校",在那里他们学会了成为绅士和精英,而不是像他们的父亲那样成为社会地位低得惊人的创造价值的实业家(Brown,2017:216;Cainand Hopkins,1999:201)。

后来奈恩和安德森对其命题的修订指出了前现代社会形式和实践在欧洲一直存在,因此英国在落后方面并不是那么独特。然而,正如加文·沃克(Gavin Walker,2016)对二战以前日本马克思主义内部辩论的阐述所显示的那样,前现代社会形式曾经是并且仍然是民族主义不可或缺的一部分,这种民族主义为社会提供了黏合作用,弥补了资本主义发展的错位,这在20世纪初日本的现代化进程中得到了体现。1989年,奈恩的进一步修正表示,在伊比利亚独裁政权瓦解,以及随之而来的"在大约同等水平之上的稳定而和平的国家体系中"欧洲共同体的扩张和更深层次的整合之后,"我们会因此看上去像是生活在资本主义真正开始成为主导的最初几十年,而不是处于资本主义的'最后的日子(如许多左翼和共产主义理论家所坚持的那样)'"(Nairn,2011:375)。因此,如果说英国对旧制度的保留是独一无二的,那主要是因为它所保留的东西是英国独有的。

尽管已经发表过一篇关于埃哲顿《不列颠国家的兴衰》的书评(Merrick,2020),但在2021年,《新左翼评论》又发表了一篇安德森对于对埃哲顿重述当代英国历史的更详尽的讨论(Anderson,2021)。就在此之前,《新政治家》(*New Statesma*)发表了埃哲顿的一篇文章,探讨安德森(和奈恩)的衰落论,以及为什么左派应该拒绝这一衰落论,不过埃哲顿也承认,安德森的文章"为思考现代英国历史可以是什么和应该是什么提供了一个可供商榷的关键视角,其丰富性是大多数英国历史的福利国家兴衰框架所无法比拟的"(Edgerton,2021)。或许正是这篇文章引发了安德森虽具批判性但也是"热烈致敬"般的回应。

梅里克(Merrick,2020:167)和安德森(Anderson,2021:48)都指出,伦敦金融城几乎被排除在埃哲顿的论述之外,这在 20 世纪英国经济史上无疑是一个严重的遗漏。然而,若要为埃哲顿辩护,就必须说明,他的论战旨在纠正关于衰落的主导话语,这种话语贬低或简单否定了居于霸权集团核心的技术民族主义的、生产取向的现代化驱动,没有了这种驱动,这个霸权集团无须等到 20 世纪 70 年代解体而早就会日益衰弱了。在埃哲顿的叙述中,1975 年支持加入欧洲经济共同体成员国的全民公投取得压倒性胜利,这意味着"英国普遍而严肃的经济民族主义的终结……直到现在,英联邦的优先地位才被取代,经济国家也才结束"(Edgerton,2018:273 - 274)。他将 1976 年国际货币基金组织导致创伤的贷款归结为一句话的行为解释了为何安德森会抱怨埃哲顿"在跨越大约半个世纪的两个战后时期里避而不谈金融的核心作用"(Anderson,2021:48)。安德森和埃哲顿本来还可以继续指出美国财政部-华尔街复合体与相应的英国财政部-伦敦市复合体对于该贷款的管理进行得强硬的、直接的干预,在故意制造货币危机之后,强迫卡拉汉政府接受一套羞辱性的、高度指令性的条件(Harmon,1997)。

安德森尤其不同意埃哲顿说 20 世纪 70 年代"英国社会民主和福利国家还远未结束,而是达到了高峰""现代化的国家投资正在取得成果",而且北海石油的前景有望大大纠正多年的国际收支问题(Edgerton,2018:403)。"唉,这个光辉的前景突然变成了灰烬"(Anderson,2021:46),这是安德森带有嘲讽的回应。然而,与安德森指责相反,埃哲顿没有解释这种不连续性,加入欧共体被证明是对英国工业的重大打击,英国工业不再受到保护,它的竞争对手不会自满地依赖英联邦市场和充分贬值的资本设备来膨胀其利润。"英国融入共同对外关税、取消与欧共体其他国家的关税以及转入共同农业政策，都在 1977 年底前分阶段实现。"（Edgerton，2018：273）此外，国际货币基金组织还迫使卡拉汉政府削减预算。

这可能被认为是霸权集团的解体，而之前希斯政府先是拥护自由主义经济，随后的政策又出现戏剧性逆转让该霸权集团经受了严峻考验。欧共体成员，以及复苏的金融部门渴望摆脱 20 世纪 30 年代强加其身的限制，并且已经开始通过促进欧洲美元市场的发展来颠覆布雷顿森林体系（Burn，1999），所有这些都是在冷战背景下进行的，这一背景至少为统治阶级偏执焦虑地对待工党与日益激进的工会运动提供了一个有利的借口，所有这些都促进了阶级力量的重组，从而结束了以生产取向的集团霸权地位。取而代之的是一个新的以金融为主导的集团，支持它的工业资本渴望驯服工会力量，最终的结果是经济实际上被去国有化、去工业化，甚至在撒切尔政府的伦敦金融城"大爆炸"改革之后，金融部门本身也被卖给了更大的外国同行（主要是美国）（Edgerton，2018：471）。

经济去国有化的措施之一是撒切尔时代最早且令人惊讶地被忽视的私有化之一——石油行业的私有化，它所承诺的能够振兴经济的金融繁荣却被破坏了，因为在故意去工业化造成创纪录的大规模失业之时，英国的税收被用来支付维持社会秩序所必需的社会保障（Brotherstone，2012）。

埃哲顿几乎没有触及那段时期的这些方面。然而，对于一本 700 页的书而言，这很难算得上是批评。他所修正的历史在《战争国家》中已经极为明显，现在又对第二次世界大战后英国发展的兴衰做出了更为全面的描述，对于一个错误的但被不遗余力地加以宣传的反历史（埃哲顿的术语）而言，这是一个必要的、早已应有的修正。这一反历史是如此的根深蒂固，以至于它已成为"关于衰退和混乱的民间记忆"，尽管工党的许多成员"帮助创造或同意此种反历史""它的存在却完全不利于工党"（McKibbin，1991：3）。这种反历史的持久性最近表现在对前工党领袖杰里米·科尔宾及其反帝国主义的猛烈人身攻击，以及对托尼・布莱尔的同时平反,对于布莱尔、埃哲顿除了蔑视没有其他看法。这里的叙述没有否定第二次世界大战后三十多年的历史(法语翻译中的"荣耀"),而是更充分地捕捉到了一个骨干核心的乐观主义和目的,尽管在技术民族主义方面会被误导,但从战争经验中学到了埃哲顿根据与弗里德里希・李斯特(Friedrich List)相关的发展政策(Edgerton,2018:378)命名的"李斯特主义"(Listianism)。它还描绘了罗纳德・多尔(Ronald Dore)在涉及日本的发展型国家时所说的使得骨干核心能够坚持那么久的制度连锁和动机一致性的逐渐解体。下面我们将转向发展型国家的概念。

二、英国式发展型国家

在提出发展型国家的概念时,查尔默斯・约翰逊(Chalmers Johnson)试图实现两个目标。首先,他针对的是新古典主义经济学的肤浅和完全误导性的主张。新古典主义经济学自我标榜的解释,后来被其用作强加给东亚发展型国家的政策——"解决方案"的理由。约瑟夫・斯蒂格利茨(Joseph Stiglitz,2002)后来将这些模式戏称为"饼干模子模式",在其对国家进行掠夺的同时也给人民带来了巨大的苦难(Johnson,2000:80)。其次,约翰逊对国家在经济发展过程中的作用提出了非常具体的主张,虽然他在实证方面关注的重点是日本在第二次世界大战后的迅速崛起,但他通过阐述国家在经济发展过程中发挥的不同类型的作用,认识到这一概念的广泛适用性。

约翰逊将监管型或市场-理性型国家定义为"关注经济竞争的形式和程序,或者说规则,但它并不关注实质性问题"。这与"政府优先考虑产业政策,即优先考虑国内产业结构、促进提高国际竞争力的国内产业结构"的发展型或计划-理性型国家形成了鲜明对比。产业政策的存在本身就意味着在经济上采取战略性或目标导向的方法,而"监管型国家则更强调过程而不是结果"(Johnson,1982:19)。这二者都与苏联的计划意识形态(与理性相反)方法形成鲜明对比,其中"生产资料国家所有、国家计划和官僚主义的目标设定都不是实现发展目标的理性手段(即使它们可能曾经是);它们本身就是基本价值观,不能因效率低下或无效而受到挑战"(Johnson，1982：18)。

这种分类法有助于约翰逊理解日本和其他亚洲国家资本主义发展的成功，当时，冷战时期的意识形态与盎格鲁文化圈强烈的自由主义潮流以及经济学将数学模型提升到历史最高地位的做法相契合(Amadae，2003)。正如约翰逊后来所反映的那样："在我看来，任何名副其实的社会科学都必须同时处理一般性问题和特殊性问题，而不能将其中一个排除在外。当前流行的'理性选择论'和其他形式的极端经济还原论都只是未能通过这一基本原则的社会科学尝试的最新例子。"(Johnson，1999：43)然而，他们的意识形态目的却是再清楚不过了："世界历史证明，没有一个发展中国家可以照搬西方模式成为强大的现代国家；也没有任何单一的发展模式能够适用于所有国家。"(Cheng and Hu，2010：375；Johnson，2000：211–214)

虽然埃哲顿有意选择了发展型国家这个说法，但他并没有给出正式的定义，也没有引用任何参考资料做支持。相反，他利用英国政府在经济活动和进口控制方面证据，如支持计划、投资、科技研发以及对特定行业的援助来证明他使用这个术语的合理性。因此，埃哲顿的用法与约翰逊对产业政策的认定是一致的，即意味着经济政策的战略性或目标导向性方法。当然，发展主义的变革小组非常清楚帝国灭亡的经济影响，并在某种程度上预见了后来那些"小龙经济体"的政策，优先考虑出口导向型的工业重建和工业现代化。

在这方面，自约翰逊的开创性工作以来，发展型国家研究的进展值得我们关注，特别是伊丽莎白·瑟本(Elizabeth Thurbon，2016)和惠特克(Whittaker et al.，2020)最近的著作。瑟本承认约翰逊对她的启发，并且他们都强调罗纳德·多尔(Ronald Dore)所说的制度监管和激励的一致性或心理和谐(Dore，2000：45–47；2001：220)，而惠特克等人将其重新定义为制度和观念的关联性；瑟本更注重能动性的研究，把它定义为"观念模式"。关于英国的发展型国家失败的原因，一个可供讨论的假设是缺乏制度上的联动性和动机上的一致性，对此，至少一些奈恩-安德森(Nairn-Anderson)式的左翼衰退主义者的批判会提供有力的支持，很重要的一个原因在于右翼衰落主义对那些被奈恩和安德森视为现代化障碍的制度的拥护。这种拥护最终导致了一种日益强化、刻意培养的怀旧的帝国主义观念模式——"一种以帝国思想为中心的新兴反动政治"(Mitchell,2021:63;另见 Bourne,2008),据称这可以弥补制造业及其工会和工人阶级所缺失的制度和文化支持,撒切尔夫人本人在热情的媒体支持下,借用了伊诺克·鲍威尔(Enoch Powell)早些时候专门提到移民时使用的术语,称之为"内部敌人"(Murray,1986)。这一观点的顶峰时期,除了布莱尔对它的公开平反,就是现任劲头十足的工党领袖基尔·斯塔默(Keir Starmer)当众身披国旗,仿佛是要抹去前任对帝国和英国外交政策的批判(Goes,2021)。

正如埃哲顿所阐明的,在整个政治领域,或许左翼更为明显,但无论"左""右",都有着国家主导(或至少是协调)下经济复兴和创新的愿景,它受到第二次世界大战经历的震撼,并认识到战争后果带来的挑战。这些挑战包括:冷战初期摇摇欲坠的帝国,军事技术和生产自给自足的承诺(这很快就以高昂代价证明是不可持续的),外债积累导致的金融地位的削弱,战争期间的资本存量的破坏,以及 1945 年 8 月对日本作战取得胜利后美国突然终止了《租借法案》。为了支付所需的进口商品,英国被迫从美国贷款,直到 2006 年才全部还清(Edgerton,2012:297)。

在这种充满强有力挑战的世界经济环境下,艾德礼政府对经济"制高点"实行国有化,受到许多工人和左派人士的欢迎,认为这是向社会主义迈进的一大步,实际上是一个更大的经济利益联盟可以支持它:

> 克莱门特·艾德礼(Clement Attlee)政府将 9 个主要行业和服务体国有化,约占英国经济的 20%。这些计划要么是基本的公用事业,如天然气和电力,要么是由于效率低下、缺乏投资和技术创新而"使国家失望"的行业,如煤炭和铁路。国有化中有"社会主义"因素,因为人们认为它对经济计划、充分就业和财富与权力的再分配至关重要,但这些因素往往因为对产业效率和经济效率的偏重而被淡化。(Ellis,2012:50;Edgerton,2012:299;Vickers,2000)

走出灰烬，归于尘土：英国的发展型国家 ┃ 157

这个联盟逐渐的以至于最终加速的瓦解，导致了撒切尔夫人的强权政治崛起和发展主义领导权计划的黯淡褪去。后者在公众记忆中彻底丧失了声誉，它的失败在公共话语中变成了不言自明的公理，以至于保守党和工党都竭尽全力将那些本能上仍然坚持"干预主义"的人们边缘化。甚至像迈克尔·赫塞尔廷（Michael Heseltine）和戈登·布朗（Gordon Brown）这样的旗手也受到了市场原教旨主义的限制，尤其是布朗还在担任财政大臣期间，曾试图通过宽松监管和立法方式促进伦敦成为金融中心。这增加了税收，达到了温和的再分配目的，而伦敦金融城则在大肆享用金融主导的繁荣成果，结果却在 2007 年至 2009 年的金融危机中受到了严重的反噬。除了大量的立法和意识形态的积累限制了他们引导不同政策路线的能力（到布朗首相时已无法挽回），在布莱尔（因此也在布朗）的领导下，连续的公务员制度改革加速和加强，意味着公共行政管理和非市场性政策分析标准的制度化痕迹已经消失。

公务员制度没有按照个人为国家利益工作的能力而进行聘用，而是被诸如史蒂夫·罗布森(Steve Robson)这样的新自由主义政策的拥护者强化其主张，罗布森是英国财政部中的私有化部门（财政部特别工作组）的负责人，并因此在铁路私有化过程中发挥了关键的作用(Jupeand Funnell，2015：75)。后来，作为财政部第二任常务秘书，他负责制定金融服务部门监管的法律框架，并推动布莱尔政府将其前任保守党的私人金融计划(PFI)重塑为公私伙伴关系(PPP)计划。后来发现，这与承诺的提高效率和物有所值的提升相去甚远。根据审计署 2018 年发布的一份报告，碰巧是在卡里利恩(Carillion)公司倒闭期间，这家公司越来越依赖一系列不太可能的 PPP 项目(Wylie，2020)。

> 英国在利用私人融资计划建设其大部分基础设施的过程中，产生了数十亿英镑的额外成本，却没有明显的收益……最近为学校、医院和其他设施签订的 PFI 合同比其他政府贷款项目的成本支出高出 2%～4%，并包含大量额外费用。(Manc and Parker，2018)

与此同时,罗布森在 2001 年从财政部"退休"后,成为毕马威会计师事务所(KPMG)的非执行董事,该公司是国家委托咨询合同的主要受益者,由于公务员队伍的去技能化和政策制定的私有化,这已成为标准做法(Jupe and Funnell,2015);同时他还成为苏格兰皇家银行(Royal Bank of Scotland)的非执行董事,该银行在金融繁荣期间因巨大亏损而声名狼藉,得到政府的紧急金融援助后方才脱离困境(Fraser,2014);在此期间,他是英国合作伙伴关系企业(Partnerships UK)的非执行董事,这是财政部特别工作组项目部门的私有化样本。也就是说,英国政府将一个组织私有化,即英国政府就如何将国家部门或国家计划转化为可供出售的资产出钱让该组织出谋划策。

利用自己在公务员队伍中的地位,将私人利益置于国家利益或公共服务之上,在这一方面罗布森并非特例。英国收购委员会(Take-over Panel)副总干事托尼·普林格(Tony Pullinger),在连续工作了 30 年之后,接受了英国《金融时报》的告别采访,他在采访中解释了该组织的理念:"关键的是,我们不是一个以结果为中心的监管机构,我们是一个中立的监管机构,我们无意阻止或鼓励收购英国公司的投标。"(Due Diligence,2021)这与支配英国 1945 年后复苏和增长战略的那种民族主义发展方式相去甚远。尽管关于英国工业资本与其金融部门之间持续的失调关系已经有很多文章①,但也需要考虑到,这个过程不是英国的国家机构被金融资本简单地俘获,而且,根据奥弗贝克(Overbeek,1990)的观点,资本主义的全球性及其金融化意味着伦敦金融中心以前的狭隘利益思潮(1986 年金融危机大爆发前的"绅士资本主义";参见 Augar,2001)很快就被跨国金融压倒。伦敦金融中心更加坚决地与其东道主经济脱钩,坚定地融入全球资本循环,尽管经济的工业基础继续收缩,但是英国政府仍然积极寻求吸引和利用这些资本的机会,因为它越来越依赖金融部门作为其税收来源。工业资产出售之后是更具创造性的金融操纵,特别是让大型会计师事务所从内部重新

---

① 埃哲顿(Edgerton)对此种情况一带而过;特别参见 Ingham,1984;Overbeek,1990;Brown,2017。

设计国家，把项目和资产变成会计实体，从而通过私有化进一步创造收入。这使得大型会计师事务所和会计逻辑深深地融入了以前由公务员和利益相关群体的合格代表担任决策角色（Cooper and Robson，2006）。通过这种方式，国家既成了"市场化"的工具，又成为主体，对公共问责制和运营功能产生了影响，在某种程度上更加模糊了人们对税收的重新定向已经远离了任何公共利益或社会利益的认识。正如《英国医学杂志》（*British Medical Journal*）编者按所感叹的那样，国家及其政策工具的这种重组是"一种不断索取的天才……其天才之处在于它将公共资源转用于私人利益的手段"（Pollock and Price，2010）。

三、政府的无能

英国市场原教旨主义对国家活动的无情"殖民"远远超出了企业私有化和公共服务的强制竞争招标，而是将"非核心"任务强制外包，并以更具创造性的"市场"或"准市场""解决方案"来解决如何提供服务的形式尽可能市场化的问题（McMaster，1999；2002）。转折点似乎出现在 20 世纪 90 年代初约翰·梅杰（John Major）担任首相期间。随着"制高点"的平稳私有化和竞争性招标制度在各级政府机构中牢固确立，各种政治家、公务员和经济学家的意识形态承诺决定了他们会支持罗布森这样的政策企业家的倡议，罗布森之流对机会的敏锐感觉，再加上他们认识到不断地创造市场和调整组织结构所带来的潜在个人回报，导致了一种持续至今的病态情形。

这种残酷无情的恶劣表现之一是罗布森推动的英国铁路网私有化。其结果是之前一体化运营的破碎，从整体上理解铁路网的专业知识的丧失，严重夸大的国家补贴，加上各种给私有化披上成功外衣的会计技巧。尽管后来英国被迫将铁路重新国有化，更名为铁路网络（Network Rail），但是其地位一直备受争议，因为"资产负债表"外的负债由政府继续"隐藏"（Bowman，2015；Wolmar，2005）。正如朱佩（Jupe，2009：732）所描述的那样，铁路私有化及其扭曲的实施构成了"不断从纳税人向资本方转移财富"的又一个例子。

在 20 世纪 90 年代，因着罗兹（Rhodes，1994；1996）在政治学领域的重要影响,讨论国家"空心化"已成为司空见惯的事情,公民或服务用户整体上被重新定义为消费者,作为这一重新定义的概念的一部分,以前由中央和地方政府提供和执行的服务或项目被强制外包,或根据市场原则进行了改造(Patterson and Pinch,1995;Taylor,2000;Davies,2000)。随后,围绕威斯敏斯特(Westminster)和怀特霍尔(Whitehall)在中央集权的同时"空心化"的明显悖论发生了许多争论,罗兹等人(Rhodes,2003:157)将其视为国家能力下降的证据。詹金斯(Jenkins,2007b)则认为,这种中央集权是实现"削减"国家经济角色的必要条件,即使它最终与国家发生冲突。这场辩论还在继续探索更多的途径,其中"紧身衣控制"等概念重复了斯蒂芬·吉尔(Stephen Gill)早期关于"纪律性新自由主义"的阐述(Clifton,2014;Gill,1995),在其对社会生活的更全面的重构中,国家既是竞争性市场理性的执行者,又被它所约束(Davies,2014:315),然而,2020年新冠疫情大流行的暴发却使更多公众的关注点重新聚焦于国家能力和效力问题。

国际上应对这一流行病的种种混乱反应,暴露了作为市场原教旨主义推论的反国家主义意识形态——"全球资本主义中心国家的失败"——被亚历克斯·霍楚利(Alex Hochuli)贴上"巴西化"的标签:

> 国家能力空心化、政治混乱、任人唯亲、阴谋论思维和信任赤字暴露了合法性的坍塌,这使得富有和强大的国家看起来像是那些经济单一依赖外援的香蕉出口国……西方资本主义中心国家的失败,终结了所有关于历史终结和一种模式优于另一种模式的自满观念。(Hochuli,2021:93-94)

巴西是一个拥有丰富资源的国家,本来可以为其人民提供更美好的未来,但它却似乎只让极少数人富裕,阻碍了"美好未来"的实现。正如霍楚利所写,在巴西,"对他们的处境感到满意的只有金融精英和腐败的政客"(Hochuli,2021:94)。尽管巴西是一个"新兴市场",应该通过实施"正确"的政策"赶上""先进"国家,但巴西的发展似乎总是受到挫折,除了其统治阶级的道德沦陷,还有别的原因。早期"现代化"的"使追赶发展成为可能的国际环境和技术手段"现在已经不复存在，知识产权作为实现价值的主要手段"对于巴西这样的国家是难以得到的"（Hochuli，2021：96），约翰·史密斯（John Smith，2016）详细解释了这一状况的原因。其结果是，最近才有的南方国家独有的全球化思想：

> 即时通信软件（WhatsApp）和贫民窟、电子商务和开放式下水道。事实上，撇开中国引人注目的崛起不谈，过去四十年的全球发展是一种倒退……现在北方国家最为显著，今天困扰南方国家的许多特征凸显出来：不仅仅是不平等和不合规的工作，还有日益腐败的精英阶层、政治动荡和社会分裂等问题。（Hochuli，2021：96）

美国和英国直到现在还被认为是应对全球流行病准备工作做得最好的国家——事实上，这些国家告诉我们绝非如此。尽管取得了一些成功，特别是在开发和推出有效疫苗方面（Adler，2021；Baraniuk，2021），但这些成功很明显只是防疫的一个方面，在这两国以及许多其他发达国家中，更普遍的情况是官方反应的混乱和任人唯亲。英国的情况令人震惊，以至于受人尊敬的《英国医学杂志》发表了一篇社论，引用弗里德里希·恩格斯（Friedrich Engels）的"社会谋杀"概念，恩格斯的原意是为了描述特权阶层对"最贫穷阶级中的过早和'非自然'死亡"的漫不经心。如今这一概念可以用来描述英国公开考量的策略："允许数以万计的过早死亡，以实现全民免疫或支撑经济希望。"（Abbasi，2021：1）

除了对公共医疗和流行病管理采取随意的方法外，授予私营公司的合同还缺乏透明度并饱受腐败的困扰，合同往往未经招标，得到合同的组织往往雇用了与政府联系密切的人（Bradley，Gebrekidan and McCann，2020），而接受协调工作的往往是在政府圈子中有私人关系的人。英国政府对疫情的应对是绝望、机会主义和任人唯亲的结合，总之是对受托监管的公共标准的下降。时任英国首相鲍里斯·约翰逊（Boris Johnson）的个人品质——"长期以来，粗心和蔑视一直是约翰逊政府的标志"(Shrimsley，2021a)，与美国前总统唐纳德·特朗普(Oborne，2021)和巴西前总统贾尔·博尔索纳罗(The Lancet，2020)一样有名。然而，国家治理能力的退化和腐败政治正常化的同时出现促使公共道德变得粗陋，以至于人们对事情的发生和发展见怪不怪，稀松平常了：

> 在欧米克隆(Omicron)公司成立之前的五个月里，鲍里斯·约翰逊政府有效地进行了一项实验，看看它能在多大程度上将国家的死亡和住院率达到一个社会可接受的水平。我们现在知道这个国家每天能容忍超过100人死亡。格伦费尔大厦火灾引起了公众的愤怒，并要求采取行动。最近的数据相当于每周11座格伦费尔大楼火灾的死亡人数(Shrimsley，2021b)。

私有化、强制竞争性招标和外包本应带来更大的经济效益并防止官僚主义和腐败。相反，它们促进了国家机器的金融化和内部网络对这种金融化的利用，这些人以公共开支为代价攫取个人财富，丝毫不觉得可耻。制度监管和激励一致性使早期的国家应急反应能够立法、国家和城市的多级政府协调与现在超级有效的公共动员结合起来，但市场原教旨主义有效地破坏了这种制度监管和激励一致性(Sewell and Barr，1977；Wainwright，2006)。新冠疫情暴露了数十年的市场原教旨主义遗留下来的国家能力的匮乏，以及因此而脆弱的社会结构。公民身份被用来捍卫绝对的个人自由，而不管其社会后果如何。对于西方国家来说，"现实是，20世纪——连同在战争中锻造、致力于决定社会问题的、自信的国家机器已经结束了"(Hochuli，2021：94)。

四、结论

> 成功的资本主义发展型国家是"准革命"政权，其统治者拥有的任何合法性都不是来自外部的圣化或让他们就职的一些死板的条条框框，而是来自他们的社会所认可的，并由他们所执行的具体的社会项目。(Johnson，1999：52)

查尔默斯·约翰逊(Chalmers Johnson)最初提出经济政策体制分类是因为主流经济学在分析日本和当时被称为东亚"新兴工业化国家"(NICs)的经济发展时所应用的工具中存在着一个巨大空白(Chow，1987)。这些国家的"准革命"地位与它们摆脱战争的创伤和破坏，以及人民对这一过程的深刻的共同经历有关。鉴于英国本土没有被入侵或占领，国内人口所面临的破坏和混乱的规模要小得多，这点不像帝国的一些重要部分——新加坡的沦陷对帝国的心理造成的特别创伤，特别是考虑到皇家海军于 1938 年建成了世界上最大的干船坞(Edgerton，2018：60)。然而，战争的大量牺牲促成了在战争动员中形成的国有化心态，这种心态既建立在战前已经开始的国有化趋势之上(正如埃哲顿和在他之前的米德尔马斯等其他人所详述的那样)，也建立在对于和平时期实现国有化的可能性的认识之上，这与现在国家叙事的主流版本中所描述的国有化失败形成了对比。该主流叙事的大部分内容是由温斯顿·丘吉尔本人撰写的，艾德礼的内阁成员曾在他领导的战时联合政府中任职。然而，维持一个连贯的、长期的发展战略所需的制度监管和激励的一致性从来没有强大到足以抵御旧的做法和思维方式的复兴，这些做法和思维方式在战争中幸存下来，并在20 世纪 60 年代处于领导地位的发展主义集团的凝聚力崩溃后重新流行起来。甚至可以说是在此之前就已经如此，这可以一直追溯到 1951 年艾德礼影响未来的重大决定，即支持英国财政大臣盖茨凯尔(Gaitskell)的提议，将军事预算增加 30%，"彻底扼杀了 1945 年至 1949 年成功的以出口为基础、重新征服了我们在战争中失去的市场"(Balogh，1978：111 - 112)。这为保守党政府放宽配给后以消费者为主导的繁荣提供了条件，保守党政府随后开始实施"停走"政策，旨在限制因家庭消费而加剧的国际收支逆差，从而限制英镑的价值，但这阻碍了对工业的长期投资(Pollard，1982)。

约翰逊的分类法还忽略了第四个类别，在此补充一下是很有必要的，因为它很好地阐述了把英国经济当作被撒切尔主义意识形态理想化了的那种传统英国企业来管理的过程："令人遗憾的是，不愿投资是英国公司的一个根本问题，还有，缺乏对'战略'中心点的重要性的理解，缺乏国际主义，以及对人民的恶劣态度"(Brown，2017：189)。

汤姆·布朗(Tom Brown)关于管理工程公司的职业生涯的回忆录证实了桑菲尔德(Shonfield)、霍兰德(Holland)、波拉德(Pollard)和许多其他人早期的观察结果。如布朗所述，典型的英国企业是由训练有素的会计师经营的，这些会计师对资本支出的厌恶提高了中短期利润，但最终耗尽了企业甚至在国内竞争所需的实力。20 世纪 80 年代，随着"并购狂热"的出现，这一价值榨取过程加速了，这是此前 10 年英国掀起的放松金融管制浪潮的延续，但在撒切尔夫人和美国里根政府时期管制的力度都有着同样的加强。在英国，撒切尔夫人的著名支持者詹姆斯·汉森(James Hanson)是这种工业的金融化的典型代表：

> 汉森想快速赚钱以支持他奢侈的生活方式。他继承的家族运输业务继续发展本可以带来稳定的收入，但他想快速致富——这需要从他人那里转移价值，而不是自己创造价值。他意识到，由于某些企业的价值在金融领域被严重低估，因此他可以收购它们，增加它们的报表利润，然后将它们拆分，出售他所获得的大部分东西，并在这个过程中赚大钱。他的日常工作变成了收购公司，然后使用允许的收购会计技术，例如在以全价出售之前注销股票以立即提高报表利润，然后是削减成本和提高价格——这始终是增加利润的两个最快的杠杆，但往往会产生不利的长期影响……汉森的利润和现金实际上来自他在购买和出售公司方面的成功，而不是经营这些公司，但他会用不同的方式来表达，而金融领域也认识到，商业成功的关键在于收购和削减成本。(Brown，2017：172)

此外，事实证明，对"英联邦和帝国的专属市场"的依赖是一个特别难以打破的习惯(Healey，1989：406；Brown，2017：189-190)。类似地，四十多年来，以金融为中心的市场原教旨主义已经根深蒂固地成为默认的政策设置，国有资产的清算变得越来越有创意和强制，通常以低于市场价值的价格出售(Stevenson，2006)，然后再转卖给外国的买家，其中包括去国有化后的"英国对冲基金和在离岸避税天堂注册的类似公司"(Brown，2017：152)。这些公司通常还利用自由购买机会来收购私营公司，而这些公司作为品牌、创新者甚至雇主实际上已经消失了，因为生产要么被外包，要么干脆关闭(Adeney，2016：352－353)。自20世纪80年代以来，"股东价值学说"已成为全球商学院课程和商业实践的主要内容，这种形式加剧了管理不善并得到全球化推广(Lazonick and Shin，2020)。与此同时，类似的新型会计做法也被用于掩盖公共部门的财政现实：

> 如今，所有严肃的公司都使用三份会计报表，即相互关联的损益表、资产负债表和现金流量表。这种经过时间验证的方法清楚地显示了诸如趁机牟利等情况，牺牲资产负债表以支持收入和现金流……各国没有这样明显的会计行为(确实令人惊讶的是，英国政府控制的大型组织，如英国国家健康服务体系[NHS]没有这种情况，这种行为无法通过任何正常的审计)，因此尽管英国现在靠其资产为生，但这并没有显示出来。(Brown，2017：94)

所有这一切都被认为是正当的，因为它是无可指责的"市场"的决定，似乎只存在于市场中。市场作为经济"真相"的最终仲裁者，其庞大而单一的地位直到今天都受到质疑，更不用说受到挑战了。引申查尔默斯·约翰逊的说法，这种体制可以被归类为市场-意识形态(market-ideological)体制。正如苏联及其加盟国的计划-意识形态(plan-ideological)体制将过程远远凌驾于结果之上，以至于其物质基础从内部崩溃一样，"撒切尔夫人及其继承者"(Jenkins，2007a)的市场-意识形态统治对英国经济的吞噬程度之深导致了英国脱欧，其施加的贸易壁垒彻底暴露并揭示了国内残存的制造业对进口的依赖程度，因为全球价值链中的许多生产按照领先企业执行的效率标准而进行了重新配置(Kaney，2021)。

英国脱欧本身很容易被视为对数十年的去工业化、集中在某些区域的大规模失业以及随之而来的经济结果两极分化的反应(Hopkin,2017),而两极分化使长期存在的问题更加恶化(Holland,1976;Smith,1989;MacKinnon,2017),以至于"英国是世界上工业化区域发展最不平衡的国家之一"(McCann,2020:256)。撒切尔政府放弃了正式的区域政策,与此同时,权力集中于英国议会和政府机构,这样一来,不可能再出现以前那种使用权力杠杆制定本地发展政策的地方或城市政治企业家。例如,约瑟夫·张伯伦与他的儿子奥斯汀(Austen)和内维尔,内维尔·张伯伦在1924—1929年担任卫生部部长,可以说为英国现代福利国家奠定了基础(Edgerton,2018:235)。然而,到了20世纪80年代,地方政治企业家的领袖人物是伦敦的肯·利文斯通(Ken Livingstone),他被称为"最聪明、最有趣的左翼政治家"(Edgerton,2018:417),他对撒切尔主义经济、政治和意识形态提出了严重挑战,以至于撒切尔政府立法废除了大伦敦地区议会,同时被废除的还有其他地方政府部门,这些部门此前一直发挥着更具战略性的经济作用,从而提供了某种企业家身份的可能性,这一身份被新政策裁定无效(Kösecik and Kapucu,2003)。国家权力的集中促进了国家机器的重组,使得后者越来越成为一种向金融精英转移收入和财富的向上再分配机制,这些金融精英对英国脱欧的支持表明了他们认为欧盟的"过度监管"风险会有多么大。在他们看来,欧盟沉迷于市场,但却本能地对不受约束的金融业保持警惕(Van Kerckhoven,2021)。

面对衰败的现在和看上去并不光明的未来,基于帝国怀旧的民族主义,回想辉煌的过去,在英格兰那些遭受去工业化和随后的政策忽视最严重的地区尤其有效(Mitchell,2021:172 - 173)。这与苏格兰形成了鲜明的对比,在苏格兰,处于主导地位的苏格兰民族主义拒绝英国脱欧最重要的公众倡导者奈杰尔·法拉奇(Nigel Farage)和鲍里斯·约翰逊所代表的主要观点中的"不列颠性",确保了绝大多数人支持留在欧盟,从而进一步动摇了联合王国的稳定。但是,对英国完整性威胁更大的是一种英国民族主义,法拉奇和约翰逊在脱欧问题上利用了这种民族主义,取得了显著的效果,约翰逊无情地利用这种民族主义击败了名义上由杰里米·科尔宾(Jeremy Corbyn)领导的分裂的工党,但要想以拯救联合王国的方式将此种民族主义重新塑造为亲英的形象，可能会非常困难(Sobolewska and Ford，2020；Henderson and Wyn Jones，2021)。

正如《金融时报》首席英国政治评论员约翰逊(Johnson)所观察到的，目前困扰保守党成员的不满情绪部分归因于意识形态的不一致(Shrimsley，2022)。对于保守党而言，其普通成员非常认同撒切尔夫人的市场原教旨主义和企业家幻想，并认为英国脱欧应该会在摆脱欧盟控制之后令其释放出来，这样一个政党，却要面对一位本能上更倾向于国家控制经济而非自由放任资本主义的首相，这位首相还尤其意识到过去40年的低工资、低技能模式所加剧的地区差异。他承诺要解决"英国经济的长期结构性弱点……我们不会回到同样一个旧的、已破产的模式：低工资、低增长、低技能、低生产力——所有这些，都是由不受控制的移民所促成的系统"(Landler and Castle，2021)。

在这一点上，约翰逊似乎拥有一种类似于经济学家的随意信念，他们认为价格机制是行为调整的主要手段，就像"罪恶税"一样，消除或克服这种调整的障碍只是时间问题。随着英国脱欧后边境管控全面实施，工资上涨也得到了前所未有的鼓励，人们的想法似乎是雇主为了适应更高的劳动力成本而增加投资，以提高生产力以及对工作本身的设计进行创新，而就业人员则因为收入提高而开始享受更好的生活。即使这样做能奏效，也需要数年时间才能有结果——这与选举周期远远不同步——而且在以服务业为主导的经济体中，无论如何也不会有多少成果。更重要的是，无论是在受过市场原教旨主义赤裸裸训练的公务员队伍(依赖于聘请管理顾问来设计和监督其实施)中，还是在比以往任何时候都更加去国有化和脱离名义上的地理基础的资本家阶级中，似乎都不存在具有必要专业知识和动机一致性的骨干力量。

这与中国的共同富裕政策形成了鲜明对比。尽管近几个月来该政策的地位更加突出，但事实上共同富裕的战略目标长期以来一直被理解为经济政策的最终目标(Cheng and Hu，2010：378，381；Cheng and Ding，2012；Fan，2006；He，2012)。当然，很少有领导人或执政党会公开否认这样的目标，即使有大量证据表明该目标在实践中并不存在(Hochuli，2021)。然而，中国经济的快速发展和数百万公民摆脱贫困,却在意想不到的地方引起了赞赏。最近的一个例子是《金融时报》副主编拉纳·福鲁哈尔(Rana Foroohar)在评论中明确指出,共同富裕政策提供了"美国应该吸取的重要教训……特别是,在增长方面注重质量而不是数量"。(Foroohar,2021;Martin,2020)福鲁哈尔认为,这些教训涉及银行业改革、更高的工资、更加强调可持续性以及国家监管部门愿意在房地产开发商恒大集团(Evergrande)这样的负债过度的公司可能会引发全行业危机的时候进行干预。此外,福鲁哈尔认为推动"更大程度的自力更生和'本土创新',以提高高增长行业的生产率和工资,是非常合理的战略"。

这与英国后发展型国家形成了极其鲜明的对比。在特里萨·梅(Theresa May)担任首相期间,人们似乎既认识到有必要重振工业政策,也愿意采取行动。在这里,其中关键的影响似乎来自她的政策顾问之一尼克·蒂莫西(Nick Timothy)。蒂莫西在书中详细阐述了英国不仅需要一种产业战略,而且要服务于国家长期经济利益(无论它如何被构想),还要将资本的投资导向被市场原教旨主义忽视的区域(Timothy,2020:chapter 2)。特里萨·梅成为首相后,重新命名了商业、能源和工业战略部,并于 2017 年 11 月发布了一份白皮书,详细介绍了未来的工作。然而在 2021 年 2 月,在鲍里斯·约翰逊的领导下,财政部宣布将牵头制订一项"增长计划",而 2018 年成立的指导性机构工业战略委员会将被解散(Thomas,2021)。约翰逊任命的商业、能源和工业战略大臣此后承诺"将自由市场方法置于后新冠疫情时期复苏的核心",制定的"国家企业战略"重点是"鼓励自由市场活动和支持私营部门在英国的投资"(Thomas and Parker,2021)。

近年来,英国产业政策的标志性和罕见的成功之一是牛津大学与阿斯利康在 2020 年合作开发的新冠病毒疫苗、监管部门的批准和推广。在此之前,特里萨·梅政府在 2018 年已经建立了疫苗生产创新中心(VMIC),为未来的大流行病做准备。至少有 2.15 亿英镑的国家资金投资于这个非营利企业,还有来自牛津大学、伦敦帝国理工学院、伦敦卫生和热带医学学院等行业合作伙伴的股权投资,以及包括默克和杨森在内的行业合作伙伴。然而,在 2021 年 11 月,政府宣布将疫苗生产创新中心（VMIC）私有化，"现在可以通过出售收回部分投资"（Mancini etc.，2021），旧病难改。

美国也有类似的故事，新冠病毒疫苗的开发、监管批准和推出成为特朗普政府的一个难以置信的成功故事（Adler，2021）。但是，对以国家利益为中心的产业政策的呼吁激增（Maggor，2021；Kotkin and Lind，2021；Adler and Breznitz，2020；Breznitz，2021；Mazzucato，2021）证实了尽管官方文件不会明说，但它与实际存在的政策相比始终处于边缘地位，并使它与埃哲顿所述历史的对比更加鲜明。这也与中国的发展战略及其在不可避免和必要的变化中保持连续性形成了鲜明的对比。《金融时报》科技评论员约翰·桑希尔（John Thornhill）在深刻反思所谓的中美竞争特点的"工业大博弈"时写道：

> 国家基础能力与技术能力一样，将决定工业大博弈的结果。在这方面，美国的担心是有道理的：它甚至无法在不扰乱航空旅行的情况下推出5G 电信网络。最后，在国内修复核心基础设施可能比在国外追求战略技术优势更重要。（Thornhill，2022）

如果一个国家的政府几十年来系统地摧毁了国家基础能力，以至于政府的合法性都受到了质疑，对于这样的国家，就不能把基本国家能力视为理所当然的存在，应对新冠病毒大流行的措施已经证明了这一点。大卫·埃哲顿所描述的历史提醒我们，曾经有过这样的时期，英国内阁部长可以重申他早先发表的观点，即公务员更了解什么会有益于人民，而不会像今天这样受到公众的嘲笑和责难（Toye，2002）。人们不必怀念道格拉斯·杰伊（Douglas Jay）臭名昭著的"白厅绅士"言论中的居高临下的和含蓄的性别歧视，也能想到曾经是第二次世界大战后英国作为主导项目的特征和基础的制度连锁和动机一致性，如今已被埋葬得多么深，而埋葬它的，正是几十年的市场原教旨主义，再加上日益尖锐的帝国怀旧诉求，以弥补（或转移注意）市场原教旨主义对经济福利和社会凝聚力的侵蚀。

1945 年后英国发展型国家的最终失败,或者换句话说,支持这一主导性项目的社会力量联盟的瓦解,并没有使这个国家破产。对其物质遗产的清算,是将社会生活更普遍地还原为一个抽象和理想化的"市场"逻辑的一部分。这种清算让我们注意到了新自由主义时代单一的市场原教旨主义的破产,对于这个充当了政策实验培养皿的国家来说,或许这是最合适的结果。这些政策试验后来在全球传播和实施,让不幸接受它们的国家付出了代价。

2011 年 5 月,在美国马萨诸塞大学阿默斯特分校举行的第六届世界政治经济学学会论坛上,程恩富表示,吸取了 2007 年至 2009 年北美和西欧金融危机的教训,"我们将在经济发展中超越新自由主义和凯恩斯主义,重新认识由国际垄断资本主导的自由化、私有化和市场化的局限性"(Ding and Yin,2011:335)。看来,至少对英国来说,这种超越需要更加确认其经济模式的破产。这就是市场原教旨主义对其受迷惑的统治阶级的政治想象力的压制,后者沦为资产的临时管理人,促进资产的最终出售是其义务。这是股东价值信条的逻辑以自我管理的方式被应用于整个国家。

埃哲顿在总结挖掘一段被刻意掩埋的历史时,对埋葬这段历史的人们有一段颇为生动的评论:"政策摧毁了一个已竭尽自己所能的具有创业精神的国家,取而代之的企业家文化没有培养出任何真正的企业家。"(Edgerton,2018:491)作为撒切尔夫人及其继承者的墓志铭,这是再合适不过的了。

参 考 文 献

[1] Abbasi, Kamran. Covid-19: Social murder, they wrote—elected, unaccountable, and unrepentant[J]. *British Medical Journal*, 2021, 372 (314), 4 February. DOI: 10.1136/bmj. n314.

[2] Addison, Paul. *The Road to 1945: British Politics and the Second World War*[M]. London: Jonathan Cape, 1975.

[3] Adeney, Martin. *Baggage of Empire: Reporting Politics and Industry in the*

Shadow of Imperial Decline[M]. London：Biteback Publishing，2016.

［4］Adler，David. A new model for industrial policy[J]. *American Affairs*，2021，5 (2)：3 - 32.

［5］Aglietta，Michel. *A Theory of Capitalist Regulation: The US Experience*[M]. London：New Left Books，1979.

［6］Amadae，S. M. *Rationalizing Capitalist Democracy: The Cold War Origins of Rational Choice Liberalism*[M]. Chicago. IL：University of Chicago Press，2003.

［7］Anderson，Perry. Edgerton's Britain[J]. *New Left Review*. 2nd series，2021，132：41 - 53.

［8］Anderson，Perry. *English Questions*[M]. London：Verso，1992.

［9］Ascherson，Neal. Scribbles in a storm[J]. *London Review of Books*，2021，43 (7)：3 - 6.

［10］Augar，Philip. *The Death of Gentlemanly Capitalism: The Rise and Fall of London's Investment Banks*[M]. London：Penguin，2001.

［11］Balogh，Thomas. Britain's planning problems［M］. In *Beyond Capitalist Planning*. edited by Stuart Holland，1978：121 - 136. Oxford：Basil Blackwell.

［12］Baraniuk，Chris. Covid-19：How the UK vaccine rollout delivered success，so far [J]. *British Medical Journal*，2021，372 (421)，18 February. DOI：10. 1136/bmj. n421.

［13］Bourne，Jenny. The beatification of Enoch Powell[J]. *Race and Class*，2008，49 (4)：82 - 87. DOI：https://doi. org/10. 1177/0306396808089290.

［14］Bowman，Andrew. An illusion of success：the consequences of British rail privatization[J]. *Accounting Forum*，2015，39 (1)：51 - 63. DOI：https://doi. org/10. 1016/j. accfor. 2014. 10. 001.

［15］Breznitz，Dan. *Innovation in Real Places: Strategies for Prosperity in an Unforgiving World*[M]. New York：Oxford University Press，2021.

［16］Brookshire，Jerry H. *Clement Attlee*［M］. Manchester：Manchester University Press，1995.

［17］Brotherstone，Terry. A contribution to the critique of post-imperial British history：North Sea oil，Scottish nationalism and Thatcherite neoliberalism［M］. In *Flammable Societies: Studies on the Socio-economics of Oil and Gas*. edited by John-

Andrew McNeish and Owen Logan, 2012: 70 - 98. London: Pluto Press.

[18] Brown, Tom. *Tragedy and Challenge: An Inside View of UK Engineering's Decline and the Challenge of the Brexit Economy* [M]. Kibworth Beauchamp: Matador, 2017.

[19] Calder, Angus. *The People's War* [M]. London: Jonathan Cape, 1969.

[20] Carpenter, L. P. Corporatism in Britain, 1930 - 1945 [J]. *Journal of Contemporary History*, 1976, 11 (1): 3 - 25.

[21] Cheng Enfu, and Ding Xiaoqin. Multiple modes of collective and cooperative economy[J]. *Review of Agrarian Studies*, 2012, 2 (1): 129 - 150.

[22] Cheng Enfu, and Hu Leming. The "Chinese Experience" in responding to the global financial and economic crisis[J]. *World Review of Political Economy*, 2010, 1 (3): 375 - 387.

[23] Cheng Enfu. Fundamental characteristics of the socialist market economy [J]. *Nature, Society, and Thought*, 2007, 20 (1): 44 - 51.

[24] Chow, Peter C. Y. Causality between export growth and industrial development: empirical evidence from the NICs[J]. *Journal of Development Economics*, 1987, 26 (1): 55 - 63. DOI: 10. 1016/0304-3878(87)90051 - 4.

[25] Clifton, Judith. Beyond hollowing out: straitjacketing the state [J]. *Political Quarterly*, 2014, 85 (4): 437 - 444. DOI: https://doi. org/10. 1111/1467-923X. 12123.

[26] David Adler, and Dan Breznitz. Reshoring supply chains: A practical policy agenda [J]. *American Affairs*, 2020, 4 (2): 6 - 18.

[27] David J. Cooper, and Keith Robson. Accounting, professions and regulation: Locating the sites of professionalization[J]. *Accounting, Organisations and Society*, 2006, 31 (4 - 5): 415 - 444. DOI: 10. 1016/j. aos. 2006. 03. 003.

[28] Davies, Jonathan S. The hollowing out of local democracy and the 'fatal conceit' of governing without government [J]. *British Journal of Politics and International Relations*, 2000, 2 (3): 414 - 428. DOI: http://dx. doi. org/10. 1111/1467-856X. 00044.

[29] Davies, William. Neoliberalism: a bibliographic review[J]. *Theory Culture & Society*, 2014, 31 (7/8): 309 - 317. DOI: https://doi. org/10. 1177/0263276414546383.

[30] Davis, Christina L. More than just a rich country club: Membership conditionality

and institutional reform in the OECD[D]. Working paper, Princeton University, 2016. Available at: https://scholar. harvard. edu/files/cldavis/files/davis2016b. pdf (accessed on 23 January 2022).

[31] Dore, Ronald. Asian crisis and the future of the Japanese model[M]. In *Financial Liberalization and the Asian Crisis*. edited by Ha-Joon Chang, Gabrial Palma, and D. Hugh Whittaker, 2001: 215 - 236. Basingstoke: Palgrave.

[32] Dore, Ronald. *Stock Market Capitalism: Welfare Capitalism: Japan and Germany versus the Anglo-Saxons*[M]. Oxford: Oxford University Press, 2000.

[33] Due Diligence. Top tips from a master of the UK M&A game[J/OL]. *Financial Time. com* 23 December, 2021. Available at: https://www. ft. com/content/97b57ea6-d513-41aa-9607-cb761e0da4c2 (accessed 30 January 2022).

[34] Edgerton, David. *Britain's War Machine: Weapons, Resources and Experts in the Second World War*[M]. London: Penguin, 2012.

[35] Edgerton, David. *The Rise and Fall of the British Nation: A Twentieth Century History*[M]. London: Allen Lane, 2018.

[36] Edgerton, David. *Warfare State: Britain, 1920 - 1970* [M]. Cambridge: Cambridge University Press, 2006.

[37] Edgerton, David. Why the Left must abandon the myth of British decline[J]. *New Statesman*. 6 October, 2021.

[38] Ellis, Catherine. Letting it slip: the Labour Party and the "mystical halo" of nationalization, 1951 - 1964[J]. *Contemporary British History*, 2012, 26 (1): 47 - 71. DOI: https://doi. org/10. 1080/13619462. 2012. 656386.

[39] Fan, C. Cindy. China's Eleventh Five-Year Plan (2006 - 2010): From "getting rich first" to "common prosperity"[J]. *Eurasian Geography and Economics*, 2006, 47 (6): 708 - 723. DOI: 10. 2747/1538-7216. 47. 6. 708.

[40] Fekete, Liz. Dockers against racism: an interview with Micky Fenn[J]. *Race and Class*, 2016, 58 (1): 55 - 60. DOI: https://doi. org/10. 1177/0306396816643004.

[41] Fieldhouse, David K. The Labour governments and the empire-commonwealth, 1945 - 51[M]. In *The Foreign Policy of the British Labour Governments*. edited by Ritchie Ovendale, 1945 - 1951, 83 - 121. Leicester: Leicester University Press, 1984.

[42] Foroohar, Rana. China's push for prosperity offers lessons[J]. *Financial Times*, 2021, 20 December: 19.

[43] Fraser, Ian. *Shredded: Inside RBS, the Bank That Broke Britain* [M]. Edinburgh: Birlinn, 2014.

[44] Frazer, William. Milton Friedman and Thatcher's monetarist experience[J]. *Journal of Economic Issues*, 1982, 16 (2): 525 – 533.

[45] Gamble, Andrew. *Between Europe and America: The Future of British Politics* [M]. Basingstoke: Palgrave Macmillan, 2003.

[46] Gill, Stephen. Globalisation, market civilisation, and disciplinary neoliberalism [J]. *Millennium: Journal of International Studies*, 1995, 24 (3): 399 – 423.

[47] Goes, Eunice. Wrapped up in the Union Jack: Starmer's patriotic turn[J]. *Renewal: a Journal of Social Democracy*, 2021, 29 (1): 49 – 59.

[48] Harmon, Mark D. *The British Labour Government and the 1976 IMF Crisis*[M]. New York: St. Martin's Press, 1997.

[49] Healey, Denis. *The Time of My Life*[M]. London: Michael Joseph.

[50] He, Ganqiang. Promoting common prosperity through improving ownership relations in China[J]. *In Ternational Critical Thought*, 2012, 2 (2): 156 – 170. DOI: https://doi. org/10. 1080/21598282. 2012. 684279.

[51] Henderson, Ailsa, and Richard Wyn Jones. *Englishness: The Political Force Transforming Britain*[M]. Oxford: Oxford University Press, 2021.

[52] Henry Mance, and George Parker. Watchdog exposes lost PFI billions amid Carillion fallout[J]. *Financial Times*. 18 January, 2018, 3.

[53] Hochuli, Alex. The Brazilianization of the world[J]. *American Affairs*, 2021, 5 (2): 93 – 115.

[54] Holland, Stuart. *Capital Versus the Regions*[M]. London: Macmillan, 1976.

[55] Holland, Stuart. Planning disagreements[J]. In *Beyond Capitalist Planning*. edited by Stuart Holland, 1978: 137 – 161. Oxford: Basil Blackwell.

[56] Holliday, Ian. Is the British state hollowing out? [J]. *Political Quarterly*, 2000, 71 (2): 167 – 176. DOI: https://doi. org/10. 1111/1467-923X. 00291.

[57] Hopkin, Jonathan. When Polanyi met Farage: Market fundamentalism, economic

nationalism, and Britain's exit from the European Union[J]. *British Journal of Politics and International Relations*, 2017, 19 (3): 465 - 478. DOI: 10. 1177/1369148117710894.

[58] Ingham, Geoffrey. *Capitalism Divided? The City and Industry in British Social Development*[M]. Basingstoke: Macmillan, 1984.

[59] Jane Bradley, Selam Gebrekidan, and Allison McCann. Waste, negligence, and cronyism: Inside Britain's pandemic spending[N]. *New York Times*. 17 December, 2020.

[60] Jenkins, Simon. *Thatcher and Sons: A Revolution in Three Acts*[M]. London: Penguin, 2007a.

[61] Jenkins, Simon. Thatcher's legacy[J]. *Political Studies Review*, 2007b, 5 (2): 161 - 174. DOI: 10. 1111/j. 1478-9299. 2007. 00126. x.

[62] Joel Kotkin, and Michael Lind. The reshoring imperative[J]. *American Affairs*, 2021, 5 (4): 35 - 52.

[63] Johnson, Chalmers. *MITI and the Japanese Miracle: The Growth of Industrial Policy, 1925 - 1975*[M]. Stanford, CA: Stanford University Press, 1982.

[64] Johnson, Chalmers. The developmental state: odyssey of a concept[M]. In *The Developmental State*. edited by Meredith Woo-Cumings, 1999: 32 - 60. Ithaca, NY: Cornell University Press.

[65] Jupe, Robert. New Labour, Network Rail, and the third way[J]. *Accounting, Auditing & Accountability Journal*, 2009, 22 (5): 709 - 735. DOI: https://doi. org/10. 1108/09513570910966342.

[66] Keaney, Michael. One world, no more: the past, present, and future of global value chains[J]. *National Accounting Review*, 2021, 3 (1): 1 - 49. DOI: 10. 3934/NAR. 2021001.

[67] COVID-19 in Brazil: So what? [J]. *Lancet*, 2000, 395 (10235): 1461. 9 April. DOI: 10. 1016/S0140-6736(20)31095-3.

[68] Ling, Tom. *The British State Since 1945: An Introduction* [M]. Cambridge: Polity Press, 1998.

[69] MacKinnon, Danny. Regional inequality, regional policy and progressive regionalism[J]. *Soundings*, 2017, 65: 141 - 159.

[70] Maggor, Erez. Scale-up nation: The role of IP-transfer restrictions in Israel's

industrial policy[J]. *American Affairs*, 2021, 5 (4): 19 – 34.

[71] Mancini, Donato Paolo, Hannah Kuchler, Jim Pickard, and Jasmine Cameron-Chileshe. Flagship vaccine plant put up for sale[J]. *Financial Times*. 29 November, 2021: 2.

[72] Mark Landler, and Stephen Castle. With few details, Johnson vows a reshaped U. K. economy[N]. *New York Times*. 7 October, 2021: A9.

[73] Marsh, David, and Sadiya Akram. The Thatcher legacy in perspective[J]. *British Politics*, 2015, 10 (1): 52 – 63. DOI: 10. 1057/bp. 2014. 23.

[74] Martin, Roger L. *When More is Not Better: Overcoming America's Obsession with Economic Efficiency*[M]. Cambridge. MA: Harvard Business Review Press, 2020.

[75] Mazzucato, Mariana. *Mission Economy: A Moonshot Guide to Changing Capitalism*[M]. London: Allen Lane, 2021.

[76] McCann, Philip. Perceptions of regional inequality and the geography of discontent: insights from the UK[J]. *Regional Studies*, 2020, 54 (2): 256 – 267. DOI: https://doi. org/10. 1080/00343404. 2019. 1619928.

[77] McMaster, Robert. Institutional change in UK health and local authorities[J]. *International Journal of Social Economics*, 1999, 26 (12): 1441 – 1454. DOI: https:// doi. org/10. 1108/03068299910241565.

[78] McMaster, Robert. The analysis of welfare state reform: why the "quasi-markets" narrative is descriptively inadequate and misleading[J]. *Journal of Economic Issues*, 2002, 36 (3): 769 – 794. DOI: https://doi. org/10. 1080/00213624. 2002. 11506512.

[79] Merrick, John. Gilding postwar Britain[J]. *New Left Review*, 2nd series, 2020, 122: 161 – 168.

[80] Middlemas, Keith. *Politics in an Industrial Society: The Experience of the British System Since 1911*[M]. London: André Deutsch, 1979.

[81] Mitchell, Peter. *Imperial Nostalgia: How the British Conquered Themselves* [M]. Manchester: Manchester University Press, 2021.

[82] Morgan, Kenneth O. *The People's Peace: British History 1945 – 1989* [M]. Oxford: Oxford University Press, 1990.

[83] Muhammet Kösecik, and Naim Kapucu. Conservative reform of metropolitan

counties: abolition of the GLC and MCCs in retrospect[J]. *Contemporary British History*, 2003, 17 (3): 71 - 94. DOI: 10. 1080/13619460308565452.

[84] Murray, Nancy. Anti-racists and other demons: The press and ideology in Thatcher's Britain[J]. *Race and Class*, 1986, 27 (3): 1 - 19.

[85] Nairn, Tom. *The Enchanted Glass: Britain and its Monarchy*[M]. Updated 2nd ed. London: Verso, 2011.

[86] Oborne, Peter. *The Assault on Truth: Boris Johnson, Donald Trump and the Emergence of a New Moral Barbarism*[M]. London: Simon and Schuster, 2021.

[87] Overbeek, Henk. *Global Capitalism and National Decline: The Thatcher Decade in Perspective*[M]. London: Unwin Hyman, 1990.

[88] Patterson, A. , and P. L. Pinch. "Hollowing out"the local state: compulsory competitive tendering and the restructuring of British public sector services[J]. *Environment and Planning A*, 1995, 27: 1437 - 1461. DOI: https://doi. org/10. 1068/a271437.

[89] Paxman, Jeremy. *The English*[M]. London: Penguin, 2007.

[90] Peter Hennessy, ed. . *Cabinets and the Bomb*[M]. Oxford: Oxford University Press/British Academy, 2007.

[91] P. J. Cain, and A. G. Hopkins. Afterword[M]. In Raymond E. Dumett. *Gentlemanly Capitalism and British Imperialism: The New Debate on Empire*. 1999: 196 - 220. London: Routledge.

[92] Pollard, Sidney. *The Wasting of the British Economy*[M]. Beckenham: Croom Helm, 1982.

[93] Pollock, Allyson, and David Price. The private finance initiative: the gift that goes on taking[J]. *British Medical Journal*, 2010, 341 (18 - 25 December): 341 - 342. DOI: 10. 1136/bmj. c7175.

[94] Ramsay, Robin. *Prawn Cocktail Party: The Hidden Power Behind New Labour* [M]. London: Vision Paperbacks, 1998.

[95] Rhodes, R. A. W. The hollowing out of the state: the changing nature of public service in Britain[J]. *Political Quarterly*, 1994, 65 (2): 138 - 151. DOI: https://doi. org/ 10. 1111/j. 1467-923X. 1994. tb00441. x.

[96] Rhodes, R. A. W. The new governance: governing without government[J].

Political Studies，1996，44（4）：652 – 667. DOI：10. 1111/j. 1467-9248. 1996. tb01747. x.

［97］Robert Jupe， and Warwick Funnell. Neoliberalism， consultants and the privatization of public policy formulation：The case of Britain's rail industry［J］. *Critical Perspectives on Accounting*，2015，29（1）：65 – 85. DOI：10. 1016/j. cpa. 2015. 02. 001.

［98］Self，Robert. *Neville Chamberlain: A Biography*［M］. London：Routledge，2006.

［99］Sewell，W. R. Derrick，and Lorna R. Barr. Evolution in the British institutional framework for water management［J］. *Natural Resources Journal*，1977，17（3）：395 – 413.

［100］Sherry，Michael S. *In the Shadow of War: The United States Since the 1930s*［M］. New Haven，CT：Yale University Press，1995.

［101］Shilliam，Robbie. Enoch Powell：Britain's first neoliberal politician［J］. *New Political Economy*，2021，26（2）：239 – 249. DOI：https：//doi. org/10. 1080/13563467. 2020. 1841140.

［102］Shonfield，Andrew. *British Economic Policy Since the War*［M］. Harmondsworth：Penguin，1958.

［103］Shrimsley，Robert. Johnson is mired in contempt and carelessness［J］. *Financial Times*. 9 December，2021a：17.

［104］Shrimsley，Robert. Tory Omicron rebels ignore changed reality［J］. *Financial Times*. 16 December，2021b：19.

［105］Shrimsley，Robert. Tories wonder what happened to Brexit vision［J］. *Financial Times*. 6 January，2022：17.

［106］Smith，David. *North and South: Britain's Economic，Social and Political Divide*［M］. Harmondsworth：Penguin，1989.

［107］Sobolewska，Maria，and Robert Ford. Brexit and Britain's culture wars［J］. *Political Insight*，2020，11（1）：4 – 7. DOI：10. 1177/2041905820911738.

［108］Stapleton，J.. Sir Arthur Bryant as a 20th-century Victorian［J］. *History of European Ideas*，2004，30（2）：217 – 240. DOI：10. 1016/j. histeuroideas. 2004. 03. 003.

［109］Stevenson，Simon. The abnormal performance of UK utility privatisations［J］. *Studies in Economics and Finance*，2006，23（3）：164 – 184. DOI：10. 1108/10867370610 711020.

[110] Stiglitz, Joseph E. *Globalization and its Discontents*[M]. New York: W. W. Norton & Company, 2002.

[111] Storey, John. *Management Prerogative and the Question of Control*[M]. London: Routledge and Kegan Paul, 1983.

[112] Stuart Holland, ed.. *The State as Entrepreneur: New Dimensions for Public Enterprise: The IRI State Shareholding Formula*[M]. London: Weidenfeld and Nicolson, 1972.

[113] Taylor, Andrew. Hollowing out or filling in? Taskforces and the management of cross-cutting issues in British government[J]. *British Journal of Politics and International Relations*, 2000, 2 (1): 46 – 71. DOI: https://doi. org/10. 1111/1467-856X. 00024.

[114] Thomas, Daniel, and George Parker. Kwarteng pushes free-market strategy[J]. *Financial Times*. 10 August, 2021: 2.

[115] Thomas, Helen. A long-term strategy is sorely needed for business and industry [J]. *Financial Times*. 9 March, 2021: 12.

[116] Thornhill, John. The scramble for semiconductors is our era's industrial Great Game[J]. *Financial Times*. 28 January, 2022: 17.

[117] Thurbon, Elizabeth. *Developmental Mindset: The Revival of Financial Activism in South Korea*[M]. Ithaca, NY: Cornell University Press, 2016.

[118] Tilly, Charles. *Coercion, Capital, and European States, A. D. 990 – 1990* [M]. Cambridge, MA: Basil Blackwell, 1990.

[119] Timothy, Nick. *Remaking One Nation: The Future of Conservatism* [M]. Cambridge: Polity Press, 2020.

[120] Toye, Richard. The gentleman in Whitehall' reconsidered: The evolution of Douglas Jay's views on economic planning and consumer choice, 1937 – 47[J]. *Labour History Review*, 2002, 67 (2): 187 – 204. DOI: https://doi. org/10. 3828/lhr. 67. 2. 187.

[121] Van Kerckhoven, Sven. Post-Brexit leadership in European finance[J]. *Politics and Governance*, 2021, 9 (1): 59 – 68. DOI: https://doi. org/10. 17645/pag. v9i1. 3705.

[122] Vickers, Rhiannon. *Manipulating Hegemony: State Power, Labour and the Marshall Plan in Britain*[M]. Basingstoke: Macmillan, 2000.

[123] Wainwright, Martin. The great drought of 1976[J/OL]. *The Guardian*, 17

May, 2006. Available at: https://www. theguardian. com/environment/2006/may/17/water. ethicalliving (accessed 6 January 2022).

[124] Walker, Gavin. *The Sublime Perversion of Capital: Marxist Theory and the Politics of History in Modern Japan* [M]. New Durham, NC: Duke University Press, 2016.

[125] Whittaker, D. Hugh, Timothy J. Sturgeon, Toshie Okita, and Tianbiao Zhu. *Compressed Development: Time and Timing in Economic and Social Development* [M]. Oxford: Oxford University Press, 2020.

[126] William Lazonick, and Jang-Sup Shin. *Predatory Value Extraction: How the Looting of the Business Corporation Became the U.S. Norm and How Sustainable Prosperity Can Be Restored* [M]. Oxford: Oxford University Press, 2020.

[127] Wolmar, Christian. *On the Wrong Line: How Ideology and Incompetence Wrecked Britain's Railways* [M]. London: Aurum Press, 2005.

[128] Wylie, Bob. *Bandit Capitalism: Carillion and the Corruption of the British State* [M]. Edinburgh: Birlinn, 2020.

[129] Zebel, Sydney H. Joseph Chamberlain and the genesis of tariff reform [J]. *Journal of British Studies*, 1967, 7 (1): 131 – 157.

中国的发展模式

——反思斯里兰卡的经济增长道路

［斯里兰卡］W. D. 拉克希曼　［斯里兰卡］肯尼斯·德齐尔瓦*

吴茜**

一、概述

在过去 50 年里,中国经济取得了举世震惊的巨大飞跃:中国过去 50 年的年均 GDP 增长率达到了惊人的 9.08%,中国政府使 4 亿贫困人口摆脱贫困,基础设施发生了翻天覆地的变化,进而改变了 50 年的经济格局,这绝不是一项小工程(Yan,2014)。除中国外没有任何一种国家经济模式敢声称有如此巨大的成就,以及根本上改善了人民群众的生活条件。从发展经济学的角度来看,东亚模式一直是一种引人关注的模式,因为它见证了对西方新古典学派所支持的传统均衡模式的突破。并且,中国的经济增长模式也仅仅是这个成功故事的开端,这一点是最重要的。1978 年以来,中国成功地进行了经济发展模式的转型,从此再也没有回头,因为它在社会主义制度里包容了市场经济原则的内容。中国"发展奇迹"经历了从毛泽东到邓小平再到今天的习近平的各项经济政策演化,从更广泛的政治经济学角度出发,程恩富和丁晓钦近来归纳了中国共产党

　　* 作者:W. D. 拉克希曼(W. D. Lakshman),现任斯里兰卡中央银行行长,科隆博大学名誉教授;肯尼斯·德齐尔瓦(Kenneth De Zilaw),斯里兰卡政府美元债券发行全球咨询团队成员,曾任斯里兰卡外汇协会主席,现任斯里兰卡中央银行金融系统稳定咨询委员会主席。
　　** 译者:吴茜,厦门大学马克思主义学院副教授、博士。

领导人重塑这一模式所遵循的八项原则(Cheng and Ding,2017)。中国经济发展模式所坚持的核心原则包括：一是解放和发展生产力，以科技引领不断创新；二是以生产为导向，改善民生；三是公有制在国家财产权中占据优先地位；四是劳动在财富分配中占据首要地位；五是由国家引导和干预市场，以避免资本主义生产的无政府状态，并且生产系统中的劳动成果实行社会共享；六是高效能的快速开发；七是结构协调的均衡发展；八是坚持经济主权与对外开放。

自 20 世纪 70 年代后期以来，在中国共产党的指导下持续进行的务实的政策改革和选择性的部门开放，重点是建立市场关系和改革原来继承的计划经济体制的生产力基础。生产力发展以科技引领创新为导向，并得到高度集中的发展银行部门的支持，主要是由大型国有企业(SOE)和较小的城镇企业(TVE)组织生产。始于 1976 年的经济模式转型过程确保了这个曾经以农业为主和非常贫困的国家正常运行，并且即将成为一个超越发达资本主义国家经济体的现代化经济体，这凸显了中国式经济发展模式的有效性。文中提到的八项核心原则也被称为"中国特色社会主义政治经济学"的基本原则。

在敌对性质的世界资本主义体系中，能否成功建立一个社会主义国家，这是社会主义早期历史上一个激烈争论的问题。约瑟夫·斯大林(Joseph Stalin)提出了一国能够建成社会主义的理论，并将其作为苏联的国家政策。苏联如何尝试在一国内建成社会主义并最终放弃这个目标，现在已成为众所周知的社会主义史的一部分。或许中国从苏联这段历史中吸取了教训，中国通过各种政策实验，独立挑战了许多理论流派和理论家的观点，取得了 21 世纪震惊世界的经济改革成就。这与斯里兰卡等国被迫采用的"华盛顿共识"发展模式不同，中国所采取的"北京共识"使国家主导的市场经济模式消除贫困，同时促进了中国经济快速发展。

2021 年我们站在斯里兰卡的立场上撰稿，作为一个具有丰富经验的出版刊物，出版记录了中国马克思主义传统学者的贡献。我们在这篇文章中的阐述将把斯里兰卡带入研究视域。我们认为，尽管两国现在从许多角度来看根本没有可比性，但对比 1950 年前后斯里兰卡与中国的经济发展经验，对任何严肃的关于发展的对话都可以提供有益的经验和教训。

本文力求突出三个主要讨论点：首先，比较斯里兰卡和中国的经济成就；其次，探讨资本主义与两国的发展模式框架；最后，总结中国可以提供的发展经验，以供斯里兰卡等发展中国家借鉴。

二、跨国比较

被比较的这两个国家在几乎所有可能的方面——人口规模、土地面积、历史、社会经济结构、文化多样性程度、在国际政治关系中的地位等都没有可比性。然而，可以使用"发展政策和政策实施"等关键词来进行两国之间的对比，仔细考虑两国在政策及其实践方面的相同点或差异性，可能具有启发性和教育意义。

"中华人民共和国是在半封建半殖民地社会中建立和发展起来的，长期的帝国主义掠夺和战争导致了中国的极度贫困和衰弱"（Cheng and Hu，2010：376）。如果这句话解释了 20 世纪 40 年代末中国的社会经济状况，那么它也同样有效地解释了斯里兰卡的当代状况。当时斯里兰卡的种植业经济有所不同，其产品受到世界市场的强劲需求。值得记住的是，尽管斯里兰卡规模很小，但当时他们的对外关系管理者非常有能力（1950 年），与中国政府进行谈判达成一项"大米橡胶协议"，即用斯里兰卡橡胶换中国大米，这项协议对两国都是有益的，并且在相当长的一段时间内一直是斯里兰卡对外贸易合同的主要组成部分。

毫无疑问，当时可用的数据以现在的标准来衡量是微不足道的，表明斯里兰卡曾经比中国更"发达"（见表 1）。这主要是按美元计算的人均收入，当然，这是一种有缺陷的衡量标准。在此基础上，斯里兰卡在第二次世界大战结束后的 25 年里显然比表 1 所列的南亚邻国有更高的经济发展水平。1960 年后，几个东亚和东南亚国家的人均收入已超过斯里兰卡，但在第二次世界大战结束后一段时间内，斯里兰卡的人均收入几乎高于除日本以外的整个亚洲国家。就本文所研究的中国和斯里兰卡这两个国家而言，后者在战后至 1980 年的人均收入水平均高于前者。在 1948—2020 年的漫长时间里，除了两年（2001 年为

—1.5%,2020 年为—3.6%)外,斯里兰卡经济在实际 GDP 方面一直保持正增长,尽管在大多数年份每年低于 5%,并且仅在 5 年内达到或超过 8%的高增长率(1968 年和 1978 年为 8.2%,2010 年为 8%,2011 年为 8.4%,2012 年为9.1%)。就像战后世界的许多成功增长案例那样,斯里兰卡也没有能在超过 5 年的经济增长期里继续表现出持续的高增长率。尽管与亚洲邻国相比,斯里兰卡在战后初期享有相对较高的经济地位,但在经济发展竞赛中却被一些亚洲国家超越了。

表 1   20 世纪 60 年代斯里兰卡和部分亚洲国家的人均收入

单位:美元

国　　家	1960 年	1965 年	1967 年
孟加拉国	89	107	135
中国	90	98	100
印度	82	119	108
日本	479	920	1 669
韩国	158	109	243
马来西亚	235	310	347
巴基斯坦	83	116	153
新加坡	428	517	813
斯里兰卡	143	153	187

资料来源:世界银行数据库。

因此,即使经过 70 年的主权政策制定,斯里兰卡在 2020 年的人均收入水平也仍为 3 682 美元(见表 2)。将其经济发展成就与新加坡、日本和韩国等国进行比较是一件很有启发性的事情。新加坡、日本和韩国是亚洲战后三个增长速度最快的成功国家。从战后早期与斯里兰卡相当的水平开始,这三个国家均比斯里兰卡"富裕"(见表 1),除韩国 1965 年低于斯里兰卡。中国的人均收入即使在 1990 年也仍低于斯里兰卡,自 20 世纪 90 年代以后经济增长迅速,平均收入水平达到斯里兰卡的 2 倍以上(见表 2)。因此,不可否认,也不可忽视的是,中国和东亚经济体采取了比斯里兰卡更具凝聚力的经济发展模式和以制造业和工业化为重点的经济政策框架。

表 2 1960—2020 年斯里兰卡与三个亚洲国家的人均收入比较

国　　家	1960 年	1980 年	1990 年	2000 年	2010 年	2020 年
人均($)						
中国(CH)	90	195	318	959	4 550	10 499
韩国(K)	158	1 715	6 610	12 257	23 087	34 186
马来西亚(ML)	235	1 775	2 442	4 044	9 041	10 192
斯里兰卡(SL)	143	268	464	870	2 800	3 682
比率(%)						
SL/ CH	159	137	146	91	62	35
SL/K	91	16	7	7	12	11
SL/ML	61	15	19	22	31	36

资料来源:世界银行数据库。

中国与许多西亚和东亚经济体一样,将庞大的农业基础转向城市化管理,并采取措施规划其工业化进程。相比之下,斯里兰卡自 1977 年以来就排斥私人或市场经济。在没有建立国内生产基础的情况下,它试图转向国外。它的运作没有明确的目的,没有将国家资本和私人资本结合起来,且未能实现高水平的生产力和生产效率。

三、中国与斯里兰卡的发展模式比较

第二次世界大战后,斯里兰卡和中国相隔一年开始进入经济现代化进程。中国于 1949 年新民主主义革命胜利后;斯里兰卡于 1948 年在政治上从英国殖民统治下独立,又称锡兰。后者自诩为非殖民化国家,且拥有大量外汇储备和

合理的社会发展指标(Kelegama，2006)，而中国因内战、日本侵华战争和经济禁运的原因而经济落后、凋敝。在此后的 70 年里，斯里兰卡和中国发展了经济和外交关系。从 1952 年的易货协定开始，斯里兰卡的橡胶与中国的大米进行易货贸易，两国于 1957 年建立外交关系。随后斯里兰卡发生政权更迭，两国之间的国家关系时好时坏，但在过去 25 年左右的时间里变得更加紧密。两国关系扩展到贸易、投资和文化交流。同时，两国继续采用不同的经济发展模式，取得的经济社会发展成果也各不相同(人均国内生产总值的差异见表 2)。

差异明显是由许多因素造成的，笔者不打算详细讨论。这里重点讨论的是每个发展模式采用的不同方法、意识形态及融资结构。斯里兰卡执政党的定期更替将资本主义和社会主义结合的实践成果未在政治文化中表现出来。相比之下，中国的发展模式将中国的文化特色融入其所采用的中国特色社会主义市场经济发展模式，从而引导该国快速发展。斯里兰卡的资本主义也有国有企业与私营企业合作，并有一定程度的计划，但始终无法实现中国政策的一致性。中国所有关键经济部门都是国有的，并以极高的生产率进行管理。1949 年，在毛泽东的领导下，中国开始关注"中国版马克思主义"(O'Connell，1977)，影响了世界共产主义运动本身。然后，斯里兰卡共产党在这一时期分裂为苏联派系和中国派系。

中国模式有时被称为"北京共识"(Zhang，2011)，而不是众所周知的"华盛顿共识"。这说明需要一种独特的方法来适应中国独特的内部特征以及现有的优势和机会(O'Connell，1977；Cheng，2012)。它采取了一种务实的方法，通过不断地监测外部条件，改变政策和计划以应对环境变化，并采取适当的战略来应对新出现的情况(Leonard，2006；Cheng，2012)。基于这种务实的模式，中国保持对经济未来发展方向的计划和控制，同时有选择地开放经济部门，努力分散投资并激励当地企业增加产出。随着条件的变化，生产活动计划的重点发生了变化，首先关注轻工业(Lu and Zhang，2020)，后来关注更复杂的工业活动。国家计划的要素被市场机制所取代。然而，前一个时代建立的重工业和国有企业帮助了乡镇企业(TVE)的供给侧，直到 20 世纪 90 年代，乡镇企业才成为制造业增长的强大引擎(Cheng,2012;Pan,2015)。自 20 世纪 70 年代至 2011 年,中国经济加速增长,平均每年增长 9.5%(世界银行数据,2021),这与国内高储蓄率(由企业利润提供)相匹配,如图 1 所示。因为公司扩大生产,所以固定资本总额增加,如图 2 所示。

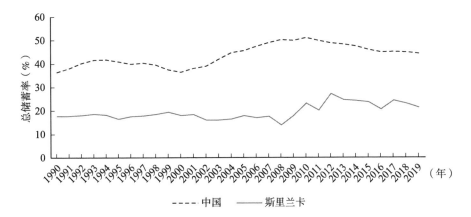

图 1　1990—2019 年斯里兰卡和中国的国内储蓄总额占 GDP 百分比

注:国内储蓄率即国内储蓄总额占国内生产总值(GDP)的百分比。
资料来源:世界银行数据库。

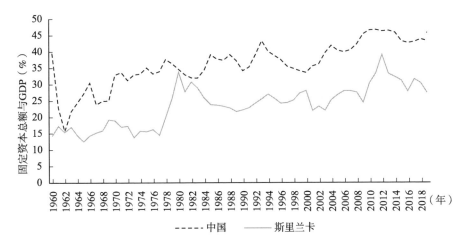

图 2　1960—2018 年斯里兰卡和中国的固定资本总额占 GDP 的百分比

资料来源:世界银行数据库。

斯里兰卡在 20 世纪 60 年代开始沿着与中国相似的道路前进,即专注于国内经济生产和工业化。然而,与中国不同的是,斯里兰卡在 1977 年放弃了对农业和工业增长的关注,转向经济自由化的一揽子自由市场政策,这种经济战略和发展模式对国内产业产生了重大的不利影响。早在斯里兰卡实现强大的国内农业和制造业生产基地之前,以贸易为主导的服务业在相对意义上已经开始扩大。贸易逆差和国际收支经常项目逆差成为斯里兰卡长期存在的问题,使该国处于不利地位,其外债从 1977 年占 GDP 的 21% 翻了一番,在短短十年内达到了 71%。在此期间,由于自由化政策,该比例未能恢复到 1977 年自由化改革之前的低比例,因此储备也从 1977 年进口覆盖的 5.9 个月的高位下降到 1987 年的 3.5 个月。随着 1977 年之后国际货币基金组织和世界银行成为斯里兰卡经济发展政策建议的来源,直到 2019 年宣布政策终止,斯里兰卡失去了"盈利时代"和政策独立性。新自由主义教条在不同时期内容略有不同,它一旦成为经济政策的基础,就会导致贸易和经常账户赤字与预算赤字并存的双重赤字,使一国经济难以为继。

四、马克思主义生产经济学与国际货币基金组织结构调整理论的比较

1949 年后,中华人民共和国在相对"封闭经济"的背景下,开始走以国内储蓄为主的重建农业现代化和工业化道路。大多数土地、工厂和银行被国有化,在中国共产党领导下进行计划生产。1976 年后,苏联计划经济体制逐渐被淘汰。1978 年,改革开放政策逐步引入市场力量,以确保在中国出现一个没有破坏性和具有竞争力的制造业。尽管邓小平时期比毛泽东时期更加强调开放市场和国际贸易,但中国经济仍然以国家为导向,以国有企业为主导,成为中国经济增长的催化剂(Li and Farrell,2020)。

中国从 1976 年开始为经济战略部门提供资金创建了专门的开发银行,包括基础设施、农业、能源和建筑(Chen and Vinson,2016)。1978 年后中国向"市场改革开放"转型,毛泽东时代后,中国的经济和社会制度一直以马克思主义理论为指导,以正式的国家意识形态为基础,是讨论所有制经济问题的话语体系。

这一政策的关键是利用国有企业为主导进行有效的经济活动,利用这些企业生产公共产品,并指导资源配置模式。

然而,马克思主义被认为在现代学术领域和发展理论中的指导性是有限的。当在这些圈子里被强调时,它被认为是一个不可行的理论框架,无法在实践中采用。然而,与此形成鲜明对比的是,中国领导人和经济分析人士反驳了这一观点。斯里兰卡从英国统治下获得独立,从 1948 年开始试验自己的经济意识形态和政策思维。人们关心的是保持独立前条件的连续性。一些规划工作是在独立几年后进行的,这里指的是 1951—1957 年的六年发展计划。除了该方案是政府支出规划的一项工作外,它是根据世界银行代表团(世界银行,1952 年)的建议编制的,并非真正来自国内。该方案的基本部门优先事项是农业自给自足,提高制造业的附加值没有受到重视。在斯里兰卡,任何经济分析中都没有从马克思主义思想中吸取经验,因为学校和大学课程没有提供任何学习马克思主义经济学说的机会。正如前面所提到的,斯里兰卡人对马克思主义思想的接触并不是马克思主义所提到的资本主义促进生产力发展的具有进步意义的一面,而是它的剥削性质的另一面。所有这些因素的结合是,斯里兰卡在发展生产经济方面没有进行试验,在 1948 年独立后至少十五年没有看到任何工业化努力。这无疑也有政治领导层缺乏独立思考的原因,一些政治家和部分国内资产阶级在进口替代基础上促进工业化的早期步骤,在 1977 年由国际金融机构指导和监督的自由化实践中被迫放弃了。国际货币基金组织和世界银行等多边组织在斯里兰卡政策制定中发挥了重大影响——自 1950 年以来的世界银行和自 1965 年以来的国际货币基金组织都受到严格审核(Lakshman,1985)。在 20 世纪 80 年代之后的这段时间里,促进发展的经济政策受到国际货币基金组织的强烈影响,斯里兰卡接受了新自由主义“结构调整机制”(SAF,1989—1992)和“扩展结构调整机制”(ESAF,1992—1994),继续推行自由化和全球化政策,财政与预算、货币政策,以及与贸易和外汇政策相关的措施(Lakshman,2010:248)。这些措施在所谓的“华盛顿共识”“一揽子计划”中常见。斯里兰卡的政策框架文件(PFP)是与华盛顿机构合作编写的,以指导政府在这些国际货币基金组织项目下的政策行动。

在国际货币基金组织和世界银行的指导下进行的"结构调整"侧重于贸易和交换,而不是国内制造业。在这个过程中,资源的分配采取了一种类似消费的模式,即在生产力发展之前促进消费,以增加收入来支付消费增长。在当时实行的民主选举制度中,这对那些致力于在五年选举周期中赢得选票的政府来说是可以接受的。通过劳工运动,马克思主义在斯里兰卡的影响是进一步推动这种消费偏见的政策,并发展反生产力的劳动实践——再一次在建立健全的生产基础之前促进消费。与中国形成进一步对比的是,斯里兰卡在20世纪60年代和70年代发展起来的大规模国有企业没有被用来实现盈余以进一步积累社会财富。

五、开发银行

从某些角度来看,中国成功事例的标志是对国家开发银行体系的重视。开发银行为基础设施建设和国家重要的农业和制造业提供了负担得起的长期信贷,同时确保了可持续发展和债务管理(Farrell and Li,2020)。在新中国成立的前三十年里,总共只有一家银行,即中国人民银行(PBOC),它既是一家商业银行,也是一家政策性银行。这形成了中央集权和金融调控条件(Chen and Vinson,2016)。自1979年以来,建立了更多的银行系统,从而为该国的发展进程提供了必要的融资支持。

近几十年来,中国一直在为国内和世界其他几个国家的基础设施项目提供大规模融资,用于建设高速公路、铁路、桥梁、发电厂和港口。这种基础设施投资热潮可以看作国家主导发展模式的典型案例,但它也有一个经常被忽视的"市场"因素。为这些项目提供资金的是中国的政策性银行。一项针对中国开发银行的研究强调了这些银行为中国的基础设施提供投资的动机和理由。中国开发银行的事例还展示了国家与市场关系如何反映在银行的运营模式中,并提出一种不同于西方工业化国家所采用的替代性发展融资机制。

这些开发银行发挥了筹资、国内借贷和国际借贷的作用。世界最大的开发银行——中国国家开发银行(CDB)尤其如此,将中国的政策性银行与其海外同行以及自身的过去进行比较,人们会发现中国的开发性金融出人意料地以市场为基础。这也表明,市场手段可以用来实现国家目标,国家和市场是可以相互支撑的。中国国家开发银行已经脱离了传统的基础设施融资方式,即国家在其中直接发挥财政分配的作用,此外,它展示了国家的另一种间接作用,即提高项目的信誉,从而使市场机制发挥作用。这种"国家支持、市场为基础"的模式能够为基础设施项目提供融资,如果二者分开实施的话,既不是政府财政收入负担得起的,也不对市场资本有吸引力的。这就为发展中国家面临的一个长期问题提供了方法,即在"国家"和"市场"都无法提供足够资本的情况下,如何更有效地为基础设施融资。

1979 年实施的改革将中国人民银行的部分职能拆分给三个不同的政策实体:中国农业银行(ABC)、中国银行(BOC)和中国人民建设银行(PCBC)(Chen and Vinson,2016)。此举将专业化引入现代中国银行体系,其中农业银行专注于农业,中国银行专注于外汇和国际业务,而中国人民建设银行则专注于基础设施建设。1983 年,中国人民银行被正式指定为国家中央银行,负责监管国家的初级银行体系,到 1984 年,中国人民银行的商业职能转移到中国工商银行(Chen and Vinson,2016)。银行业的下一轮发展是在 20 世纪 90 年代,当时著名的政策性银行如国家开发银行(CDB)、中国进出口银行(CEXIM)和中国农业发展银行(ADBC)相继成立(Chen and Vinson,2016)。尽管发生了这些变化,但是中国政府继续在银行业发挥重要作用,同时银行业正在逐步向外国竞争开放。为了管理商业周期,理顺现金流,国家继续向需要资产负债表重组的国有实体提供贷款,同时根据中国共产党的总体愿景推动对重要基础设施项目提供贷款。

随着锡兰发展金融公司(DFCC)的成立,斯里兰卡与中国早在 20 世纪 50 年代就开始发展银行业务。这是 1955 年根据议会法案成立的。成立锡兰发展金融公司的提议是世界银行第一个斯里兰卡代表团于 1952 年访问中国时提出的。然而,1956 年,锡兰发展金融公司成为第一家在科伦坡经纪人协会(相当于目前的科伦坡证券交易所)上市的银行,从而结束了其发展银行业的历程。股东利润成为其关注的焦点,资产负债表被用于贸易融资,而不是长期资本形成。随后在1979年成立了国家开发银行,以填补锡兰发展金融公司退出开发银行领域所造成的空白。然而,这也失败了,随着斯里兰卡采取新自由主义政策,该银行被私有化,终结了开发银行的支柱。锡兰发展金融公司被私有化了。因此,作为斯里兰卡采取的新自由主义政策的一部分,开发银行在斯里兰卡的试验最终通过了私有化过程。

六、中国经验给斯里兰卡的启示

客观上看,资本主义无疑具有技术创新和技术发展的推动力。但资本主义的这些发展是在商业周期的条件下发生的,这是资本主义发展中的长期问题。与许多西方和东亚经济体一样,中国在管理其庞大的农业基础方面已经转向内部,详细规划其工业化进程。相比之下,斯里兰卡从1977年开始走私人资本主义或市场资本主义道路,在没有建立国内生产基地的情况下,试图转向外部。它没有明确地将国家和私人资本主义结合起来,从而未能达到高水平的生产力和生产效率。

斯里兰卡继续偏离成熟的东亚或中国发展模式,在经济发展方面陷入低标准的模式。六十多年来,其平均GDP增长率不到4%。几十年来,几乎每个像斯里兰卡这样接受所谓"华盛顿共识"的发展中国家都发生了此类情况。后来成为独立学者的前世界银行经济学家斯蒂格利茨(Stieglitz, 2002)批评了新自由主义政策的破坏性。他的批评要点是,自由放任和"涓滴"经济政策的新自由主义具有破坏性,只会使穷国变得更加贫穷。

参 考 文 献

[1] *Alpha Hostory*. (n. d.). Retrieved 04 - 30, 2021, from The First Five Year Plan: https://alphahistory.com/chineserevolution/firstfive-year-plan/.

［2］Athukorala，P. C.，& Jayasuriya，S. Macroeconomic Policies，Crises，and Growth in Sri Lanka. 1969－1990［J］. *World Bank-Comparative Studies* (1994).

［3］H. J. Chang. Economic History of the Developed World：Lessons for Africa［J］. *The lecture delivered in the Eminent Speakers Program of the African Development Bank* (2009).

［4］H. J. Chang. *Kicking Away the Ladder—Development Strategy in Historical Perspective*［M］. London：Anthem Press，2002.

［5］H. J. Chang. *Why Developing Countries Need Tariffs—How WTO NAMA Negociations could deny Developing countries right to the future*［M］. Oxfam International，2005.

［6］Cheng E.. Seven Currents of Social Thought and Their Development in Conteprory China with a Focus of Innovative Marxism［J］. *The Marxists* ⅩⅩⅧ，4 Dec，2012.

［7］Chen Muyang. *Between State and Market: China's Development Banking in Comparative Perspective*［D］. A dissertation in partial fulfilment of Ph. D. requirements. University of Washington，2018.

［8］M. Das. Did Ireland Succeed & Greece Fail? A Modern Money Approach［J］. *Senior Projects Spring Bard College*，2016：235.

［9］Cheng Enfu，Chan Zhai. China as a "Quasi center in the world economic system—developing a new center"［J］. *Chinese Academy of Social Sciences*，2020.

［10］Joseph E. Stiglitz. *Globalization and Its Discontents*［M］. New York：W. W. Norton，2002.

［11］A. Krawczyk. Jan. Marxist Theories of Idealogy in Contemporary China—The Pioneering work of Yu Wuijin［J］. *Asain Studies*，2019.

［12］W. D. Lakshman. The IMF-World BankIntervention in Sri Lanka：Historical Trends and Patterns［J］. *Social Scioentist*，1985：3－29.

［13］P. Li. Localization of Marxism in China：History，Theory and the Challenge［J］. *Journal of Politics and Law*. Vol. 11，2018，No. 4.

［14］K. Marx. Chapter Four：The General Formula for Capital—Part II：The Transformation of Money into Capital［J］. In *Capital Volume One* 2008 (1887).

［15］H. Nicholas. *Sri Lanka Development Journey*［EB/OL］. Retrieved from https://www.youtube.com/watch? v=jM1aw7Riacw&ab_channel=SriLankaInc.

[16] M. J. O'Connell. *China as a Model of Development* [M]. New York: Obris books, 1977.

[17] J. Schumpeter. *Capitalism, Socialism, and Democracy* [M]. New York: Harper & Row, 1942.

[18] Shaomin Le and Matthew Farrell. The Emergence of China Inc Behinda and Beyond the Trade War[J]. *Research Gate*, May 2020.

[19] A. J. So. The Chinese Model of Development: Chracteristics, Interpretations, Implications[J]. *Persepetctive on global development & technology*, 2014.

[20] R. Ware. Reflections on Chinese Marxism[J]. *Socialism and Democracy*, 2013.

[21] Word Bank. *The Economic Development of Ceylon* [M]. Baltimore: Johns Hopkins Press, 1953.

[22] S. Yan. *China is poised to report its slowest growth since the financial crisis* (2014). Retrieved May 7th, 2021.

中美对抗与新的世界秩序

——虚假的科技战争

[墨西哥] 米格尔·安赫尔·里维拉·里奥斯

[墨西哥] 奥斯卡·丹尼尔·阿劳霍·洛雷多

[墨西哥] 何塞·本杰明·卢哈诺·洛佩斯[*]

符豪[**]

一、引言

2017 年以来,美国政府针对中国展开一系列行动,拉开了科技战的序幕。美方大幅度限制技术转让,禁止中国企业在美国开展业务,同时要求美国企业做出承诺减少在中国的经贸活动。

大部分媒体、分析师和观察员提出了对这次冲突的多种"解释",推测了美国政府做出反应的必然性(Boustany and Friedberg,2019;Lim,2019;Kennedy and Lim,2018)。但人们也认为此次半官方性质的冲突存在一些反常之处。一方面,按照历史经验分析,假定贸易战和科技战的目的在于从竞争对手手中赢得市场、赚取利益,但此次冲突中美国的大企业基本对政府的行为持怀疑或反对态度(Mitchell,2020)。这表明对于美国公司,尤其是全球化的

* 作者:米格尔·安赫尔·里维拉·里奥斯(Miguel Ángel Rivera Rios),墨西哥国立自治大学经济系教授;奥斯卡·丹尼尔·阿劳霍·洛雷多(Oscar Daniel Araujo Loredo),墨西哥国立自治大学发展经济学和世界经济格局系教授;何塞·本杰明·卢哈诺·洛佩斯(José Benjamín Lujano López),墨西哥国立自治大学政治经济学专业博士。

** 译者:符豪,上海财经大学马克思主义学院讲师,研究方向国外马克思主义理论。

大企业来说,中国不是竞争对手而是贸易伙伴,所以至少从眼前利益来看这次冲突让他们感觉有些奇怪。

另一方面,中国采取了一种国际合作和相互依赖的发展模式,这既是出于必要,也是出于战略考虑。这种相互依赖使中国公司在经济上与美国企业和其他国家联系在一起。因此,技术竞争并不是这种关系(中美)的合理推论。

根据我们的假设,美国政府开启与中国的对抗是因为前者认为这一亚洲国家在世界范围内日益崛起的影响力将违逆美国的霸权利益。美国政府的这一战略遭到国内资本家的抵制,同时美国作为全球秩序供应者的能力也受到削弱。中国的影响不仅体现在经济领域,在政治和文化方面同样显著,代表了替代西方盛行的新自由主义和个人主义信条的一种新选择。当下全球生产停滞,发达国家社会问题严峻,这些都被美国智库认定为对中国有利的"弱点",因此对中国采取了激进的行为。

我们需要补充的是,这种激进的转变反映了一个认知,即美国倡导的世界秩序的轴心——所谓的市场规律,已功能性失调。秉持着"历史终结论"和"无疆界世界"的论调,中心国家的智囊们提出的观点令人难以理解,他们认为中国在向新自由主义政权过渡,所以对跨国资本的开放将由外国势力掌控(Philippon,2019)。尽管这一准则对世界多个国家奏效,但在中国自主的工业体系和独立的制度框架下,它不再可行。在历史学家尼尔·弗格森(Niall Ferguson,2012)称为"西方制度大衰退"的影响下,中国经济在全球停滞的背景中发生了猛然觉醒。

一旦明确了美国攻势的核心,就值得强调一下所谓科技战的作用,它是为了遏制中国的世界影响寻求合理的政策借口,其目的在于使中国缴械,从而建立一个没有中国参与的全球化。莫德尔斯基(Modelski,1987)在论述全球权力周期时,将这种行为定义为守成大国为应对系统性威胁而组成同盟进行反制。结合背景,作者补充道:

　　　　在过去五个世纪的全球战争中,大陆上的挑战者(西班牙、法国、德国)

无一例外地屈服于由世界大国协调的、基本上的海洋大联盟。挑战者通常在国际上被孤立,并声称自己被孤立和包围。(Modelski,1987:33)

极具影响力的研究中心——麦肯锡全球研究院(MGI)称,存在着试图扭转中西方共存局面的努力,尽管"脱钩"的代价十分高昂:

> 中国和世界其他国家似乎在重新评估彼此的关系。在世界其他地区,尤其是发达经济体,全球化与不平等利益分配造成的意外后果正成为讨论议题;在美国,人们担心"中国冲击"会取代制造业工作岗位。几个主要经济体开始着手推动立法,使外国投资交易受到更为严格的审查,尤其是涉及重要战略的技术领域投资。这些事态发展可能预示着中国与世界的"脱钩"正在减弱。然而,"脱钩"并非不可避免。(McKinsey Global Institute,2019a:18)

考虑到中国在全球经济中扮演的角色,麦肯锡和其他观察人士所期盼的中国与世界的脱钩反映了当前资本积累模式的"非结构化",同时表现出全球劳动分工和技术变革动力的衰退。从这个意义上讲,资本主义的进一步发展将会放缓,全球地理空间的分割将阻碍资本主义在世界范围内实现其普世化(私有)财产关系的基本目标。

为了给这个假设提供基础,起始点是中国采取的渐进式的、实验性的、分散式的改革实践,而非东欧及苏联的"休克疗法"。从这里开始,成功的改革引领其成为一个工业强国,科技实力不断增长,并因此成为全球事务的重要参与者。

我们将看到中国在全球价值链(GVC)中的作用,它创造了一种新的现实,重新定义了组织、物流、成本结构、模型供应和周期、交付速度以及与制造业供应商的关系,创造了全球劳动分工的新增长点,就像在其他行业(如高科技或金融业)形成的增长点一样。令人怀疑的是,"脱钩"的鼓吹者们是否有资源复制目前由中国企业主导的、拥有众多子母部门的制造工业,以及他们是否还能利用这一手段来恢复就业、供应小规模的市场需求。

本章由以下部分组成：第一部分讨论了当代资本主义地缘空间扩张的一些最显著的影响，在当下长期增长的积累中资本主义新的全球生产结构的表现形式。接下来（第二部分），从中美经济的共生概念开始，我们将参考布莱兹尼茨和默弗里（Breznitz and Murphree，2011）阐述的全球价值链的"相互依赖"，即全球价值链分裂出数个区域性子链条并与主要链条合并。那些以中国南部沿海为基地的区域子链由中国原始设备制造业引领。第三部分分析了全球经济停滞和美国社会危机对中美两国的影响。在第四部分，简要揭示了中国的管理制度和社会组织制度的含义，将其与新自由主义政权和其他国家的混合体制进行对比。结论围绕着美国作为全球秩序领导者的地位不断下降而展开，这很可能成为美国领导权分散的最直接表现。

二、全球地缘空间与中国的定位

（一）资本积累地缘空间的扩增

20世纪80年代以来，资本积累的扩张开始要求新的领土，原因是欧洲在70年代完成经济赶超之时拉低了世界的（经济）增长率（Piketty，2014）。在非洲扩展疆土可能性最低，而拉丁美洲和南亚由于人均收入水平低下，因此发挥的作用也十分有限。东北亚和太平洋地区成为最具发展活力的地点，但世界经济重心向亚洲的转移仍未完成（Dicken，2015）。

柏林墙的倒塌提供了新的可能性，因为抛弃了社会主义路线的东欧和苏联地区显然具备很大的潜力，具有充足的劳动力储备、广阔的市场和大量的投资空间。问题在于这些国家以何种方式整合从而进入资本主义轨道。答案在几年前就已备好，即"休克疗法"，这套方法在皮诺切特独裁统治下的智利率先推行，随后作为华盛顿共识的核心，在20世纪80年代初期南美债务危机爆发后应用于巴西和玻利维亚（Klein，2007；Bruno，1993）。众所周知，休克疗法旨在瞬间建立起一套完整的市场经济体系（Lipton and Sachs，1992；Williamson，1990）。

这些国家空间被整合入全球资本积累的轨道,产生了两种截然不同的过程:第一种,开放的经济受外资控制,受全球治理组织监管,意味着发展的内生核心十分衰弱;第二种,保持了国家空间的完整性和自治性,营造了强有力的内生核心,外资虽然开放准入但受控于政府设置的条款。

俄罗斯是一个非典型的案例,叶利钦政府试图进行调整和融合,但国家却向更孤立、更弱肉强食的方向发展,由寡头和安保部门庇护的国家体制给工人强加的严酷条件更甚于外国资本(Freeland,2010;Nolan,1995)。

东欧的前社会主义国家属于第一种,因为它们丧失了国家自治权,并因遗留问题而遭受了严重的社会经济混乱(Weber,2021;Stiglitz,2000;Kagarlitsky,1990)。而该地区有限的资本吸收能力更直接与最初的预期相违背,这与其过时的工业、原始的分配系统结构和劳动力的非功能性文化改造有关(World Bank,1996)。东德与西德合并的结果与推动者的设想背道而驰,它没有吸引新的投资,也没有促进德国的资本主义,而是在接下来的几年里变成了负担沉重的补贴对象。

中国是第二种的典型范例,实现了由计划向市场转变的经济改革(Naugthon,1995)。实际上,在20世纪70年代初期,为使定价更为灵活,发生了一些温和的变化(Weber,2021)。那个年代,同样有关于渐进主义和休克计划可行性的热烈讨论(Weber,2021)。我们知道当时渐进主义胜出,最终形成了以下影响(与东欧和俄罗斯的经济形成对比):

(1)国家结构、政治体制和领土的完整性都得到保留,因此可以制定国家战略目标。

(2)经济特区吸引了大量外国投资,这与第一次进入制造业部门的数百万工人储备有关,形成了中国工业新的腾飞起点。

(3)国有企业的核心逐渐转变为国内市场和全球价值链的供应商,后来又成为地区原始设备制造商。

(二)中国的全球定位

通过成为工业大国,中国使资本主义积累的地缘空间有了质的扩大,并为维持全球一体化的生产体系做出了贡献,后者意味着与头号大国——美国的经济共生关系。中美共生关系定义着全球化的生态,因为它将世界主要技术中心和巨大的未完全开发的空间结合在一起,后者的资源可以灵活快速地重新配置。两国之间的相互作用造就了生产成本普遍且显著的下降,以至于形成了暂时性宏观经济稳定的基础,在 2008 年经济危机之前推动了世界扩张。正是由于价格增长率的总体下降,曾在 20 世纪 70 年代触发银行宽松政策的强力信贷扩张并未转化为通货膨胀的增加(Howell,2020)。这反过来又引发了实际利率的下降趋势,而实际利率是货币政策的主要目标之一,与金融资产的新角色密切相关。所谓的金融化是这一阶段资本主义定价循环中最具特征性的过程之一。

资本主义地缘空间的扩张,又被称为全球化,是以其重心的转移为前提的(Dicken,2015:chapter 2)。在 19 世纪末和 20 世纪的大部分时间,以美国为首的大西洋沿岸强国形成了最大的生产和技术中心,主导着资本主义的动态。其向亚洲主要是亚太地区的转移,起始于黄金年代,伴随着日本的崛起蔓延到东北亚地区,然后在 21 世纪转向中国。

表 1 是迪肯(Dicken,2015)定义的经济重心转移的相关数据。但我们选用了制造业数据而非国内生产总值(GDP),因为其更能反映技术生产领域的变化。如我们所见,西方占全球的制造业份额在 20 世纪 70 年代后开始减少,同时亚洲所占份额上升,在 20 世纪 90 年代经历了跨越式发展。中国所占份额,从 20 世纪 70 年代的微不足道到 2018 年的接近世界第二。这种参与赋予了中国发言权,并意味着中国将越来越多地参与全球市场的各个领域,我们将在后面看到这一点。[①]

---

① 研究人员,甚至非传统的学者在分析全球价值链时,尽管考虑到了中国的影响范围,还是忽视了中国在全球层面的这两个重要影响。关于全球化和全球价值链最出名的两本著作(Dicken,2015;Milberg and Winkler,2013)都没有用任何章节探讨这种关系,从而限制了他们对全球进程的研究视野,并倾向于对其主要影响进行模糊解释。

表 1　世界经济重心转移的相关数据

国家/地区	1970 年	1980 年	1990 年	2000 年	2005 年	2010 年	2015 年	2018 年
非洲	2.4	2.8	2.4	1.9	1.9	2	2	1.9
拉丁美洲	7.8	9.8	8.1	7.8	7.3	6.8	5.9	5.3
亚洲	14.8	18.5	25.5	31.9	36.4	44.9	50.1	52.2
日本	9.6	10.5	12.6	10.2	9.4	8.3	7.5	7.1
中国	1.3	2.3	4.2	9.9	13.6	21.5	26.6	28.6
欧洲	43.1	41.6	38	30.4	28	24	22.1	21.6
德国	不适用	不适用	9.4	7.3	6.5	5.9	5.6	5.5
法国	3.9	3.8	3.3	3.1	2.8	2.3	2.1	1.9
英国	6.7	5.3	4.8	3.8	3.2	2.6	2.2	2.1
意大利	3.9	5	4.6	3.9	3.3	2.6	2.2	2.1
美国	27.5	23.1	22.3	24.3	23.2	20	17.8	16.9

注：数值为占世界制造业价值的百分比。
资料来源：联合国贸易和发展会议(2021)。

　　中国在全球经济中扮演的关键角色有两大影响：一是其与美国的科技和商业联系，一些分析人员将其称为"中美共同体"(Jones，2010)；二是指这一亚洲大国在世界上日益增长的影响力，我们将之称为"中国效应"(McKinsey Global Institute，2015)，意味着中国是一系列商品和服务的第一或优先进口国和出口国。

　　关于第二个影响，中国融入全球经济意味着进口和出口的双重流动，对该国而言在战略上与技术学习和引领全球工厂的目标相关联。① 表 2 强调了中国

---

　　① 恩斯特(Ernst，2010)将"全球工厂"定义为中国在全球规划中的一个阶段，该阶段基于一系列基础工业的组装和制造，作为一个体系在 20 世纪 90 年代末经历了收益衰减。文中我们基于麦肯锡全球研究院的观点，从更广泛的意义上定义全球工厂。它是制造业体系的革命，由基于平台的第一级组织创新(如快速生产)支撑。当然，更先进的过程发生在恩斯特所说的多样化生产中，指的是具有更高附加值的商品和服务，但其必须被理解为全球工厂的衍生物。

公司在各个市场的存在,无论是作为买方还是卖方,都在塑造世界市场方面发挥着决定性作用。

表 2 中国在全球定位

作为出口国	中国占出口份额较大的劳动密集型行业
占世界出口的 11.2% 　　50% 的太阳能电池板 　　45% 的货船 　　40% 的纺织品和服装 　　26% 的家具 　　25% 的智能手机 　　23% 的金属产品 　　19% 的农业机械 　　15% 的工业机器人	1. 纺织和服装业 2. 电脑、电子和光学产品 3. 电气设备
	中国占进口份额较大的劳动密集型行业
	1. 采矿业 2. 农业,包括林业和渔业 3. 电脑、电子和光学产品
作为进口国	**主要市场**
占世界进口的 10% 　　60% 的半导体 　　18% 的农产品	1. 药剂师 2. 机动车辆 3. 移动电话

资料来源:联合国贸易和发展会议(2021),麦肯锡全球研究院(2019b)。

2009 年以来中国就是世界上最大的出口国。根据麦肯锡全球研究院的数据,中国是 13 个国家的主要出口市场,也是 65 个国家的主要供应商,是一个庞大的服务进口国和出口国。自然资源丰饶的国家越来越依赖中国的需求;中国的出口额占南非进出口总额的约 16%,占澳大利亚国内生产总值的 16%(McKinsey Global Institute,2019a)。[①] 但与 20 世纪 80 年代之前打入国际市场的其他大国(如日本)不同,中国的角色取决于它在全球价值链中的参与程度。现在,我们将分析中国企业参与的全球价值链所产生的双向关系。

　　[①]　中国是世界第二大直接投资国和第二大外国直接投资接收国。它依赖外国技术,它的技术进口合同来自三个国家,美国排第一(31%),然后是日本(21%)和德国(10%)。因此,在知识产权方面,中国支付了 290 亿美元(McKinsey Global Institute,2019:3)。

三、相互依赖与全球价值链的分裂

（一）全球价值链和地区价值链的相互交织

中国企业通过满足两个要求成功地将自己定位于全球价值链之中，并在其中扮演积极角色。恩斯特（Ernst，2003）定义这两个要求为：先前的技术知识基础①和努力的程度。后者必须重新定义，因为其本质上不仅是商业因素，而且是社会制度因素，即在国家层面通过"游戏规则"促进集体学习的传导能力。②

在通过低准入壁垒实现制造业内的定位后，中国的战略是将自己定位为模仿创新者，正如我们稍后解释的那样（Breznitz and Murphree，2011）。下一个解决方案是公司对通用技术知识的提升，为国内市场批量生产"仿制品"（Breznitz and Murphree，2011；Yueh，2010；Naugthon，2007）。接下来的阶段涉及全球价值链的深入互动，形成一个由中国原始设备制造企业主导地向全球市场出口的子链条，进入了全球工厂的领域（Breznitz and Murphree，2011；Ernst，2010）。

布雷兹尼茨和墨菲（2011）解释了全球价值链分裂的一些基本原因和含义。他们强调，全球化造成了产业和服务的碎片化，这些产业和服务主要散落在世界各地的集群中。这为价值创造带来新逻辑，为专业化和创新带来新形式。在这个过程中，中国开创了两种创新体系，一种是国家创新体系，另一种是地区创新体系。作为全球企业的供应商，中国已经成为两位作者所说的"第二代创新者"，意味着能够在现有技术和产品的基础上构建新的解决方案。第二代创新者承担着两个角色：一是作为供应商，提供投入、服务或产品，提高质量，降低成本；二是那些模仿西方产品和服务的中国自主企业。第二代创新的影响之一是

---

① 加入全球价值链前若没有必需的知识积累，发展中国家的供应商企业就将无限期地陷入从属活动之中。格里芬在他的早期文章（Gary Gereffi，1995）中提出了一种过于乐观的方法，含蓄地否定了先前知识的积累。

② 在全球价值链中定位的基本要求是外商直接投资的大规模流动，这需要将吸引廉价劳动力与国内市场准入相结合，程恩富（2021）将其称为中国的潜在比较优势。其目标不是将经济特区的装配企业转变为出口引擎，而是作为桥头堡确保全球生产链延伸到中国南部沿海。发挥积极作用的当地国有企业大多来自邻近的集群，在这个意义上讲，这些集群代表了第二代企业。

其在全球层面的高度重要性,尽管与技术前沿相比仍有一定差距(Breznitz and Murphree,2011)。

全球价值链最终出现在中国南部沿海的产业群中,并与一系列我们称之为"第二代"的企业连接在一起。同时,这些公司形成全国性或地方性产业链,最终成为具有高度的全球竞争力的公司,或服务升级至具有高度全球竞争力的水平,比如在计算机设备和(或)移动通信设备领域。[①] 珠江三角洲的情况就是如此,传统上这里被认为是一个巨大的装配地区,但却成了华为、中兴和腾讯的摇篮。因此,我们必须认识到:对中国来说至关重要的是,这种被改变的全球化生产模式在国家和产业之间创造了新的依赖关系。中国信息技术产业的崛起,在很大程度上是由于信息产业的碎片化为特定的生产阶段打开了新机遇。然而,中国在这些生产阶段的出色表现,不仅使中国成为全球信息技术生产网络的重要组成部分,而且创造了一种新的相互依存的关系。一方面,中国 IT 行业需要国外的创新型产品企业在中国进行生产。另一方面,国外公司完全依赖中国企业生产他们的创新产品,这种(生产)能力其他国家的企业已不再(或从未)拥有。中国需要苹果公司开发 iPod 和 iPhone 的概念和定义,但离开中国,苹果公司就无法生产和销售这些产品。在灵活的大规模生产世界里,后发国家的创新思想不断提升需要更多的创新产品,而产品创新国家也需要后发国家继续改进生产与交付的各个环节(Breznitz and Murphree,2011:17-18)。

很显然,合作与依赖是双向的,即中国企业需要美国企业,以及美国企业也需要中国企业或企业体系。同时,相互依赖是两个经济体间共生的基础,其更高级的形式意味着从技术层面的内部和外部知识来源展开。

自然地,有两个基本的问题,对一般的亚洲人,特别是中国人来说,对外部知识来源的依赖是否不可逆,以及是否会削弱领先企业的实力。接下来我们将

---

① 一位对中国的工业化抱有敌意并倡导脱钩政策的美国作家,也承认了上述概括的转型范围,并做了如下说明:"得益于其强大的制造业能力、隐性知识的积累和传播,以及如此大的市场提供的各种机遇,中国正在取得渐进的进步……外国政府和跨国企业同样需要决定如何从战略上应对中国的做法。他们可以采取坚定的反对立场,试图在非主要方面影响中国,或者尽可能地顺应中国的战略。无论如何,如果他们不小心的话,都可能最终被一条肥硕的科技巨龙狠狠地踩在脚下。"(Kennedy,2017:Ⅵ)

对可逆性和不可逆性进行简单探讨,以强调这种依赖关系在经济上是可逆的。分析将清楚地表明,领先企业的实力会出现有限的下滑,但如果进入新的创新领域(目前已经发生),这种情况就会部分逆转。

让我们记住,垂直非一体化的生产体系的核心特征是领先企业专注于核心活动,即专注于他们做得最好的事情,而将其余的工作委托给外部公司,进行外包。对于领先企业来说,中心活动是设计或创新内核,依赖于产品开发。委托给外部公司的是制造部分,主要在低工资国家进行主体和部件的装配。在分包的第一阶段,以相对简单专有技术的形式进行知识转移,但领先企业与供应商公司之间的关系更为密切。用恩斯特(Ernst,2010)的话来说是这样的:随着全球化公司转向更复杂的产品,在生产环节中的所有与管理相关内容是无利可图的,这就意味着要对领先企业直接控制下的知识(内部知识)和外部知识进行区分。后者曾经一度属于内部知识,通过知识外部转移得到其他公司(一般是外国公司)的品质互补,逐渐控制且完美的工艺流程(Arora,Fosfuri and Gamberdella,2011)。

这种任务细分是一个复杂的过程,从生产到设计的发展过程中模块化应用得到迅速推进。阿劳拉等人(2011)指出,区分创新活动的难点之一是如何将任务转化为各个子任务。这种技术转移要求接收者对原创任务开展各种活动。如组织成员间的知识要具有可表达性、可传授性、可观察性、简单易懂、系统独立、独立的背景和单一的学科属性,那么就有可以对任务进行细分和委派。知识必须重组为一般性范畴,而非特异性范畴。有了更精确的仪器和更强大的算力,相互关联的知识可以得到更广泛的利用(Baldwin and Clark,1997)。

将一个复杂的问题分解成相对独立的任务,即模块,在新技术中进行比较困难,而在已经成熟的技术中进行就比较容易。这是因为最新技术中的子任务是相互关联不可分的。这种相互关系可能导致为维持组织内部运转付出重要的交易成本。

正如阿劳拉等人(2011)所指出的,由于竞争压力,知识的原创者,即领先企业,缺乏知识互补的生产下游资源,要进入商业阶段,就必须从外部寻求资源。这样为领先公司长期授权遗忘的技术铺平道路(Ernst and O'Connor,1990)。企业内部和外部知识的互补性造就了我们所说的相互依赖,这是一种双向关系。领先的公司拥有技术,外部供应商依赖专有的技术和专利。与此同时,中心公司依赖于供应商公司的能力,后者在为领先企业提供的产品和工艺中引入特别的第三方的创新。

随着对显性知识的理解,新产品的通用结构可以定义为指定了组件之间以及组件内部交互方式的架构。重要的是,这个架构可以独立于单个组件进行开发。其中一个含义是,如果架构接口得到维护,就可以独立于整个产品来升级各个组件。

IBM-360系统是第一台完全依靠模块化方法设计和生产的计算机。在该系统中,相同的操作系统和外围设备的设计在参与者之间共享,以便在特定的组件中进行创新而不受他人干扰,当然也会受到一定的限制。但模块化系统的改进体现在了专用集成电路(ASIC)上,这是一种高度复杂的专用集成化电路,应用于电信领域。传统的生产方式是通过定制完成,为了扭转这一趋势,一种新的架构被创造出来,以减少所需要定制的半导体工程量。思路是,制造商开发出小型的预先设定系统,其功能可被多个用户使用。因此制造商不用面对只供单独使用的完整规格电路,接下来这些预先指定的系统可以根据需要进行(电路)组合和重新连接。

恩斯特(Ernst,2010)解释了导致以模块化方法组织半导体生产的过程。他指出,直到20世纪80年代中期,全球专门从事系统和半导体(制作)的公司几乎都是在内部进行设计的。垂直集成的重点是对被印入印刷电路板的单个组件的设计。自20世纪90年代中期以来,由于竞争压力,人们开始重新思考这一方法,这意味着要从生产力和性能方面给出答案。①

---

① 设计方法是一系列步骤,设计过程通过这些步骤接近目标,并在受到限制的同时保持可行性(Ernst,2010:47)。

正如恩斯特(2010)指出的,所谓的系统芯片结合了模块化和自动化设计①,从单个组件过渡到了系统集成。这种方法依赖于项目执行中的垂直专业化,允许公司将设计分解并将其分散到不同的地理位置。这就产生了多层次的全球价值链,从系统公司(如 IBM)到制造承包商,如伟创力或中国台湾的富士康(Ernst,2010)。在专用集成电路之后,1987 年成立的台积电公司(TSMC)扮演了重要的催化角色,提供承包芯片制造,充当代工(或工厂)。然而,随着时间的推移,垂直专业化增加了参与者的数量和种类。

总结本节,可以说电子产品与电信设备、组件和软件的生产依赖于模块化设计,这转化为阿劳拉等人(2011)所说的以亚太为基地的全球技术市场的建成。中国台湾和韩国在这个市场占据主导地位,美国和日本的公司作为补充。举个例子,中国企业之前的角色仅限于装配和包装,随着它们参与到架构定义的系统公司中,它们的地位正在不断升级(Ernst,2010)。然而,尽管它们(被)委派了重要的业务,如特定模块设计、代工厂、自动化设备、概念和基础芯片设计,但是(技术)控制权仍在英特尔、IBM 和高通等全球原始设备制造商手中。最重要的是将创新活动分散到全球各地的“离心力”。脱钩将意味着把中国排除在(全球之)外,意味着领先企业承担的巨大经济成本将转嫁给消费者。

(二) 合作者与竞争者:从装配商到工业强国

如我们所见,中国已经能够参与基于模块化的新的全球生产体系,这一体系重新定义了创新和技术学习的逻辑,对中国有利。我们不是在谈论新来者变为模仿者,因为这种可能性在全球价值链形成之前就存在了,许多学者做过解释。我们所说的是全球价值链内的选择性专业化,用以推进更先进产品的制造并赢得全球市场份额,而无须各国在部件、系统和子系统方面自给自足。

如前文阐释,为了赢得市场,生产企业形成一个子链条,这个链条由中国原始设备制造企业主导,将自身与全球领先企业连接起来。站在中国立场,这一

---

① 模块化设计是指参数和任务所依据的方法在各单元(模块)之间构成相互依赖的单元,并在整个单元中独立存在(Ernst,2010:47)。

过程的轴心是一家处于二级链条领先地位的全国性企业,它与高水平或低水平的供应商互动,并提供自己的产品。这也是华为的原型。

上述内容以两种截然相反的方式被刻画出来:对中国按这一过程走向技术前沿抱有怀疑,或者相反,这是中国成为科技强国的主要载体。布莱兹尼茨和墨菲(2011)对此持中间观点,他们将其比喻为后发先至,意指中国的进步与技术前沿的转移相一致。我们下面引用的数据与这个观点接近,但有三点需要注意。

第一,后发国家可以在子部门中取得优势竞争地位,无论是通用行业(太阳能电池板)还是边缘行业。这些行业的入门门槛已经降低(如手机制造),但始终伴随着全球与区域(或国家)间的链条交叉。这些交叉对于获取操作系统和半导体等关键投入至关重要。

第二,需要注意的是,在数字技术转变为一门通用技术的加持下,中国已经接近了技术前沿。这使得中国能够创建一个与美国数字生态系统处于同等地位的生态系统。但是,两国的生态系统和数字平台企业并没有展开直接竞争,没有出现两个或更多竞争对手争夺特定市场的情形,未呈现出20世纪70年代至90年代美国和日本半导体企业的竞争样态。

第三,作为二代创新者,中国企业把握住了已将知识转移到通用状态的子行业或细分市场,就如前文阐释的那样。阿姆斯登(1988)把承担这一身份的亚洲领先企业称为"第二推动者"。对美国企业来说这些行业已经不再盈利,但架构性的和逐步的创新使亚洲企业能够重新推出产品。

现在,我们简要介绍一下中国在最近一段时间的竞争地位。根据麦肯锡全球研究院数据,2015年后中国企业成功在五个子行业成为领军者,在世界市场的参与率达到至少10%时,即可被称为优越市场定位(见表3)。中国有六个行业的出口占世界20%以上(计算机、电子和光学、电气设备、纺织品和服装、家具及其他非金属制品、金属制品和木制品),五个行业的进口量占世界10%以上(计算机、电子和光学、采矿、化工、纸张和纸制品)。核心区别在于投入的来源,即国产和进口。表3显示,技术含量最高的子行业为进口投入,智能手机、云服务和机器人技术就是如此。这证实了全球价值链在中国科技发展中的作用。

表 3　世界市场中的中国企业：主要的子行业

国　家　投　入	占比（％）
太阳能板	50
数字支付系统	10
货船	45
进　口　投　入	占比（％）
农业机械	19
智能手机	25
云服务	8
机器人技术	15

资料来源：麦肯锡全球研究院，2019a。

　　表 3 显示中国处于技术竞争的前沿，因为它将自己定位于机器人技术、云服务、数字支付和智能手机等子行业。这些都是重要的分支部门，但必须强调的是，它们并非技术租金的主要来源，因为除了中国以外，韩国、日本和德国生产商们加剧了行业竞争。此外，它们都依赖于半导体，而半导体又具有不同程度的复杂性。因此，在全球竞争中的领先地位取决于从一开始就被称为数字化基础单元的半导体，尤其是逻辑电路的技术优势；另外，还有操作系统。

　　掌握了这些组件和应用程序，就形成了数字生态系统和平台经济，少数美国公司在其中拥有无可争议的全球领导地位。基于其自身的生态系统和各个平台，中国正准备在人工智能应用的第一波浪潮中参与竞争(Lee，2018)。

　　我们所称的日本模式将帮助我们理解直接竞争的要求和影响。在 20 世纪 70 年代，日本工业似乎将横扫美国企业，通过向美国出口进行直接竞争，日本几乎从美国手中完全夺走市场，并成为其他国家的第二或第三大供应商，如在汽车工业、电信设备、计算机设备、机床、化学和半导体等领域（Mowery and Nelson，1999）。但是，决定性的争夺发生在半导体领域，因为其在数字化范式中处于中心地位。

汽车工业和其他行业要么属于以前的模式（尽管它们后来恢复了活力），要么已经接近了商品状态，比如基础计算机设备。在机床或电信设备领域，虽然准入门槛依然很高，但三家领先企业之间的竞争加剧，使技术租金下降。

美国和日本的竞争结果对英特尔有利（Mowery and Nelson，1999），但市场仍是共享的；美国企业向日本企业提供技术更为复杂的逻辑电路和存储电路，主要有动态随机存储器（DRAMs）。

与20世纪70年代一样，今天的工业和技术优势还是基于逻辑电路，尽管它在近期经历了一次相对变化，向模块化设计方向过渡，但正在形成一个全球技术市场。这意味着技术知识已经分布在不同国家的不同企业，当然处在一个等级架构内，但已不受单一国家商业结构的控制。

四、全球经济停滞和美国社会危机的影响

2008年金融危机爆发后，全球经济陷入停滞，我们刚才探讨的所有进程都受到了影响，包括中美共生关系，这造成了国际关系的不稳定，预示着要重建新的全球秩序。与前几次长期衰退或经济萧条时期一样，随着资本主义国家采取保护和进攻行为来抵消国内的过度积累和生产过剩，竞争模式发生了变化。因此，我们看到保护主义和操纵汇率行为死灰复燃，以利于向外部市场进行扩张，并限制国内市场准入。

对于那些试图缩小技术差距的国家来说，这样的行为意味着什么？在20世纪70年代全球经济衰退期间，"亚洲四小龙"利用生产过剩（资本主义国家）的机遇，以非常优惠的价格购买了工业厂房与技术（Amsden，1988）。过剩（生产）和需求下降拉低了准入门槛，导致新来者的涌入。韩国的化学和重工业领域就是在这种环境下发展起来的。

另外,两种进程在美国发生:

第一,新自由主义制度转型,在政治上形成了一个由富豪集团统治的社会。这个转折点涉及几个事件:(1)里根的格言——政府是一个问题,而不是解决方案;(2)"婴儿潮"一代步入晚年,这消减了美国的民族意识;(3)"9·11"事件导致对移民的敌意上升;(4)2008 年金融危机成为美国梦最后的终结(Bryant,2021)。使这些事件统一起来的是由最高法院颁布的一项名为"联合公民"(Citizens United)的法案,该法律赋予了超级富豪在不受监管的情况下合法地向国会注资的能力(Bryant,2021;Freeland,2012)。

第二,"新美国"是一个深受长期社会危机困扰的国家。在经历了生产结构向技术和金融服务倾斜的变化后,美国没有应对全球劳动分工变化及时完成社会劳动调整。这导致从 20 世纪 70 年代初开始显现的社会裂痕进一步加深。自然地,当中国转变为全球工厂,以及全球长期增长低迷拉开序幕,美国政治不作为的代价凸显。

近几十年来,这个领先大国减少了就业机会和工人的收入。在美国 1.5 亿位成年人中,有一部分人缺少良好的就业经历,要么是因为工作不稳定,要么是因为薪酬不稳定(McKinsey Global Institute,2019a)。同样的研究指出,美国可以被归类为一个分裂的国家,尽管没有明确的城乡差距或特定的地域不平等。约有 25 个大城市比较繁荣,含有 9 500 万人口;但生活在 7 700 万人口的小城市和农村地区(54 个城市和 2 000 个县镇)就业机会十分有限。在这两个极端之间,有近 9 400 万人自称为中产阶级,但经济增长缓慢,就业机会很少(Bryant,2021;McKinsey Global Institute,2019b;Moretti,2018)。

一般预计这种差异会促使人口放弃衰落地区而前往经济活跃地区,可这并没有发生,因为人口流动性受到了限制:1990 年有 6.1% 的美国人从县或省向外迁移,但 2017 年这个数字只有 3.6%。这种下降的原因主要来自高生活成本和文化隔阂。并且,在过去 20 年里,资本主义发展的收益主要集中在 5 个行业(金融、房地产、科技、制药和商业服务)。这种集中也体现在地域上,导致有 6% 的县吸收了 60% 的产品增长,这就是麦肯锡全球研究院所说的"地域超级明星效应"（McKinsey Global Institute，2019b）。

"企业超级明星效应"则具有毁灭性。收入超过 10 亿美元的大企业中，排名前 10 位的公司的利润占据了 80%。他们的投资大多集中于拥有高技术劳动力和数字能力的无形资产，企业的很大一部分销售额和投入来自国外。为了达到顶峰，这些超级企业不得不承受残酷的竞争，其中近半数企业被淘汰出局。众所周知，一旦到达顶峰，赢家就会开始限制竞争（Meagher，2020；McKinsey Global Institute，2019b）。

此外，涉及那些被抛弃的底层人民需求的、本就投资较少的公共产品，如教育、培训和社会基础设施等领域的投入进一步减少。联邦政府在教育、基础设施和科学研究上的支出从 GDP 占比的 2.5% 下降到今天的不到 1.5%。公司提供的再培训和公共-私人投资也有所下降。失业保障降低、养老保证金减少，这被称为"社会契约个体化"（Hacker，2019；Shafik，2021）。预计在未来 10 年内，净创造就业机会将进一步集中在几个都市地区（McKinsey Global Institute，2019b）。

这也是企业高管和普通工人收入差距巨大的表现。吉尔斯（2021）指出高管的平均收入是普通工人的 320 倍。这造成收入的高度集中，2021 年亿万富翁获得的收入相当于美国 GDP 的 20%，这个比重是 2017 年的两倍（Sharma，2021）。这种混乱有一个遥远的起源：创造"锈带"和"尘暴区"的福特-凯恩斯主义政权的解体。其直接原因在本节开头指出：经济结构发生了变化，却缺乏（与之对应的）社会政策进行劳动力重新评定。声称中国工业"偷走"了这些工作岗位，助力了美国社会的不平等在意识形态领域重演。

五、中国的新社会主义

（一）背景

中国发生的渐进式和实验性的经济改革不同于东欧和苏联广泛使用的"休克疗法"，从根本上区别了社会主义的"中国模式"与"苏联模式"。然而，二者之间的相似之处有助于我们理解它们的不同点。我们先来看看二者的相似点。

在生产方面,两国都采取了基于物质平衡的中央计划政策(Nove,1992)。在 20 世纪 20 年代苏联讨论新政治经济学时,人们很早就意识到了彻底消灭市场和私有财产的缺点与风险(Preobrazhenski,1971)。众所周知,这条路线失败了,当务之急是消除市场无政府状态。几十年后的 20 世纪 60 年代,随着东欧和苏联的经济增长放缓,将计划与市场相结合的改革被重新提及,这首先意味着新的价格管理制度的出台。改革在捷克斯洛伐克、匈牙利和南斯拉夫展开(Popov,2000,2007)。苏联领导人突然终止了这些进程,这导致了我们前文谈到的那些重要差别。

建立于 20 世纪的中央计划体制,赋予了负责管理的高级官僚巨大权力,将他们与无产阶级根基隔离开来。如果趋势不加以逆转,一个新的剥削阶级就会形成,社会再生产将依赖于对生产和分配的中央集权管理,而苏联就变成了这样(Bettelheim,1974)。

20 世纪 50 年代初到 60 年代,中国实行了苏维埃制度,这一制度潜移默化地导致了政治集中化趋势。苏联体制的另一个特点是优先发展重工业,这一战略在中国的第一个五年计划就开始实施(Shirk,1993;Naugthon,2007)。这意味着集中投资于机械设备、钢铁、发电机、铁路设备等。虽然中国的苏联化由于历史和文化的原因存在一定局限性,但它确实对中国政治产生了重要影响。

1956 年底召开的中共八大上,代表们就计划体制改革的方向进行了公开讨论,形成较多意见(Shirk,1993)。这种开放的氛围为 1978 年的十一届三中全会提供了参照,使渐进主义路线成了替代东欧"休克疗法"的更好手段(Weber,2021)。

"四个现代化"有两种解释。第一种解释我们称之为"正常国家",这个概念由诺顿(2007)提出,他认为改革是(国家)向传统市场经济转变的工具。在这种视角下,"过渡体制"是向"正常国家"转变的前奏。另一种解释认为这是在困难时期之后的延续和改变,包括程恩富(2021)在内的很多作者持这种观点。这不仅是所谓的"社会主义市场"的问题(其定义在东欧的进程中变得模糊不清),而且是一种新的社会主义形式。

如果人们承认,在这种新型社会主义中,中国在追求相同的目标但使用了另一种方法,那么对世界的影响就是巨大的。现如今"正常国家"论已经崩溃,社会的新范式正崭露头角并为人所知,而此时正值西方民主制度遭遇最严重危机,这主要由美国的霸权分散和大资本向富豪统治转变所引起,弗格森(2012)将其称为"大退化",意指自由民主体制下的制度腐化和经济痛苦。

对于美国的富豪统治阶层来说,一种建立在巨大生产力基础上的新社会哲学的出现代表着一种可怕的挑战,他们随后将其解释为一种生存威胁。前文的论述适用于我们的假设:(美国)防卫行动的目的是通过一种"屏障战术"来诋毁中国的社会哲学,同时遏制中国的工业崛起和技术能力。

(二)中国的经济模式和战略目标

作为社会经济和政治变革的一部分,中国出现了一种新的社会主义形式,它将历史遗产与四个现代化相结合,改变了社会的运行和功能。程恩富在他的著作《中国经济辩证法——改革的初心》(2021)中分析了这种制度的基本特点:(1)以公有制为主体,多种所有制并存;(2)收入实行按劳分配[①];(3)市场和国家在资源配置中共同发挥作用;(4)开放、多元、自给自足的经济。接下来我们将跟随作者的思路对每一条逐一进行详细分析。

中国关于所有制最重要的特征之一是公有制对经营性资产的优势。程恩富(2021)论述,在美国等西方国家,公有制通常被简化为社会总资产(如自然资源),而这些资产的使用权由私人代理人行使,产生有限的社会利益。而在中国,公有财产具有通过国有企业创造社会收入的功能,从而为按劳分配奠定基础。这一概念被概括为"先富带后富,从而实现共同富裕"(Cheng Enfu, 2021:5)。让我们看看它是如何运转的。

中国的收入分配由两个坐标决定:劳动市场竞争和社会保障(Cheng Enfu, 2021)。这是为了确保根据个人能力分配工资,最大限度地发挥人的潜能并优化工作要素使用(Bell 在 2015 的著作同意这个观点)。其结果是,家庭

---

① 它自然地构成了马克思主义基本原理在《哥达纲领批判》中的应用:"各尽所能,按需分配。"(Marx,1972:17)前半句对应第一个阶段,社会主义阶段;后半句对应共产主义阶段。

收入高度依赖工资,国家承担义务,逐步提高中低收入人群的最低生活水平,扩大社会保障覆盖面。另一方面,如程恩富(2021)所批评的,在资本主义国家,收入的主要决定因素是私有财产,缺乏社会保障,这些因素导致收入高度集中,减少了机会的社会流动性。

中国的"双重性"模式赋予了社会主义市场新的含义,因为它超越了收入分配,而资源配置也通过这种新制度进行了过滤和筛选。程恩富(2021)指出,市场调节与国家调控在三个方面保持着对立统一的辩证关系。第一个方面是作者所说的功能充分性,指两个系统之间存在互补性,能够实现微观和宏观层面的平衡。在短期内,市场分配占主导地位;但长期来看,国家会根据其目标,如工业发展和收入再分配来指导分配。第二个方面是协同效应,指形成一种双向效力,国家干预市场配置机制,市场也以循序渐进、稳定有序的方式影响国际计划,发挥积极作用。第三个方面指市场和国家的对立部分,由对立统一自然产生,必须妥善处理,避免关系的破裂。

由于中国经济的开放化、多元化和自给自足特质,因此建立国外资本和技术、国内资本存量和知识产权结构间的联系成为可能,这共同促进了经济增长从粗放型(基于生产要素的扩张)向集约型(基于生产要素和生产关系的复杂化)的转变。目标是"在中国创建一个世界工厂,而非世界加工厂"(Cheng Enfu,2021:6)。

经常出现的问题是,中国的社会改革能否在任何程度上都被定性为"新自由主义模式"或"社会民主主义模式"的实践应用。程恩富指出,中国已将市场规律纳入其经济体系,但与此同时,国家在资源配置、产权结构、收入分配、政治和经济调控以及全球价值链升级等方面发挥着主要作用(程恩富,2021)。如果中国遵循新自由主义法则,其经济就将受制于自身比较优势,国家监管和公有制都会降到最低水平,收入分配将如遵守华盛顿共识规则的拉美国家一样陷入不平等境地。

也不能认为中国经济遵循了社会民主主义模式,原因有两点。第一,中国的所有制结构大部分是公有的,而在资本主义国家,如斯堪的纳维亚地区,所有制结构是私有的。第二,中国的经济改革遵循解放与发展社会主义的初心原则,追求建立一个不同于资本主义制度的现代经济制度。因此,中国既不是新自由主义国家,也不是社会民主主义国家,用程恩富的话讲,中国的经济制度"是科学社会主义历史发展的伟大创举,是马克思主义政治经济学的重大理论创新"(程恩富,2021:8)。

因此,我们可以说(正如我们之前指出的)中国是一个极具象征意义的范例,它成功地维持了一种政治制度的凝聚力,并整合以国家权力自主的形式融入全球资本主义。工业化核心以大规模群众动员的渐进性策略为基础,强化了集体学习和社会投资能力。尽管一开始中国利用了低工资成本下的比较优势,但后来它通过第二代创新将其转化为竞争优势(Cheng Enfu, 2021:chapter 7),增强了本国的基础科学和技术体系。正因如此,他们得以建立国家级技术协议:智能分组与资源共享(IGRS),高密度数字光盘系统(EVD),移动 3G、4G 网络模型(TD - SCDMA),无线网络安全协议(WAPI)等。

目前,中国的经济体制现代化正经历"一体六制",源自 2018 年中央政治局确立的一系列战略目标。第一个是工业制度,追求打造一个技术先进的系统,成为创新的领导者,协调整合金融业和工业。第二个制度试图将中国市场的开放与竞争相统一,基于提升透明度、改善定价和平等市场准入。第三个制度是以效率和公平为基础的收入分配制度,通过财政政策促进收入再分配,缓解城乡人口差距。与上述方向一致,第四个制度旨在通过进一步扩大京津冀地区发展来统筹城乡发展。第五个制度力图实现经济发展与自然环境的和谐共生,不断改善生态生产和消费。而构建开放、多元、平衡、安全、高效的体制成为现代化的第六个制度要求。程恩富(2021)表示,要素成本的提升和全球紧张局势威胁着当前的开放体系,使技术升级改造、新型贸易设计和环境议程影响变得十分必要,成为解决全球问题的关键。

中国的各种战略目标包括:以社会福利为中心的发展、完善生产制度和军民协调。然而,领导经济全球化的目标是最贴合(要求)的,因为它会对力量平衡产生影响,并减轻西方对这一地位的威胁。按程恩富(2021)的观点,当前中国的社会经济指标告诉我们，中国已经处于"准中心"地位，在亚太、北美-欧洲、拉丁美洲-非洲三个区域的合作关系中扮演着中间人和推动者的角色。中国的目标是提升到世界领导地位，为国家间的互联互通和经济发展提供基础设施项目的投融资建设，如在"一带一路"倡议、亚洲基础设施投资银行和金砖国家新开发银行中发挥作用。

六、全球霸权和资本主义稳定性：美国难以维持全球秩序

乔治·莫德尔斯基（George Modelski，1987）将资本主义历史上经常出现的全球权力周期分为四个阶段。相关的变量是秩序或全球稳定的供给与需求。我们将通过图1来回顾他的理论。第一阶段对应的是政治冲突的酝酿，冲突后可能会爆发为全球战争。在此阶段对秩序有很高的需要，但由于全球进入混乱无序的状态，因此秩序很难得到维持。

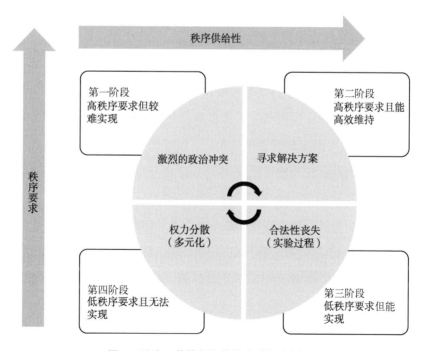

图1 乔治·莫德尔斯基的全球权力循环

资料来源：Modelski（1987）。

在第二阶段,这种不平衡通过系统性决策和重大国力考验(全球战争)予以解决,进而能够形成较高水平的秩序。这种秩序是新近确立的全球领导地位的产物。然而,秩序的高度优先性可能会随着相反目标的实现而恶化,如实验、发展甚至投机。第三阶段的合法化丧失就源自上一阶段,因为对秩序的需要和偏爱感已经下降。第四个阶段对秩序的低要求导致秩序供给的消极,整个体系处于权力分散的境地。在最后的阶段,秩序供需双方的热度都降至最低点。

我们将运用莫德尔斯基(1987)的方法来分析美国的案例。值得注意的是,尽管美国是全球领导者,但它目前并没有像黄金时代那样行使霸权或是提供秩序。1970年之后,由于合法化丧失、无法单独行动,美国不得不与七国集团的其他资本主义大国合作(Dicken,2015:chapter 6)。这种新状态被一些作者解读为多极化,德国和日本成为新兴两极,它们的工业实力被视作与美国旗鼓相当。然而,事实并非如此,这两个国家在新技术范式中处于从属地位,并且在本土存有美国驻军及军事基地。

除此之外,所有迹象都表明,美国的领导地位处于第三阶段到第四阶段之间。相应的问题不是人们经常说的哪个挑战者想要取代领导者,在一场所谓的技术竞赛中取得领先,而是领导者无法为全球体系提供所需的秩序了。让我们回顾一下,第三、第四阶段对秩序的需求降低是由于秩序在世界局势中的优先度下降,尤其是在全球经济停滞的情况下。反过来,秩序的供应也会下降,因为头号大国正陷入社会脱节的过程中,无力重组自身经济结构并扭转广大民众的生存条件恶化等问题,就像我们以前看到的那样。

美国全球力量的分散表现在无法从战略上处理与崛起中国的关系,还表现在一些关键问题上,比如打击网络犯罪不力、缺乏数字技术标准,以及疏于对科技巨头的全球监管。这种无能加剧了世界的不稳定。目前对峙的进程在几个关键方面不同于以往经验,挑战者已经获取了科技和军事(主要是海军)力量以挑战领先大国。在我们那个时代,挑战者中国还没有实现与领导者美国的技术均势,但后者实施了前文所述的行为,使全球体系面临破裂的危险。

如前文所述,美国是一个分裂的国家:一边是技术活力和巨大的繁荣;另一边是边缘化、遭排斥和勉强生存的人民。这种分裂导致了一个权力集团的形成，这个权力集团助长并强化了这种分裂(Chesnais，2016)，瓦解了在20世纪90年代之前主导数字经济第一次配置的精英主义原则。

面对世界经济低增长背景下日益加剧的社会恶化，战略应对权仍掌握在美国富豪阶层手中(Giridharadas，2019；Philippon，2019)。尽管构成这一统治集团的各个派系并没有相同的标志，但是由于所谓的美国企业界反对将中国边缘化(Mitchell，2020)，因此主动权似乎是被极端民族主义和保护主义附属团体所赢得，他们为唐纳德·特朗普的总统任期提供了政治平台。

美国极端民族主义部门的反叛并非针对中国公司，而是针对那种系统性的资本主义变革。它基于全球化的反动批评攻势并不追求单一的目标。逆转或阻止全球化进程的论点掩盖了其另一个目的——转移或操纵困扰着大多数美国人的社会危机。这让我们需要回看前文中探讨的中国在新世界中的作用。

这场重大冲突的结果不仅是本该作出关键决定的精英阶层的责任，而且关乎全人类的命运，因为世界的未来已岌岌可危。如果在过去，一个新的世界强国的建立意味着数百万生命的消逝，但今天的情形理应有所不同。世界如此高度地互联互通，使得单一强国的力量很难得到扩展。当前的巨大挑战在于这两个超级大国如何和平共处，化解我们正在经历的动荡局面。

参 考 文 献

[1] A. Arora, A. Fosfuri and A. Gamberdella. *Market for Technology: The Economics of Innovation and Corporater Stretyegy* [M]. Cambridge：The MIT Press, 2021.

[2] A. Kennedy, y D. Lim. The Innovation Imperative：Technology and the US-China Rivalry in the twenty-first century[J]. In *International Affairs*. Vol. 94, Issue 3, 2018：553－572.

[3] Amsden, A. *Asia's Next Giant. South Korea and Late Industrialization* [M].

Oxford，London，1988.

〔4〕Bell，D. *The China Model: political meritocracy and the limits of democracy* [M]．New Jersey：Princeton University Press，2015.

〔5〕Bettelheim，C. *Cultural Revolution and Industrial Organization in China* [M]．New York：Monthly Review Press（1974）.

〔6〕Bruno，M. *Crisis, Stabilization and Economic Reform* [M]．Oxford：Clarendon Press，1993.

〔7〕Bryant，N. *When America Stopped Being Great: A History of the Present* [M]．New York：Bloomsbury Continuum，2021.

〔8〕C. Baldwin，K. Y. Clark．Managing in an Age of Modularity[J]．In *Harvard Business Review*．Vol. 75，Issue 5，1997：pp. 84 – 93．Retrieved from：https://hbsp. harvard. edu/product/97502-PDF-ENG.

〔9〕Cheng，N. *The Original Intention of Reform* [M]．India：Left Word Books，2021.

〔10〕Chesnais，F. *Finance Capital Today. Corporation and Banks in the Lasting Global Slump* [M]．Leiden Boston：Brill Press，2016.

〔11〕C. Jr. Boustany，A. Friedberg．Answering China's Economic Power，Enhancing Prosperity[J]．In *The National Bureau of Asian Research*．Issue. 76，February，2019.

〔12〕D. Breznitz，M. Murphree．*Run of The Red Queen. Government, Innovation, Globalization and Economic Growth* [M]．New Haven：Yale University Press，2011.

〔13〕D. Ernst，and D. O'Connor．*Technology and Global Competition: The Challenge for Newly Industrializing Economies* [M]．Paris：OCDE，1990.

〔14〕Dicken，P. *Global Shift: Mapping the Changing Contours of the World Economy (7th Edition)* [M]．New York：The Guilford Press，2015.

〔15〕D. Lipton，and J. Sachs．Prospects for Russia's Economic Reform [J]．In *Brokings Papers on Economic Activity*，1992：213 – 283.

〔16〕Ernst，D. . 2010. "Innovación Offshoring en Asia：causas de fondo de su ascenso e implicaciones de política"．In Pozas，Rivera y Dabat（coords. ），*Redes globales de producción, rentas económicas y estrategias de desarrollo: la situación de América Latina*．Mexico：El Colegio de México.

[17] Ferguson, N. *The Great Degeneration. How Institutional Decay and Economies Dies*[M]. New York: Penguin Books, 2012.

[18] Freeland, C. *Plutocrats. The Rise of the New Global Super-Rich and the Fall of Everyone Else*[M]. New York: The Penguin Press, 2012.

[19] Freeland, C. *Sale of the Century: Russia's Wild Ride from Communism to capitalism*[M]. New York: Crow Business Press, 2010.

[20] Gelles, D. C. E. O. Pay Remains Stratospheric, Even at Companies Battered by Pandemic[J]. *The New York Times*. April 24, 2021.

[21] Giridharadas, A. *Winners take all: The elite charade of changing the world*[M]. New York: Alfred A. Knopf, 2019.

[22] Hacker, J. *The great risk shift: The new economic insecurity and the decline of the American dream*[M]. New York: Oxford University Press, 2019.

[23] Howell, M. *Capital Wars: The Rise of Global Liquidity* [M]. New York: Palgrave Macmillan, 2020.

[24] Jones, H. *Chinamerica. Why the future of America is China*[M]. New York: McGraw Hill, 2010.

[25] Kagarlitsky, B. *Farewell Perestroika: A Soviet Chronice* [M]. London: Verso Press, 1990.

[26] Kennedy, S. *The Fat Tech Dragon: Benchmarking China's Innovation Drive* [M]. Center for Strategic and International Studies, Washington DC, 2017.

[27] Klein, N. *The Shock Doctrine: The Rise of Disaster Capitalism*[M]. New York: Metropolitan Books, 2007.

[28] Lee, K. *AI Superpowers: China, Silicon Valley and the New World Order*[M]. Boston: Houghton Mifflin Harcourt Publishing, 2018.

[29] Lim, D. The US, China and Technology War[J]. In *Global Asia*. Vol. 14, Issue 1, 2019: 8 - 13.

[30] Lin, P. *La revolución cultural china*[M]. Mexico: Editorial Grijalbo, 1975.

[31] McKinsey Global Institute. China and the world: inside the dynamics of a changing [EB/OL]. July, 2019a. Recovered from: https://www. mckinsey. com/featured-insights/china/china-and-the-world-inside-the-dynamics-of-a-changing-relationship.

［32］McKinsey Global Institute. A new look at the declining labor share of income in the United States［EB/OL］. May，2019b. Recovered from：https：//www. mckinsey. com/featured-insights/employment-and-growth/a-new-look-at-the-declining-labor-share-of-income-in-the-united-states.

［33］McKinsey Global Institute. The China effect on global innovation［EB/OL］. October，2015. Retrieved from：https：//sgc. frankfurt-school. de/wp-content/uploads/2021/07/06242021_China-innovation-session_IFN_FINAL. pdf.

［34］Meagher，M. *Competition is Killing Us: How Big Business is Harming Our Society and Planet*［M］. United Kingdom：Penguin Random House，2020.

［35］Mitchell，T. US Companies Defy Trump's Threats About decoupling from China［J］. *Financial Times*. September 9，2020.

［36］Modelski，G. *Long Cycles in World Politics*［M］. London：Palgrave Macmillan，1987.

［37］Moretti，E. *The New Geography of Jobs*［M］. Boston：Mariner Books，2018.

［38］Naugthon，B. *Growing Out of the Plan. Chinese Economic reform，1978 – 1993*［M］. Cambridge MA：Cambridge University Press，1995.

［39］Naugthon，B. *The Chinese Economy: Transition and Growth*［M］. Cambridge MA：The MIT Press，2007.

［40］Nolan，P. *China's Rise，Russia's Fall：Politics，Economic and Planning in the Transition from Stalinism*［M］. Basigstoke：Macmillan Press，1995.

［41］Nove，A. *An Economic History of the URSS，1917 – 1991*［M］. London：Penguin Books，1992.

［42］Perkins，D. Completing China's Move to the Market［J］. In *Journal of Economic Pespective*. Vol. 8，Issue. 2，1994：23 – 46.

［43］Philippon，T. *The Great Reversal，How America Gave Up on Free Market*［M］. Cambridge：The Belknap Press of Harvard University Press，2019.

［44］Piketty，T. *El capital en el siglo XXI*［M］. Mexico：Fondo de Cultura Económica，2014.

［45］Popov，V. Shock Therapy Versus Gradualism Reconsidered：Lesson from Transition Economies after 15 years of reforms［J］. In *Centre for Economic and Financial*

Research at New Economic School. Issue 49, 2007.

[46] Popov, V. Shock Therapy Versus Gradualism. The End of the Debate[J]. In *Comparative Economics Studies.* Vol. 42, Issue. 1, 2000: 1 - 57.

[47] Preobrazhenski, E. *La Nueva Economía.* 2nd edition[M]. Mexico: Ediciones Era, 1971.

[48] Sacks, J. Privatization in Russia: Some Lesson from Eastern Europe[J]. In *The American Economic Review.* Vol. 82, Issue 2, 1992: 43 - 48.

[49] Shafik, M. What We Owe Each Other: A New Social Contract for a Better Society [J]. In *Finance & Development.* FMI. 2021: 53 - 55.

[50] Sharma, R. The billionaire boom: how the super-rich soaked up Covid cash[J]. *Financial Times.* May 13, 2021.

[51] Shirk, S. *The Political Logic of Economic Reform in China* [M]. Berkerley: University of California Press, 1993.

[52] Snow, E.. *China. La larga revolución cultural* [M]. Madrid: Editorial Alianza, 1974.

[53] Stiglitz, J. Whither reform? Ten years of the transition[C]. In *Annual Bank Conference on Development Economic.* World Bank Mundial, Washington DC, 2000.

[54] UNCTAD. *Data Center unctadSTAT* [EB/OL]. Retrieved from: 〈https://unctadstat. unctad. org/EN/〉(2021).

[55] Weber, I. *How China Escape Shock Therapy: The Market Reform Debate*[M]. London: Routledge, 2021.

[56] Williamson, J. What Washington Mean by Policy Reform [J/OL]. In *Latin American Adjustment: How Much has happened.* Retrieved from: https://www. piie. com/commentary/speeches-papers/what-washington-means-policy-reform.

[57] W. Milberg, D. Winkler. *Outsourcing Economics Global Value Chains in Capitalist Development*[M]. New York: Cambridge University Press, 2013.

[58] World Bank. *World Development Report 1996: From Plan to Market*[M]. New York: Oxford University Press, 1996.

[59] Yueh, L. *The Economy of China*[M]. Cheltenham: Edward Elgar, 2010.

知识资本在国家介入下的知识
优势与比较优势： 发展中国家的经验
可能为后疫情时代新世界秩序提供借鉴

［墨西哥］卡洛斯·桑切斯[*]

陈海若[**]

20 世纪 80 年代伊始出现的新的发展阶段或者知识资本基础上微处理器和软件的发展，它与丰田模式这种新的组织和劳动管理形式结合，重塑了新的产业间和全球劳动分工。一方面，电子和电信部门中以新产品的概念和设计为导向的一系列产业，位于知识产业链的高级环节，在与教育和科学部门有紧密联系的发达国家落地。另一方面，一系列位于知识产业链的中下游环节，致力于通过制造和装配来对这些产品进行复制的公司，则基于丰富的劳动力、刚性工资及其地理位置的比较优势，在发展中国家建立。

中国和墨西哥是知识资本条件下从低端加入全球生产链的典型例子，但二者具有不同的发展模式。中国在国家部署的积极经济产业政策的推动下，从全球生产链的低附加值和中附加值环节逐步攀升到高附加值环节。正如程恩富

---

　* 作者：卡洛斯·桑切斯(Carlos Sanchez)，墨西哥国立大学教授，主要研究方向为国际经济、世界经济结构和经济一体化。著有《知识资本和国家理论：全球经济的发展成果的"时空"阐释》(帕尔格雷夫出版社 2021 年版)。2014 年墨西哥国家大学、墨西哥普华永道和国际金融集团的国家研究奖，上海社会科学院青年汉学家项目成员。

　** 译者：陈海若，复旦大学马克思主义学院博士研究生，主要研究方向为马克思主义基本理论及其中国化研究。

所说,国家的有形之手专注于发展知识和知识产权的内生循环,使其能够部署
和巩固以最具活力的经济部门为中心的本国产业核心。相反,墨西哥废除了本
国于 20 世纪 80 年代之前一直推行的产业政策,在新的发展阶段采取了基于斯
密的自由市场思想和李嘉图的自由贸易思维模式,阻碍了该国在全球生产网络
中向知识产业链的更高环节攀升。

因此,本文旨在对比两个国家在知识资本条件中的发展经验,以探讨中国
能够在国际体系中攀升的发展方式。与墨西哥等发展中国家在新自由主义发
展模式下往往失去对世界秩序的影响力相比,中国在应对 2008 年金融危机和
之后的新冠疫情等状况时取得了更好效果。因此,本文分三个部分:第一部分,
在新自由主义发展模式下,美国出现了一个新的发展阶段或称知识资本发展模
式,以主张自由市场和自由贸易的斯密和李嘉图思想作为主导原则。第二部分
展示了中国和墨西哥进入知识资本发展模式的不同之处。作为亚洲国家的中
国采纳了程恩富所提出的以重视知识和建立知识优势为重点的经济政策,与此
同时,墨西哥则以李嘉图所提出的廉价和丰富劳动力的比较优势为中心。第三
部分讨论了中国的国际地位不断攀升的特点和决定因素,这种方式可供广大发
展中国家,尤其是墨西哥在可能向后疫情时代新的世界秩序过渡时借鉴。

一、新自由主义条件下美国知识资本发展模式的兴起

在 20 世纪 70 年代,福特-凯恩斯主义处于发展阶段中的结构性经济危机,
美国工业利润率表现为呈下降趋势,这意味着美国经济结构的衰退。这是以技
术工程学与迭代更替发展为基础,特别是以劳动力自身价值为主旨的福特组织
结构与劳动管理形式,缓慢阻碍了在生产性技术基础上的商品生产阶段进行新
组合的可能性。

经济结构性的行为僵化表现为一系列的动荡和社会运动,由于凯恩斯主义
宏观经济工具解释和解决了历史变化中表现为经济滞胀的福特-凯恩斯理论范
式的不足,因此这一趋势更为加剧。美联储陷入凯恩斯主义困境陷阱,使得危
机加深。当其试图通过提高利率来阻止通货膨胀时,经济增长被抑制;相反,通

过降低利率来促进工业扩张则会加剧通货膨胀。在结构性危机面前,这两种策略都变得无效,削弱了人们对福利国家解决历史性共同体内部的阶级问题的信心。

20世纪80年代,新的生产技术基础克服了资本主义历史危机,即微处理器的发明、软件的开发以及与丰田模式的结合,丰田模式是一种新的组织结构和劳动管理形式,表现在劳动力的认知、创新和文化方面的价值。如此,扭转产业利润率下降的趋势,迈向新的复苏和繁荣阶段,同时从历史维度来看,是资本主义的一个新长周期的开启。

在金融资本领域,投资银行作为一个新的代理人出现,并通过《格拉斯-斯蒂格尔法案》和Q条例在凯恩斯政策监管下找到了竞争优势,这些监管禁止商业银行在通货膨胀率接近20个百分点时向投资者提供高于6％的利率贷款。在金融领域,尤其是金融证券化过程中进行创新,需要投资银行利用微处理器增强计算能力,加快概率和统计软件程序的开发。

围绕着电子和电信的新工业模式形成了一个新的结构性经济基础,从而允许向一个新的发展阶段或知识资本过渡。它建立了一种新的产业链和全球分工,在发达国家建立专注于新产品和服务的概念和设计的一系列公司,以及在发展中国家建立通过制造和组装再生产这些产品的公司。

在知识资本化时代,美国采取新自由主义发展模式意味着新的生产技术基础与新的社会结构、制度结构或历史集团的形成相结合。新自由主义社会结构的基础是华尔街金融风险资本的代理人利用自己在股票市场的技术-电子优势,寻求非凡的利润,使一批熊彼特式的企业家得以在美国西南部,尤其是加利福尼亚州和硅谷建立。

这一新兴的社会集团通过斯密的自由市场意识形态,将年轻人、拉丁裔、非裔美国人、移民和同性恋组织等少数群体纳入其中,利用了福利国家的弱点。因此,基于以人为本的世界观,即个人的理性能力超越地球上一切生物,市场被视为分配社会资源和解决社会问题的最有效领域。这样,社会不平等就成了统治阶级通过市场解决社会其他部分的基本需求的一个合理后果,为财富集中于少数人手中找到了合理借口。

以李嘉图自由贸易思想塑造经济一体化的区域规则是新自由主义的超国家表现。李嘉图陷阱将所谓的"比较优势法则"隐藏在其逻辑和数学命题背后，它是一种政治-商业战略，主导这种战略的有汽车、金属机械和石化等旧的企业复合体，也有基于新兴生产技术的电子和电信部门，其目的是巩固其在美国国内外的领导地位。在国内，通过金融风险资本和国家进行金融和认知资源的转移，在电子部门作为新发展阶段最具活力的产业模式取得了比较优势。在国外，将发展中国家置于其影响之下，在以自由贸易为霸权原则的李嘉图式世界中，经济一体化承诺满足发展中国家实现进步和在经济增长中获得繁荣的愿望，这便是新古典主义所谓的趋同。

上述情况以落后国家的关税保护的解体为代价，并通过进口替代战略阻碍其工业化进程，致使其从中低端进入全球生产价值链，集中从事再生产、制造和组装任务。这种比较优势建立在充足的劳动力和地缘条件下，以严苛的工资政策为基础。这些原则决定了新自由主义超国家经济一体化规则的形成，例如北美自由贸易协定。

作为一种知识资本化时期美国主导下的国际体系的政治、经济和商业维度，李嘉图世界的建立是英国在帝国世界秩序期间《麦修恩条约》倡导的商业自由主义的再版。这削弱了葡萄牙巩固本国纺织业的努力，导致其将葡萄酒生产作为一种比较优势，将英国纺织业的市场扩大到葡萄牙的国家市场及其在美洲的巴西殖民地。尽管葡萄牙相对于英国在葡萄酒和纺织品的生产上拥有绝对优势（Watson，2017）。

二、中国和墨西哥在知识资本化时期的不同发展成果

中国和墨西哥进入知识资本化时期既有相似之处，也有不同之处，这源于两国独特的发展模式。从 20 世纪 80 年代开始，两国在全球生产网络的价值链中均处于中下游环节。然而，中国成功地逐步向知识产业链的最高环节攀升，墨西哥则几乎停滞不前。这两种不同发展路线看上去存在矛盾，因为墨西哥是

在 20 世纪 30 年代至 80 年代通过实施进口替代战略来实现工业化的强大经验中崛起的,这种战略对工业化和发展水平产生了积极影响。与此同时,中国的发展道路以发展经济、改善民生为中心,这意味着其在经济增长和社会发展上在一开始是艰难而缓慢的。因此,这两种发展结果被惯性地认知下去,但今天的中国和墨西哥的发展正相反。

上述悖论的根源在于国家的经济行为,在历史新阶段采取的发展模式不同。墨西哥是从一个分裂的国家进入知识资本化时代,这削弱了其在经济领域的调节能力。国家的分裂发生在国际危机和新阶段生产技术发展的背景下,受高风险金融资本寻求超常利润的洪流推动,拉美国家,尤其是墨西哥的外债激增。与此同时,拉丁美洲国家在美国福特主义、凯恩斯主义的影响下普遍采取的发展道路,即进口替代工业化战略逐步走向末路。这一双重过程对墨西哥的历史性集团内的一系列群体和社会阶层及其力量关联构成了挑战。

墨西哥的历史性集团形成于 20 世纪 30 年代后半期由拉萨罗·卡德纳斯将军推动的消极革命,并被 1910 年墨西哥革命中的中下层阶级(农民、工人和民众团体)的社会运动持续推动,是墨西哥区别于拉丁美洲其他地区的一个独特标志。同农业采矿出口资产阶级及其在西班牙殖民地的工业和金融继承者相反,墨西哥消极革命的目标是开启国家领导的工业化,及这一过程所推动的工业部门的崛起。20 世纪 80 年代,商品价格下跌引发的债务危机加深了农业采矿出口资产阶级及其工业金融基础同国家官僚机构之间的对抗。由于国家需要流动性资产来维持进口替代战略的长期进行,因此这场斗争从银行系统的国有化开始。

历史性集团的内部分裂引发了两种商业趋势,它们对如何处理集团内部正在出现的统治能力的削弱持不同看法。一方面,自由-保守潮流中不同的行业商会走向联合,如墨西哥共和国雇主联合会(COPARMEX)、国家行动党(PAN)、国家商会联合会(CONCANACO)和农业全国委员会(CNA)。他们要求扩大商业代理人的主导作用,以及加强经济和政治领域内的竞争,但同意国家有必要实施产业政策,以保证经济领域的竞争力(Luna,2004:337,342)。

　　直到 20 世纪 80 年代末，这股潮流一直维持着相对于实用的自由主义潮流
的主导地位。后者由墨西哥商人理事会(CMHN)、墨西哥银行家协会(ABM)、
墨西哥股市机构协会(AMIB)和墨西哥保险机构协会(AMIS)组成。他们主张，
企业的新的领导地位应该从经济自由化中获得，这意味着国家在经济中的监管
作用的减弱(Luna，2004：337，338)。

　　在这种内部争端的情况下，墨西哥面临着美国主导下的全球经济结构的逐
步转型。实用的自由主义趋势在 20 世纪 90 年代的整个十年中持续并巩固，国
有企业和银行私有化，以及在北美自由贸易协定(NAFTA)谈判期间，掌握国家
权力的技术官僚对金融部门的保护主义都使得这种趋势加剧。这些官僚产生
于制度革命党(PRI)，与实用的自由主义潮流有密切联系。他们来自 80 年代财
政部、公共信贷部、规划部和预算部的政治行政精英，完全认同实用自由主义的
意识形态。这使得该国需要从基于进口替代的发展战略，走向基于开放和放松
管制的新自由主义经济道路，即国家放弃其在经济活动中的主导作用(Salas-
Porras，2017：45 - 46)。

　　在技术官僚推动下，经济政策的重点转为调节宏观经济变量，主要是提升
利率和稳定汇率，这导致短期投机资本流入增加，进口激增。因此，工业生产放
缓，贸易赤字增大，导致墨西哥经济在 1994 年底崩溃(Garrido，1998：427，
429)。经济危机和金融实体不良资产组合的指数级增长导致了国家银行体系
的破产，这使得有必要通过相关产业集团对其进行资本化，这损害了有利于其
经济扩张的投资(Garrido，1998：456)。占主导地位的集团放弃了金融扩张，
首先是通过政府中的技术官僚机构实施国家救助，其次是建立银行储蓄保护基
金(FOBAPROA)，最后是将银行资产转移给国际金融集团。

　　国家主导集团手中的金融资本向国际金融资本的转移，开启了出口型农产
矿业资产阶级及其工业外延与促进新自由主义的国际机构、金融资本、国外跨
国生产资本之间的新联盟，形成国家集团服从外国集团的关系。国有企业私有
化的进程使得出口农产矿业资产阶级及其工业分支的规模和经济的影响力扩
大。他们通过对商业银行的私有化来改善其金融地位，而这些银行则在他们手

中成为寡头,专注于汽车、金属机械、石油化工复合体、农产品、采矿和制成品产业部门。

这一联盟由执政的技术官僚推动和实施,代表了出口农产品、矿业资本家在历史性集团中保持主导地位的可能性。尽管违背了对进口替代战略下的工业资本家阶层与底层阶层(中低层中产阶级、工人阶级、农民和普通城市群体)的历史承诺,但是农业矿业资本家在新时期加入了全球价值链的中、下环节。

这一历史性集团内部的领导权危机使得墨西哥在知识资本化中走上了新自由主义发展道路,这意味着国家的分裂和进口替代工业化时期实施的产业政策失败。从斯密的角度来看,国家分配角色转移,工业和社会发展资源配置转移到了市场,融入了基于李嘉图自由贸易思想的超国家规模的北美经济一体化。

与墨西哥相反,正如桑切斯(2021)所揭示的那样,中国在 20 世纪六七十年代走上了一条基于群众路线的发展道路,其核心是政治-军事战略。由于担心美国像入侵越南一样侵略中国领土,中国优先发展西北部和西南部偏远省份,在 1965 年至 1971 年,为促进这些地区军事和工业发展进行了大规模投资,被称为"三线"建设。

"三线"建设的第一阶段以西南省份(四川、云南和贵州)为重点,建立一个从采矿与能源生产到组装包括军事装备在内的精密机械的完整的工业体系,这一工业体系要求优先建设铁路运输网络。第二阶段开始于 1969 年,重点是湖北、河南和山西的交汇处,向湖南西部、四川和贵州东部延伸。目标同样是建立一个以铁路网、水电站,尤其是包括军事在内的机械制造业为中心的工业体系。

尽管从军事角度来看,由于福特-凯恩斯主义发展阶段结束和 20 世纪 70 年代上半叶美国知识资本的兴起,因此"三线"建设的战略失去了意义,但是在经济上,"三线"建设表现出矛盾的结果。一方面,在中国领土上难以进入的地区建设军工综合体需要大量资源投入,成本巨大;另一方面,"三线"建设使中国能够迅速推动内陆地区所必需的工业发展,若非如此,可能需要耗费更多时间。

1978 年中国开始实施改革开放政策。中央政府承担着与国有企业的资本

管理有关的发展战略规划任务。其中一些企业源于"三线"建设，重要财政资源
用于汽车、电信和太阳能等工业部门的科技发展。中央政府还通过财政和货币
工具监管国家控制的金融资本，根据其与国家、政府或私营公司的联系，为外国
资本进入国内市场设立条件，从而建立合资企业，其目的是推动技术转让，提升
中国企业在全球生产价值链中所占的规模。

　　与墨西哥不同，中国进入知识资本时代意味着一种不同于新自由主义的发
展模式，它没有选择斯密式自由市场和李嘉图式自由贸易的古典经济学范式作
为理论支撑，而是接近程恩富关于从自主开发关键技术和自有品牌中打造知识
产权相关优势的理论主张。

　　古典贸易理论的基本主张是，A国在生产商品X方面具有比较优势，B国
在生产商品Y方面具有比较优势。因此，A国专门生产X，B国专门生产Y，并
对满足X与Y的国内需求以外的剩余部分进行自由贸易，这将是互利的。

　　如图1所示，在没有自由贸易（Ⅰ）的情况下，a点代表其生产曲线和无差异
曲线的交点，决定了商品X和Y的内部需求。比较A国和B国生产可能性曲

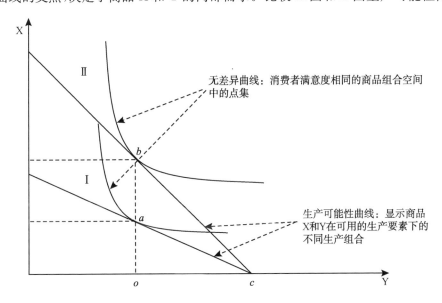

图1　李嘉图比较优势的教学模型

资料来源：作者阐述。

线的斜率,可以确定商品 Y 在 A 国的生产成本较低,则该国在该商品的生产方面将比 B 国具有比较优势。李嘉图建议 A 国与 B 国建立自由贸易关系,专门生产 Y,减少与 B 国相比处于劣势的商品 X 的生产,并从 B 国进口该商品。

下面看一种新的情况,在自由贸易(Ⅱ)的条件下(见图 1),新的生产可能性曲线和无差异曲线相交于新平衡点 b。在 b 点,商品 Y 的国内需求得以维持,距离 $o-c$ 表示出口到 B 国的 Y 的额外产品,而商品 X 在 A 国的以距离 $o-b$ 表示的所有国内消费都是从 B 国进口的,这比情况Ⅰ($o-a$)中的消费量更高。

然而,如果 A 国的经济落后于 B 国,而商品 X 在生产技术上比商品 Y 更先进,与 B 国建立自由贸易关系就将导致 A 国落入李嘉图陷阱。经济一体化的条件意味着 A 国在生产商品 X 方面的产业努力减弱,该国将专门生产技术含量较低的商品 Y 出口到 B 国。

李嘉图范式下的自由贸易(Ⅱ)对 A 国来说意味着国家不再培养自身的工业技术核心。这样,"新的生产可能性曲线"就不再代表落后国家的生产能力,因为它专门生产技术含量较低的商品 Y,作为与较发达国家 B 进行商业往来的条件。因此,考虑到 A 国与 B 国之间的经济依赖和技术落后状况配置,在这种情况下,新古典经济学假设的落后国家与发达国家之间的经济趋同预测是不可能实现的。大卫·李嘉图的比较优势数学模型在数学上是站不住脚的。

由于作为新自由主义理论核心的新古典主义理论范式存在不足,因此程恩富(2021)提出,没有独立的科技创新体系或自主品牌体系的发展,落后国家只能被其他国家控制。因此,有必要建立知识产权优势,即以核心自主技术和建立自主品牌为主要内容,逐步拥有自主知识产权的经济优势。这样,通过建立自己的知识产权优势,中国这一具有竞争力的国家[①]实现了其出口产品的结构升级。

---

① 桑切斯将中国式竞争力国家定义为:一种以致力于实现其发展目标的实用主义为驱动力的超级结构,但前提是历史集团内部强大的统治能力。具有竞争力的国家具有适应性,通过重新配置体制和空间特征,使自己处于发展新阶段的前沿。此外,实用主义者利用社会和数量的不平衡,在发展事业中保持并最大限度地发挥其全球优势。基于这一发展路径,中国式具有的竞争力的国家为其在世界舞台上的经济腾飞创造了有利的内生条件(Cheng, 2021:110-111)。

只有选择合适的技术发展路径，才能缩短与发达国家的差距，促进经济有
选择地赶超发达国家。在短期战略上，制造业应该注重在实践中学习，从而开
发实用技术；在中期战略上，要认清世界产业发展趋势，推动生物化学、电子技
术、信息技术等技术的研发，国家要以多体性科研机构为主体，在加强知识产权
保护的同时，促进合作与协调；在长期战略方面，要加强基础研究，以国家和大
学研究机构为驱动实体，增加资本和人力资源投资，提高公民素质，创建和发展
国家科技创新体系(Cheng，2021)。

大卫·李嘉图的比较优势理论和程恩富的知识产权优势具有不同特点，分
别作为墨西哥和中国发展模式的理论核心，意味着它们的发展和经济增长存在
根本性差异。在墨西哥，新自由主义开启了一个从 20 世纪 90 年代开始一直持
续到今天的经济停滞期，这一系列过程为：新自由主义—去工业化—经济停
滞—贫困和社会不平等—暴力和毒品交易，在拉丁美洲国家产生了强烈的政治
和社会影响。而在中国，一种不同于新自由主义的发展模式，一种国家主导
的——根据本国情况——以创造知识优势为核心的发展模式，使得中国经济增
长率显著提高，中国成为一个具有全球影响力的大国，开启了后疫情时代新世
界秩序的可能性。

三、知识产权优势是中国产业政策迈向后疫情时代新世界秩序的关键驱动力

考虑到康德拉季耶夫(Sandoval，2008)、熊彼特(1997)和佩雷斯(2004)等
作者阐述的资本主义制度发展的长周期性质，可以从时空方法和动态不平衡的
角度理解中国这一具有竞争力的国家的产业政策。它们都暗含了马克思
(2001)在《资本论》中所揭示的关于短周期或工业周期的原始方法，即通过将新
技术发展纳入商品生产阶段来更新固定资本，可以推进资本主义走向复苏和繁
荣的新阶段。

这一原则与程恩富在落后国家打造知识产权优势作为促进国家发展进程
的战略的做法是一致的。在中国的案例中，该原则贯穿于 2016 年国家批准的

创新驱动发展战略(IDDS),以加强和促进一系列以微处理器为技术基础的新兴重点战略产业,作为知识资本的结构性经济基础。

新兴的战略产业围绕着个人和对象数据的创建和收集,通过物联网或万物互联的发展扩大虚拟规模。加强这一生态系统需要数据的处理、分析和传输,以及通过深度学习做出决策,即量子计算和 5G 电信支持的人工智能。2018年,中国政府用于民用人工智能研发的公共支出估计在 1.7 亿至 5.7 亿美元(Acharya,2019)。相比之下,美国的同一指标在 2021 年是 1.5 亿美元(The White House-Office of Science and Technology Police,2020)。

将上述技术基础纳入生产过程及其资本主义价值化,促进了制造业的自动化、智能交通系统的开发、通过智能电网分配和管理能源、医药和远程监控的出现,以及创意和内容生产产业的扩张。简而言之,它开启了一场新的工业革命的可能性。

中国政府在 IDDS 中综合实施的产业政策是中国共产党对整个公民社会强大整合能力的结果。如前文所述,这一能力是 20 世纪 70 年代下半叶以来历史性集体领导过程的结果。中国共产党强大的统治能力使国家能够通过实施补贴、免税、政府采购优惠、政府风险投资、开发银行和建立国家技术标准促进围绕电子与电信产业核心的增长与发展。

中国的发展模式以知识产权优势建设为基础,以国家推动产业经济发展为中心,它使中国的国际地位攀升。相反,新自由主义作为美国领导的大西洋霸权发展道路,在 2008 年金融危机和新冠疫情之后,目前面临着关于其长期可行性(以及作为其理论核心的新古典经济学)的强烈质疑。两次危机中,中国的应对都表现出了更好的效果。这开启了向后疫情时代新世界秩序过渡的可能性,将全球经济的中心从大西洋转移到太平洋。

四、结论

向新的世界秩序过渡的境况给落后国家,特别是拉丁美洲和墨西哥带来了新的挑战。从中国和墨西哥不同发展模式得出的经验教训表明,新自由主义作为一种实现墨西哥等落后国家进步和经济发展愿望的可行的发展模式已经走到末路。这也意味着美国作为国际霸权体系的领导者和指导者的形象越发模糊。

墨西哥从 20 世纪 80 年代后半期开始走上新自由主义发展道路，加入北美自由贸易协议（NAFTA）这一超国家规模的经济一体化组织，其基础是斯密的自由市场和李嘉图的比较优势理论范式。这意味着，国家经济行动在产业政策中的缺位产生了一系列严重的经济和社会后果：新自由主义—去工业化—经济停滞—贫困和社会不平等—暴力和毒品交易。

墨西哥要从中国的经验中吸取教训，应该以明确的政治目标为中心，团结渐进式改革的知识分子学派，以领导社会组织的重构，从而能够在这个拉美国家的历史集团内重新界定不同社会群体的具体权重。这种重新界定的目标应该以另一种理论范式为导向。这意味着从新古典主义自由市场转变为构建国家的全新角色，实施其自身的产业政策，重点是创造知识产权优势，正如程恩富所设想的那样。

因此，墨西哥的新产业政策必须是国家的一项深思熟虑的计划，目的是促进增长和发展进程，其基础是形成一个内生的知识核心，重点是作为当代全球经济中最具活力的产业分支即电子和电信产业。对中国的案例研究表明，这是打破依赖和经济落后局面的可行途径，墨西哥应及时向全球网络知识产业链的最高环节攀登，以便在迈向后疫情时代新世界秩序的进程中，为实现其发展愿望谋求空间。

参 考 文 献

［1］Acharya. A. Chinese public AI R&D spending: provisional findings. Center for Security and Emerging Technology, 2019.

［2］Cheng. E. *The Original Intention of Reform*［M］. India: Left Work Books, 2021.

[3] Garrido. C. El liderazgo de las grandes empresas industriales mexicanas. En W. Peres (Coord.), *Grandes empresas y grupos industriales latinoamericanos. Expansión y desafíos en la era de la apertura y la globalización* (1998: pp. 397–472). México: Siglo XXI.

[4] Luna. M. Business and Politics in Mexico. En K. Middlebrook (Ed.), *Dilemmas of Political Change in Mexico* (2004: pp. 332–352). London: Institute of Latin American Studies-University of London, Center for U. S. -Mexican Studies-University of California-San Diego.

[5] Marx. C. *El Capital. Crítica de la economía política*[M]. México: Fondo de Cultura Económica, 2001.

[6] Perez. C. *Revoluciones tecnológicas y capital financiero. La dinámica de las grandes burbujas financieras y las épocas de bonanza*[M]. México: Siglo XXI, 2004.

[7] Salas-Porras. A. *La economía política neoliberal en México: ¿Quién la diseñó y cómo lo hizo?*[M]. México: Akal, 2017.

[8] Sandoval. L. *Nikolai Dmitrievich Kondratiev. Los ciclos largos de la coyuntura económica*[M]. México: UNAM, 2008.

[9] Schumpeter. J. *Teoría del desenvolvimiento económico: una investigación sobre ganancias, capital, crédito, interés y ciclo económico*[M]. México: Fondo de Cultura Económica, 1997.

[10] Sánchez. C. *Knowledge Capitalism and State Theory. A "Space-Time" Approach Explaining Development Outcomes in the Global Economy*[M]. Palgrave Macmillan, 2021.

[11] The White House-Office of Science and Technology Police (2020)[R]. *Artificial Intelligence & Quantum Information Science R&D Summary*. Executive Office of the President of the United States.

[12] Watson. M. Historicising Ricardo's comparative advantage theory, challenging the normative foundations of liberal International Political Economy [J]. *New Political Economy*, 2017, 22 (3), 257–272.

第 Ⅲ 部分

当代马克思主义经济学

哲学视角分析中国发展现实问题

马克思主义的活劳动价值论自动化后是否还存在

创新的马克思主义经济学

雇佣奴隶制、资本与价值规律

哲学视角分析中国发展现实问题

［澳大利亚］罗兰·波尔[*]

吕晓凤[**]

笔者将从社会主义建设开始,研究马克思主义如何实现了从无产阶级革命到建设社会主义,从共产党作为革命党到执政党的实质性飞跃。正如列宁曾经指出的,通过无产阶级革命获得权力是比较容易的,而建设社会主义是成倍复杂的。然而,在社会主义国家之外,如何运用马克思主义建设社会主义的研究仍有诸多不足。

马克思主义哲学是笔者的专长,根据哲学方法,首先,分析马克思主义的基本原理与马克思主义需回应的现实问题之间的关键性区别[①],此处重点探讨程恩富对马克思主义价值论的创新发展。其次,将通过重要的案例来阐释马克思主义矛盾分析法(辩证法),主要聚焦于近期提出的"双循环"经济政策,对于1978年改革开放前后两个历史时期的理解,以及社会主义制度下计划经济体制与市场经济体制之间的关系。后者引出了第三个论题,即程恩富提出的在实现共产主义之前,关于社会主义三个阶段的相关看法。对此,笔者提出了一些疑问,也尝试作出解答。最后,笔者将重点讨论海外学者可能感兴趣的话题,因此在第四部分将梳理程恩富国际参与的情况,力求"讲好中国故事"。

---

* 作者:罗兰·波尔(Roland Boer),澳大利亚共产党员、大连理工大学马克思主义学院马克思主义哲学教授。

** 译者:吕晓凤,北京社会主义学院讲师,博士研究生,主要研究方向为马克思主义基本原理。

① 程恩富在线成果数据库以基本理论和现实问题来区分并组织大量的文献。

一、基本原理与具体判断：价值理论

马克思主义的主要特质之一是不教条，是行动的指南。更准确来讲，马克思主义有其基本原理，要运用相关方法论来分析具体情况下的具体问题。如何理解原理与判断方法与措施之间的关系呢？从马克思恩格斯的论著中可以找出一系列基本原理：劳动价值论（以及剩余价值）、阶级分析、经济基础与上层建筑、经济的决定性作用等。然后，我们可以结合具体的实例分析，比如 20 世纪 20 年代至 30 年代的苏联（从"国家资本主义"、新经济政策到"社会主义攻势"）或者 70 年代至 80 年代的中国（开启改革开放）等。从中总结出一些适用于任何时间和地点的相对稳定的原理，以及依据具体时间和地点的变化而需要作出具体判断的情况。

虽然这种方法论极具吸引力，但它极易沦为恩格斯所提及的"学理主义和教条主义"方法论，以为"只要把它背得烂熟，就足以应付一切"（Engels，1886：578）。正如列宁所言，"只有不可救药的书呆子，才会单靠引证马克思关于另一历史时代的某一论述，来解决当前发生的独特而复杂的问题。"（Lenin；1899：16）一种更加辩证的马克思主义的方法论，是着眼于基本原理的发展。正如程恩富指出："马克思主义基本原理是可以随着实践的发展或理论认识的深化而得到丰富性和扩展性发展与创新的。"（Cheng，2020：102；Cheng and Yu，2013）根据具体问题具体分析的理论内涵，即便是最基本的原理也需要不断深化和发展。虽然理论与实践的辩证关系是马克思主义方法论的主要内容，但是程恩富提出的一系列基本原理极具启发性，他不仅提到马克思的劳动价值论、剩余价值的转移、再生产理论，还提及列宁的帝国主义论和国家与革命理论、邓小平的社会主义初级阶段理论、社会主义市场经济在东欧的初步显现及在中国的充分发展。显然，这些基本原理远远超出了局限于创始人文本研究的僵化思想。它们源于一种活的传统，并在实践和更深层次的理论反思中不断发展。

我们可以举出许多例子，但让我们从问题的核心开始分析——劳动价值论。通过区分使用价值和交换价值，明确工人创造的剩余价值是资本主义剥削的关键，显然，马克思主义对于劳动价值论的阐释是一个主要和基本的原理。

马克思和恩格斯发展了这个与资本主义制度相关的价值理论,但不少政治经济学家却认为该理论仅仅局限于分析资本主义制度。尚未解决的问题是:劳动价值论是否适用于社会主义建设和社会主义制度? 如果适用,该如何指导实践? 那些没有社会主义建设经验人可能会持消极态度,如此就丢失了作为马克思主义学者所肩负的责任。

20 世纪 50 年代,人们已认识到应当用价值理论来指导社会主义建设(Stalin,1952)。程恩富继承了这项经验,并结合了中国特色社会主义市场经济进一步发展了该理论。在一系列重要研究成果中,程恩富强调劳动价值论是一切市场经济的理论基石(Cheng,Wang and Zhu,2005,2019;Cheng,2007:16‐21;Freeman,2019)。在任何制度背景下(包括社会主义制度)实行市场经济,都需要以劳动价值理论为基础。但是,如何理解这一理论呢? 程恩富就马克思关于劳动价值论的定义作出如下阐释:"凡是直接为市场交换而生产物质商品和精神商品以及直接为劳动力商品的生产和再生产服务的劳动,其中包括自然人和法人实体的内部管理劳动和科技劳动,都属于创造价值的劳动或生产劳动。"(Cheng,2007:17)事实上,程恩富的阐释已经拓展了马克思的理论所适用的范围,包括:(1)工业、农业、建筑业等领域的物质商品生产;(2)商品的运输或流通;(3)无形精神商品的生产,即激发文化生命力的活动,如教育、科研、艺术、新闻出版等;(4)重要活动的服务劳动,如医疗、保健、体育等;(5)企业的经营管理,其中涉及社会劳动的管理,同时存在私有制对剩余价值的剥削;(6)劳动的客观条件和主观条件变化(依据变化条件的不同,将导致多种复杂的结果),但劳动的复杂程度、熟练程度和强度的提高是主要方向,将推动商品的价值总量和社会价值总量呈现向上变动的趋势。

虽然多种劳动创造价值是新理论的核心,但劳动并不是价值产生的唯一要素。因此,要从"全要素财富"和"按劳分配"的角度来探讨财富分配问题。[①] 前

---

① 参见马克思和恩格斯提出的"各尽所能,按劳分配"的社会主义分配原则(Du and Cheng,2017:48‐49,50‐51)关于该原则的措辞在 20 世纪 20 年代至 30 年代苏联的起源的详细研究,请参见笔者前期的研究成果(Boer,2017:30‐36)。

者指土地、资源、资本、生态等非劳动要素,共同作用于产品的使用价值,以及人和物质生产资料之间的关系。而后者引出了社会主义的重要概念,即各尽所能,按劳分配,并曾经流行于 20 世纪 30 年代的苏联。同时,必须认识到,尽管依靠市场机制调节可能是分配的主要形式,但分配并不局限于私人个体之间的互动。正如艾伦·弗里曼(Alan Freeman,2019:6)所言,专注于个体、私有制研究的新古典经济学扭曲了有关分配的分析。事实上,集体或国家在防止出现极端分配不均方面发挥着至关重要的作用。活的劳动、财富和分配构成一个整体,其中,劳动是核心。

"新的活劳动创造价值假设"产生了什么影响呢? 第一,使价值理论可以广泛用于劳动的所有形式。此处隐含着中国人判断各种劳动形式的方法,而工人这一术语仅指参加工业生产的特定劳动形式。程恩富的理论试图将劳动价值论从后者延伸到前者,包含了劳动的所有形式。因此,传统马克思主义对于资本主义剥削下剩余价值的分析可能适用于资本主义市场经济,但若将其局限于这种用法,则既是教条化马克思主义的一种形式,也抑制了社会主义建设的潜在力量。为激发社会主义建设的潜在力量,程恩富创新了劳动价值理论,即通过各种形式的活劳动来创造价值,从而助力于社会主义建设。第二,强调了何为公共利益:劳动、财富和分配三个要素不是为了强化个人私利(新古典主义经济学的必要假设),而是为了促进整个社会的利益(Cheng,2007:21-24)。第三,该价值理论不仅适用于社会主义市场经济,而且适用于整个社会主义社会。要理解这一点,需了解相关背景:在之前的研究中,笔者发现中国学者在该问题上存在争论(Boer,2021:130-131)。部分学者认为,劳动价值论仅适用于社会主义制度下市场经济部分,而另一部分学者认为,劳动价值论可以延伸用于社会或公共的价值。笔者认为,程恩富关于劳动价值论的创新应属于后者[①],特别是他强调无形精神生产、重要的服务劳动、企业管理以及社会价值总量向上变动的趋势。正如程恩富在其相关论著中指出,"国内生产福利总值"(GDWP)

---

① 参见下文关于社会主义阶段的部分,程恩富明确了价值规律与市场调节的关系。

是经济、自然和社会三个系统效用的集合,并以此综合确定"最终福利总值"
(Cheng and Cao,2009;Cheng,2020:101)。

综上所述,从哲学层面分析了理论与实践的相互作用。马克思和恩格斯早
期的价值理论可能来自他们对资本主义市场动态的分析,由此产生了一条主要
的马克思主义基本原理。但其并未僵化于理论层面[①],而是应用于当前社会主
义建设的不同性质环节,从而,进一步促进了理论的发展。该理论的发展并未
违背其创立之初的基本原理。

二、矛盾分析

第一部分的结语特别提及了马克思主义哲学的一个鲜明特征,即辩证分
析,在中国也被称为矛盾分析。此处,笔者不再赘述从列宁到毛泽东对矛盾分
析的发展,因为在其他文章中已论述相关内容(Lenin,1915;Mao,1937;
Boer,2021:55-78)。笔者将通过探讨程恩富运用矛盾分析方法的三个具体
案例。[②]

（一）辩证唯物主义视野下的"双循环"

第一,双循环格局于 2020 年提出,立足新发展阶段,是"十四五"规划的核
心内容。关于该政策的相关研究大量涌现,其中一篇由程恩富和张峰(2021)撰
写的文章被广泛传阅。[③] 文章明确指出主要聚焦于双循环格局及其背景下的辩
证分析,需特别说明,在此之前公开发表的大量研究成果倾向于关注中美贸易
摩擦。相对而言,程恩富和张峰强调,双循环格局明确了以形成国内大循环为
主体,国内国际双循环相互促进的格局。从中可以透视对于矛盾分析法的运

---

① 价值理论也在对资本主义剥削的分析中不断发展,但这不同于对社会主义建设的分析。

② 程恩富运用矛盾分析的方法与资本主义经济学派极端的或"非此即彼"的分析方法形成了鲜明
对比(程恩富,2021:1-2)。笔者从诸多相关内容中选取了三个案例,包括中国特色社会主义与科学社
会主义的关系,理论性与实践性、特殊性与世界性、历史性与逻辑性的有机统一,以及第一部分中提到的
"利己和利他经济人假设"与"资源和需要双约束假设"等相关内容(Cheng,2007;Zhang and Cheng,
2015:51;Du and Cheng,2017:46-47、53-55)。

③ 总体而言,该文并非最新提法,因为长期以来程恩富都主张以自力更生为主,通过自力更生促进
开放(Cheng,2016:6)。

用,尤其是不仅需要搞清楚主要矛盾,而且需要明确矛盾的主要方面(Mao,1937:320 - 327)。

第二,显然,矛盾的主要方面是国内大循环。这引出了矛盾分析的第二个要点——内因起决定性作用(Cheng and Zhang,2021:110)。在辩证唯物主义的经典表述中,质变源于事物内部的运动,而量变(增加或减少)主要受外部力量的影响。[1] 但强调建立"双循环"并非主要源于外部压力,如新冠疫情以及不断衰落的美国对中国崛起的遏制,而是主要源于内部因素。程恩富和张峰认为,这项新政策是新发展阶段的内在要求。他们总结了中国具有的重要优势,包括拥有劳动力(9 亿人)和不断壮大的中等收入群体(超过 4 亿人),是唯一一个拥有全部工业门类的大国,以及在越来越多的科技创新领域处于全球领先地位。这些优势将推动国内生产、国内流通、国内分配、国内消费等关键环节的循环过程,不断满足人民对美好生活的需要。基于以上发展,迈向高质量发展阶段的时机已经成熟。这将是一个新阶段,而中国也提出了新的主要矛盾:"人民日益增长的美好生活需要和不平衡不充分的发展之间的矛盾"(Xi,2017:5)。显然,在推动偏远落后地区发展,突破关键核心技术"瓶颈",实现绿色发展,保障民生,完善缩小贫富差距、实现共同富裕的分配体系等方面,还有许多工作要做。他们认为,新政策有望解决中国在 20 世纪 90 年代至 21 世纪初因迅猛而不均衡的经济增长所遗留的问题(Cheng and Zhang,2021:113 - 115)。以上所述主要为内部问题,外部因素对内部问题起作用,但其发挥的作用是次要的。外部因素也许可以概括为西方国家基本经济政治文化制度和国家治理的固有劣势,而新冠疫情的暴发鲜明地揭示了这一点[2](Cheng and Zhang,2021:109)。为了不受资本主义经济内在缺陷的影响,中国需要确保经济安全,增强自身实力。事实上,如果中国要建成"社会主义现代化强国",就必须夯实内部

---

① 该观点曾被列宁重视,并在苏联得到一系列经典阐发,之后由毛泽东进一步发展为矛盾分析法(Lenin,1915;Mitin et al.,1935;Shirokov and Iankovskii,1932;Mao,1937)。

② 该文章主要讨论了 2019 年香港骚乱的内部原因,包括香港的资本主义经济制度、政治制度和教育制度。

因素发展的基础①(Cheng and Zhang，2021：112)。

第三，以对立统一范畴来分析国内大循环和国际大循环的关系(Cheng and Zhang，2021：111-112)。鉴于两个循环之间必然的联系，要处理好二者的关系，使国内国际两个循环相互促进。中国制造业产值居世界第一，进出口规模也居世界第一。显然，国际大循环离不开中国的国内大循环。中国对全球经济增长的贡献率达到30%以上，成为拉动世界经济增长最重要的引擎。根据毛泽东(1957)关于"正确处理"矛盾的提法，程恩富和张峰(2021：111-112)提出"妥善处理"和"正确处理"国内大循环和国际大循环之间的矛盾，从而避免其相互限制，并通过提高效率和质量来推动二者的相互促进。辩证唯物主义认为对立的统一是暂时的、有条件的，而对立的斗争是绝对的，如何理解这一点呢？(Mao，1937：327-333)也许我们可以理解为，在世界多极化以及中国与众多国家建立了友好关系的背景下，强调对立统一是对于日益衰落的西方与不断强大的中国之间现实斗争的一种回应。在世界多极化背景下，应当以管控分歧为目标，以便消除矛盾的对抗性。这也许是一个较高的要求，但在国际关系的背景下，该目标本身及其实现需要遵循马克思主义和社会主义的非对抗性矛盾原则。

（二）1978 年前后

对于海外读者而言，第二个具有高度相关性的案例是如何理解改革开放前后的关系。这是一个重要的转折点，尤其与经济基础相关。问题在于：改革开放是否意味着对 1949 年到 1978 年这段历史时期的否定，还是应当用改革开放前的历史时期来否定改革开放后的历史时期？在中国的马克思主义话语中，改革开放前后两个历史时期互相否定都是历史虚无主义的表现，被视为否定中国共产党的领导，宣扬马克思主义过时以及中国已经放弃马克思主义的指导等观点(Zheng，2008；Zhu，2016)。相反，应当从多个层面辩证地看待这两个时期。

---

① 该处引自习近平，也被中国半殖民地的屈辱历史所证实，"人类历史上，没有一个民族、没有一个国家可以通过依赖外部力量、跟在他人后面亦步亦趋实现强大和振兴"(Xi，2013c：29)。

第一个层面是在一个的基础上建设另一个,即继承与发展(程恩富倾向的方法)。1978 年前的历史时期清除了买办资本主义、殖民主义、封建主义残留,完成了初步的任务,可以被视为"第一个经济奇迹",包括科学技术的重大发展,独立的工业和国民经济体系的初步建立,教育、文化和卫生的发展,人口的增长(在数量和平均寿命方面),民生的较大改善,以及中国开始在国际事务中崭露头角,从成功恢复在联合国及安理会的合法席位,到对于占世界绝大多数的发展中国家的号召力不断增强等(Cheng and Cao,2019)。正是建立在 1978 年前的发展基础之上,在 1978 年后,中国才取得了今天的成就:工业产值和外汇储备跃居世界第一、经济总量稳居世界第二、教科文卫体发展显著、民生从温饱提升为小康、香港和澳门的成功回归等。迄今为止,笔者从几篇关键的文章中得出了上述结论(Cheng and Cao,2019;Cheng,2018:2 - 3;2020:99 - 101),尤其是在一些人倾向于否定 1978 年前的历史时期的背景下,这些篇文章强调了1978 年前的成就。

前文主要根据继承与发展的思路分析 1978 年前后两个历史时期。但存在一个问题:如果 1978 年前的历史时期为改革开放奠定了重要的经济、社会、文化基础,那么,为什么要开启改革开放?为什么不继续推行 1978 年前的中央计划经济并加速实现公有制?为解决这些问题,需从另一个层面展开分析,即解放生产力和占有生产力的辩证关系层面。在详细探讨这个问题前先来思考一个相关的问题:1978 年前的历史时期假设了一种因果关系,即从某种意义上讲,可以通过加速公有制的实现来解放生产力。在这个假设中,处理社会主义建设的基本矛盾,即生产力与生产关系的矛盾,需要深刻地调整生产关系。后来有学者指出,毛泽东也重视解放生产力(通过对 20 世纪 50 年代至 60 年代初期的考察,我们可以得出该结论)。而 1978 年后的历史时期从不同角度探讨了辩证法:在 20 世纪 70 年代生产力出现明显停滞,并未按预期发展,因而生产力成为最需要被重视的部分。当前,强调解放生产力产生了显著的效果,但也引发了一系列新的矛盾,包括工人的工作条件恶化、生态环境退化等。2012 年,习近平当选中共中央总书记,重新强调"以人民为中心"、社会主义民主、共同富裕、确保没有一个人掉队,是对生产资料所有制和解放生产力之间辩证关系的进一步发展。程恩富和曹雷(2019：6)讨论了以此为标志的新时代,也可以称为第三个历史阶段。

最后,我们可以借鉴习近平关于 1978 年前后两个历史时期的全面的辩证认识(Xi, 2013b；2019)。他认为理解这一关键的政治经济问题,要把握三个方面。第一,1978 年前的历史时期为社会主义建设奠定了必要的基础,因而在 1978 年以后,中国才实现了顺利发展,没有遇到像苏联那样的亡党亡国危机。第二,"虽然这两个历史时期在进行社会主义建设的思想指导、方针政策、实际工作上有很大差别,但二者绝不是彼此割裂的,更不是根本对立的"。在前一历史时期,提出了许多正确主张,当时没有真正落实,改革开放后得到了真正贯彻。第三,要正确评价改革开放前后两个历史时期。不能用改革开放后的历史时期否定改革开放前的历史时期,也不能用改革开放前的历史时期否定改革开放后的历史时期。改革开放前的历史阶段为改革开放积累了条件,"改革开放后的社会主义实践探索是对前一个时期的坚持、改革、发展"(Xi, 2013b：22 - 23；2019：2 - 3；Wang, 2014：16 - 17)。

(三)市场经济和计划经济

第三个案例是中国学术界的主要结论,即计划经济和市场经济都是国家体制,都可以为社会主义制度服务,从而决定了二者的性质。自 20 世纪 90 年代以来,该观点立场明确(波尔,2021：115 - 138),但在中国以外,却鲜为人知。[①]在计划经济与市场经济的关系中隐含着一系列的辩证法,即生产力与生产关系之间的矛盾表现,市场经济的普遍性与其在特定制度下的特殊性。当前中国对计划经济和市场经济辩证地扬弃与转化(Huang, 1994；Yang, 1994；Zhang and Zhuang, 1994；Gao and Zheng, 1996；Zhang, 2009)。

程恩富提出了至少两种不同的分析路径。一是区别计划的公平性与市场的效率性,强调二者的相互作用应实现"公平与效率互促同向变动"(Cheng,

---

① 因此,一说市场经济就是资本主义,一说计划经济就是社会主义,都属于分类错误。

2007：26 - 29；Yang，2009：175）。二是在第一点的基础上，区分了计划和市场
两种调节方式（Cheng，2016：4 - 5；Cheng and Wang，2020：28 - 29）。当然，
不仅只有程恩富持有这种观点。但是，程恩富根据比例规律（公平分配以确保
所有人受益）明确指出计划由国家主导，市场靠价值规律调节。[①] 这两种调节方
式如何相互作用和相互影响呢？计划通过宏观调控作用于市场，以发挥市场在
资源配置中的最大作用，而市场可以保证国家调节的效率。在理想情况下，二
者之间的相互作用应该形成高功能市场与高功能政府、高效市场与高效政府的
格局，以便将更好发挥政府作用和市场决定性作用看作一个"有机整体"。

需注意，程恩富坚定地认为：一是社会主义制度的固有内涵要求以计划为
主导，以市场为辅助。这一点不同于更为主流的观点，即市场以及计划的性质
是由整个社会主义制度决定的。二是社会主义市场经济是社会主义初级阶段
的特征，而不是社会主义在后续更高级阶段的特征。

三、阶段问题

前文引出了阶段问题。笔者对于 20 世纪 80 年代末至 90 年代初提出的关
于社会主义三阶段的代表性观点非常感兴趣。[②] 由于该观点是众所周知的，因
此不再赘述其具体内容及背景。[③] 然而，令人感兴趣的一点是，经过长期的发
展，阶段逐渐推移，将全面过渡为公有制和计划经济。[④]显然，这些不可能一蹴
而就，需要经过长期发展才能实现。中国根据长期处于社会主义初级阶段的综

[①] 请注意，这与之前对价值规律的理解略有不同。

[②] 就革命的三个阶段和世界社会主义五百年的各个阶段而言，程恩富的观点不同于其他的阶段理
论（Cheng，2021；Cheng and Yang，2021）。这些理论是回顾性的，而程恩富的社会主义阶段论具有前
瞻性。

[③] 可总结为：初级阶段经济制度＝多种公有制主体（私有制辅体）＋市场型按劳分配主体（按资分
配辅体）＋国家（计划）主导型市场经济；中级阶段＝多种公有制＋多种商品型按劳分配＋国家主体型计
划经济（市场调节辅体）；高级阶段＝单一全民公有制＋产品型按劳分配＋完全计划经济；共产主义＝单
一全民公有制＋产品型按需分配主体（个别供不应求的新消费品按劳分配）＋完全计划经济（Cheng，
2020：101 - 102）。

[④] 在其他相关论著中，程恩富指出充分发展为共产主义的三个核心特征：公有制、完全计划经济、
按需分配（Cheng，2021：7）。

合情况与政府的经济政策,就"混合所有制"作出重要阐述(Cheng and Xie,2015b)。在社会主义初级阶段的背景下,强调公有制为主体的所有制结构是整个经济制度的基础,决定了中国特色社会主义的性质。①

随着一系列问题的出现,特别是考虑到中国将长期处于社会主义初级阶段的明确定位,程恩富充分意识到自己的社会主义三阶段论存在争议。② 笔者更倾向于探讨一个关键的问题:马克思和恩格斯强调解放生产力的观点包括哪些?让我们重读《共产党宣言》中的一段重要文字,这段文字程恩富也经常引用:

> 无产阶级将利用自己的政治统治,一步一步地夺取资产阶级的全部资本,把一切生产工具集中在国家即组织成为统治阶级的无产阶级手里,并且尽可能快地增加生产力的总量。(Marx and Engels,1848:481)

该句的第一部分为人熟知,经常与第二部分(斜体)被分开引用。显然,在马克思和恩格斯看来,社会主义事业既需要所有制的建立,也需要生产力的解放。换句话说,生产关系和生产力是同等重要的。③ 诚然,我们可以从马克思恩格斯的论著中找到强调所有权和生产关系的诸多论述(Du and Cheng,2017:47-48),但也可以找到强调解放生产力的论述。例如,在《卡尔·马克思》一文

---

① 此处引用的第二篇文章强调了《中国共产党第十九届四中全会决定》(特别是第六节)的特色之处(中共中央委员会,2019)。在第六节中,指出以公有制为主体、多种所有制经济共同发展,按劳分配为主体、多种分配方式并存,社会主义市场经济等是基本经济制度的组成部分(Cheng,2016:3;Cheng and Wang,2020)。

② 主要包括:(1)按照社会主义三阶段论,新中国成立后的30年,实行传统的中央计划经济和加速推进公有制,发生了什么变化?(2)应当如何理解资本主义制度中的公有制(国有制)?程恩富认为这些均服务于私有制和获取利润。然而,在经济危机和经济衰退时期,资本主义制度通常会增强国家对金融和工业的所有权,至少是支持该做法,以此作为应对危机的一种方式。当危机暂时结束后,这些实体将再次被出售给私营企业。(3)西方马克思主义和西方国家的共产党都十分重视公有制。然而,过分强调公有制具有一定风险,可能导致资本主义国家中导向错误的"国有化"运动,从而忽略了运动是发生在资本主义制度下还是社会主义制度下这个问题。这也意味着,人们可能简单地根据国家所有制的水平来判断斯堪的纳维亚地区的资本主义国家是否具有社会主义因素。程恩富可能在其他论著中回答了这些问题。

③ 当然,生产力包括人的劳动,而生产关系涉及各阶级之间的相互作用和生产力所有权。

中,恩格斯指出:

> 社会生产力已经发展到资产阶级不能控制的程度,只等待联合起来的无产阶级去掌握它,以便建立这样一种制度,使社会的每一成员不仅有可能参加社会财富的生产,而且有可能参加社会财富的分配和管理,并通过有计划地经营全部生产,使社会生产力及其成果不断增长,足以保证每个人的一切合理的需要在越来越大的程度上得到满足。(Engels,1877:109)

恩格斯在其他论著中也强调了这一点(Engels,1847:377;1878:263 - 264),不论是所有制和解放,还是生产关系和生产力,都是社会主义事业的关键要素。这并非某种"中庸之道",但简洁的论述的确为各种解释留有可能的余地:是否这些建议只有在通过无产阶级革命初步夺取政权之后才适用呢? 这二者之间存在因果关系吗? 马克思和恩格斯非常谨慎地指出,他们并没有在共产党执政下建设社会主义的现实经验,因此,他们强调符合实际的结论只能从实践经验中获得,这才是科学的,而"试图预先面面俱到地回答这个问题,那就是制造空想"(Engels,1872 - 1873:21, 77)。根据马克思和恩格斯开展研究的整体方法,笔者认为最好的办法是将所有制与解放生产力视为一种辩证关系:二者互相需要,但又不是彼此唯一的成因。我们可以从方法论和历史视角来认识这一辩证关系。以程恩富观点为例,他多次提及解放生产力,将其视为"社会主义本质的组成部分之一",并尝试从科技创新的维度论证(Cheng,2016:1 - 2)。同时,他明确指出解放生产力是"社会主义初级阶段的根本任务",即在某种意义上,经济建设是社会主义社会的物质技术基础(Cheng,2016:1)。因此,他认为当前解放生产力的方式,以及混合所有制和社会主义市场经济,应当随着社会主义更高级阶段的到来而消失。[①]

---

① 这种认识随着将解放生产力问题转变为强调公有制的趋势而增强(Cheng,2018:5 - 6)。

至于他为何会做出这样判断,可能存在很多因素。

第一,他可能倾向于根据现有条件来认识解放生产力的原因。因此,在社会主义初级阶段,基于发展经济和改善民生的需要,市场和计划都是必要的经济手段。但当实现富裕繁荣后,他可能认为计划经济及与其相关的公有制是进一步解放生产力的基础。

第二,因为程恩富认为,高级阶段的社会主义及共产主义将实行公有制和计划经济,那么,效率与公平之间的辩证关系以及市场与计划之间的辩证关系仅适用于社会主义初级阶段。依据矛盾的普遍性,在社会主义更高级的阶段中也必然存在矛盾,将是什么矛盾呢?

第三,为回应以上问题,笔者认为辩证分析法也适用于社会主义更高级的阶段,可能将以一种意料之外的方式呈现:辩证地扬弃社会主义初级阶段的对立关系,包括计划和市场、公有制和多种所有制,发展更高水平的"集体经济"。这一观点暗含了关于农村经济的相关研究,即农村经济想要达到新的水平或实现"第二次飞跃",需要集体经济和公有制形式实现"质的飞跃"(Zhang and Cheng,2018)。这当然不是退却到新中国成立初三十年加速集体化的阶段,随之假设改革开放成为中国式的新经济政策(类似于 20 世纪 30 年代的苏联)。这也不是将集体土地所有制和家庭责任制下放为纯粹的私人农业。相反,可以将其视为一种新型的集体主义,由改革开放为其创造条件,并在实现共同富裕和增进人民福祉的过程中发挥其潜在效能。结合前文提到的研究,我们可以知晓此时的中国已经对已知的、旧有的计划经济和市场经济进行了辩证的扬弃。

第四,中国的历史背景。社会主义三阶段论在 20 世纪 80 年代末被首次提出,并于 90 年代初被详细阐述,为回应社会主义市场经济理论及其实践的争论作出贡献。在 20 世纪 90 年代及此后的十年,中国高度重视解放生产力,但是,因为过度强调而引发了各类问题:劳资矛盾、收入差距、环境退化等(Zan,2015:43-44)。在此背景下,程恩富多次强调过度私有化的风险——可能会破坏共同所有的原则,导致外国资本的主导与垄断等(Cheng and Xie,2015:59-60)。在研究程恩富相关论述的过程中,我们发现了在社会主义不同阶段公有制将采取不同实现形式的深刻见解。单一形式的公有制既不现实,也不符合马克思主义。相反,公有制有多种实现形式,包括国有企业、合作社、集体土地所有,甚至包括存在于民营企业的党组织及其撰写的社会责任报告等公共因素。我们还考察到,程恩富对于不断推进国有企业改革的强调,旨在保证国有企业成为创新中心与经济发展的核心动力。

四、国际化

笔者想讨论程恩富的国际参与活动,这是他所做贡献的突出特色。他从不会仅满足于关注中国问题,无论国际问题多么的错综复杂,他都会积极参与国际问题讨论。这不仅仅是个人参与国际活动的愿望,更重要的是中国已经作为一个"大国",全方位地走向世界舞台的中央。在此形势下,中国显然面临着新的矛盾和问题,但是,也为新的"双赢"合作创造了巨大的机会。

然而,笔者只想重点分析程恩富国际化观的具体特点:在一些国际马克思主义者存在异议的背景下,国际无产阶级及共产主义联合的新高度,以及这种国际化如何体现了中国马克思主义话语的文化自信。的确,中国的软实力正是由马克思主义及其中国化决定的(Cheng,2012;Cheng and Li,2019;Cheng,2020:102)。正如程恩富本人在世界各地访问、发言和回答问题时所亲身经历的,仍然存在对中国特色社会主义相当大的误解,甚至是蓄意歪曲。此处,并非指"西方"这一前殖民者"俱乐部",而是一些不负责任的西方马克思主义者。我们都了解这些老生常谈的问题:中国不是资本主义国家吗?工人们怎么样呢?新的"中产阶级"怎么样呢?"人权"怎么样呢?可以想象,程恩富对于这些相似的重复性提问感到有些厌倦(在面对类似的观众时,我们中的一些人也有同样的感受)。西方马克思主义者提出这样的问题,自认为他们比中国马克思主义者"懂得更多",并表现出"东方主义"的形式(Said,1978),却在国际阶级冲突中倒向国际资产阶级一边。而国际资产阶级将财富建立在剥削中国等国家的基础上,并在这一过程中犯下了反人类罪。

我们如何回应呢?一种必要的回应是认真细致地陈述事实,突出中国特色社会主义制度日益显著的优势①;另一种回应是构建新的马克思主义国际联合网络。程恩富与其志同道合者致力于推动这项事业,具体工作包括:在十多年前建立了世界政治经济学协会(WAPE);在欧洲和俄罗斯参加了"中国道路"论坛;参与了关于中国马克思主义政治经济学以及中国特色社会主义制度的核心论著的翻译工作,并培育了翻译力量,推动了该项事业的日益繁荣。这些都是"文化自信"、传播"中国话语"及"讲好中国故事"的具体表现②(Yang Weimin, 2017; Zhou Yinzhen, 2017; Wang Hailiang and Wang Yonggui, 2020)。

具体而言,程恩富创办了两本英文期刊,分别为泰勒和弗朗西斯出版集团出版的《国际思想评论》(*International Critical Thought*)以及普卢托出版社出版的《世界政治经济学评论》(*World Review of Political Economy*)。此外,由不同学者推动的相关项目日渐增多,如施普林格出版社和布里尔学术出版社出版的系列书籍。让我们继续讨论程恩富创办的两本期刊,在某种程度上,创办期刊可能是对以下事实的回应:一些主要的英文马克思主义期刊由具有"东方主义"倾向的自由主义马克思主义者主导,这意味着他们会采取反华反共的编辑方法。那些尝试介绍中国特色社会主义的文章是没有机会发表在该类期刊上的。因此,程恩富创办的新期刊日益成为马克思主义研究类出版物的主要阵地。越来越多的学者尝试向《国际思想评论》和《世界政治经济学评论》投稿的事实表明,这些大约在十年前创办的刊物已是姗姗来迟了。

笔者对此有两个疑问:

第一,这是中国出版物的新方向,还是一个过渡阶段呢? 2016年,习近平在关于哲学社会科学的重要讲话中明确指出,中国的期刊和出版社要面向国外,争取走在世界前列,据此,笔者提出了这个问题。它们应当成为学者刊发文章与出版论著的首选,而不是选择日渐陈旧而衰落的西方期刊和出版社。对于以

---

① 程恩富经常指出中国的不足与面临的问题,并且总会提出解决这些问题的建议,但他也一贯强调中国特色社会主义制度的显著优势(Cheng and Xu, 2020; Zhou, 2020)。

② 响应习近平多次提出的关于"讲好中国故事,传播好中国声音"的号召(Xi, 2013a: 156; 2016: 9; Xu, 2014)。

上问题,笔者的回答都是肯定的,这是一个新的方向,但是,直到中国建设起能够出版领先研究成果的重要出版社之前,这也只是一个过渡阶段。

第二,仅有程恩富创办的两个期刊就够了吗?笔者建议将这两个期刊作为该项事业的起点。不同于西方学术期刊的志愿性质,以上两个期刊实行全职带薪工作制,从而开启良好的方向。但是,《国际思想评论》和《世界政治经济学评论》只涉及马克思主义两个方面的内容:马克思主义的原理及政治经济学。因此,笔者建议,应根据中国马克思主义研究的六个二级学科进一步建设相应的国际期刊,并拟定恰当的刊名,充分做好相关准备工作。[①]

参 考 文 献

［1］Cheng Enfu, and Ding Xiaoqin. Alternative Thoughts and Practice to Contemporary Capitalism: A Response to Francis Fukuyama's Criticism[J]. Translated by Wang Shan. *International Critical Thought*. 2012, 2 (2): 127 - 138.

［2］Cheng Enfu, and Hu Leming. The "Chinese Experience" in Responding to the Global Financial and Economic Crisis[J]. *World Review of Political Economy*. 2010, 1 (3): 375 - 387.

［3］Cheng Enfu, and Liu Zixu. The Historical Contribution of the October Revolution to the Economic and Social Development of the Soviet Union—Analysis of the Soviet Economic Model and the Causes of Its Dramatic End[J]. *International Critical Thought*. 2017, 7 (3): 297 - 308.

［4］Cheng Enfu, and Lv Xiaofeng. Engels's Thought of the Self-Emancipation of the Working Class and Its Contemporary Value[J]. *International Critical Thought*. 2020, 10 (3): 331 - 347.

［5］Cheng Enfu, and Wang Zhongbao. Enriching and Developing Marxism in the Twenty-First Century in Various Aspects: Six Definitions of Marxism[J]. *International*

---

① 对于中国以外不了解这些子学科的读者而言,这些子学科包括马克思主义基本原理、马克思主义发展史、马克思主义中国化研究、国外马克思主义研究、思想政治教育和中国近现代史问题研究。

Critical Thought. 2018, 8 (2): 177 - 192.

［6］Cheng Enfu, and Yang Jun. The Chinese Revolution and the Communist International［J］. Translated by Liu Zixu. *Third World Quarterly*. 2020, 41 (8): 1338 - 1352.

［7］Cheng Enfu, and Zhan Zhihua. A New Historical Materialist Interpretation of the Role of Historical Figures: On the Concept of "Makers of History in a Broad Sense"［J］. *International Critical Thought*. 2019, 9 (4): 499 - 510.

［8］Cheng Enfu, Wang Guijin and Zhu Kui. *The Creation of Value by Living Labour: A Normative and Empirical Study*［M］. Edited by Alan Freeman and Sun Yexia, 2019. Translated by Hui Liu and Sun Yexia. Berlin: Canut.

［9］Freeman Alan. Sound Policy, Sound Theory, Sound Facts: A Breath of Fresh Air from China［J］. In *The Creation of Value by Living Labour: A Normative and Empirical Study*, by Cheng Enfu, Wang Guijin and Zhu Kui, 2019: 1 - 12. Berlin: Canut.

［10］Friedrich Engels. 1886. Engels an Friedrich Adolph Sorge in Hoboken［M］. London, 29. November 1886. In *Marx Engels Werke*, Vol. 36: 578 - 581. Berlin: Dietz, 1973.

［11］Friedrich Engels. Grundsätze des Kommunismus［J］. In *Marx Engels Werke*, Vol. 4, 1847: 361 - 380. Berlin: Dietz, 1972.

［12］Friedrich Engels. Herrn Eugen Dührings Umwälzung der Wissenschaft (Anti-Dühring)［J］. In *Marx Engels Werke*. 1878, 20: 1 - 303. Berlin: Dietz, 1973.

［13］Friedrich Engels. Karl Marx［J］. In *Marx Engels Gesamtaugabe*, Vol. I. 1877, 25: 100 - 111. Berlin: Dietz, 1985.

［14］Friedrich Engels. 1872 - 1873. Zur Wohnungsfrage［J］. In *Marx Engels Gesamtausgabe* I. 24, 1872 - 1873: 3 - 81. Berlin: Dietz, 1984.

［15］Lenin, V. I. K voprosu o dialektike［J］. In *Polnoe sobranie sochinenii*, Vol. 29. 1915: 316 - 322. Moscow: Izdatel'stvo politicheskoi literatury, 1979.

［16］Lenin, V. I. Razvitie kapitalizma v rossii. Protsess obrazovaniia vnutrennego rynka dlia krupnoi promyshlennosti［J］. In *Polnoe sobranie sochinenii*, Vol. 3. 1899: 1 - 609. Moscow: Izdatel'stvo politicheskoi literatury, 1963.

［17］Mao Zedong. Guanyu zhengque chuli renmin neibu maodun de wenti (1957. 02.

27)[M]. In *Mao Zedong xuanji*, Vol. 5: 363 – 402. Beijing: Renmin chubanshe, 1977.

[18] Mao Zedong. Maodun lun (1937. 08). In *Mao Zedong xuanji*, Vol. 1: 299 – 340. Beijing: Renmin chubanshe, 2009.

[19] Marx Karl, and Friedrich Engels[J]. Manifest der Kommunistischen Partei. In *Marx Engels Werke*, Vol. 4. 1848: 459 – 493. Berlin: Dietz Verlag, 1974.

[20] Marx Karl. Kritik des Gothaer Programms[M]. *Marx Engels Gesamtausgabe* I. 25, 1875: 3 – 25. Berlin: Dietz, 1985.

[21] Mitin M. B., V. Raltsevich, A. Saradzhev, G. Adamian, M. Konstantinov, A. Shcheglov, B. Bykhovski, et al. Dialekticheskii materializm. In *Bolshaia sovietskaia entsiklopediia*, Vol. 22, 1935: 45 – 235. Moscow: Gosudarstvennyi institut "sovetskaia entsiklopediia".

[22] Roland Boer. *Socialism with Chinese Characteristics: A Guide for Foreigners* [M]. Singapore: Springer, 2021.

[23] Roland Boer. *Stalin: From Theology to the Philosophy of Socialism in Power* [M]. Beijing: Springer, 2017.

[24] Said Edward. *Orientalism*[M]. New York: Pantheon, 1978.

[25] Shirokov, I., and R. Iankovskii, eds. *Materialisticheskaia dialektika*. 3 volumes [M]. Moscow: Partizdat, 1932.

[26] Stalin, I. V. Ekonomicheskie problemy sotsializma v SSSR. In *Sochineniia*, Vol. 16, 1952: 154 – 223. Moscow: Izdatel'stvo "Pisatel'", 1997.

[27] Wang Weiguang. Upholding and Developing Mao Zedong Thought and Firmly Advancing Socialism with Chinese Characteristics[J]. *Marxist Studies in China*. 2014: 2 – 20.

[28] Zhu Jiamu. Advancing the Construction of the Discourse System of Marxist Theory of Historiography with Chinese Characteristics in the Struggle with Historical Nihilism[J]. *Marxist Studies in China*. 2016: 18 – 52.

马克思主义的活劳动价值论
自动化后是否还存在

［加拿大］杰夫·努南*

李立男**

一、自动化：不用劳动的自由还是没有人类的资本主义？

贝纳纳夫（Benanav）将"自动化话语"定义为相信机器本身具有的因果效力、创造价值以及具有解决资本主义社会矛盾的潜力。它的支持者同意以下四个原则（Benanav，2020：2）：第一，工人正在被越来越先进的机器所取代；第二，技术发展将完全消除对人类劳动的需要，除非是错误的抵抗阻碍了进步；第三，劳动需要的消失是人的个性全面发展的物质条件；第四，前提是生产力提高所生产的财富被用来补偿工人的工资损失（通过一个类似于普遍基本收入的计划）。虽然当代自动化话语作为一种功能在很大程度上产生于新兴人工智能带来的希望（和恐惧），但是其历史却可以追溯到计算机时代之前。

自动化话语也许可以追溯到 1835 年安德鲁·尤尔（Andrew Ure）的《制造哲学》（*Philosophy of Mamufacture*）一书。尤尔让工人阶级放弃对自动化发展的勒德主义（luddite）的抵制（Ure，1835：278 - 279）。机器可能会在短期内取代这个或那个阶层的工人，但从长期来看，它会使工作更加轻松、更加安全。

---

* 作者：杰夫·努南（Jeff Noonan），加拿大安大略省温莎大学哲学教授。

** 译者：李立男，厦门工学院教授，经济学博士。

如果"科学的人性"继续进步,则自动化甚至可以将人类的生命时间完全从劳动的需要中解放出来(Ure,1835:8)。尤尔的希望不是源自任何特定的发明,而是来自他对自动化演化的超前理解。在早期,自动化只是一种消遣,后来成为活劳动的补充,在工厂里,它逐渐发展成为一种自我激活的生产系统。"我认为,在最严格的意义上,这一议题包含了一个巨大的自动化过程,由各种机械和智能部件组成,不间断地合作生产一个共同的物体,所有的部分都受制于自我调节的行动力"(Ure,1835:13-14)。对于尤尔来说,理解工厂的关键是这种自我激活和自我导向的趋势。

马克思本人也没有摆脱19世纪对完全自我导向的自动化系统的热情。在《关于机器的片段》(*Fragment on Machines*)一书中,马克思声称,原则上资本主义可以消除人类劳动的需求。他预测,当技术的成熟和科学的理解发展到一定程度时,人类劳动将不再是资本主义核心的直接生产力:

> 劳动资料一旦被运用到资本的生产过程中,劳动资料经历不同的形态,其顶点是机器,或者更确切地说,是机器的自动系统(机器系统:自动机器仅仅是它最完整、最合适的形式,它能把机器变成一个系统),是由一种依靠自身动力驱动的自动机;这个自动机由无数的机械和智能组织组成,从而使工人本身仅仅被视为自动机有意识的联系。(Marx,2021:692)

马克思对尤尔的附和是毫无疑问的,但或许最令人惊讶的是,他对于资本主义制度下自动化对工人潜在的异化效应却没有任何批评。

相反,马克思似乎在探索一条通往社会主义的"技术-科学"道路:

> 社会劳动以资本劳动和雇佣劳动的矛盾形式定位,是价值关系和以价值为基础生产的最终发展。社会劳动的前提是——并且仍然是——将直接劳动时间的质量、所雇佣的劳动数量作为财富生产的决定因素。但是根据大工业发展的程度,真正财富的创造越来越少地依赖于劳动时间和劳动

雇佣的总数,更注重机构代理在劳动时间中开始的活动,其"强大的效力"本身与花费在生产上的直接劳动时间完全不成比例,却取决于科学的一般状况和技术的进步,或者是这种科学在生产中的应用。(Marx,2021:704-705)

(这门科学的发展,特别是自然科学以及与自然科学有关的一切其他科学的发展,本身又与物质生产的发展有关。)

诚然,这段话是模棱两可的,并以重新肯定雇佣劳动与资本之间的矛盾的存在开始。尽管如此,它似乎确实提供了一个诱人的前景,未来几乎所有的人类劳动都是机械化的。自动化体现了"一般智力",它提高了劳动生产率,以至于科学技术能够创造出如此巨大的社会财富,创造出废除了劳动屈从于资本的社会条件(Marx,2021:706)。雇佣劳动与资本之间的矛盾将在资本主义内部得到克服。

这种对资本主义未来充满希望的愿景受到保罗·维尔诺(Paolo Virno)等意大利工人主义者的拥护。维尔诺坚持传统的马克思主义观点,认为资本有机构成的上升会导致危机,但他认为,大规模集中生产的工业时代和自上而下的管理为工人阶级提供了脱离异化和剥削的道路之后,左翼未能看到资本主义的变化(Virno,2004:101)。他明确指出,"后福特主义"是"马克思关于机器论片段的实现"和"资本主义实现共产主义"(Virno,2004:100,110)。托尼·史密斯(Tony Smith)在批判性地评论维尔诺对"片段"的解释时指出,马克思和其后的马克思主义者"没有预见到资本主义的转型,即以大众智能形式存在的一般智能成了'主要生产力'"(Smith,2013:222)。随着计算机网络的出现,一般智能的重要性超出了马克思的想象。这些系统似乎以一种比单纯机械系统更明显的方式来体现和表达一般智力。一方面,他们承诺大规模生产完全自动化;另一方面,他们把智能生产的手段放在工人自己手中。

根据这种解释,维尔诺得出了一个政治结论,即轻松获得一般智能产品为工人从资本主义控制下的自我解放创造了条件。根据这一充满希望的远景,工人们登录到与他人联网的计算机系统和三维打印机上,就可以自发地自我组织起来,为满足需求而生产,并自由地发挥他们的创造力。维尔诺坚持认为,工人可以通过选择"退出"资本主义来解放自己,利用资本主义自己创造的技术成果作为他们的解放途径。"退出,或者叛逃,与'失去的只有锁链'的绝望呐喊截然相反。退出取决于一种潜在的财富和无比众多的可能性⋯⋯对于当代的民众,这一促使人们放弃抵抗而选择逃离的虚拟财富是什么?⋯⋯是丰富的知识、交流、精湛的艺术表演'一般智能'的公共性"(Virno,2004:70 - 71)。这里有繁荣,但它更多地存在于维尔诺的希望,而不是通过虚拟的网络实现退出资本主义的具体可能性。

网络经济中的工作现实辜负了维尔诺的梦想,其大部分仍然由福特主义条件决定,而且工厂中自上而下给予工人的一定自由不过是马克思在 19 世纪指出的具有讽刺意味的不拥有生产资料的自由的新版本。临时工和合同工可能不受老板的约束,但他们也没有工会的保障,稳定的工作,定期的工资、养老金和工人阶级斗争获得的其他历史性成果(Dyer Witherford,2015:28 - 38)。维尔诺论点的深层问题在于,他极大地高估了技术对资本主义工作条件的变革性影响。虽然维尔诺一直强调人类创造性活动的重要性,但他的论点也包含了到自动化话语的典型问题,因为他声称,技术发展可以不依赖其所处的广泛社会环境而产生独立的进步影响。个人可以随意使用自己的电脑,无论他们喜欢什么样的方式,为了登录电脑,他们都必须首先购买硬件和软件,支付上网费用,并应对日益增长的监控的触角和私人知识产权。因此,史密斯的结论是正确的,马克思主义者固然不能忽视传播技术更为广泛的扩散为社会主义者开创的重要可能性,维尔诺和那些受他影响的人却大大高估了这些可能性在资本主义下得以实现的程度:"维尔诺对后福特主义、认知资本主义的分析显示出⋯⋯片面性:为了强调资本拜物教背后的社会劳动的创造力,(他)低估了资本对形式的持续决定。"(Smith,2013:227 - 228)在资本主义世界的某些地区,劳动条件和劳动行为确实发生了变化,但拥有一台电脑和能够上网并不等同于拥有生产资料。更广泛和更廉价的通信手段并没有将工人从全球范围内对资本的从属关系中解放出来。

戴尔－威瑟福德（Dyer-Witherford）、乔森（Kjosen）和施泰因霍夫（Steinhoff）为当代资本主义的阴暗面带来了一束光，但他们也屈从于自动化话语的诱惑。如果说维尔诺高估了资本主义内部劳动从资本控制下解放自身的程度，戴尔-威瑟福德、乔森和施泰因霍夫则高估了资本脱离人的劳动的程度。他们的分析也来自对马克思《关于机器的片段》的解读。他们首先提出的问题是：马克思对技术发展未来的思考是否预测到了人工智能的出现？答案是：算不上（Dyer-Witherford，Kjosen and Steinhoff，2019：130）。然而，他们坚持认为，马克思的先见之明足以让他们推断出一般人工智能的社会和经济影响。

机器真的在资本主义内部进化到像现在只有人类能够做到的那样可以自我导向的地步吗？戴尔-威瑟福德、乔森和施泰因霍夫担心这可能导致"没有人类的资本主义"（Dyer-Witherford，Kjosen and Steinhoff，2019：111）。笔者认为，统治阶级依赖于对劳动的剥削，但他们所剥削的劳动不一定是人的劳动。"我们反对这种人类中心主义，认为通用人工智能（AGI）的理论概念与马克思的劳动和劳动力概念是同构的。AGI……深刻地挑战了马克思的劳动价值论，特别是只有人类才能劳动和创造价值的公理"（Dyer-Witherford，Kjosen，Steinhoff，2019：110）。如果智能机器人能够进化并证明其生产力比人类更高，就没有理由指望统治阶级不会将其转变为网络无产阶级。戴尔-威瑟福德、乔森和施泰因霍夫看到从对人的剥削到对智能机器人的剥削的转变，作为一种可能的路径，资本可以解决由资本有机构成上升带来的利润率下降的危机（Dyer-Witherford，Kjosen，Steinhoff，2019：135－139）。对机器人的剥削可以在一天24小时、一年365天无间断地进行，其较高的生产力成果可以完全被资本所吸收。有血有肉的无产者大概会不复存在了。

戴尔-威瑟福德、乔森和施泰因霍夫应该受到赞扬，因为他们拒绝以天真乐观的方式看待未来。科技的发展和人类的美好生活之间没有必然的联系。他们还应该受到赞扬，因为他们突破了批判性思维的界限：如果科幻小说有助于预测技术的未来,就没有理由不利用其想象力的工具来探索政治和经济的未来。尽管如此,我相信他们对超级机器人取代人类的资本主义的担忧是没有根据的。

唯一可能出现笔者噩梦般的情况的方式是,一般的人工智能是通过准进化过程出现的,而这种过程逃脱了研究它的工程师的控制。然而,如果这种情况真的发生,其结果极有可能如哲学家尼克·博斯特罗姆(Nick Bostrom)所说的人工"超级智能"(Bostrom,2012:5)。这种超级智能不可能受到人类的剥削:最有可能的是它对人类不感兴趣,并因为人类干扰消耗其能量来源而将人类消灭(Bostrom,2012:11-12)。

更简单地说,没有理由相信人工智能机器人将解决利润率下降的问题。无论它们的智能程度如何,这些机器人仍将是机器,只是将成本转移到成品上。他们不会变成无产阶级,除非它们需要被支付工资,但创造出需要支付工资的机器人则打破了资本家的研发目的。所有者用资本代替劳动力是为了节省劳动力成本,而不是为了将资本转移到人工智能工人身上。资本家可能不把无产者当作人来看待,而对智能机器完全取代他们持开放态度,但他们确实关心劳动力成本。在有血有肉的无产者已经大量存在的情况下,按照资本主义投资的逻辑去创造人造无产者是毫无意义的。

经验证实了笔者的批评:对于每一个人类劳动被驱逐的领域,都会在价值链上游或下游创造出新的剥削领域。正如拉里·洛曼(Larry Lohman)所观察到的,"对个体资本家而言,使用机械化取代或削弱某种工人的作用可以带来'利润的直接增加',但无论这种效果有多明显,要阻止利润率的下降,都必须在系统的某个地方、或旧或新的行业中,以注入了新的活劳动的方式对这种取代或削弱进行补偿"(Lohman,2021:54)。因此,活劳动和技术之间的关系是辩证的,而不是机械的:新技术创造了对新行业的新需求,或更多需要体力劳动的原材料。现在让我们转向自动化话语的理论和经验问题,并从马克思主义和主流经济学的视角来审视这个问题。

二、当代资本主义的劳动、生产力和技术

对我们技术未来的乌托邦和反乌托邦的马克思主义解释的第一个问题是二者对待关于"机器论片段"（简称"片段"）的态度。人们很容易忘记，"片段"是从《政治经济学批判》中提取出来的，是一系列准备笔记，不是完成稿。马克思关于资本主义自动化未来的思考，特别是他认为资本主义可以通过近乎完全自动化的生产过程来解决自身危机的观点，并没有被带入《资本论》第一卷。正如马丁·斯彭斯（Martin Spence）所指出的，"片段"的关键问题在于，它对价值的构想是"生产力主义"。不像《政治经济学批判》的其他部分，更重要的是，不像《资本论》，马克思在"片段"中只关注了生产这一点。这种狭窄的关注导致了关于价值的误导性结论：

> 价值通常被描述为由劳动"生产"或"创造"的，但是通过生产来描述价值而不是代表价值的商品，将导致"片段"所犯的错误。它意味着价值是个体产品的一种物质或属性，在生产时获得，并在生产后保留。但价值不是生产行为所创造的物质；它是一种由生产设定的关系，它通过交换行为来寻求自身的实现。（Spence，2019：334）

如果说"片段"中描绘的价值创造因为成文仓促而产生了误导，那么马克思似乎认为机器本身具有根本性的变革作用也是误导人的。

斯彭斯的结论是建立在迈克尔·海因里希（Michael Heinrich）对"片段"和《资本论》的密切比较之上的。海因里希证明，在早期的著作中，马克思在想象资本主义下自动化能走多远时，忽略了具体劳动和抽象劳动之间的关键区别。情况很可能是，大多数具体劳动被自动化系统取代；这并不意味着抽象的劳动时间不再是价值的来源和尺度。

> 马克思无限地推断对机械逐步使用的经验观察。然而，有必要首先解

释一下,在资本主义生产过程中,机器替代"直接劳动"是否真的没有限制。如果我们只考虑具体的有用劳动,那么通过不断增加机械的使用来提高生产率似乎确实是没有限制的。(Heinrich,2013:208)(尽管这种情况发生的时间仍然是一个悬而未决的问题。)

这些限制是由利润率的下降来定义的,这成为《资本论》中充分论证的论点的核心。利润率是由剩余价值与不变资本的比率决定的。当不变资本占比上升时,相同的剩余价值率将产生较低的利润率,因为不变资本的投资提高不变资本的占比(Marx,1986:211-212)。生产率较低公司的破产可以抵消这种趋势,幸存者增加的利润不足以弥补那些被迫失业者的就业损失。因此,阻止利润率下降的趋势,只会带来危机,而非乌托邦(McNally,2011:77-79)。更复杂的机器本身并不能抵消这种趋势。因此,如果资本有机构成的上升导致利润率下降,而解决方案是系统范围的危机,那么在资本主义,即使没有技术限制,完全自动化也存在着政治经济的限制。维尔诺用"片段"来解释"资本主义实现共产主义"的愿望,和戴尔-威瑟福德、克乔森、施泰因霍夫对没有人类的资本主义的担忧都是毫无根据的。

> 如果劳动时间仍然是价值的(内在)衡量标准,那么马克思为他的最后一个推论——"基于交换价值的生产"的崩溃——所做的论证也不再有效。事实上,根据这一最后的推论,从一开始就完全不清楚衡量价值(如果应当存在这种情况)的困难如何会立即导致资本主义生产的崩溃。最重要的是,这一推论的弱点显而易见,令人惊讶的是,马克思自己竟然没有注意到这个论证有多么薄弱。(Heinrich,2013:209)

因此,如果资本主义完全自动化面临政治经济限制,要了解自动化的未来,就需要了解新技术发展、劳动生产率和盈利能力之间的关系。

尽管主流经济学家不赞同劳动理论、价值理论和马克思的危机理论,但他们对自动化的未来及其可能导致的结构性失业问题感兴趣。那些最仔细研究过这个问题的人相信即使有可能发生,我们也不会很快走向完全自动化。埃里克·布林约尔松(Erik Brynjolfsson)一直引导着这样一种声音,关注技术发展对工人的负面影响与潜在的益处,他还参与了一个项目,研究自动化对不同工作类别的实际影响。该团队发现,由于技能和劳动力市场信息缺乏细节,我们无法精确地判断哪些工作可能很快会被自动化取代(Frank et al.,2019:6532)。如果人们在工作中究竟做什么还不清楚,人们就无法确切估计自动化系统可能会导致哪种形式的技术劳动力的丧失。工程师知道机器能做什么,但如果不知道工人是否还能做机器做不到的事情,就无法用机器来取代劳动力。

除了信息不足,自动化理论还面临着其他问题。自动化理论背后的核心政治经济论据是,自动化极大地提高了生产率,以至于资本家继续雇佣劳动力在经济上变得不合理。像 19 世纪的尤尔和 20 世纪的列昂惕夫(Leontief)这样的乐观主义者敦促工人们不要恐慌,不要反对自动化。在一篇著名的论文中,列昂惕夫预测了加速主义的结论,即自动化对就业水平的任何负面影响,都将被过剩的廉价商品所补偿。列昂惕夫认为,解决技术性失业问题的方法是减少社会必需的劳动时间,并通过个体劳动者休闲时间的增加来实现(Leontief,1952:156)。列昂惕夫的预测是基于这样一个假设:自动化的相对成本将继续下降,这使得资本家用机器取代劳动力在经济上成为合理的(Leontief,1952:152)。不幸的是,在过去的 30 年中,降低相对成本所需的由自动化带来的生产力提高已经趋于平缓。

在最发达经济体,越来越复杂的技术无法继续提高劳动生产率,这是主流经济学面临的最大谜团之一。在工业革命后的头一百年里,机械化确实带来了惊人的生产力提高。在美国"黄金时期"(1950—1973 年),劳动生产率以年均2.4%的速度增长(Benanav,2020:32)。列昂惕夫的预测似乎得到了证实。技术的发展降低了消费品的价格,降低了年均劳动时间,但对消费品和熟练劳动力需求的增加意味着,即使自动化系统取代了个别工厂的制造业工作,失业率也仍然很低。自 1973 年以来,情况却大不相同。2000—2017 年,尽管人工智能和机器人技术发展迅速,但劳动生产率仅以每年 1.2% 的速度增长(Benanav,2020：32)。这种生产率差距让经济学家罗伯特·索洛(Robert Solow)有了一句著名的妙语:"除了生产率的统计数据,我们到处都能看到计算机时代。"(Benanav,2020：17)对于自动化话语的乌托邦希望而言,停滞不前的生产力增长是一个严重的问题。

经济学家威廉·诺德豪斯(William Nordhaus)对这些乌托邦希望进行了数学和实证检验。他很想知道高级资本主义是否正在走向一个经济"奇点"[①]。经济"奇点"将是智能自动化系统复杂到不再需要人类劳动的时刻。"奇点"不会导致失业灾难,因为生产率的增长将趋于无穷大(商品和服务的生产将几乎没有成本,因此每个人都可以获得他们需要的商品,而无须为这些商品去工作)(Nordhaus,2015：2)。笔者不是经济学家,也不会重复诺德豪斯提出的"奇点"命题所采用的那些正式测试。就目前而言,更重要的是他发现的否定其可能性的实质性原因。首先,对"奇点"进行推测的计算机科学家往往错误地从摩尔定律(Moore's law)的特定例子中归纳出与整个经济相关的含义。摩尔定律认为,计算机能力以指数速度增长,成本以指数速度下降。正如诺德豪斯所指出的那样,问题在于"经济运行并不仅仅依靠比特币"(Nordhaus,2015：8)。经济体系仍然受制于物质世界。这一点是如此明显,然而乌托邦主义者经常无法理解它的含义。只要生产信息处理机器需要原材料,生产就需要能源投入,而更多的生产就需要更多的能源投入。从物理学的观点来看,生产力无限(无成本)增长的梦想是不可能实现的。

关于"奇点"预测还有一个更具体的问题。除非劳动生产率提高,否则经济无法为自动化程度提高买单。诺德豪斯证实,生产率确实落后于乌托邦式的预测和预期(Nordhaus,2015：20)。他认为,没有出现走向"奇点"的经济动态的原因是,信息技术仍然是整体生产中相对较小的一部分(Nordhuas,2015：26)。

[①] 该术语暗指库兹韦尔(Kurzweil)的"奇点"——在这一点上,人工智能超越了人类智能并开辟了一条新的进化发展路线(Kurzweil,2004：387-390)。

是的,一个人可以通过给计算机编程来实现更多计算机的编程,但是仍然需要有人从地上挖出制造计算机部件的材料。这些人必须有吃、有穿、有住,而且必须有人建造和维护为每个行业提供燃料的发电厂。正如经济历史学家罗伯特·戈登(Robert Gordon)在详尽的美国经济增长史中发现的那样,与汽车等发明相比,计算技术对整体经济需求的影响非常有限(Gordon,2016:601-604)。因此,即使在技术继续进步的情况下,经济上也没有进一步自动化的动力(Nordhaus,2020:41)。资本主义制度下的技术发展仍然是由经济运算决定:如果自动化不能增加利润,资本家就将坚持使用人力劳动(或者根本不生产)。当我们审视 2000 年以来的发达经济体时,证据表明资本家正在走第二条路。

新技术无法与第二次世界大战后的生产率增长相匹配,这意味着制造业产出的总体增长无法弥补制造业因自动化而失去的工作。战后新技术的扩张和全球化实际上创造了生产过剩的条件。生产过剩发生在整体实体经济增长较低的时期。因此,经济停滞和生产过剩,而不是自动化本身,才是造成制造业就业总体下降的原因。"自动化理论家所描述的技术活力上升的结果,实际上是几十年制造业供过于求之后经济停滞恶化的结果"(Benanav,2020:39)。如果皮凯蒂(Piketty)的论点是正确的,而且全球经济正处于从实体经济投资转向金融投机的结构性转变之中,那么这种停滞将继续下去(Piketty,2014:351-361,463-465,514)。技术变革本身不会帮助经济走出危机:与投机性替代投资相比,实体经济中有利可图的投资机会更少。低增长将意味着高失业率和就业不足,但原因是资本主义投资和生产的动力问题,而不是作为具有自主能动性的自动化。因此,解决这一问题不能从技术上进行,而必须涉及人类生活和关系的所有方面的结构性社会变革。洛曼(Lohman)准确地指出:"马克思在 19 世纪发现的活劳动和死劳动之间的矛盾,不仅存在于数字经济最密切的领域,而且在理解危机和识别激进政治变革的可能性方面仍然是最基本的。"(Lohman,2021:50)活劳动者仍然是唯一有能力的代理人,他们能够确保这些结构性变化产生出新的制度,更好地满足人类基本的自然需求和社会需求。

三、活劳动、价值和生命价值

尽管程恩富和他的同事们没有使用"自动化话语"这个术语,但他们与贝纳纳夫一样,在质疑和驳斥其根本原则:自动化对社会和经济发展产生独立的影响。正如他们在细节上所证明的那样,无论机器变得多么复杂,在按照人类目的投入使用之前,它仍然是无用的。这就提醒我们,资本主义是造成机器是主体而工人是客体的错觉的原因。这种错觉源于这样一个事实:资本掩盖了经济力量和商品价值都是社会关系的现实。虽然资本主义的动力运作独立于特定个人的意志,但它们并非独立于集体行动——独立的表象是物化的产物,而物化又是资本主义的阶级性产物。这些幻想会被社会斗争所克服,如果斗争能重新引导集体行动,社会就会改变。意识到我们有能力改变社会,就会引导我们意识到一直存在的事实——最终,经济力量是相互关联的个体付诸行动时的表达方式。同样的观点也适用于技术,其动力产生了独立于个人意志的路径依赖,但其开发和使用始终是人类集体劳动及其所处的更广泛的社会关系的一个功能。

因此,无论技术成就看起来多么神奇,它们都来自同样的基本劳动过程,这些过程将我们与地球以及彼此联系在一起。"人类劳动,"程恩富和他的合作者这样写道,"作为社会性的劳动,同时与自然对象和生产关系相关"(Cheng,Wang, and Zhu, 2019:120),这句话看似老生常谈,但我们将看到,它表达了一个极其重要的真理:自然仍然是人类社会的"生命根基";人类劳动的最终目的是维持生命和发展(McMurtry,1998:23)。自动化系统的正确使用总是从属于这个潜在的普遍价值。自动化理论家误将自动化系统的发展与社会进步联系在一起,但社会进步的唯一有意义的标准是生活的自然条件和社会条件,以及生命活动和体验的改善。

即使是马克思主义者,当他们没有看到当代资本主义经济的整个价值链时,也会屈服于对自动化系统的盲目理解。我们已经看到,乌托邦主义者和反乌托邦主义者都把注意力集中在那些自动化系统作用最大的资本主义生产领域。他们通常忽略了最重要的领域——那些人类劳动直接与自然世界相互作用以生产原材料和食物的领域。没有原材料和食物，就没有人的生命和经济，这些起点虽然不是完全没有自动化，但仍然是高度劳动密集型的。这些不仅是劳动的密集，而且是带有当代资本主义特征的日益复杂的价值链的基石。我们必须记住，价值生产依赖于社会化而不是抽象的个人劳动。一旦经济作为一个整体成为我们关注的焦点，我们就可以看到，马克思的劳动价值论并没有被先进的技术所削弱。人类劳动仍然是全球经济的驱动力和资本主义价值的源泉。程恩富和他的合作者提醒我们，无论机器多么复杂，它都仍然是机器。因为如果它没有被利用，它就不能成为价值的源泉："生产资料预付的资本在生产过程中逐渐转移到产品上，并以销售产品所获得的交换价值来偿还。这部分资本只是完成了一个生产的循环，并没有因此增加任何价值。"（Cheng，Wang，and Zhu，2019：126）即使生产产品的工厂很大程度上实现了机械化，它也只是整个生产系统的一个节点，在这个系统中，人类智力和体力劳动仍然起关键作用，仍然是创造系统及其组成部分的能动者以及产生剩余价值和利润的被剥削对象。

程恩富和他的同事们并不是简单地重复马克思关于劳动价值论的原始版本，而是将其向一个重要的新方向发展。理解高度自动化工厂的价值和剩余价值的生产，取决于理解科学技术劳动在整个生产过程中的独特贡献。要理解这一角色，就需要重新强调简单劳动和复杂劳动之间的区别。"如果我们不把复杂性考虑进去，把所有劳动力都当作简单劳动，我们就无法认识到脑力劳动对价值的贡献。"（Cheng，Wang，and Zhu，2019：125－126）简单劳动或多或少是非熟练劳动的同义词，而复杂劳动是熟练劳动的同义词。但后者的经济重要性与熟练工人相对于非熟练工人的个人特征无关。科学技术劳动不能被分析成简单的成分和自动化。鉴于对劳动生产率的影响，科学技术劳动（不是作为人类劳动成果的科学和技术）在价值的生产中越来越重要：

科学技术的运用提高了劳动者的劳动生产率，提高了活劳动的复杂性，从而使人类的劳动效率成倍提高。从广义文化角度观察，作为创造使用价值和价值的主体只能是劳动者。……无论新技术多么先进,尽管可以戏剧化地提高劳动生产率,但它仍然是一种生产资料。科学技术本身是一个物质化的知识体系,但它不是价值。无论机器多么自动化,如果没有人工操作,就无法运行……劳动者运用先进的科学技术能够创造出更多的使用价值和价值,始终是和劳动者的活劳动效率提高联系在一起的。(Cheng,Wang,and Zhu,2019:120-129)

所以,自动化话语混淆了科学技术劳动的贡献与控制论和自动化系统的功能。创造价值的不是机器,而是那些创造机器(以及开采原材料、生产能源等)的人的劳动。因此,资本主义无法做到放弃人力劳动的同时还能避免陷入经济危机。然而,经济危机从来不是简单的功能性的再生产危机。归根结底,经济是一种生产人类赖以生存、发展、繁荣和享受生活的生产系统。因此,经济危机总是生命危机,当经济崩溃时,劳动人民获取生存、发展和享受的能力也会随之崩溃。对自动化话语的乌托邦式解读相信有一条通往社会主义的技术道路,这是错误的。就像机器不能创造价值一样,机器自身也不能在社会上产生根本的制度和伦理变革。它可能是产生危机的复杂动态整体的一部分,这个动态整体产生危机,但只有人类才能通过在革命性的社会运动中应用创造性智慧来解决这些危机。

这就引出了一个最重要的问题:科学技术劳动在创造社会主义条件中的作用是什么?正如我们所看到的,甚至马克思有时也会被高度自动化系统的发展本身可能为社会主义创造条件的观点所诱惑。然而,程恩富和他的同事提醒我们,如果没有人类的创造,机器就什么都不是。因此,更正确的说法是,科学技术"劳动"通过提高劳动生产率,创造大量满足需求的商品和服务,以及具有闲暇时间享受这些商品和服务的潜力,为社会主义创造了条件。然而,甚至这种表述也过于狭隘地关注科学家和工程师。

无论何种制度形式最终可能定义一个成熟和完全实现的社会主义,定义它的价值的都不是技术和科学,而是人。正如程恩富和丁晓钦(2017:48)所说,

"在社会主义,生产的直接和最终目的是满足全体人民的物质和文化需要。"新价值和公共剩余价值的生产旨在服务于使用价值的生产,体现了一种"以人为本"、以民生为导向的生产目标。程恩富和王中保(2018:186)在另一篇论文中阐述:"马克思主义及其中国化的革命、建设、改革和发展理论的最终目的,就是通过物质生产、文化生产、服务生产和生态与环境生产,最大限度地满足全体人民的物质、精神和生态与环境需要,以及不断提高人类福祉水平和人类充分自由发展的程度。"当我们问社会主义生产的这些不同价值之间有什么联系时,我们就犯了一个可以追溯到马克思主义初期的错误。马克思和马克思主义者经常把社会主义和资本主义的区别解释为:一个注重使用价值生产的社会与注重交换价值生产的社会之间的区别,程恩富的定义暗示了这种解释过于简单。为了理解社会主义和资本主义之间的根本区别,我们需要一个新的、伦理上更为全面的词语。

社会主义不仅仅关注自己使用价值的生产,而且优先满足人类生活中物质和社会文化领域的需要。任何可以促成计划实现的事物都具有工具性使用价值,但并不是所有具有工具性使用价值的事物都具有约翰·麦克默特里(John McMurtry)所说的生命价值。一颗子弹和一把枪在刺客手中有使用价值,但对于他们的目标来说,它们显然没有生命价值。因此,社会主义和资本主义之间的真正区别在于,社会主义优先生产麦克默特里所称的生命价值(McMurtry,1998:298)。当商品、制度和关系满足需求时,它们就具有生命价值。反过来,需求不只是任何项目的工具需求,而是生命需求,如果它们得不到满足,人类就会遭受客观的、可衡量的痛苦(McMurtry,1998:164)。进一步说,当经验和活动是人类需求的满足所激发的感知能力、智力能力、实践能力和创造能力的愉快表达时,它们就具有生命价值。

如果我们从经济方面来思考这些价值,我们可以说,社会主义社会优先生产生命资本。如同资本主义的资本一样,生命资本是创造更多价值的价值(McMurtry,2013:19-22)。然而,这里讨论的价值是生命价值。如果我们教育100名教师,那么他们就可以教育成千上万名学生:教育是生命资本,它以受过教育的人的形式产生更多的生命资本。如果我们投资清洁能源,那么就可以在不对生命支持系统造成生态破坏的前提下对家庭、工厂和办公室供电。因此,通过对清洁能源的投资使各种创造性和生产性的努力成为可能。这种投资及其结果是生命资本。生命价值的满足通过生命资本的生产产生更多的生命,不是在数学意义上没有数量上限的生命形式,而是在质的意义上得到更充分的发展与实现的"生命"在社会中和平共处,与自然世界保持一致的、可持续的互动。

这种全面的自我实现感强调了马克思的社会主义观,是程恩富捍卫活劳动对于价值生产和需求满足者的中心地位的检验标准,但在自动化话语中却缺失了。笔者这么说并不是因为自动化话语的支持者对人类需求的满足漠不关心。相反,他们认为技术发展对实现满足每个人需要的社会主义目标是必要的。被自动化话语忘记的是,社会主义本质上是一系列新的社会关系。这些新的社会关系把我们彼此的劳动从资本主义的异化和剥削中解放出来。资本主义条件下的科学技术发展有助于创造社会主义所需的丰富物质条件,但它不能使我们从人类对非异化劳动的需要中解放出来。非异化劳动是我们选择从事的劳动,它是我们对彼此的社会承诺的明确标志。

因此,非异化劳动直接创造生命价值。在资本主义制度下,劳动是为了创造价值和剩余价值而强迫工人从事的。程恩富解释说,资本主义掩盖了处于所有劳动过程的核心的社会关系。社会主义的目的不是要把人类从劳动的需要中解放出来,而是要把劳动从资本主义迫使人类工作的特定方式中解放出来,在这种方式下,人类劳动的目的是生产利润,供资本家独占。一旦这种阶级关系被克服,劳动就会成为快乐的源泉,就像自由地满足其他需要是快乐的源泉一样。强迫喂食是一种折磨,与家人和朋友共进晚餐是人生最愉快的经历。劳动也是一样:为了工资被迫从事机械的工作是一种折磨;为了满足彼此的需要,在我们自己控制的条件下齐心协力,是我们人类自决能力的最高表现。自动化可以把我们从机械的苦差事中解放出来,减少我们花费在劳动上的时间。因此,自动化有助于为社会个体的全面、自由的自我发展创造社会条件,自动化本身从来不是目的。

自动化本身不是目的,这是因为在社会主义条件下,社会劳动自动化的广度和深度将是一种选择。资本主义迫使社会选择,因为竞争压力迫使个人资本家试图减少社会必要劳动时间。社会主义的全部意义在于从这些物化了的力量中解放人类的决策能力,即我们决定我们现在和未来的能力。然而,如果我们将这些能力从物化了的力量中解放出来,并以自我破坏的方式行使它们,那么社会主义旨在实现的价值就会因此受到破坏。因此,如果社会主义者继续以与生命不一致的方式剥削自然世界,他们就将摧毁这个星球维持生命的能力,就像资本主义正在摧毁他们一样。通过类似的推理,如果社会主义允许自动化系统接管每一种人类的实践,即使是那些创造生命价值而产生生命意义的实践,则也会破坏将工人从资本主义剥削和异化中解放出来的真正目的。为社会主义而斗争,就是为每个人的全面自我发展的社会条件而斗争,自由的、非异化的劳动是全面发展的一种本质表现。程恩富做出的学术成就的重要意义在于提醒我们,所有的人类社会都依赖于活劳动,社会主义使活劳动的真实生命价值变得更为明确。

参 考 文 献

[1] Andrew Ure. *The Philosophy of Manufactures: Or, An Exposition of the Scientific, Moral, and Commercial Economy of the Factory System of Great Britain*[M]. London: Charles Knight, 1835.

[2] Aubrey De Grey, and Michael Rae. *Ending Aging: The Rejuvenation Breakthroughs That Could Reverse Human Aging in Our Lifetime*[M]. New York: St. Martin's Griffin, 2007.

[3] Bastani Aaron. *Fully Automated Luxury Communism: A Manifesto*[M]. London: Verso, 2019.

[4] Benanav Aaron. *Automation and the Future of Work*[M]. London: Verso, 2020.

[5] Cheng Enfu, and Ding Xiaoqin. A Theory of China's Miracle[J]. Eight Principles

of Chinese Political Economy. *Monthly Review*. January, 2017, 46 - 57.

[6] Cheng Enfu, and Wang Zhongbao. Enriching and Developing Marxism in the Twenty-First Century: Six Definitions of Marxism[J]. *International Critical Thought*. Vol. 8, No. 2, 2018: 177 - 192.

[7] Cheng Enfu, Wang Guijin, and Zhu Kui. *The Creation of Value by Living Labour: A Normative and Empirical Study*, *Volume 1*[M]. Berlin: Canut International Publishers, 2019.

[8] David McNally. *Global Slumo: The Economics and Politics of Crisis and Resistance*[M]. Oakland, CA: PM Press, 2011.

[9] Jeff Noonan. *Embodiment and the Meaning of Life*[M]. Montreal: McGill-Queen's University Press, 2018.

[10] John McMurtry. *Philosophy and World Problems Vol. 1: What is Good? What is Bad? The Value of all Values Across Times, Places, and Theories*[M]. Oxford: EOLSS Publishers, 2011.

[11] John McMurtry. *The Cancer Stage of Capitalism*, 2nd Revised Edition[M]. London: Pluto Press, 2013.

[12] John McMurtry. *Unequal Freedoms: The Global Market as an Ethical System*[M]. Toronto: Garamond, 1998.

[13] Karl Marx. *Capital*, *Volume 3*[M]. Moscow: Progress Publishers, 1986.

[14] Karl Marx. Fragment on Machines (Web version)[EB/OL]. https://thenewobjectivity. com/pdf/marx. pdf (Accessed, June 3rd, 2021).

[15] Larry Lohmann. Interpretation Machines: Contradictions of Artificial Intelligence in 21st Century Capitalism. Socialist Register 2021: *Beyond Digital Capitalism: New Ways of Living*. Leo Panitch and Greg Albo, eds. London: Merlin Press, 2020.

[16] Michael Heinrich. The Fragment on Machines: A Marxian Misconception in the *Grundrisse* and its Overcoming in *Capital* [M]. In *Marx's Laboratory: Critical Interpretations of the Grundrisse*. Robert Belofiore, Guido Starosta, and Peter D. Thomas, eds. Leiden: Brill, 2013.

[17] Nick Bostrom. The Superintelligent Will: Motivation and Rationality in Advanced Artificial Agents [EB/OL]. https://www. nickbostrom. com/superintelligentwill. pdf

(accessed May 18th, 2020).

[18] Nick Dyer-Witherford, Atle Mikkola Kjosen, and James Steinhoff. *Inhuman Power: Artificial Intelligence and the Future of Capitalism*[M]. London: Pluto, 2019.

[19] Nick Dyer-Witherford. *Cyber-Proletariat: Global labour in the Digital Vortex* [M]. London: Pluto, 2015.

[20] Nick Srnicek, and Alex Williams. *Inventing the Future*[M]. London: Verso, 2015.

[21] Paolo Virno. *A Grammar of the Multitude*[M]. New York: Semiotext(e), 2004.

[22] Ray Kurweil. *The Singularity is Near: When Humans Transcend Biology*[M]. New York: Penguin, 2005.

[23] Ray Kurzweil, and Terry Grossman. *Fantastic Voyage: Live Long Enough to Live Forever*[M]. New York: Penguin, 2004.

[24] Tony Smith. The "General Intellect" in the Grundrisse and Beyond[M]. In *Marx's Laboratory: Critical Interpretations of the Grundrisse*, 2013. Robert Belofiore, Guido Starosta, and Peter D. Thomas, eds. Leiden: Brill.

[25] Wassily Leontief. Machines and Man[J]. *Scientific American*. Vol. 187, No. 3 (September, 1952), 150 - 164.

[26] William Nordhaus. Are We Approaching An Economic Singularity? Information Technology And The Future Of Economic Growth[EB/OL]. National Bureau of Economic Research: Cambridge, MA. http://www.nber.org/papers/w21547 (Accessed, April 18th, 2021).

创新的马克思主义经济学

[印度] 罗马·科雷亚[*]

尹兴^{**}

一、导论

生产力决定生产关系,尽管二者始终处于辩证的相互关系中。科学技术是第一生产力。创新的嫁接和培育是中国政治经济学的核心。在这方面,中国更关注增长质量,而不是增长率。一个现存的论点是,伟大的技术革命已经完成,而技术变革是由工作场所中的小创新构成的。小创新首先是指生产过程中主动劳动所带来的技术系数的变化。

"辩证唯物主义是我们的基本研究方法"(Cheng,Wang and Zhu,2019A:19)。"马克思认为,只有活劳动为市场交易的目的而创造的产品才具有价值,而产品价值形式的简单转化并不能创造价值"(Cheng,Wang and Zhu,2019A:22)。马克思的一个关键概念是抽象的或"无差别"劳动(Cheng,Wang and Zhu,2019A:47)。不同商品的特性是不可比较的。在分析交换价值时,必须去掉它们在使用价值上的差异。"最需要讨论的问题无疑是货币问题,而马克思作为货币理论家,这是最重要的趋势之一。"(Cheng,Wang and Zhu,2019B:33)

* 作者:罗马·科雷亚(Romar Correa),印度孟买大学储备银行货币经济学教授。

** 译者:尹兴,上海海事大学马克思主义学院副教授,主要研究方向包括马克思主义经济危机和周期理论、当代西方经济制度变革等。

二、辩证唯物主义

在接下来的内容中,我们将回顾与这个方向相关的学者和学派。然后,我们在马克思的著作中寻找资本家与工人、货币与实物结合的起源。

(一)文献回顾

被引用的学派和学者的共同论题是商品与货币的生产与流通交换的辩证统一(Duncan F. Foley,2020A)。

对马克思来说,资本主义与早期社会形态的区别在于商品生产的普遍化(Pirgmaier Elke,2021)。可以表示商品和服务价值的一般等价物是货币。货币是价值的必要表达。生产商品是为了获得货币。在这种形式下,货币转化为资本。资本是价值的一种形式,它是自我价值化的。资本不是生产要素,它就是生产。不分析清楚作为资本和利润"简单组成部分"的商品和货币,就不可能解决资本和利润的问题(Ilyenkov Evald,2020)。

宇野-关根(Uno-Sekine)的策略是重新安排马克思的顺序,以便与黑格尔的《逻辑学》相一致(John R. Bell,2009)。因此,宇野幸三(Kozo Uno,1897 - 1977)将《资本论》第一卷前两部分对商品、货币和资本的三种简单商品流通形式分离出来,将其重组为与黑格尔的存在论相对应的流通论。商品必须被定价。对等的价值必须被表达。商品是出售的对象,它可以转换成货币,并通过这种方式体现为社会抽象一般财富的一部分。货币不体现价值的实质,而是作为一般等价物表现为价值的外在尺度。货币以商品的价格来衡量商品的价值,货币形式和价格形式是同义词。市场是潜在卖家(商品所有者)和潜在买家(货币所有者)的交易场所。

感谢罗莎·卢森堡(Rosa Luxemburg)驳斥了被归因于马克思的"绝对贫困化"的错误论点,并增加了实际工资增长的可能性(Belliofore Riccardo,2016)。在核心函数中,投资为自变量,工资率为因变量。"劳动力供给"是由"劳动力需求"和技术变革程度所产生的。后者包括创新融资和由此产生的资本积累的非均衡路径。非均衡并不意味着需要事先定义不均衡。它包括对数据和类别的说明,这些数据和类别各自发挥作用,然后我们可以事后评估均衡和不均衡。资本作为一种自我扩张的价值,在马克思的资本与黑格尔的绝对精神之间具有同源性。死劳动不能激发更多的死劳动。价值必须超越理念的范畴而在物质上蜕变。资本必须把活劳动和人类劳动力的活动结合在其内部。只有这样,资本才有可能增值。

金钱是抽象财富的物化表现(Lange Elena Louisa,2020)。马克思的价值理论是对商品、货币、资本、工资、价格、利润、利息、租金等拜物教价值形式的内容和构成的详细阐述,这些价值形式的基础是表现为"社会必要劳动时间"的价值。价值论同时表现出了价值的定性和定量方面,既表现出了资本主义的交换关系,也表现出了不同种类劳动可以相互交换的基础。价值不是独立于货币而存在的前货币实体,价值只存在于其"适当的"表现形式中,价值与价格之间的有机联系表现在价值论在特定货币形式上的"扬弃"。

苏珊娜·德·布伦霍夫(Suzanne de Brunhoff)将《资本论》第一卷的第一部分视为在商品和货币理论的阐述中进行历史唯物主义提炼(Baronian Laurent,2020)。她追求一般等价物的概念,一切商品都必须被兑换成货币,才能证明其作为商品的存在,具有社会使用价值,货币社会秩序的存在要求用货币来交换社会劳动产品或社会劳动力。德·布伦霍夫的解释没有包括资本积累。货币的一般功能是衡量和清偿债务,因此,无论是即时验证还是开启新债,对未来的信念都是货币体系的验证器。货币危机是信心危机,导致人们寻找另一个名义锚。货币政策旨在将资本家从过去和未来中解放出来,它旨在提高当前资本的边际效率。

经济崩溃是经济"心律失常"的一种表现,可能由多种原因引起,而不仅仅是利润率的下降。可能是生产性投资的途径不存在,可能是生产部门已经饱和,可能是整个系统流动性泛滥。这种情况意味着资本主义生产存在的障碍。

(二)马克思著作

(本标题是对阿尔都塞的《保卫马克思》的文体风格的借鉴)马克思和恩格斯在《政治经济学批判大纲》中清楚地阐明了资本的逻辑。生产涉及交换价值和价格的创造,包括它们的形式和内容。货币作为资本是一种生产投入,与此同时,金钱是更高水平交换的结果,货币被假定为与自身相关的一种流通手段,这种关系就是利息与资本的关系。货币与雇佣劳动并存。在个体化了的交换价值的形式下,货币是一般劳动的一切和终结。劳动是雇佣劳动,因为劳动直接产生交换价值,即货币。"所以,货币同时直接是现实的共同体,因为它是一切人赖以生存的一般实体;同时又是一切人的共同产物。"(Karl Marx and Frederick Engels,1986A:158)生产不仅是将交换价值假定为价格的运动,而且是同时创造交换价值的时刻。生产过程不是流通过程的先导,而是与流通过程同时发生的。只有在资本中,交换价值才被假定为交换价值,因为只有在资本中,它才以商品和货币流通的形式存在。之所以如此,是因为它维持并延续了交换流通。不过,再生产"是螺旋线,是不断扩展的曲线,而不是简单的圆圈"(Karl Marx and Frederick Engels,1986A:197)。从流通中产生的价值要成为现实,交换价值就必须是一种需求和购买的对象。因此被劳动消费后,交换价值就得到了更新。就其内容而言,交换价值原本就是物化的劳动。在它通过流通而物化的过程中,交换价值变成了货币。"现在交换价值本身必须重新设定劳动;但交换价值现在已经不再是简单的等价物或劳动的简单的对象化,而是对象化了的并且独立化了的这样的交换价值:它只是为了更新自己并从自己出发重新开始流通,才把自己提供给劳动,变成劳动的材料。"(Karl Marx and Frederick Engels,1986A:194)

《马克思恩格斯全集》英文版第 29 卷"货币转化为资本"一节从不同角度对这一问题进行了探讨。货币转化为资本的唯一交换方式是资本所有者和活劳动所有者之间的交换。交换价值作为使用价值的真实存在而非形式存在时,必须保持其作为交换价值的身份。其使用价值的真实存在,因在消费中灰飞烟灭而被否定。因为商品是由劳动消耗的,所以这种否定才是可能的。消费表现为劳动的物化和价值的创造。只有在货币的形式下,作为交换价值的资本才能在商品类别中迸发而不丧失其作为消费对象的个性。货币并没有在消费使用价值的行为中消失,但它本身就是一种持续并扩大的使用价值。货币是资本独特的使用价值。劳动是唯一可以与作为资本的货币对抗或作为货币的附属物的使用价值。

曼尼加特(Manigat Matari Pierre，2020)通过《资本论》中相关的"剩余价值理论"部分，以及从当前的有利角度，扩展了马克思对这一主题的处理，并得出结论，必须更详细地研究货币与金融之间的联系。就我们的目的而言，我们吸取了以下两个教训。在马克思所研究的特定条件下，将高利贷转换为信贷或金融以服务于工业需要，需要国家干预。通过公共债务制度，新兴资产阶级和现代国家要求之间建立了联系。1694 年英格兰银行的创立是共同利益的具体表现。作为政府的银行，它被赋予了从资本中创造货币并以银行券形式发行的特权。票据贴现和商品预支业务蓬勃发展起来。没过多久，这种银行券就融入货币王国成为真正的硬通货。英格兰银行是英格兰商业信贷安排的漩涡中心。从对马克思理论的新解读中得出的第二个推论是，他对金融资本的定义包括：由一种特殊类型的商业对货币资本循环的垄断和自治。

三、劳动价值论

劳动价值论被构建为一种均衡理论，这是一种社会需求和社会供给成比例的交换理论(Lange Elena Louisa，2020)。马克思在《数学手稿》中的研究用的是标准的代数和微积分。反对马克思经济学中的劳动价值论意味着放弃了马克思阶级分析中的辩证法，而正是后者使它成为剖析现实中资本主义生产方式的宝贵工具(Miguel D. Ramirez，2020)。

(一)价值规律

为了确切地表达我们的想法，我们依靠科利亚诺等人(Jonathan F. Cogliano，Veneziani Robert and Yoshihara Naoki，2020)的权威分析为背景。设定经济体为产品集合 $M = \{1, 2, \cdots, n\}$ 和活动集合 $P(B, AL)$，其中 **B** 是生产产出的 $n \times n$ 矩阵，**A** 是生产投入的 $n \times n$ 矩阵，**L** 是(经技能调整的)有效劳动的 $1 \times n$ 向量。A_{ij} 和 L_j 分别表示第 j 个生产过程中投入的要素 i 和劳动力的数量。x 是表示执行 n 个活动的集合的 n 维向量。总净产出的向量定义为 $y =$

$(\mathbf{B}-\mathbf{A})x$。所花费的劳动力支出不在技术描述的范围内。相反,在科利亚诺等人的论文中,价格和工资被引入同一个方程中,但被区别对待,因此,劳动力向量被分离出来。

我们将恢复总净产出等式的一致性,但这种情况值得讨论。首先,如果要把等式左边看作剩余价值,就需要把右边细分为不变资本和可变资本。该等式可能代表一个没有活劳动力的人工智能(简称 AI)机器人经济。$\mathbf{L}$ 将是一个可以去掉的零向量。问题在于,投入产出系统是一个经典的封闭系统,与新古典经济学的一般均衡相抗衡。在后者中,需求和供给是平衡的。在一个没有工人的人工智能经济中,对消费品的需求会受到怎样的影响?经典马克思主义模式以众所周知的工人阶级在生产过程中所消费的工资商品的差异化对该方程进行了一般化。社会主义市场经济应遵循的主要规律首先是"比例发展规律"(Gao and Cheng,2015),该规律带来了生产与需求之间的辩证张力。产出和消费必须保持平衡。"价值规律"是这样表述的:价值规律的内涵是,商品的价值是由生产商品的社会必要劳动时间所决定的,同时商品的交换是按照等价交换的原则进行的。比例价值规律与第一规律的联系是通过竞争引起的交换价值(价值形式)的自发波动来实现的。因此,我们提出:

$$y=(\mathbf{B}-\mathbf{A}-\mathbf{L})x \qquad 式(1)$$

用 $\mathbf{D}$ 表示 $\mathbf{B}-\mathbf{A}-\mathbf{L}$,用 $\mathbf{C}$ 表示 $\mathbf{B}-\mathbf{A}$。将向量 $\mathbf{L}$ 转换成一个矩阵,其中 L_i 为 $\mathbf{L}$ 的第 i 列。矩阵 $\mathbf{L}$ 是奇异的,$|\mathbf{L}|=0$。我们假设排序之后,前 m 种商品是基础商品,也就是说,直接或间接有助于其他商品生产的商品。换句话说,其他 $n-m$ 种商品是奢侈品。考虑到没有 AI 机器人投入而只有直接劳动力生产的商品,必须重新定义 $\mathbf{L}$ 为一个 $n\times n$ 矩阵,其中包含元素 L_{ij} 并假设为矩阵 $\mathbf{A}$ 的状态。我们有 $\mathbf{L}$ 的 $m\times m$ 子矩阵,它是非奇异的。回到程恩富教授论著中的潜在含义,表达式(1)可以看作对经济的一致性检验,或者是一个要在 x 中解决的问题。对于给定的 x 水平,y 的增加意味着有效的资本与劳动力重组。

我们按照甘特马赫的经典文献(Gantmacher, F. R,1959:62-68)深化了讨论的层次。设 **D** 是一个将 n 维空间 **R** 映射到自身的线性算子。形式为 **D**x 的所有向量的集合,其中 $x \in$ **R** 形成 **R** 的子空间,用 **C** 来表示。满足方程 **D**$x =$ 0 所有向量 $x \in$ **R** 的集合也形成了 **R** 的一个子空间,我们用 **L** 来表示。空间 **C** 的 $n-m$ 维称为 **C** 的秩,空间 **L** 的 m 维称为 **D** 的靠(defect)或退化阶数 (nullity)。我们有 $m = n - (n - m)$。由 **F** = **T**$^{-1}$**DT** 联系的两个矩阵 **F** 和 **D**,被称为相似矩阵,其中 **T** 是非奇异矩阵。简而言之,线性算子 **D** 对应着一类由基数变化所决定的相似矩阵。相似矩阵捕获了程恩富教授政治经济学中系数矩阵的扰动。在所有相似矩阵中,有一个典型的 n 阶矩阵 **L**$_{n-m}$,主对角线上的 $n - m$ 个元素都是 1,其余 m 个元素均为 0。在我们的模型中,**L** 是 **D** 和 **C** 的适当部分,并没有填满整个空间 **R**。如果靠为零,我们就有一个纯 AI 机器人经济或纯劳动力经济。如果靠是正的,我们就有内部经济。除了角点解外,我们可以给出下面的结论。

结论 1:资本主义经济是有效劳动空间维度为正的经济。

我们继续考虑一个平方多项式矩阵 **D**(λ),这个矩阵的元素是 λ 中的多项式,其系数在数字域 **F** 中(Gantmacher, F. R, 1959:77 - 94):

$$\mathbf{D}(\lambda) = \| \mathrm{d}_{ik} \|_1^n = \| \mathrm{d}_{ik}^{(0)} \lambda^p + \mathrm{d}_{ik}^{(1)} \lambda^{p-1} + \cdots + a_{ik}^{(p)} \|_1^n \qquad \text{式(2)}$$

矩阵 **D**(λ) 可以写成具有矩阵系数的多项式形式,

$$\mathbf{D}(\lambda) = \mathbf{D}_0 \lambda^p + \mathbf{D}_1 \lambda^{m-1} + \cdots + \mathbf{D}_p \qquad \text{式(3)}$$

其中,
$$\mathbf{D}_j = \| \mathrm{d}_{ik}^{(j)} \|_1^n (j = 0, 1, \cdots, p) \qquad \text{式(4)}$$

只要 **D**$_0 \neq 0$,数字 p 就是多项式的次数。数字 n 是多项式的阶数。当 $|\mathbf{D}_0| \neq 0$ 时,多项式是为正的。

标量多项式 $d(\lambda)$ 被称为方阵 **D** 的零化子(annihilator)多项式,如果 $d(\mathbf{D}) = 0$。最小次数和最大系数为 1 的零化子多项式 $\psi(\lambda)$ 被称为 **D** 的最小多项式。我们有 **D** = **C** − **L**。因此,$d(\lambda) = c(\lambda) - l(\lambda)$,其中 $C(\lambda)$ 和 $l(\lambda)$ 分别是方阵 **C** 和 **L** 相关的多项式。让我们称 $c(\lambda)$ 为资本多项式,$l(\lambda)$ 为劳动多项

式。让我们将标量多项式 $c(\lambda)$ 和 $l(\lambda)$ 除以最小多项式 $\psi(\lambda)$。我们得到：

$$c(\lambda) = \psi(\lambda)q(\lambda) + r(\lambda) \qquad 式(5)$$

其中，$q(\lambda)$ 和 $r(\lambda)$ 是除 $\psi(\lambda)$ 后的 $C(\lambda)$ 的左商和左余数，并且 $r(\lambda)$ 的阶小于 $\psi(\lambda)$ 的阶

$$l(\lambda) = \psi(\lambda)q'(\lambda) + r'(\lambda) \qquad 式(5')$$

其中 $q'(\lambda)$ 和 $r'(\lambda)$ 是 $l(\lambda)$ 除 $\psi(\lambda)$ 的左商和左余数，且 $r'(\lambda)$ 的阶小于 $\psi'(\lambda)$ 的阶。

式(5)减去式(5')，

$$c(\lambda) - l(\lambda) = \psi(\lambda)[q(\lambda) - q'(\lambda)] + [r(\lambda) - r'(\lambda)] \qquad 式(6)$$

因此，

$$c(\mathbf{D}) - l(\mathbf{D}) = \psi(\mathbf{D})[q(\mathbf{D}) - q'(\mathbf{D})] + [r(\mathbf{D}) - r'(\mathbf{D})] \qquad 式(7)$$

方程左侧和 $\psi(\mathbf{D})$ 都等于 0，因此 $r(\mathbf{D}) = r'(\mathbf{D})$。由于两个余数多项式的阶数小于最小多项式的阶数，因此 $r(\lambda) \equiv 0$。在求和中，方阵 $\mathbf{D}$ 的每个零化子多项式都能被最小多项式整除而无余数。我们可以用 $\mathbf{D}$ 的两个最小多项式 $\psi_1(\lambda)$ 和 $\psi_2(\lambda)$ 来进行讨论。在这种情况下，每个多项式都能被另一个多项式整除而没有余数。它们将相差一个常数因子，该因子必须为 1，因为这两个最小多项式中的最大系数为 1。$\mathbf{D}$ 的最小多项式是唯一的。

我们可以用下面这句话来总结这一小节内容。

结论 2：资本主义经济的投入产出矩阵的最小多项式是由资本多项式和劳动多项式决定的。

我们继续阐述概念（Gantmacher, F. R, 1959：175－178）。我们考虑域 $\mathbf{R}$ 上的一个 n 维向量空间和这个空间中的一个线性算子 $\mathbf{D}$。取 $\mathbf{R}$ 中的任意向量 $\mathbf{x}$，考虑 $\mathbf{x}, \mathbf{D}\mathbf{x}, \mathbf{D}^2\mathbf{x}, \cdots$ 的向量序列。由于 $\mathbf{R}$ 是有限维的，因此存在整数 $p(0 \leqslant p \leqslant n)$ 使得

$$\mathbf{D}^p x = -\gamma_1 \mathbf{D}^{p-1}\mathbf{x} - \gamma_2 \mathbf{D}^{p-2}\mathbf{x} - \cdots - \gamma_p \mathbf{x} \qquad \text{式(8)}$$

我们形成一个一元多项式(一种变量的最高幂系数为 1 的多项式)$\varphi(\lambda) = \lambda^p + \gamma_1 \lambda^{p-1} + \cdots + \gamma_{p-1}\lambda + \gamma_p$，在这种情况下，方程式(8)可以写成

$$\varphi(\mathbf{D})\mathbf{x} = 0 \qquad \text{式(9)}$$

方程式(9)中的多项式 $\varphi(\lambda)$ 被称为 $\mathbf{x}$ 的最小零化子多项式。我们可以用类似方式在方程式(8)线上定义在空间 $\boldsymbol{R}$ 中的线性算子 $\mathbf{C}$、一元多项式 $c(\lambda)$ 和 $\mathbf{C}^{n-m}$，还可以用类似方式定义在空间 $\boldsymbol{R}$ 中的线性算子 $\mathbf{L}$、一元多项式 $l(\lambda)$ 和 $\mathbf{L}^m$。向量 $\mathbf{x}$ 的最小多项式是唯一的。因此，在将零化子多项式 $c(\lambda)$ 和 $l(\lambda)$ 除以零化子多项式 $\varphi(\lambda)$ 时，余数消失。我们得到[与方程式(5)和方程式(5′)比较]如下两个方程，其中 $\chi_1(\lambda)$ 和 $\chi_2(\lambda)$ 分别作为对应的商。

$$c(\lambda) = \varphi(\lambda)\chi_1(\lambda) \qquad \text{式(10)}$$

$$l(\lambda) = \varphi(\lambda)\chi_2(\lambda) \qquad \text{式(10′)}$$

用 D 替换 λ 并在算子方程的两边乘以 $\mathbf{x}$，然后给出一个定义，我们得到

$$c(D)\mathbf{x} = \varphi(D)\chi_1(D)\mathbf{x} \stackrel{\text{def}}{=\!=\!=} \mathbf{x}^{NB} \qquad \text{式(11)}$$

$$l(D)\mathbf{x} = \varphi(D)\chi_2(D)\mathbf{x} \stackrel{\text{def}}{=\!=\!=} \mathbf{x}^{B} \qquad \text{式(11′)}$$

在 R^m 中取一组基 $e_1, e_2, \cdots, e_m$；在 R^{n-m} 中取一组基 $e_{m+1}, e_{m+2}, \cdots, e_n$；然后把方程式(11)和方程式(11′)相加。我们在 R 中使用基 $e_1, e_2, \cdots, e_n$ 得到下面的分解。

$$\mathbf{x} = \mathbf{x}_1 e_1 + \mathbf{x}_2 e_2 + \cdots + \mathbf{x}_m e_m + \mathbf{x}_{m+1} + \mathbf{x}_{m+2} + \cdots + \mathbf{x}_n \qquad \text{式(12)}$$

如果我们将一个向量集合 $\mathbf{R}^B$ 称为一个基础集合，作为 $\mathbf{R}$ 的一个子集，则 $\mathbf{R}^B$ 拥有这样的性质：$\mathbf{R}^B$ 中任意两个向量的和以及 $\mathbf{R}^B$ 中任意向量和数 $\alpha \in$（我们将需要数 -1）的乘积总是属于 $\mathbf{R}^B$，那么这个流形(manifold)是 $\mathbf{R}$ 的一个子空间。如果存在另一个我们称之为非基础子空间的子空间 $\mathbf{R}^{NB}$，那么 $\mathbf{R}^B$ 和

$\mathbf{R}^{NB}$ 这两个子空间除了零向量外没有共同向量,则 $\mathbf{R}$ 中的每个向量 $\mathbf{x}$ 都可以表示为 $\mathbf{x}=\mathbf{x}^{B}+\mathbf{x}^{NB}$,其中 $\mathbf{x}^{B}\in\mathbf{R}^{B}$ 且 $\mathbf{x}^{NB}\in\mathbf{R}^{NB}$,这个空间被分解成两个子空间 $\mathbf{R}^{B}$ 和 $\mathbf{R}^{NB}$,写成 $\mathbf{R}=\mathbf{R}^{B}+\mathbf{R}^{NB}$。我们可以得出结论如下:

结论 3:资本主义经济的商品空间分解为基础子空间和非基础子空间。

(二)价值转化为实际价格

价值转化为价格是马克思主义经济学中一个长期争论的问题。科利亚诺等人(Jonathan F. Cogliano,Veneziani Robert and Yoshihara Naoki,2020)通过以下公式进入了关于价值和价格的讨论。设 $\mathbf{p}$ 是市场价格的 $1\times n$ 向量,$\mathbf{w}$ 是名义工资率的 $n\times 1$ 向量。与方程式(1)对应的式子如下。

$$\mathbf{p}y=\mathbf{p}B-pA-\mathbf{w}L \qquad 式(13)$$

方程两边同时除以 $\mathbf{p}$,

$$y=B-A-L\cdot\frac{\mathbf{w}}{\mathbf{p}} \qquad 式(14)$$

比较方程(14)和方程(1)。前者的剩余价值转化为后者的利润。这两个领域是真实的,名义和真实之间的区别已经缩小。第一,工资必须实现四重目的(Cheng Enfu,2014:Chapter Ⅰ:Section Ⅱ):与劳动生产率、企业利润率、管理者报酬、物价水平变化相联系。同时,"在我国社会主义市场经济中,按劳分配为主和按资分配为辅的关系是辩证的,既对立又统一"(Cheng Enfu,2014:Chapter Ⅰ:Section Ⅷ)。第二,产业动态必须以科技动态为支撑,并得到适当的金融模式的支持(Cheng Enfu,2014:Chapter Ⅰ:Section Ⅳ)。第三,"实体经济与金融发展的关系是辩证的,既对立又统一"(Cheng Enfu,2014:Chapter Ⅴ:Section Ⅴ)。

资本作为自我增殖的价值是一种向前的运动。产业资本的运动是行动中的抽象(Tombazos Stavros,2020)。资本轨迹中的每一个时刻都是以利润最大化为导向的,这个过程体现在从货币到商品再到商品和货币的转移。产业资本是三种节奏的连贯:价值的定价、价值的积累和价值的实现。

从马克思主义的视角来看,当前的衰退反映了利润率的下降,从长远来看,这会降低总利润,导致投资计划崩溃和失业率上升(Tsoulfidis Lefteris and Tsaliki Persefoni,2021)。各国央行都对利率很敏感,但更低的实际利率并不能驱散悲观情绪。相反,非金融企业被(低利率)引诱成金融企业,在金融市场上交易投机。最终,资本贬值、资本集中和工资下降恢复了利润率和盈利能力。新冠疫情推动了通过与 Zoom(云视频会议软件)、Blackboard(在线教学平台)合作来规避利润下降的倾向,这些是节省劳动力过程中的标志性数字工具。机器学习和产业自动化被计划用来至少降低对低技能劳动力的需求,并随之减少工资支出。使用资本和节省劳动力的技术将会普及。

四、垄断资本主义

新帝国主义可以概括为两个方面的垄断(Cheng and Lu,2021)。一方面,是少数横跨全球的跨国公司对生产和流通的垄断。另一方面,是少数寻求投资渠道的大基金对金融资本的垄断。对于第一种垄断,生产的垄断已经转向流通的垄断。全球价值链体现了去中心化与国际化的结合。不同的组织模式在中间产品和最终产品的生产细分中发挥作用。对于第二种垄断,金融垄断资本是最抽象的资本形式,它是投机性的。在过去的几十年里,金融资本的增长与去工业化密切相关。利润分为留存利润和分配利润。前者意味着利润用于新的投资。后者则以股息和分红的形式出现,其规模急剧增长。

巴兰-斯威齐(Baran-Sweezy)方法已被扩展,以找出"自由现金和资本金融化"之间的联系(Foster John Bellamy,Jonna R. Jamil and Clark Brett,2021)。由于悲观情绪盛行且奢侈品消费受到限制,投资已经萎缩,剩下的是在地球上四处游荡的现金,在用尽并购和股票回购的可能性之后,创新金融工具和赚取租金。用马克思的话来说,这个循环是 $M - M'$。现金是货币和央行政策以利率长期下降的形式体现的,无论是短期利率还是长期利率,都与金融化过程密不可分。许多观察人士已经提出了"万物金融化"的规律。一切光鲜亮丽的东西都可以被切成小块和打包成有价证券。无论是土地、粮食、矿产,还是人寿保险产品,没有什么能逃过金融捕食者的眼睛。

微观经济学已经集中培育了少数人之间的寡头垄断和竞争。这种结果不能推广到整个系统。宏观经济学已经接受了垄断竞争。然而,无论是正统派还是后凯恩斯主义者,都没有将少数横跨全球的美国垄断者理论化。整个领域被瓜分,实际的或潜在的垄断竞争被消除。苹果和谷歌体现了资本凌驾于国家之上的云端权力——在这里挑选零售连锁店,在那里挑选跨国批发业务。其技术的发展是通过降低价格和将服务作为一种基本的通信设备被世界各地的人们购买来实现的。将利润定义为"低"价格和数十亿销量的产物,经济学对此感到不安。

国家元首们束手无策,监管的步伐也落后了。在帮助美国走出 20 世纪 30 年代大萧条的重大机制设计中,消除垄断被指定为制度上必要的(Schmitz Jr.,James A. and Fettig David,2020)。这种观点认为,如果任由垄断发展,奢侈品的生产将会排挤必需品的生产。垄断企业悄悄地发展起来,并且在很长一段时间内不被发现。它们替代了穷人需要的低成本商品。因为没有市场,也就没有价格。而且,垄断还篡夺和破坏公共机构。美国的住房就是一个很好的例子。几个世纪以来,这项技术都是劳动密集型的,被称为在施工现场逐步建造(stick-built)的建筑。一种低成本、高效的替代品形式是工厂模块化建造(factory-built)的住房。事实上,在 20 世纪 60 年代,工厂生产的住房迅速增加。作为回应,私人和国家垄断的施工现场建筑企业纷纷出现,以平息这种增长。

在入门教科书介绍的垄断者目标函数中,价格 p 是根据 $\pi = py(p) - c(p, w, r)$ 进行选择的变量,其中 y 是需求函数,c 是成本函数,w 和 r 分别是工资率和融资利率。一阶条件给出了边际收益和边际成本相等的条件,前者包括成本加成率 η,即需求曲线的弹性。我们把成本函数分解成工资账单和资本成本,工资账单是工资率和雇用的工人数量 l 的乘积,资本成本是利率和租用机器数量 k 的乘积。垄断者的支付函数是:

$$\pi = py(p) - wl(p) - rk(p)$$

在我们进行利润最大化之前,先回顾一下利润函数 $\pi(p, w, r)$ 的特征。利润函数在投入品价格上是凸的,我们假设利润函数与其竞争对手一样,在产出品价格上也是凸的。相应地,我们有

$$\frac{\partial^2 \pi}{\partial p^2} \frac{\partial^2 \pi}{\partial w^2} \leqslant \frac{\partial^2 \pi}{\partial p \partial w} \frac{\partial^2 \pi}{\partial w \partial p}$$

和

$$\frac{\partial^2 \pi}{\partial p^2} \frac{\partial^2 \pi}{\partial r^2} \leqslant \frac{\partial^2 \pi}{\partial p \partial r} \frac{\partial^2 \pi}{\partial r \partial p}$$

两个表达式的左边都是正数。这意味着右边的单个表达式必须都是正的或者都是负的。回到最优化问题和一阶条件,我们有:

$$\frac{\partial \pi}{\partial p} = y(1+\eta) + wl^*(p) + rk^*(p) = 0$$

我们已经使用霍特林引理(Hotelling's lemma)根据劳动力和资本的需求函数来表达条件。如果一个代表性工人或资本家的效用最大化问题在幕后发挥作用,那么这些函数中用星号(＊)标记的价值就会作为均衡的劳动力和资本使用量起到增效作用。名义的需求和供给将成为实际的需求和供给。请注意,劳动力和资本市场是竞争性的。我们不需要工人、资本家或阶级的"力量"同时发挥作用来对抗垄断程度的无限性。此外,我们可以将第二种"生产要素"限制为土地,或将投入扩大到第三种要素,即土地。在这种情况下,r 是土地租金。地主们进入并且现在可能会形成联盟。资本家可以跨越方程的鸿沟,同劳动者联合起来,把封建秩序的残余一扫而光。大卫·莱伯曼(David Laibman, 2020)将这一结局称为"民主突破"(democratic breakthrough)。

用 MR 作为简写,得出最大化的必要条件,

$$\frac{\partial^2 \pi}{\partial p^2} = \frac{\partial MR}{\partial p} - w \frac{\partial^2 \pi}{\partial w \partial p} - r \frac{\partial^2 \pi}{\partial r \partial p} \leqslant 0$$

显然,表达式中间的两个二阶偏导部分(严格地说,至少一个)必须是正的,

以确保函数是最大化而不是最小化的。因此,我们需要对上述利润函数的凸性的含义施加一个限制。简而言之,垄断的基本理论不是干净利落的。

五、该怎么办?

国家与市场之间的辩证联系可以用系统论的术语来表达(Cheng,2014)。市场是构成社会的"商品-货币关系""等价交换是其基本准则"。在计划语境中,国家提供终端或目标导向状态。换句话说,从政府到市场的路径是前馈控制,从市场到计划的路径是反馈控制。市场机制的方向是"从微观到宏观"或"企业-市场-国家",国家通过"从宏观到微观"或"国家-市场-企业"进行引导。"价值规律是商品生产与商品交换之间内在的、本质的关系"(Cheng Enfu,2014:Chapter V:Section Ⅳ),在微观与宏观的联系上,应该用货币政策这一术语来代替财政政策。

根据马克思主义哲学家埃瓦尔德·伊连科夫(Evald Ilyenkov)的观点,通往人性化的唯一途径是获得可以构成和适用于精确的社会生产关系的技术(Azeri,2020)。今天,人类文化整体的国际化展现出人类解放的可能性。远景是辩证的,是通过突破现有的生产方式和知识创造的"丛林"而获得的自由之路。技术是人与自然之间新陈代谢关系的结果,这种关系是通过对自然的操纵来定义的。在资本主义制度下,对自然的入侵是通过资本增殖的目的而构成的。为此,劳动力是一种具有社会意义的工具,是依附于机器"固定资本"的"可变资本"。人工智能是按照"智能"机器形象塑造的人类思维方式。表面展出的是人类活动的外化,而其在暗箱里反映出的却是一个颠倒的现实。为了把颠倒的安排弄正,必须将资本的逻辑颠倒过来。回想一下,就像所有其他商品一样,为了实现劳动的内在价值,"自由的"工人必须在市场上面对资本家,以便用劳动力换取货币,而一个民主的、人性化的逻辑是知识创造过程中的共同参与。

(一)自下而上的革命

今天的科学家对物质现实的等级结构很感兴趣,每一层都用独特且不可化约的逻辑来描述,此每一层都以不可预测的方式从先前的组织层级中出现。自创是自组织系统的生成特征,新兴辩证法是组织形式的不断变革(Kangal,2020)。公司的 M 型组织形式和工会的组织形式都是老古董,取而代之的是,可以实现新的垄断的少数"章鱼",几个美国人是章鱼头的人格化化身,章鱼的触角不断增长和繁殖,缠绕着世界各地的消费者和工人。

经济社会学家甘曼(Gan ßmann)回顾了过去,他认为现代社会是由货币、工作和消费之间的联系构成的(Wilkinson John,2019)。货币是通过有报酬的工作获得的。货币、工作和消费之间的关系是由企业和家庭通过生产和消费进行的。随着劳动力市场的崩溃,这种关系也随之瓦解。统计数据具有欺骗性,因为它们的报告只记录了刚刚过去的数据,穷困潦倒的美国人很快就离开了人们的视野并被人遗忘了,他们不再被记录在统计数据中,只有在提到房屋止赎或无家可归者时会间接引起人们注意。在美国,失业者包括两类人:"无工作失业者"(jobless-unemployed)指的是那些积极寻找工作的人;"等待召回失业者"(recall-unemployed)是指那些处于(无薪无限期)休假或临时裁员状态的人(Robert H. Hall and Kudlyak Marianna,2020)。等待召回失业者的统计数据下降并不意味着工人们又回到了原来的工作岗位,雇主可能会取消召回计划,因为情况出人意料地恶化了。这些工人现在处于无工作失业状态,要么找到新的工作,要么退出劳动力市场。余下的等待召回失业者可从事兼职工作,在这种情况下,他们会被归类为就业,而不是等待召回失业者。决定经济活动好转的主要因素是,新冠疫情是否会破坏已建立好的"雇主-雇员"关系,是否会出现与无工作失业者需求相匹配的职位空缺,是否会引发一波当下工作岗位的永久性流失。无工作失业人数在上升,原因之一是雇主们对经济恢复正常不那么乐观,并相应地采用闲置劳动力。另一方面,同样的工人可能会有同样的预测,放弃重返原有工作岗位的希望,积极寻找新的工作。预测是,劳动力市场可能会陷入萧条状态,求职成功率会降低,职位空缺的持续时间也会缩短。

恩格斯与青年黑格尔学派分道扬镳,声称他们远离现实,将自己局限于纯粹的批判(Cheng and Lv,2020)。相反,他埋头于收集英国社会的原始证据和研究工业革命的历史,从而将历史唯物主义视为预示工人阶级解放的工具。在驳斥历史唯物主义意味着决定论的主张时,他强调了辩证法的重要性。总之,工人阶级的自我解放将从物质生产的实际条件中产生。

一些从劳资关系方面对平台工作社会关系进行的理论分析借鉴了马克思的两个概念:吸纳和金钱关系(Joyce Simon,2020)。前者关注的是资本与劳动之间的隐性契约,后者关注的是工资合约。马克思论述的形式上的吸纳为新型强制关系的出现提供了空间,这种强制关系是资本集中对工作系统的干预的结果。事实上,用平台术语来说,大量资本进入对现有工作组织模式的颠覆和形式上对劳动力的吸纳,存在着一种正相关关系。马克思对历史上劳动吸纳的描述与平台工作惊人地相似,平台负责协调迄今为止由独立的小生产者进行的工作。工作变得"更加连续和密集"。自由职业者的工作是在大资本的监督下进行的,大资本制定了将本地工人与全球客户联系起来的规则。说到真实的劳动吸纳,平台工作是一种计件工资制度。工人组织和抵抗的核心是围绕工资问题的。事实上,(劳资)冲突的背景可以追溯到(资本主义)早期,那时的资本-劳动鸿沟是在缺乏法律和国家保护的情况下产生的。

在对公司政策的各个方面不满多年之后,谷歌员工于 2021 年成立了一个工会——Alphabet 工会(译者注:Alphabet 是谷歌公司的母公司),该组织隶属于代表电信行业工人的美国通信工人工会(Communications Workers of America)。在坚决反对工会的电信行业,这一进展引人注目。遭到抵制的公司立场不仅涉及工资,而且涉及道德和价值观。例如,谷歌致力于为军事综合体开发人工智能,以及为美国海关和边境保护局开发软件。该工会当下是一个少数派工会,代表了公司一小部分全职员工和承包商,但它正努力欢迎所有员工和承包商加入,无论其职位和地位如何。所以这一进展是有希望的,因为工会并没有忙于谈判具体的合同条款,而是致力于改进在谷歌(组织)内行动的结构和持久性。

资本主义生产组织的一个重要的自下而上的替代方案是所谓的"开源"或"并行生产"(Duncan F. Foley,2020B)。并行生产是一种自发的、分散的组织模式,通过这种方式,一群专注的参与者投入时间、精力、劳动力、资本,生产对社会有用的产品和服务。创建出的软件不仅是"免费的",而且在计算机技术领域占据主导地位,因为它优于营利性竞争对手的产品。其在关键药物开发、当地食品生产、儿童和老年人护理、服装、纺织品、重金属、交通运输、基础设施等方面的应用,是很有前途的。

有各种提议希望通过抛出可被推翻的模型来引出辩证思维,因此,有了弗利(Foley)称为"生命网"(Lifenet)的另一种社会关系集合。生命网的生产是由并行生产企业组织的,人们在没有直接物质补偿的情况下,可以自主创业或自由加入现有企业。参与者可以通过生命网的分配系统来免费获得产出。一个关键的假设前提是,消费者不会将生命网的产品作为商品转售来赚钱。该理念是创造另一种独立于资本主义商品生产的生产和分配制度,参与者将在中央生命网数据库中拥有生命网账户,中央清算所将记录对生命网企业的贡献和对生命网产品的提取。

(二)自上而下的革命

中央银行被金融化了。量化宽松将中央银行卷进来购买价值不透明的金融资产,只是为了增加金融市场的流动性。实际上,这创造了对政府(信用)的看跌期权(Bryan Dick,Harvey David,Rafferty Mike and Tinel Bruno,2020)。这些(信用)工具的损失从未被记录下来。在美国,债券市场和衍生品市场受到政策制定者同等关注。在后者的情况下,最初作为购买抵押贷款支持证券的策略延伸到了所有资产类别。再一次地,政府卖出看涨期权。简而言之,以调整利率或货币数量的形式注入流动性经受了时间的考验,使关注的对象从银行转移到了杠杆衍生品市场。此外,激进的货币宽松政策的后果是,不仅债券的名义利率处于低位且实际利率为负,它们的波动性也会变小。由于长期的不确定性,对长期国债的需求开始下滑。公众的偏好开始转向价格不稳定的短期金边债券。简而言之,美联储不必屈从于金融,还可以用华尔街的武器来对付华尔街,衍生品和期权可以成为提高福利的货币政策工具。

以下的自我吞噬的厄运循环是我们很熟悉的:银行不放贷,公司不借贷。当天早些时候,货币主义经济学代表人物之一亚伦·戴雷科特(Aaron

Director)建议用央行信贷替代公共信贷(George S. Tavlas，2021)。国家将因此不受约束，私人银行与国家竞争货币发行的储备金将被100％的存款准备金制度所抵消。之前，在两次世界大战之间，曾出现过大量的100％准备金计划来创造性地应对部分准备金银行系统的局限性(Pfister，2020)。在所有这些构想中，政府负债都支撑银行存款。2008年金融危机的最新解释是信贷分配给奢侈品消费的原因。中央银行要负责完全控制货币供应和货币分配，中央银行的最大限额必须改变，以最大限度地提高生产性经济的潜力。储备的建立只会使财政部受益，因为它将自己的账户计入中央银行。财政部将用这些储备来支持"基本商品"的消费和生产，所有交易都将通过在中央银行开设的账户进行结算。用规范区分被称为"交易账户"的支付账户和被称为"投资账户"的储蓄账户，后者反映了银行的负债。当前讨论的特别之处是私人部门发行的全球稳定币和央行发行的中央银行数字货币(Central Bank Digital Currencies，CBDC)。可以通过人们在央行开立账户来解决去中介化的威胁，银行挤兑这种糟糕的平衡将成为历史。

六、结论

在《马克思主义经济学中供给与需求的统一》第二章(Zhou and Cheng，2016)的清晰阐述中，供给和需求被证明是同一枚生产硬币的两面。增加供给的生产会增加对生产要素的需求；劳动力需求的增加会增加对基本商品的需求。供给与需求是生产与分配和社会再生产。所有这些都是社会劳动按比例分配的体现。简而言之，生产和消费之间是一种相互决定、对立统一的辩证关系。按照程恩富教授的观点，当前形势下的任务，就是要在供给方启动"新三驾马车"——科技创新、结构优化和要素提质。

参 考 文 献

[1] Azeri Siyaves. Evald Ilyenkov's Marxian Critique of Epistemology and Education

[J]. *Science & Society*. 84，3，2020：342－368.

［2］Baronian Laurent. The Time-Spaces of Capitalism：Suzanne de Brunhoff and Monetary Thought After Marx［J］. *Journal of the History of Economic Thought*. forthcoming，2020.

［3］Belliofore Riccardo. Marx after Hegel：Capital as Totality and the Centrality of Production［J］. *Crisis & Critique*. 3，3，2016：31－64.

［4］John R. Bell. *Capitalism and the Dialectic*［M］. New York，London：Pluto Press，2009.

［5］Bryan Dick，Harvey David，Rafferty Mike and Tinel Bruno. The Financialized State，In *The Routledge Handbook of Critical Finance Studies*. Part Ⅲ［M］. London：Routledge，2020：261－277.

［6］Cheng Enfu and Ding Xiaoqin. A Theory of China's "Miracle"：Eight Principles of China's Political Economy［J］. *Monthly Review*. January 1，2017.

［7］Cheng Enfu and Lu Baolin. Five Characteristics of Neoimperialism［J］. *Monthly Review*. May 1，2021.

［8］Cheng Enfu and Lv Xiaofeng. Engels's thought of the Self-Emancipation of the Working Class and Its Contemporary Value［J］. *International Critical Thought*. 10，3，2020：331－347.

［9］Cheng Enfu. Marxism and Its Sinicized Theory as the Guidance of the Chinese Model：The Two Economic Miracles of the New China［J］. *World Review of Political Economy*. 9，3，2018：296－298.

［10］Cheng Enfu. *Social Sciences in Chinese Universities*［M］. Issue 6，Chapter Ⅴ：Section Ⅰ，2014.

［11］Cheng Enfu，Wang Guijin and Zhu Kui. *The Creation of Value by Living Labour*. vol. 1，2019A. Istanbul：Canut International. *The Creation of Value by Living Labour*. vol. 2，2019B. Istanbul：Canut International.

［12］Jonathan F. Cogliano，Veneziani Robert，Yoshihara Naoki. Computational Methods and Classical-Marxian Economics. Institute of Economic Research，Hitotsubashi University，Discussion Paper Series A No. 716，2020.

［13］Duncan F. Foley. Socialist alternatives to capitalism Ⅰ：From Marx to Hayek.

Review of Evolutionary Political Economy. 1, 2020A: 297 - 311.

[14] Duncan F. Foley. Socialist alternatives to capitalism Ⅱ: Vienna to Santa Fe[J]. *Review of Evolutionary Political Economy*. 1, 2020B: 313 - 328.

[15] Foster John Bellamy, Jonna R. Jamil and Clark Brett. The Contagion of Capital [J]. *Monthly Review*. 72, 2021: 8.

[16] Gantmacher, F. R. *The Theory of Matrices, Volume One*[M]. New York: Chelsea Publishing Co, 1959.

[17] Gao Jiankun and Cheng Enfu. *Exploration*[M]. Issue 1, Chapter Ⅱ: Section Ⅰ, 2015.

[18] Robert H. Hall and Kudlyak Marianna. Unemployed with jobs and without jobs, NBER Working Paper 2020: 27886.

[19] Ilyenkov Evald. On the coincidence of Logic with Dialectics and the Theory of Knowledge of Materialism[J]. *Monthly Review*. 71, 2020: 8.

[20] Joyce Simon. Rediscovering the cash nexus, again: Subsumption and the labour-capital relation in platform work[J]. *Capital & Class*. 44, 4, 2020: 541 - 552.

[21] Kangal Kaan. Engel's Emergentist Dialectics[J]. *Monthly Review*. 72, 6, 2020.

[22] Laibman David. China: In the Perspective of Historical Materialism[J]. *Science & Society*. 84, 2, 2020: 171 - 203.

[23] Lange Elena Louisa. Money Versus Value? [J]. *Historical Materialism*. 28, 2020: 151 - 184.

[24] Manigat Matari Pierre. Finance Capital and Financialization: A Comparative Reading of Marx and Hilferding[J]. *CEconomia*. 10, 4, 2020: 687 - 710.

[25] Marx Karl and Engels Frederick. *Outlines of the Critique of Political Economy, Collected Works*, Volume 28[M]. Moscow Progress Publishers, 1986A. *Collected Works*, Volume 29[M]. Moscow Progress Publishers, 1986B.

[26] Pfister Christian. The 100% Reserve Reform: Calamity or Opportunity? Banque de France Working Paper. 2020: 786.

[27] Pirgmaier Elke. The value of value theory for ecological economics[J]. *Ecological Economics*. 2021: 179.

[28] Miguel D. Ramirez. Ricardo's and Marx's Conception of Absolute and Relative

Value: A Critical Overview, Department of Economics, Trinity College, Hartford Connecticut. Working Paper. 2020: 21.

[29] Schmitz Jr. , James A. and Fettig David. Monopolies: Silent Spreaders of Poverty and Economic Inequality, Federal Reserve Bank of Minneapolis Research Division. Working Paper. 2020: No 772.

[30] Tavlas George S. The Initiated: Aaron Director and the Chicago Monetary Tradition[J]. *Journal of the History of Economic Thought*. 2021.

[31] Tombazos Stavros. Capital as "abstraction in action" and economic rhythms in Marx[J]. *Cambridge Journal of Economics*. 44, 5, 2020: 1055 – 1068.

[32] Tsoulfidis Lefteris and Tsaliki Persefoni. The Long Recession and Economic Consequences of the COVID-19 Pandemic. MPRA Paper. No. 107646, posted 14 May 2021.

[33] Wilkinson John. An overview of German new economic sociology and the contribution of the Max Planck Institute for the Study of Societies. MPIgG Discussion paper. 2019: No. 19/3.

[34] Zhou Zitai and Cheng Enfu. *Contemporary Economic Research* [M]. Issue 3, Chapter Ⅱ: Section Ⅲ, 2016.

雇佣奴隶制、资本与价值规律

［加拿大］亨利·海勒*
杨成果**

价值的产生基于一种新的剥削性社会关系的建立,马克思称之为资本关系:"货币和商品,正如生产资料和生活资料一样,开始并不是资本。它们需要转化为资本。但是这种转化本身只有在一定的情况下才能发生,这些情况归结起来就是:两种极不相同的商品所有者必须互相对立和发生接触。一方面是货币、生产资料和生活资料的所有者,他们要购买别人的劳动力来增殖自己所占有的价值总额;另一方面是自由劳动者,自己劳动力的出卖者,也就是劳动的出卖者……"(Marx,1977:875)随着商品市场的两极分化,资本主义生产的基本条件就出现了。

今天的资本主义建立在马克思所说的一般智力所取得的惊人的科学文化进步的基础之上。就其生产力和复杂性而言,它与16世纪出现的资本主义极为不同。然而,将两者联系在一起的是资本主义关系的持续存在。但是资本主义关系的建立和维持本身是马克思称之为原始积累的一整套社会和政治条件的结果。其中最重要的是主权国家的诞生、教会的改革和殖民主义的发展。这些先决条件中最重要的一个是对生产者的剥夺。马克思在《资本论》第一卷结论部分指出,16世纪以剥夺英国农民的形式出现的资本原始积累标志着资本主

* 作者:亨利·海勒(Henry Heller),加拿大曼尼托巴大学历史学教授。
** 译者:杨成果,温州大学马克思主义学院副教授,博士,硕士生导师,研究方向为国际共产主义运动与世界社会主义。

义的开始。原始积累不是一个外在于资本主义积累的基本过程,而是整个资本主义历史的一个持续特征。当前以帝国主义、世界范围的土地剥夺和所谓的通过剥夺进行积累的形式表现出来。

令人惊讶的是,作为西方关于资本主义起源的一个主要理论,布伦纳(Brenner,1976,1989)的论点如果说没有完全忽略马克思所强调的原始积累的重要性,也是把原始积累的重要性最小化。布伦纳认为,与资本主义租金的建立相比,通过原始积累建立的资本关系完全是次要的。租金而不是抑制利润在推动着它前进。这篇文章对这一观点进行了批判,然后提出关于资本主义起源的另一种观点,恢复了原始积累的核心重要性。

布伦纳认为资本主义起源于中世纪晚期的危机。换句话说,中世纪晚期不仅见证了农奴制的终结,而且为资本主义奠定了基础。以前的学者(除了马克思)以及从事资本主义历史研究的莫里斯·多布(Maurice Dobb),都没有提出过这样的主张(Dobb,1976)。马克思所提出的 16 世纪的原始积累仍然在布伦纳的叙述中占有一席之地,属于强调中世纪晚期危机对资本主义诞生起决定性作用的观点。此外,他认为地主而不是工人和资本家在资本主义的兴起中起主要作用。原始积累的重要性被降级了,因此,革命对建立资本主义生产方式的必要性和早期的现代阶级斗争也被他否定了。

中世纪晚期的危机结束了西方的农奴制。从多布开始,马克思主义历史学家把农奴制的结束与资本主义的开始仔细区分开(Dobb,1976:167)。与此相反,布伦纳认为 14 世纪和 15 世纪的危机不仅结束了农奴制,而且为资本主义奠定了基础。地主失去了对农民劳动的直接控制。但是,由于他们保留了大部分耕地的所有权,因此,他可以在收获季节回来向租户征收资本主义租金。正是这些所谓的地主和佃户之间的社会财产关系以及他们所允许的资本主义地租,而不是追逐资本主义利润的动力或阶级斗争,推动了 16 世纪资本主义的出现。对利润的需求出现于对更高租金的要求之后。在马克思关于早期资本主义开端的观点中,通过原始积累使劳动日益商品化,以及资本主义农民和工业家手中利润的增长是其主旨,而根据布伦纳的说法,租金和地主制度的持续力量决定了早期资本主义的进程,并塑造了早期现代政治史的结果。

从根本上讲,这种观点认为资本主义起源的原因不是资本主义农民的兴起,而是地主的持续存在。布伦纳提出了一种基于延续地主制度、神化市场的具体化、否认政治和革命在向资本主义过渡中的作用的观点,用来取代资本主义的开端是基于出现了以劳动的商品化、利润的实现、阶级斗争和最终的革命为基础的新阶级的观点。

笔者认为,布伦纳坚持中世纪晚期对资本主义发展的重要性,这实际上是正确的。但是,他不应该以颠倒的方式强调地主制度的重要性,而应该强调农奴制的衰落和个人自由的诞生。在我们看来,推翻个人奴役制度使资本关系的建立和普遍化成为可能。

布伦纳的假设是,在 16 世纪为了响应地主对更高租金的日益增长的需求,农民被迫通过提高效率和生产力来提高利润。通过原始积累建立资本关系只是这个更大进程的一个因变量。

尽管没有明说,但布伦纳的观点是不仅价值被创造(这是一种我们很容易同意的观点),而且价值规律在资本主义诞生之日起就已经在生效。正如布伦纳所述,租户面临着他们无法以市场价格生产的可能性,即他们“必须变得专门化并引入新方法才能以市场价格销售他们的产品,这是生存的要求”(Brenner,1977)。

笔者的观点恰恰相反,价值规律的运作在资本主义开始时只是微弱地存在,也就是说在 16 世纪初,不会更早了。它当然没有推动生产力和效率的任何改进。新的研究表明,这种改进始于 17 世纪,直到 18 世纪才变得显著(Allen,2000)。要想使价值规律产生这种效益,就需要理性的和竞争性市场的存在,而这在资本主义初期是不存在的。这样的市场只能在很长一段时间后才会产生。

我们必须要问:16 世纪初英国的市场状况如何?是否有像布伦纳假设的那样加强经济规范的成熟市场?事实与此相反,当时价格区域相对本地化,区域市场保留了很大的自主权,彼此之间几乎没有一致的关系。例如,度量衡因城镇和郡而异。此外,食品和谷物市场受到当地政府的高度监管。简而言之,市场远未相互整合并受到严格监管。事实上,在市场上交易的数量占全国总产量的比例仍然有限,远距离交易的数量也受到严格限制(Wrightson,2000:108-111)。在资本主义初期,没有可以对商品交换施加理性规范的有组织的全国市场,这样的市场在后来才逐渐出现。

在考虑价值规律的重要性时,劳动力市场的不成熟尤为重要。的确,随着时间的推移,圈地运动、剥夺剩余劳动力和人口增长产生了越来越多的潜在雇佣工人,他们被迫出卖劳动力。但这个过程是在地方当局、王室和议会的监督下进行的,他们监督圈地运动,控制农民的运动,并强迫人们从事雇佣劳动。起初,他们通过镇压流浪汉来阻止劳动力的流动。他们煞费苦心地通过强制居住和强迫穷人工作来确保对当地地主的劳动力供应。随着时间的推移,劳动力从郡到郡的流动肯定会增加,尤其是会随着人口增长和失业率的增加而增加。然而,在16世纪到18世纪的无产阶级化进程中发挥着重要作用的是地方和国家层面的政府控制了劳动力的供给,而不是市场控制了劳动力的供给,这并不过分。劳动力市场无疑逐渐扮演着越来越重要的角色,但国家控制着剥夺农民土地和劳动力市场发展的步伐。

在16世纪,大多数劳动力仍处于地方当局的控制之下,并且不存在真正的劳动力市场,在国家层面当然也不存在。亨利八世统治时期开始兴起的原始积累确实是创造这个市场的主要因素。随之而来的是劳动力的商品化。国家在控制劳动力和帮助消除市场运作障碍方面的作用被布伦纳忽视了,他认为市场的作用大于原始积累,而市场独立于国家。与此相反,国家权力在马克思对原始积累的理解中至关重要(Albritton,1993)。

1895年恩格斯在给康拉德·施米特的著名信件中承认,虽然价值存在于资本主义初期,但是价值规律的发展(以及随之而来的相对剩余价值的影响)是一个长期历史过程的结果:"价值规律以及剩余价值通过利润率来分配的情况也是这样。这二者只有在资本主义生产到处都已经充分地实现,也就是说,社会已经被简化为地主、资本家(工业家和商人)和工人这三个现代阶级,而一切中间阶层都已被消灭的前提下,才能最完全地达到近似的实现。"①然而,这种发展是在很长一段时间内展开的。正如恩格斯所承认的那样,这种发展甚至在他自己的时代仍在继续。事实上,马克思在《政治经济学批判大纲》中指出,直到亚当·斯密时代,"交换价值和劳动时间的决定还没有在全国范围内充分发展"(Marx,1973:169)。这足以证实,在18世纪后期之前,价值规律只是逐渐发展起来的。布伦纳认为价值规律通过竞争性市场来发挥作用构成了资本主义的基础的假设完全不合时宜。市场不是非历史性的,而是有自己的历史,这个历史还有待真正地书写。

正如马克思所认为的那样,地主不是转型时期的中心角色,资本主义农场主才是16世纪新兴资本主义的焦点。正是他们构成了新兴资产阶级的先锋队。新兴资产阶级立足于资本关系和利润追求。因此,我们现在要问,这些资本主义农场主的起源是什么? 著名的英国马克思主义中古史学家罗德尼·希尔顿和特伦斯·拜雷斯(Rodney Hilton Vandv Terence Byres)教过的一位学生将这一新型农村企业家阶级的出现追溯到中世纪晚期,挑战了布伦纳对持续的地主支配地位的强调。正是新型农村企业家阶级在16世纪通过原始积累实现了突破进入资本主义。拜雷斯没有强调地主持续的统治地位,而是与列宁一样(Lenin,1907,1963)强调农民日益加强社会分化和出现一个雇佣贫农劳动的富农阶级的重要性。布伦纳尽量忽略这种分化的作用,强调农民作为一个阶级的同质性,而拜雷斯认为中世纪晚期的社会分化是16世纪资本主义发展的入口:

> 因此,与其说是租约必然导致了阶级的形成……这正是布伦纳看上去的主张(地主才是主要代理人——根源要追溯到地主),为什么不可以建议一个完全相反的因果关系:推动前进的是富农,而不是地主;如果不考虑农民的分化,人们就无法理解最终过渡的性质。(Byres,2006:27)。

----

① 《马克思恩格斯全集》第39卷上册,人民出版社1974年版,第409页。

早在 13 世纪(如果不是更早的话),农民内部就被分为富、中、贫三个阶层。富农拥有更多的牲畜和土地,经常为地主担任执事、管家和收租员,帮助地主控制大部分农民。与布伦纳关于中世纪农民基本平等的概念相反,富裕农民代表贵族对其余农民实施法律控制、政治控制和经济控制。富农的权力在 13 世纪增强,因为他们能够销售部分农业剩余物并购买贫农和早期雇佣劳动者的劳动力。之前的收益和生产力的提高增强了富人生产过剩产品的能力。在中世纪晚期的危机中,随着租金和个人奴役程度的降低以及可购买土地的增加,他们与其他农民的权力相对于贵族的权力有了增长。另一方面,危机暂时减少了贫农和雇佣劳动者的数量,限制了这个阶段的富裕农民雇佣劳动力的能力。在这个短暂的农村整体繁荣时期,中农的人数和收入增长最为显著。但从 15 世纪后期开始,富农再次脱颖而出,他们尤其受益于人口恢复带来的廉价劳动力。这个过程发生在整个西欧,但在英国具有决定性的意义(Heller,2011:48 - 49)。在这种新的背景下,必须强调的是,无论是富农还是贫农,都不再受到领主权力的社会约束。

富农和农场主是以前社会分化的产物,尤其是封建社会解体时期的产物。他们成为 16 世纪资本主义的主要推动者,其基础是对越来越多的农民的剥夺以及使他们服从于新兴的农村资本力量。如前所述,布伦纳强调地主向富农提供经济租赁是资本主义开端不可或缺的一部分,但他没有提及这些富农来自哪里。他们实际上是中世纪晚期封建危机的结果,该危机消除了个人奴役。

但是资本主义农民和农场主只是资本主义关系的一方面,雇佣工人是另一方面。为什么富农雇佣工人而不是农奴或奴隶?至少可以想象,随着 15 世纪后期好局面的回归和人口的增长,通过使贫穷的生产者重新屈服于主人,劳动力可能已经得以重构。对这个问题,简单的回答是:使用具有依赖性的劳动力是不可能的,雇佣劳动是唯一的选择。正如希尔顿所解释的那样,在 1350 年后的 20 年里,统治阶级确实试图加强对农奴的控制,并提高了租金和领主罚款,冻结了工资,但无济于事。尽管存在着,贫富分化,

乡村社区的阻力太大了。(Hilton，1976：25)

雇佣劳动作为一种剥削形式自古以来就存在。它在中世纪兴盛期发挥了一定的作用。但是雇佣劳动在中世纪末期首次成为一种新的生产方式，成为普遍商品生产的源泉，因而也成为价值的源泉。封建地租和农奴制的束缚被取消了，这是一种在个人意义上比以前的奴隶制或封建主义更自由的剥削形式。但我们不要忘记，它仍然是一种剥削形式，马克思理性地称之为"雇佣奴隶制"。

农奴制或奴隶制不再是选择。16世纪中叶，人文主义者和皇家顾问托马斯·史密斯(Thomas Smith)写道，英格兰的农奴制实际上已经消失。在这一点上，他呼应了其他同时代人的想法，即奴隶制已不复存在。他进而称赞英国将针对无所事事者的严格法律与给予劳动者的个人自由结合起来："奴仆的缺乏和需求的存在使人们将自由人用于所有奴役的工作；但是，与古代的奴隶相比，是更自由和更平等的。"(Davies，1966：547)史密斯告诉我们，雇佣自由人是因为没有足够的农奴可用。但是这些所谓的自由人仍然需要履行从属劳动的所有职能，但他们的劳动条件比古代更自由。区别在哪里？斯密没有说，但马克思解释说：

> 如果统治和从属关系取代了奴隶制、农奴制、附庸、父权制从属关系，那么它们只会发生形式上的变化。形式变得更加自由，因为从属性现在只是一种客观性质，从形式上讲是自愿的，只影响生产过程中工人和资本家之间的地位。这就是农业中发生的形式变化，即曾经的农奴或奴隶转变为自由的雇佣劳动者。(Marx，1861：63，34，96)

雇佣工人在生产过程中不像在封建制度或奴隶制之下那样受主人的直接身体控制，它发生了形式的变化。这种从属性现在只是一种客观现象，其基础在于工人自愿出卖劳动力给资本家雇主，由雇主以货币购买。从这个意义上说，工人更加自由了。

但是与此同时,他们在被剥夺生产资料的消极意义上当然也更加自由了。此外,这种剥夺通常是暴力的。马克思在讨论原始积累时解释了资本主义财产的起源,从而揭开了掩盖财产真正起源的面纱:"在真正的历史上,征服、奴役、劫掠、杀戮,总之,暴力起着巨大的作用。"[①]建立资本主义私有财产制度的原始积累剥夺了那些没有稳固财产权的人,破坏了共同权利,新兴资产阶级所拥有的财产权是直接或间接的强迫行为的结果。

马克思指出资本主义社会经济框架的建立源于封建制度的解体和对生产者的暴力剥夺:

> 直接生产者,劳动者,只有当他不再束缚于土地,不再隶属或从属于他人的时候,才能支配自身。其次,他要成为劳动力的自由出卖者,能把他的商品带到任何可以找到市场的地方去,他就必须摆脱行会的控制,摆脱行会关于学徒和帮工的制度以及关于劳动的约束性规定。因此,使生产者转化为雇佣工人的历史运动,一方面表现为生产者从农奴地位和行会束缚下解放出来;对于我们的资产阶级历史学家来说,只有这一方面是存在的。但是另一方面,新被解放的人只有在他们被剥夺了一切生产资料和旧封建制度给予他们的一切生存保障之后,才能成为他们自身的出卖者。而对他们的这种剥夺的历史是用血和火的文字载入人类编年史的。[②]

但是剥夺使生产者离开了土地,它本身并没有将无地者变成工人。它不会自动引导工人出卖劳动力,并进一步地达到每天都出卖劳动力。马克思在他对原始积累的描述中阐明了在资本主义的早期历史中,是国家强制而非市场的自由运作在迫使无家可归者劳动和创建雇佣劳动条件方面发挥了重要作用。

在马克思看来,新兴的无权和"自由"的无产者阶级不能立即被吸收到农业

---

① 《马克思恩格斯文集》第 5 卷,人民出版社 2009 年版,第 821 页。
② 《马克思恩格斯文集》第 5 卷,人民出版社 2009 年版,第 822 页。

劳动力中,也不能成为新工业的劳动力。他们突然被剥夺了旧生活方式后,无法立即适应由于失去与生产资料的直接关系而产生的新条件的现实。部分是由于环境,部分是出于意愿,许多人成为乞丐、强盗和流浪者。作为回应,从 15 世纪后期开始,英国和西欧其他地区也颁布了一系列针对流浪者的惩罚性法规,其目的是控制这些不守规矩的人口并将其引向雇佣劳动力(Marx,1977:896)。

大多数被剥夺者只是试图活下去。由于无法直接抵抗将他们赶出土地的经济和政治上的强者,一些人将组织起来成为黑社会,吸引了有产者的注意,有时使其感到恐惧。早在 16 世纪,流浪和犯罪问题就激起学者撰写了大量关于犯罪和贫困亚文化的文献。这种由流氓无产阶级组成的亚文化是资本主义的永久特征,并在今天具有了全球性的规模。

在马克思对原始积累的描述中,他强调了对穷人的直接强制,使他们被迫从事雇佣劳动。他描述了一些反对他们的法律例子,这些例子凸显了早期现代国家的残酷性。根据亨利八世(1530 年)的法令,年老和无劳动能力的乞丐可以获得一种行乞许可证。另一方面,身强力壮的乞丐,即有劳动能力的乞丐,则要遭到鞭打和监禁。他们被鞭打到流血。那些受到惩罚的人必须发誓回到原籍去找工作。后来的一项法规重复了第一项的规定,但补充说,如果再次因流浪而被捕,则应重复鞭打并剪掉一半的耳朵。第三次犯罪后处以死刑(Marx,1977:896-897)。

1547 年的一项法令规定那些拒绝工作的人,一旦被告发,就要成为告发者的奴隶。主人将给予他极少的口粮,并用鞭打和镣铐强迫他从事各种工作。如果奴隶逃跑,他将被烙上 S 字样的烙印。如果他逃跑三次,将被处决。如果流浪者已经无所事事三天,将被送回原籍,打上 V 字样的烙印,并用锁链强迫他工作。如果流浪者谎报原籍,就要成为奴隶。穷人的孩子会被带走去当学徒(Marx,1977:897)。伊丽莎白和詹姆斯一世领导下的议会通过了其他针对穷人和流浪者的严厉法令(Marx,1977:898-899)。此外,作为这项立法的结果,将贫困儿童从父母身边带走去做学徒成为 19 世纪英国贫困救济的标准特征

(Patriquin，2007：90 - 91)。

马克思详细描述了几代穷人遭受的痛苦,生动地捕捉了将他们转变为受资本指挥的工人的长期历史过程。事实上,对穷人的控制和惩戒是国家本身出现的内在因素,它成为国家在地方的主要职能之一。马克思所描绘的早期雇佣劳动阶级无疑不同于早期的卑微的依赖性农奴或奴隶阶级。但是,认为18世纪或19世纪无产者拥有自由的观点是不合时宜的。早期资本主义的雇佣奴隶实际上受到主人和国家的压迫,恰如中世纪的农奴制或古代的奴隶制。

但这种新的剥削形式从何而来? 拜雷斯强调了中世纪末农民分化的重要性,以及随之而来的新富农阶层的兴起,他们将自己转变为新生的资本家。但拜雷斯需要强调中世纪晚期典型的奴役劳动的普遍崩溃和个人解放。它允许农民分化为资本家,但也允许剥夺贫农并将他们转变为雇用劳动者。事实证明,布伦纳强调中世纪晚期对资本主义兴起的重要性是完全正确的。但那个时期的重要性并不像布伦纳所说的那样主要在于地主和租户之间所谓的新的社会财产安排,而在于随之而来的总体上劳动获得的解放。

马克思和恩格斯充分意识到农奴制终结的解放特征。但他们对中世纪晚期的城市起义和农民起义几乎一无所知,生产者正是通过这些起义赢得了自由。例如,在《德意志意识形态》中,他们注意到中世纪晚期城镇下层阶级的叛乱,但认为它们是无效的,因为它们是分散和无组织的。同样,他们认为该时期的农民起义虽然更重要,但由于农民的不成熟和孤立,因而也是无效的(Marx and Engels，1845：66)。

但他们低估了这些起义的规模和效力以及城乡之间的协调性。诚然,中世纪晚期危机期间的人口下降以及由此产生的劳动力短缺在结束农奴制方面发挥了重要作用。地主被迫降低租金并给予农民自由。但最近的历史研究表明,这些城乡起义和随之而来的颠覆性思潮在西欧大规模发生,它们在结束农奴制方面占有重要地位(Heller，2011：23 - 31)。克里斯·哈曼(Chris Harman)认为14世纪和15世纪广泛的社会动乱是中世纪晚期生产力发展带来的原始资本主义革命,最终因封建关系的持续存在而受到束缚。此外,作为中世纪晚期社会革命运动的一部分的宗教异端和新文化思潮,也是封建权力衰落的重要因素。换句话说,我们不仅要处理市场和财产关系的出现,而且要处理真正的阶级斗争,这些斗争不仅是经济上的变革,而且有政治和意识形态上的变革(Harman,2008)。

在这些新情况下,把重新实行农奴制或实行奴隶劳动作为在中世纪末期重建劳动力的一种方式是不可能的。通过普遍的商品生产创造价值的雇佣劳动被证明是唯一可行的剥削形式。随着时间的推移,它也被证明是一种更有成效的生产方式。而且,这是新兴的资本主义农场主和处于统治地位的地主阶级都可以支持的选择。

上面提到的将奴隶制作为惩罚流浪者手段的1547年法令的命运说明了诉诸更多依赖形式的劳动是不可能的。戴维斯(Davies,1966)研究了强制执行该法规的背景。关于通过该法规的原因,戴维斯提出了许多有趣的建议,其中包括罗马先例的影响和所谓的新教伦理对立法者的影响。戴维斯承认了来自贸易危机和战争的干扰的证据,然而他并不认为任何重大的社会动荡是导致法规通过的原因(Davies,1966:538)。另一方面,他确实指出,几乎没有证据表明它被强制执行,并且在它通过两年后于1549年被突然撤回。他甚至引用了当年9月皇室给一些最近发生了叛乱的郡的"某些特殊人员"的信函,这些信函警告说"许多闲散的流浪者和其他无耻和狡猾的人……确实会说谎,并使用顽固的谈话拒绝以劳动或其他方式从事任何诚实或正直的工作"(Davies,1966:546)。然而,戴维斯没有把产生这些大规模叛乱的条件与通过这些预防性法规的行为真正联系起来。

1549年民众进行的大规模反圈地起义是对第一次大范围圈地运动的反应,正如我们所指出的,大规模圈地运动是亨利八世统治时期的一大标志。这种抗议传统上被认为仅限于诺福克,被称为"凯特的叛乱"。新的研究表明,事实上,英格兰南部和东部的大部分地区存在着更广泛的叛乱模式。即使在诺福克,罗伯特·凯特(Robert Kett)也只是该郡众多起义领袖之一。从西南的萨默塞特和威尔特郡,经过牛津郡、白金汉郡和伯克郡的泰晤士河谷地区,到东部的诺福克、萨福克、萨里和肯特,叛乱针对的目标主要是圈地地主和富农。约克郡也同时发生了一场大规模的反皇室和反贵族起义,另一场被称为"西部叛乱"的起义发生在康沃尔和德文郡,主要反对激进的新教改革,但也涉及土地保有权纠纷(Dimmock,2014:154)。这些动荡背后有许多因素。但似乎它们主要针对地主和农村资本家的圈地运动,因为他们将自给自足的生产者变成所谓的流浪者。显然,正是这种民众的不满和愤慨导致取消建立奴隶制的法规。而这些法规的通过最初很可能正是出于对这种动荡的恐惧。

这并不是说奴役劳动消失了。相反,它被输出到新世界和东欧。在这方面值得注意的是,在16世纪的英格兰生活着数百名黑人,他们是自由人,对他们没有太多种族偏见的迹象(Kaufmann,2017)。但是,一旦英格兰在17世纪初开始在加勒比地区发展奴隶贸易为种植园提供黑奴,黑人就开始与不自由劳动联系起来,相应地,在英格兰针对他们的种族敌意也发展起来。奴隶劳动对自由劳动构成了威胁。到18世纪在发展中的资本主义市场经济的背景下,自由劳动确实为雇佣工人提供了更多的就业选择自由(Thompson,1991:9)。这种就业选择自由对于理性市场的出现、更重要的是对于价值的进一步扩张是必要的。

尽管如此,在资本主义中心国家之外,奴隶制被证明是世界范围内资本积累不可或缺的辅助手段。正如马克思所说,"欧洲的隐蔽的雇佣工人奴隶制,需要以新大陆的赤裸裸的奴隶制作为基础"①。伊曼纽尔·沃勒斯坦(Immanuel Wallerstein)尽管将资本主义视为一个单一体系,也认为奴隶制作为一种剥削形式与雇佣劳动都是16世纪出现的资本主义世界体系的一部分。尽管雇佣劳动定义了资本主义制度,但奴隶制和农奴制实际上是全球资本主义劳动分工的组成部分。随着用于养活英格兰和荷兰工人阶级的粮食市场的扩大,后者在东欧发展起来(Wallerstein,1974:89-120)。

埃里克·威廉姆斯(Eric Williams)发起了对工业资本主义兴起与奴隶制

---

① 《马克思恩格斯文集》第5卷,人民出版社2009年版,第870页。

之间关系的讨论。威廉姆斯的观点是,新世界的种植园奴隶制带来的利润使工业资本主义成为可能(Williams,1944)。威廉姆斯的论点是霍布斯鲍姆阐述工业革命的基础,霍布斯鲍姆强调了殖民地奴隶制所创造的市场利润为工业化开辟了道路(Hobsbawm,1969)。但这种观点被后来的历史学家搞乱了,他们认为奴隶种植园经济本身就是资本主义的一种形式(Oakes,2016:215-220)。另一方面,罗宾·布莱克本(Robin Blackburn)与马克思相呼应,将其视为海外的一种直接强迫劳动形式,因此无法创造价值。在奴隶制或农奴制下,劳动不能表现为抽象劳动、不能作为一种商品出售、不能转化为剩余价值。基于个人奴役关系,它只允许榨取增加的剩余产品,但在欧洲通过雇佣劳动剥削来获取利润时,它的确构成了剩余价值的榨取。种植园奴隶制成为允许在殖民地完成原始积累过程的机制,这些过程促进了在西欧基于剥削雇佣劳动的资本主义积累。越来越有组织的、不断加强的强迫劳动或奴役劳动加强了中心国家对剩余价值的榨取。布莱克本认为种植园奴隶制是被他称为广义的资本原始积累的一个例子。正如布莱克本所描述的那样,在广义的原始积累这种制度中,前资本主义生产方式越来越多地与资本主义方式融合起来,并随着时间的推移与其步调和组织模式相契合。布莱克本解决了广为讨论的难题,即种植园奴隶制,尤其是其 19 世纪最先进的形式,是否实际上是一种资本主义。他的回答是种植园奴隶制不是资本主义,但它与资本主义深度融合而最终成为巨额利润的来源(Blackburn,1997:527-544)。种植园奴隶经济产生剩余产品,但不产生剩余价值。与其他生产关系不同,资本关系具有能够产生价值的独特属性,从而允许资本积累。雇佣劳动不是农奴制或奴隶制,它是现实世界中与农奴制和奴隶制共存并依赖于农奴制和奴隶制的一种新形式的奴隶制。在资本主义下,只有价值变得自由。

人们引用马克思零星的评论,反复尝试将奴隶制视为与雇佣劳动一样有效,并将种植园奴隶制描述为有效的资本主义。但最近的研究表明,价值本身无法从强迫劳动中榨取,价值规律并没有支配技术落后的奴隶种植园的运营(Post,2011)。

参 考 文 献

［1］Charles Post. Social-Property Relations，Class-Conflict and the Origins of the US Civil War：Towards a New Social Interpretation［J］. *Historical Materialism*. （4），2019：129 - 168.

［2］Chen Enfa，Wang Guijin and Zhu Kui. *The Creation of Value By Living Labour*，in 2 vols［M］. Duisburg and London：Canut International Publishers.

［3］Chen Enfu and Zhang Jun. Five Hundred Years of World Socialism and Its Prospect：Interview with Professor Enfu Cheng［J］. *International Critical Thought*. 11 （1），2021：1 - 19.

［4］Chris Harman. An Age of Transition? Economy and Society in England in the Later Middle Ages［J］. *Historical Materialism*. 16 （1），2008：185 - 199.

［5］Davies，C. S. L. Slavery and Protector Somerset：the Vagrancy Act of 1547［J］. *Economic History Review*. 19 （3），1966：533 - 549.

［6］Eric C. Hobsbawm. *Industry and Empire: The Birth of the Industrial Revolution*［M］. Harmondworth，U. K.：Penguin Books，1969.

［7］Eric Eustace Williams. *Capitalism and Slavery*［M］. Chapel Hill：University of North Carolina Press，1944.

［8］Friedrich Engels. *Letter to Conrad Schmitt*，*March 12*，*1895*［M］. In *Marx and Engels Correspondence*. International Publishers. https：//www. marxists. org/archive/marx/works/1895/letters/95_03_12. htm.

［9］Henry Heller. *The Birth of Capitalism*［M］. London：Pluto，2011.

［10］Hilton，R. H.，ed. *The Transition from Feudalism to Capitalism*［M］. London：New Left Books.

［11］Immanuel Wallerstein. *The Modern World-System*，*vol. 1: Capitalist Agriculture and the Origins of the European World-Economy*［M］. New York：Academic Press，1974.

［12］James Oakes，Joel Stillerman，Chris Tilly，and Sarah Mosoetsa. Capitalism and Slavery and the Civil War［J］. *International Labour and Working Class History*. 89，2016：

195 - 220.

[13] Karl Marx. *Contribution to the Critique of Political Economy in Karl Marx and Frederick Engels* [M]. London: Lawrence &. Wishart. (Marx, 1973: 169). Rodney Howard. 1985. "A Crisis of Feudalism" in Aston and Philpin (eds.) *The Brenner Debate*, 1861 - 3. A: pp. 119 - 137.

[14] Keith Wrightson. *Earthly Necessities: Economic Lives in Early Modern Britain* [M]. New Haven: Yale University Press, 2000.

[15] Larry Patriquin. *Agrarian Capitalism and Poor Relief in England*, *1500 -1860: Rethinking the Origins of the Welfare State* [M]. Houndmill: Palgrave Macmillan, 2007.

[16] Lenin, V. I. The Development of Capitalism in Russia [M]. In *Collected Works*. vol. 3, [1907] 1960. Moscow: Progress Publishers.

[17] Maurice Dobb. From Feudalism to Capitalism [M]. In *The Transition from Feudalism to Capitalism*. ed. R. H. Hilton. London: New Left Books, 1976: 165 - 169.

[18] Miranda Kaufmann. *Black Tudors* [M]. London: Oneworld, 2017.

[19] Robert Albritton. Did Agrarian Capitalism Exist? [J] *Journal of Peasant Studies*. 20 (3), 1993: 419 - 441.

[20] Robert Brenner. Agrarian Class Structure and Economic Development in Pre-Industrial Europe [M]. *Past &. Present*. 70 (170): 30 - 75. In *The Brenner Debate: Agrarian Class Structure and Economic Development in Pre-Industrial Europe*, 1985, T. H. Aston and C. H. E. Philpin, eds.. Cambridge: Cambridge University Press, 1976: 10 - 63.

[21] Robert Brenner. Bourgeois Revolution and the Transition to Capitalism [M]. In *The First Modern Society: Essays in English History in Honour of Lawrence Stone*. edited by A. L. Beier, David Cannadine and James M. Rosenheim, 1989: 271 - 304. Cambridge: Cambridge University Press.

[22] Robert Brenner. The Origins of Capitalist Development: A Critique of Neo-Smithian Marxism [J]. *New Left Review*. 1977, 104: 25 - 93.

[23] Robert C Allen. Economic Structure and Agricultural Productivity in Europe, 1300 - 1800 [J]. *European Review of Economic History*. 2000, 4 (1): 1 - 25.

[24] Robin Blackburn. *The Making of New World Slavery: From Baroque to*

Modern: 1492 - 1800[M]. London：Verso，1997.

[25] Rodney Howard，and Frederick Engels. The German Ideology[M]. In *Collected Works*，vol 3，1845：23 - 94.

[26] Rodney Howard. *Capital. vol. 1，tr. Ben Fowkes*[M]. New York：Vintage，1977.

[27] Rodney Howard. *Grundrisse. tr. Martin Nicolaus*[M]. New York：Vintage，1973.

[28] Spencer Dimmock. *Origin of Capitalism in England*，1400 - 1600[M]. Leiden：Brill，2014.

[29] Thompson，E. P. *Customs in Common: Studies in Traditional Popular Culture* [M]. London：Merlin Press，1991.

第 Ⅳ 部分

哲学与历史

第二代新工业社会
——迈向智慧秩序的关键一步

第二代新工业社会

——迈向智慧秩序的关键一步

［俄罗斯］谢尔盖·博德鲁诺夫[*]

葛聪[**]

现代经济蓬勃发展,尽管其结构发生了变化,导致服务业份额增加,但仍主要依赖物质生产。这种生产保证了人类社会生活的再生产,因此,物质生产的变化决定了其余生产的变化,最终决定了社会秩序的未来发展和质变。

现代物质生产是工业生产。因此,有必要认识到工业在现代经济的生产和技术系统中占据中心地位这一事实。只有通过工业生产,才能为所有其他经济部门的运作提供必要的条件。农业部门和服务业的所有部门都从工业中获得机械设备,所有主要技术流程都是由工业经济发展起来的。如果我们追溯过去300年社会经济结构的变化,我们就会发现,是工业的变化决定了公共生产体系的变化。

工业生产本身进步的基础是从一种技术模式向另一种技术模式的转变。俄罗斯提出的技术模式概念延续了世界科学界长期以来所进行的技术发展研究。约瑟夫·熊彼特非常重视技术创新和生产过程组织方面的创新,这些创新依赖于富有活力的企业活动。他认为,通过为企业家提供竞争优势,这一过程

---

　*　作者:谢尔盖·博德鲁诺夫(Sergey Bodrunov),俄罗斯自由经济协会主席、国际经济学家联合会主席、经济学博士、教授。

　**　译者:葛聪,北京大学重庆大数据研究院博士后、泰国斯坦福国际大学博士研究生,经济学博士、副教授,主要研究方向为马克思主义政治经济学。

构成了决定生产进度的最重要因素(Schumpeter,1982)。根据熊彼特的观察,创新过程不会均匀发生。在以创新浪潮为特征的某些时期,形成了新的技术复合体,熊彼特将其称为"集群"(Menshikov and Klimenko,2014:192)。另一个术语"创新浪潮"(Blaug,2008:333)得到了更广泛的使用。

1975 年在西德,经济学家格哈德·门施(Gerhard Mencch)发现了一种周期性变化的现象,即从改善性的甚至是想象性的创新占主导地位,到技术崛起,其中基础技术创新需要引入解决方案(Mensch,1975)。格哈德·门施使用了与熊彼特相同的术语:谈到深刻的技术变革时,他把它们视为基础性创新的集群。20 世纪 70—80 年代,英国著名创新经济专家克里斯托弗·弗里曼提出了"技术体系""技术-经济范式"等概念,他的学生卡洛塔·佩雷斯则扩展了这个概念(Perez,2011)。

俄罗斯的经济学中使用的术语是"技术模式",其内容在许多方面与"创新浪潮""技术-经济范式"和"技术体系"等概念相似。技术模式的概念最早是由利沃夫和格拉济耶夫提出的(Lvov and Glazyev,1986),并解释了该领域先前的全球研究。

如果我们用这个概念,那么在目前最发达的国家中,第五种技术模式是领先的。它从 20 世纪 70 年代开始形成,一直到 21 世纪初(Glazyev and Kharitonov,2009)。这种生活方式的主要技术是空间(卫星通信)、电子(基于微电子、光纤技术、消费电子的电子计算设备)、信息和电信(电子计算设备的软件、互联网、卫星和移动电话)、生物技术和机器人技术。这种模式的特点之一是能源从煤炭和石油转向天然气。20 世纪末,发展第六种技术模式的科学基础已经奠定,其中第一项技术在 21 世纪初受到更多人的青睐,但仍未占有主要的地位。

尽管目前第六种技术模式的潜在可能性大于实际存在,但这种模式所蕴含的机遇不仅为一种技术模式向另一种技术模式的过渡开辟了道路,而且开创了新技术和产业革命的前景,这一结论是基于新兴的第六种技术模式所隐含的技术的使用后效研究得出的。

第六种技术模式的技术特性是什么?这种模式的一个显著特征是各种技

术的融合。这些技术包括纳米技术、生物技术、信息技术和认知技术（Nano，Bio，Information and Cognitive，NBIC）。这种现象被称为 NBIC 融合（Roco and Bainbridge，2002）。在这种融合的基础上，出现了各种混合技术。假设社会技术也将包含在这个技术融合的过程中，这样的假设是有一定意义的，它将使 NBIC 融合成为可能（Spohrer，2002）。在笔者看来，这一趋势是客观决定的，是第六次技术模式演变的真正方向，也是我们进一步发展的必然过程。

在工业领域，技术融合体现在工业 4.0 的形成（Germany Trade & Invest，2018），其主要元素是完全自动化的企业，称为"智能工厂"。它们被构建为一个使用工业机器人的企业综合体，由工业物联网（Boyes et al.，2018）联合起来，确保它们在技术过程中交互。通过工业物联网，人们还可以控制自主技术设备，使用内置传感器和大型数据集处理系统（大数据）。无论是在"智能工厂"的运营管理中，还是在生产系统和消费者与供应商的交互中，人工智能都被认为将得到广泛的应用。

在直接生产技术领域，从涉及切割和研磨工件材料的分散（减法）技术到添加剂技术的过渡已经广泛展开（Prosvirnov，2012；Bioprinting，2015；The Bod，2021[①]），其通过添加或组合原材料来确保最终产品的生产。现代添加剂技术发展迅速的趋势之一是混合技术，如 3D 打印。它基于多台打印机的组合，使用各种技术解决方案（聚合物熔体分层、金属粉末烧结、直接激光生长等）来完成原材料的逐层堆积。

2017 年，3D 打印机的全球销量超过 40 万台（Adams，2018）。2018 年，3D 打印机的销量下降了几个百分点，但销售额增长了 27%，供应商的利润增长了 44%。家庭台式 3D 打印机的销量在下降，而工业和设计师机型的销售一直稳步增长，目前占市场的 70% 左右（Greenwood，2018）。总体来看，2010—2020 年，3D 打印市场（包括服务、3D 打印设备、原材料和软件销售）平均每年增长

---

① The Bod. Europe's First 3d Printed Building(n. d.) [EB/OL]. https://cobod. com/the-bod/ (date of access 16. 05. 2021).

27.4%。即使在 2020 年,尽管新冠疫情带来了各种问题,但这个市场也增长了 7.5%(Wohlers,2021)。

支持第六种技术模式的新技术最典型的特征是什么?首先,这是创新知识应用的一个新阶段。这一阶段可以定义为质变阶段——知识在生产成本中所占的份额大大超过了所消耗物质资源的份额。物质生产向知识密集型生产转变,其产品具有高知识密集度的特征。这一趋势的持续发展使我们能够自信地去做出我们在《第二代新工业社会》(Bodrunov,2016)和《智慧秩序》(Bodrunov,2018)中详细介绍的预测。随着新技术的普及,可以预期整个生产将达到这样一种状态:无论采用何种计算方法,知识都将不仅成为生产发展的关键因素,而且成为生产发展的主要资源。

今天已经为这一未来奠定了基础,甚至在许多生产部门中,最终产品中体现的知识超过了物质资源的份额。让我们以智能手机的生产为例。根据世界知识产权组织的数据,iPhone7 模型的材料组件仅占其生产成本的 22%。[①] 如果我们考虑到这些材料组件本身的生产成本中,材料成本的份额很可能在 1/4 左右,那么,最终 iPhone 的纯材料成本的比例估计在 5%~6%。在历史动态中也清楚地看到了材料成本的下降。摩托罗拉于 1973 年生产的第一部手机的重量为 1 135 克。现代智能手机的重量已降至仅 110~120 克。(Smil,2013:127)

即将到来的技术飞跃预示着材料生产的新品质。但是,为了达到这一新品质,不仅技术必须改变,而且物质生产的所有组成部分,也就是劳动(和劳动者的素质)、生产资料(从原材料到生产设备)以及生产组织形式也必须改变。

因此,当我们谈论即将到来的技术革命时,必须广义地理解这一现象:我们谈论的不仅是直接生产技术,而且包括劳动技术和组织生产过程的技术。如果

---

① World Intellectual Property Report. Intangible capital in global value chains. Geneva:World Intellectual Property Organization. 2017:102.

物质生产的所有组成部分都发生了变化,那么技术革命实际上就变成了工业革命。这场革命的后果可能是相当广泛的,受到影响的不仅是生产领域。

那么,预言中的工业革命的结果会是什么呢?工业革命是指物质生产的所有组成部分的内容发生变化,因此,从本质上讲,工业革命将使整个社会向新的发展阶段过渡。工业社会已经经历了多个发展阶段,而 20 世纪 70 年代形成的阶段被约翰·肯尼思·加尔布雷思称为"新工业国家"(Galbraith, 1967)。因此,作为即将到来的工业革命的结果,紧接着出现的发展阶段可以被称为下一代新工业社会。如果说加尔布雷思所描述的新工业社会是第一代,那么我们将看到向第二代新工业社会(NIS.2)的过渡。尽管在这个新社会中工业的份额将明显低于加尔布雷思时代,但它仍然是工业社会,因为工业仍将是支持所有其他经济部门的生产和技术核心。

它与第一代新工业社会有什么不同?这个社会的主要生产资源的位置最终将为知识所固定。正是关于周围世界的科学知识,以及所获得的知识在技术过程中的应用,在生产发展中既是主要资源,也是关键的驱动因素。

物质生产的安排本身将在很大程度上取决于我们投入生产活动基础的资源。在发展的某个阶段,自然是我们的主要资源宝库。我们有可食用的植物和动物,可提取的矿物质,也就是说,我们拿走了地球母亲给我们的一切。在当今时代,我们并没有放弃对地球自然资源的利用,但更多的是将注意力转向对知识的提取。正是对我们所生活的世界的了解,成为决定我们是否有能力满足人类所有基本需求的关键资源。

第二代的工业生产方式达到了很高的知识密集度,大大减少了对自然物质资源的使用和对人力的直接消耗。然而,生产的物质本质仍然存在。这不仅仅是一个言语悖论。知识密集型工业生产仍会创造物质产品,但现在它们将是知识密集型产品。在生产中,重要的并不是知识本身,知识的提取无论多么重要,都不能取代物质生产的过程。知识之所以成为物质生产的关键资源,是因为它在技术和被生产出的物质产品中得到实现。

第六种技术模式造成的另一个主要变化是,随着未来向第二代新工业社会的过渡,人们将逐渐退出直接物质生产的过程,不再参与生产过程中对原料和待改造材料的直接影响。人们越来越多地开始用他们的知识的力量影响生产,发展技术过程,确定生产目标,控制他们的成果,获得成品对自然物质的直接影响则由自主技术生物来完成。由于工业机器人的广泛应用,取代人类的技术人员已经迈出了第一步。现在机器人不仅仅用于工业,医学上手术机器人被使用,确切地说是协作机器人(Blanchard,2019);在公路和铁路运输中使用机器人作为司机,以及与银行、贸易和其他服务公司的客户互动方面也有很多实验,人工智能已经取代了人类,尽管不是完全取代。

在那些没有机会用技术设备取代人类劳动的生产领域中,第六种技术模式框架下发展起来的认知技术一定会得到传播。具有自我学习能力的人工智能(AI)系统已经开始代替人类开辟新的领域。这些系统能够执行简单的功能,如信息的搜索、积累、传输、分类和比较,与人沟通,甚至在此基础上作出决定,但目前还仅限于最简单的标准。生物技术、信息技术和通信技术的现代成就,使人类能够在认知技术的基础上开发潜在的手段来提醒人类留意工业 4.0 中无人技术流程的运作以及人类对这些流程的影响。我们指的是诸如人机界面、人机系统、人机网络等工具的开发(Tsvetkova et al.,2015)。最终,将有可能创建硬件和软件系统来管理整个企业,这些企业配备了新一代的机器人,它们在变化着的生产条件下有着更强的自主性和适应性,也因此更有效率。

我们看到生产过程的所有组成部分,包括生产组织,是如何随着生产技术的变化而变化的。不仅如此,在第二代新的工业社会中将会形成的财产关系体系中,生产的变化必然导致经济关系性质的变化。但是,即使在我们的社会过渡到第二代新工业社会阶段之前,即使在今天,我们也可以看到财产关系的这种变化,它表明了财产社会化的发展趋势和财产关系受到的侵蚀。

财产关系,特别是私有财产关系是什么?它们应该保障所有者拥有、使用和处置其所有权覆盖的那些经济资源的机会。但即使在古代,支持财产权的实体经济关系也需要引入各种限制,以保护整体利益不受私人利益不当行为的影响。久而久之,一整套的产权负担出现了,形成了所有者的社会责任关系体系。

其中一些最古老的限制是各种类型的地役权,允许非所有者使用不属于自己的土地来实现某些功能,如通行权、取水权、赶牛权、沿海地区通行权、铺设通信权等。目前,在工业、运输、建筑和服务等领域对财产权有许多限制,这些限制的依据是在工业、采矿和建筑工程中使用车辆时确保安全的要求,或确保某些产品质量标准、卫生标准、消防安全标准、环境标准等义务。

在规范获取知识经济资源产权关系领域时,目前存在着非常矛盾的趋势。一方面,各种技术手段被开发,以防止未经授权使用知识产品,有保护知识产权的斗争。另一方面,版权和专利权的适用期限受到限制,甚至出现了专门生产可自由获取的知识资源的整个部门。众包、维基经济学的发展,诸如免费软件、开源、版权使用许可等现象,预示着知识资源免费流通的趋势。

因此,在当代经济中,可以观察到两种相反的产权关系演变趋势。一种是巩固现有的私有财产关系;另一种是对财产权的侵蚀,在极端情况下甚至是对财产权的否定。

产权侵蚀不仅仅发生在知识产权领域。在一些情况下,共同拥有和使用财产的形式(如合作企业)表现出较高的经济和社会效率。集体财产管理和合作活动如果不是以意识形态偏好为基础,而是以它们为解决经济和社会发展问题所提供的真正机会为基础,就可以产生深远的影响。

这一路径确保了许多国家合作企业的发展。中国看到了此类企业解决农业部门和农村社会发展问题的重大机遇。程恩富学部委员强调:

> 一是在以家庭联产承包为基础的双层经营体制下,增强集体层经营管理;二是努力壮大农村集体所有制经济;三是加强多种合作经济方式的发展;四是促进集体合作企业与市场经济的对接,以解决当今中国农村发展面临的各种问题。(Cheng and Ding, 2012:130)

私有财产关系受到侵蚀的另一个趋势是所有权和使用功能的分离。这个过程本质上是双边的。一方面,任何资源的所有者都可以暂时不去使用,目的是将其使用权授予他人,表现为租赁关系,以各种形式共享使用(联合办公、共享汽车、分时共享等)。另一方面,许多人不愿拥有财产,而是选择仅仅获得临时使用物品的机会,包括与他人共同使用。

在中国,这些通常被称为共享经济的形式已经很普遍。2019年,该行业增长11.6%,达到4 738亿美元(Xinhua, 2020),约占中国GDP的3.3%。2020年,在新冠疫情的影响下,该行业的增长速度快于整体经济,增长了2.9%,达到5 223亿美元(Xinhua, 2021b)。

在生产部门,放弃处置(有时是拥有)财产的权利,仅享受临时使用权的趋势在许多方面是由技术原因决定的。创新过程的加速,以及随之而来的技术变革,使得获取机器的产权在经济上变得不合理,因为在几年内,它们的老化几乎不可避免。此外,为了吸引用户,这些机器的所有者往往不仅提供设备维修和保养服务,而且提供设备更新服务。

另一个导致财产扩散的过程是资本财产的分割在增加。这不仅涉及多个所有者,而且与权利包的分割有关。在现代产权经济理论中,这些趋势已成为专门研究的课题。

即使是普通的股份制也向我们展示了相当复杂的产权划分,我们不能按照古典方式那样将其化简为所有权、处置权和使用权。任何股东都没有能力充分行使资本产权,因为这种能力是复杂的,取决于特定股东所持有的股份的类型,以及股权所有者和管理者之间的职能划分。

随着整个经济关系制度即将发生的转变,对趋势的审视使我们有可能预测到向第二代新工业社会过渡期间财产关系制度的重大转变。市场关系变得不同,它们正逐渐远离市场条件的自发波动,变成各种实体之间利益的复杂协调领域,这些实体有着非常多样和往往相互交织的产权。与此同时,国家对市场的监管将不断演变,其任务越来越多地是在共识和合作的原则基础上维护经济利益的平衡,而不是竞争。如果我们考虑到产权关系和市场关系演变的过程,那么这种转变就是不可避免的。

然而,所有这些变化还不足以消除因现代技术的进步而出现的矛盾。新技术不仅为满足人们的需求带来了越来越多的机会,而且给人类的发展带来了越来越多的威胁。人类环境面临的压力在增加,生态平衡正在被打破,使用最新技术的破坏性风险在增加,不受控制地干涉人类本性的威胁在增加。不幸的是,这不是遥远的将来的问题,而是当今的问题,需要立即解决。可以毫不夸张地说,人类正面临着文明发展的危机。

现在的困境是:社会要么不使用技术革命提供的机会,沉迷于追求错误的目标和价值观,将现代文明的负面趋势加剧到失去人类核心特征的地步;要么重新考虑在其文明中占主导地位的优先事项。

我们可以做些什么来确保重新考虑我们文明发展的目标和标准? 我们需要向经济活动的合理标准过渡,进入智慧阶段。正是将智慧生产转化为独立于人类和社会的生产——从而可以确保人类需求的满足——决定了让经济活动服从于人类目标而不依赖于人类的经济标准的可能性。因此,依赖于智慧生产的智慧社会可以摆脱对经济理性的屈从,过渡到一种直接基于人类理性和文化标准的新型理性。人类活动的这些新目标和动机现在变得极其重要,并导致整个公共关系体系的变化。

因此,经济将被智慧秩序(noonomy)取代。

“noonomy”一词的含义需要详细解释。它不是“人类圈”(noosphere)和“经济”(economy)的合成词,noonomy 不是指“人类圈经济”。这个词的第一个词源来自古希腊单词“noos”,其深刻的或者神圣的意义上是“智慧”,但并不是作为一个抽象概念的智慧本身。在一定的标准基础上,某些东西可能是智慧的或非智慧的。智慧的标准基础在最古老的时代就有寓言式的表达。例如,早在 11 世纪,希拉里昂主教在《关于律法与恩典的布道》中写道,让我们领会真理的智慧(Hilarion,2011:70),智慧的标准基础是真理,一个恒久和公认的价值。

“noos”(智慧)这个词的意思与其在拉丁语中的对应“ratio”(理性)完全不同,互换使用它们是相当不准确的。现代经济表现得相当理性,或者至少倾向于理性标准,但我们可以合情合理地给它贴上智慧标签吗? 砍伐大面积森林或扩大金融泡沫之类的行为有多智慧? 而它们依赖的标准正是经济理性标准。

当我们谈到智慧秩序时,我们指的是特殊的、非经济的、基于智慧的原则,这些原则支持着满足人类需求的手段的形成。正如经济代表经济社会中使用的管理方法一样,智慧秩序意味着在智慧社会中的管理方法。

我们认为,智慧社会不是作为抽象哲学构建的人类圈,而是以某种方式组织起来的社会。它不同于本质上是经济的现代社会,在现代社会中,满足人类需求的手段受制于经济标准,并通过经济关系进行管理。

"noonomy"一词的另一部分词源并非源自"经济",而是源自"nomos"一词。这个词也起源于希腊语,意思是"法律"或"秩序"。在 20 世纪 30 年代,哲学家们开始用它来表示组织生活任何方面的基础,它是支配一切事物存在的绝对法则。因此,在生产的语境中,"nomos"指的是某种组织原则、结构和秩序,是生产导向型人类活动的基础。因此,在拥有"知识之光"的社会中,智慧秩序构成了满足需求的方法;没有人直接参与生产,因此就没有生产关系;与财产没有关系,也就没有所有权关系;没有经济,并且经济不可能存在。这就是为什么谈论"人类圈经济"毫无意义,因为它表明完全缺乏对 noonomy 含义的理解。

智慧秩序依赖非经济的方式来满足人类的需求,塑造它的将是一种新的生产特性,根据马克思的预言,在这种新型生产中,人们将"站在生产过程的另一边"。

但是,在生产的一边,人类仍然与生产息息相关,因为没有生产,人类社会就不可能存在。智慧社会中人与智慧生产关系的连接将如何实现?

智慧生产将构成自治的功能领域,人类和社会将与之并行。然而,是人使这个自主技术领域服从于人的发展目标,就这点而言,生产仍将在人的控制下运行。人类将经历认知过程,从而决定技术发展的趋势,决定应用某种技术解决方案的可接受性。这个甚至具有自我发展能力运作的技术生物会受到人类社会的控制,而他们自身发展的机会也将由人类来管理,为人类的发展和自我实现创造最有利的条件。

由于人类不再直接参与生产,关系到智慧生产经营管理的人与人之间的关系将越来越失去生产关系的属性。与此同时,劳动作为一种由生产生存资料的需要所决定的活动,其时间将会缩减,而自由创造活动的时间将会延长。创造性活动的目的是实现人的多种能力,其中认知能力是相当重要的。

在独立的智慧生产领域,什么将取代经济标准来决定经营趋势?是思想吗?那就有必要了解这种思想会是什么样子,设定目标——即满足需求——合理性的标准是什么,以及实现这些目标的方法。毕竟,人类的知识力量可以聚焦于各种不同的领域。

到了最重要的一点,我们应完善和规范智慧秩序框架内生产发展的社会关系体系。只有当人类的学习不再局限于生产发展所必需的自然科学和技术知识时,它才能被认为是内在完整的。另一个认知领域应该同时发展,即对人类文化世界的认识、自我决定和自我实现,在某种程度上,这将确定人类需求的范围以及满足这些需求的方式。将自己定义为智人,人类就会相应地限制自己需求的范围。

人是社会性的生物,但随着时间的推移,他们离开了自然栖息地,在那里,人类需求的形成在很大程度上受到了自然制约,这就导致了人性中不仅具有社会特征,而且具有动物性特征。一直就有一种观点认为,对普通人来说,想要摆脱其生物本性中的特征是非常困难的,特别是在当下立刻实现尽可能多地获取的欲望。这些特征表现为一种生物式的态度,即独占领地,任何人不得进入,并独享领地内的所有食物。甚至有人提出,我们所有主要的社会机构(直至国家)都是在这种动物学态度的基础上建立起来的。出现诸如国家这种现象的原因之一是为了圈起并标记领地是属于我们,属于我,属于我们的国家,属于我们的社团等。

但是,除了生物性,我们也有自己的智慧,也就是"noos"。人类有能力培养合理的自我约束,放弃对他们有害的东西。如果人有健康问题(如糖尿病),就会限制某些食物的摄入量。数以百万计的人每天都在微观层面上展示此种方式。他们可以分辨好与坏,认识到什么是对人类和社会有益的或有害的。人类还能感知他人的兴趣,对自己有利或不利,以及需要做些什么来确保一个建设性的而不是有害的结果。我们可以举出很多例子,比如为了某些公认的价值而牺牲自我,放弃很多东西,甚至放弃自己的生命。

到第二代新工业社会(NIS. 2)的过渡逐渐缩短了直接劳动时间,同时增加了空闲时间。然而,这就自然而然地导致了"幸福的增加"吗?这个结果不是立时就能实现的,因为人类也必须把空闲时间转化为自我发展的空间(如创造性活动、掌握文化成就、塑造精神需求等),而不是盲目的消费主义。

首先,人类活动的性质必须改变。尽管有流行的理论,但改变人类需求的主要因素并不是低层次需求的饱和,其会自动向更高层次的需求过渡。需求结构的关键主要不在于消费(虽然需求的饱和也有一定的重要性),而在于人的活动。当这项活动变得主要具有创造性时,就会导致消费优先级发生变化,将需求结构的重点从物质商品和服务转向发展人类个性的手段,并揭示其创造潜力。

其次,随着创造性成分在人类活动中的重要性日益增加,人们越来越多地参与到世界认知过程中,意识到生产和消费的合理性标准。

最后,满足人的基本需要,使得谋取生活资料的斗争以及对意外的饥饿、疾病、无家可归和消费不足的焦虑不再是紧迫问题,这也很重要。

正是这些条件共同保证了人类价值观念的形成,使消费的自我约束从期望变为可能。

尽管如此,在这种情况下,"自我约束"一词并不完全正确。相反,它不是关于人类的自我限制,而是关于自我决定。将自己定义为智人,我们已经设定了某种限定。我们决定什么对我们来说是合理的,什么是超出理性边缘的。通过将某些行为标准强加于人,或通过(在身体上或精神上)强迫限制消费来解决这个问题是不可能的。只有创造客观条件,使人类在此条件下独立地发展关于理性标准的思想,从而使人们对消费、对自然环境、对自己的态度更加合理,才是问题的真正解决之道。

但要实现这个未来,就必须克服目前的严重问题。今天,人类在文化发展水平、道德价值观和准则形成、技术变革速度等方面都存在滞后。这会导致危险的情况,即人们无法正确处理现代技术所固有的巨大潜力。另外,即使在近代历史中,我们也能找到如何定义技术应用范围的例子。制造原子弹的伟大科学家意识到大规模使用核武器的灾难性后果,因此采取了多项措施(原子技术秘密共享),帮助加速建立力量平衡以阻止使用核武器。结果,在美国对日本城市进行原子弹轰炸的野蛮行径之后,核武器再也没有使用过。另一个说明问题的例子是加勒比危机,当时冲突各方找到了足够的理由达成协议并摆脱危险的对抗。因此,我们希望人们能够意识到新技术应用带来的威胁,并找到避免这些危险的方法。

新技术迫切需要改变社会关系,使斗争和竞争的关系(及其相应的价值观)能够被妥协、合作和团结的关系所取代。我们发现在中国实施的方法很有趣,它将阶级斗争过渡到阶级和平以作为发展工具。由于资本主义关系的存在被认为是中国经济发展的必要条件,因此如果资本主义生产(以及参与其中的民族资产阶级)受到不友好的对待,就不可能确保他们对社会经济进步做出贡献。程恩富指出:"民族资产阶级不是阶级斗争的对象。"他解释说:"目前整个民族资产阶级不是阶级敌人和阶级斗争的对象,而是统一战线和团结的主要对象。"(Cheng Enfu,2019:526)

即使我们看到未来资本主义关系消失的前景和民族资产阶级存在的经济条件,这也并不意味着历史的演变一定是在斗争和敌对的道路上进行的。相反,发展合作将满足社会各阶层的利益,并有助于社会和经济进步。在这方面,我们看到依赖团结主义的重要性,这种意识形态恰恰专注于社会妥协与合作。

从目前的社会状态过渡到智慧社会制度的道路还很漫长。这种转变才刚刚开始,在此过程中还有许多复杂的问题有待解决。首先,笔者想提请大家注意俄罗斯的问题。俄罗斯经济有一些具体的特点,但我们的许多问题与其他努力在世界经济中占有一席之地的国家是共同的。

第二代新工业社会的形成以及与此阶段相对应的新的社会模式的形成需要相当长的时间,在智慧秩序形成之前,我们必须走的路会更长。所有这些过渡到新的社会模式的过程,都将发生在我们当代社会的基础——经济社会的存在过程中。事实上,经济社会是建立在竞争和较量的基础上的,在世界经济中,必然有领导者和局外人。

如今,想驾驭新技术浪潮,成为智慧发展的领导者,朝着新的社会模式和智慧社会前进,俄罗斯面临着跟上经济发展的挑战。今天,如果没有以最重要的知识因素为基础的强大经济,就不可能在世界上占有一席之地。这就要求我们设计由高新技术企业组成的现代产业,进行适应产业的研发。当然,与此同时,必须培养能够掌握创新知识的人,同时获得符合智慧发展原则的新的价值观。

现代经济以高速创新过程为基础。因此,要达到世界领先的技术水平,不仅需要加快创新速度,而且需要提供一种"加速的加速"。中国也理解这种需求。程恩富在文章中强调:

> 一要加快创新成果向现实生产力的应用,破除体制机制方面存在的障碍;二要更加注重培养创新的基础——人才,凝聚一批站在各行各业最前沿、具有国际视野和能力的领导人,对中国人民来说很重要;三要一个国家竞争力的关键是拥有核心技术,而最重要的核心技术应该建立在一个国家自主研发、自主创新、自力更生的基础上。(Cheng Enfu, 2018:307)

后一个问题对中国和俄罗斯来说都相当紧迫。在过去的 30 年里,俄罗斯在高科技领域失去了一些地位,无论是在生产方面还是在研发方面。与此同时,也有一些科技目标达到甚至超过国际先进水平的例子。但是,在大规模生产中实施现有发明仍然存在许多问题。

改革之初,中国的科学技术框架并不完善,因此需要开放的经济政策,以吸引和利用国外的技术成果。但是,仅仅依靠国际经验是不可能获得真正的经济独立的。程恩富以中国飞机工业为例,指出国内长途客机设计制造方面长期存在空白。他指出:

> 导致这些令人沮丧的问题的原因是对开放性的误读,将其视为自主创

新的替代品,以及错误地认为核心技术可以通过合资企业获得。(程恩富,
2021)

程恩富提供了一个相反的例子,即中国高铁系统的发展。高铁的研发和生
产是一个成功的例子,可以反驳核心技术可以通过合资企业获得等错误观点。
当时,铁道部主动打破了几家西方大公司的技术垄断,成为中国制造的国际名
片之一(程恩富,2021)。铁道部组织了高速铁路的建设和高速列车的生产。中
国工程师开发的第一批高速列车在商业用途方面的效率不够高。这就是为什
么政府决定在外国公司的技术支持下,最初采取的是此类列车的许可生产。随
后,中国利用积累的经验和知识,重新启动了依靠国内设计的电动列车的开发
和生产(Dingding Xin,2010)。2020年,中国的高速铁路(HSR)线路总长度达
到37900公里,这使中国的高铁成为世界上最大规模的铁路系统(Cheng,
2019,2021)。

要确保主要依靠国内设备和技术的发展过渡并非易事。程恩富指出:

> 从1998年到2003年,中国的高科技生产不仅严重依赖进口材料,而
> 且主要由外国公司和投资者管理。(Cheng and Ding,2017)

尽管如此,只有完成这一任务,中国经济才有机会与那些在科技发展遥遥
领先并试图利用这一优势强加霸权的国家并驾齐驱。正因如此,程恩富精准地
指出了中国所必需的发展条件:

> 只有抓住创新这一发展的第一动力,才能化解各种风险,破解产能过
> 剩难题,实现经济结构转型升级,紧跟全球科技发展步伐。(Cheng and
> Ding,2017)

一旦满足这些条件,中国就可以着手解决经济发展的下一个目标:提高中

国自主核心技术和知识产权在世界市场上的比例(Cheng and Ding,2017)。

我们完全赞同程恩富对掌握现代科学前沿知识的人在生产创新发展中的关键作用的强调。

掌握先进科学技术和管理方法的人是生产力发展的核心力量,科技创新是引领生产向前发展的决定性因素。(程恩富,2018：304)

程恩富的结论是：解放和发展生产力,倡导自主创新,建设创新型国家,是社会主义初级阶段的根本任务(程恩富,2018：304)。我们认为,这一结论具有战略上的高瞻远瞩。他指出的这种方法应该成为"中国从制造业大国向世界领先创新者转型"(程恩富,2018：305)的基础。

这一推论与笔者的概念方法很接近。我们认为,自学和应用已获得的知识,使其在最新的技术中得到具体应用,可以确保在现代世界的领先地位。未来的领导者将由技术强国打造。我们采取了相似的路径来确保俄罗斯主要依赖国内研发的尖端技术实现再工业化的目标。

参 考 文 献

［1］Adams S. . 2018. Half million 3d printers sold in 2017—on track for 100 m sold in 2030. *3D Printing Industry*,April 06,2018. URL：https://3dprintingindustry. com/news/half-million-3d-printers-sold-2017-track-100m-sold-2030-131642/.

［2］A. Prosvirnov. 2012. Novaia tekhnologicheskaia revoliutsiia pronositsia mimo nas［New Technological Revolution Is Sweeping Past Us］. *ProAtom Agency*. URL：http://www. proatom. ru/modules. php? name＝News&file＝article&sid＝4189.

［3］Biopechat' organov na 3D printere, kak eto rabotaet? ［3D Bioprinting of Organs,How It Works?］(2015). MAKE-3D. RU. URL：https://make-3d. ru/articles/biopechat-organov-na-3d-printere/(date of access 17. 05. 2021).

［4］Blanchard E. . 2021. What is a Cobot? *Kollmorgen*,15 Apr 2019 URL：https://www. kollmorgen. com/en-us/blogs/_ blog-in-motion/articles/emily-blanchard/what-is-a-cobot-collaborative-robots/.

［5］Cheng Enfu and Ding Xiaoqin. 2021. A Theory of China's "Miracle". Eight Principles of Contemporary Chinese Political Economy. *Monthly Review*, Jan 01, 2017. https://monthlyreview. org/2017/01/01/a-theory-of-chinas-miracle/（date of access 07. 05. 2021）.

［6］Cheng Enfu and Ding Xiaoqin. Building China's New Countryside：Multiple Modes of Collective and Cooperative Economy［J］. *Review of Agrarian Studies*. 2（1），2021：130.

［7］Cheng Enfu. Marxism and Its Sinicized Theory as the Guidance of the Chinese Model：The "Two Economic Miracles" of the New China［J］. *World Review of Political Economy*. Vol. 9，No. 3，2018：304.

［8］Cheng Enfu. Opening Speech at the Fourteenth Forum of the World Association for Political Economy［J］. *World Review of Political Economy*. Vol. 10，No. 4，2019：526.

［9］Cheng Enfu. *The Original Intention of Reform. Chapter* Ⅲ［M］. India：Left Word Books，2021.

［10］C. Perez. 2011. Tekhnologicheskie revoliutsii i finansovyi capital：Dinamika puzyrei i periodov protsvetaniia［Technological Revolutions and Financial Capital：The Dynamics of Bubbles and Golden Ages］. Moscow：Delo.

［11］Dingding Xin. China's "super-speed" train hits 500 km/h. China Daily. 2010 – 10 – 20. URL：http://www. chinadaily. com. cn/china/2010-10/20/content_11431683. htm（date of access 10.05.2021）.

［12］D. S. L'vov，and S. Y. Glazyev. 1986. Teoreticheskie i prikladnye aspekty upravleniia NTP［Theoretic and Practical Aspects of Managing Science and Technology Enterprises］. *Ekonomika i matematicheskie metody*. No. 5.

［13］Galbraith J. K. *The New Industrial State*［M］. Boston，USA：Houghton Mifflin Co. ，1967.

［14］Gerhard Mensch. 1975. *Das technologische Patt: Innovationen überwinden die Depression. Frankfurt* ：Umschau Verlag Breidenstein.

［15］Germany Trade &. Invest. 2018. Industry 4. 0. Germany Market Report and Outlook. URL：https://www. gtai. de/GTAI/Content/EN/Invest/_ SharedDocs/Downloads/GTAI/Industry-overviews/industrie4. 0-germany-market-outlook-progress-report-en. pdf（accessed on 07. 05. 2021).

[16] Hilarion. 2011. Slovo o zakone i blagodati [The Sermon on Law and Grace]. Foreword by Metropolitan Ioann (Snychev). Introduction by V. Ia. Deriagin. Compiled and transl. by V. Ia. Deriagin. Old Russian text reconstructed by L. P. Zhukovskaya. Comments by V. Ia. Deriagin. Managing editor O. A. Platonov. Moscow: Institute of Russian Civilization, 70.

[17] Hugh Boyes, Bil Hallaq, Joe Cunningham, Tim Watson. 2018. The industrial internet of things (IIoT): An analysis framework//Computers in Industry. Vol. 101, p. 1 – 12. DOI: 10. 1016/j. compind. 2018. 04. 015 (date of access 10. 05. 2021).

[18] J. A. Schumpeter. 1982. Teoriia ekonomicheskogo razvitiia [The Theory of Economic Development]. Moscow.

[19] Matthew Greenwood. 2018. Was a Strong Year for the Global 3D Printer Market//engeneering. com, January 21, 2019. URL: https://www. engineering. com/ AdvancedManufacturing/ArticleID/18279/2018-Was-a-Strong-Year-for-the-Global-3D- Printer-Market. aspx.

[20] M. Blaug. 2008. J. Schumpeter. In 100 *velikikh ekonomistov do Keinsa = Great Economists before Keynes: An introduction to the lives & works of one hundred great economists of the past*. Saint Petersburg: Ekonomikus, 333.

[21] Roco M. C. and Bainbridge W. S. (Eds.). 2002. Converging Technologies for Improving Human Performance: Nanotechnology, Biotechnology, Information Technology and Cognitive Science. Arlington. VA: National Science Foundation.

[22] Roco M. C. and Bainbridge W. S. (Eds.). 2005. Managing Nano-Bio-Infocogno Innovations: Converging Technologies in Society. National Science Foundation, National Science and Technology Council's Subcommittee on Nanoscale Science, Engineering, and Technology. Dordrecht, The Netherlands: Springer.

[23] S. D. Bodrunov. 2018. Noonomika [Noonomy]. Moscow: Kul' turnaia revoliutsiia.

[24] S. D. Bodrunov. 2018. Ot ZOO k NOO: chelovek, obshchestvo i proizvodstvo v usloviiakh novoi tekhnologicheskoi revoliutsii [From ZOO to NOO: Humanity, Society and Production under the New Technological Revolution]. *Voprosy filosofii*. No. 7.

[25] S. D. Bodrunov. 2016. The Coming of New Industrial Society: Reloaded. 2nd ed. St. Petersburg: S. Y. Witte INID.

[26] S. M. Men'shikov, and L. A. Klimenko. 2014. *Dlinnye volny v ekonomike: Kogda obshchestvo meniaet kozhu* [Long Waves in the Economy: When the Society Changes Its Skin]. 2nd ed. Moscow: LENAND, 192.

[27] Spohrer J.. 2002. NBICS (Nano-Bio-Info-Cogno-Socio) Convergence to Improve Human Performance: Opportunities and Challenges. In: Roco, M. , Bainbridge, W. (eds). *Converging Technologies for Improving Human Performance: Nanotechnology, Biotechnology, Information Technology and Cognitive Science*. Arlington. VA: National Science Foundation. P. 102.

[28] S. Y. Glazyev, and V. Kharitonov, eds. V.. 2009. Nanotekhnologii kak kliuchevoi faktor novogo tekhnologicheskogo uklada v ekonomike [Nanotechnologies as the Key Factor in New Technological Mode of the Economy]. Moscow: Trovant.

[29] The Bod. Europe's First 3d Printed Building (n. d.). URL: https://cobod. com/the-bod/date of access 16. 05. 2021.

[30] Tsvetkova M. , Yasseri T. , Meyer E. , Pickering J. , Engen V. , Walland P. A. , Bravos G.. 2015. Understanding Human-Machine Networks: A Cross-Disciplinary Survey. E-Print. Cornell University Library. Retrieved from https://arxiv. org/pdf/1511. 05324v1. pdf.

[31] Vaclav Smil. 2013. Making the Modern World: Materials and Dematerialization. Hoboken, NJ, USA: Wiley. 127.

[32] *Wohlers Report*. 2021. URL: Press release. https://wohlersassociates. com/press83. html date of access 06. 05. 2021.

[33] World Intellectual Property Report. 2017. Intangible capital in global value chains. Geneva: World Intellectual Property Organization, 2017, p. 102.

[34] Xinhua. 2021a. China's high-speed rail lines top 37,900 km at end of 2020. The State Council the People's Republic of China, Jan 10, 2021 URL: http://english. www. gov. cn/archive/statistics/202101/10/content_WS5ffa36f3c6d0f725769438ad. html.

[35] Xinhua. 2021b. China's sharing economy turnover grows 2. 9 pct in 2020: report. 2021 - 02 - 27. URL: http://www. xinhuanet. com/english/2021-02/27/c_139771895. htm

（date of access 07/05/2021）。

　　［36］Xinhua. China's sharing economy to grow by up to 15 pct annually：report. 2020 -
03 - 07. URL：http：//www. xinhuanet. com/english/2020-03/07/c_138852643. htm （date of
access 07/05/2021）。

第 V 部分

相关著作评论

技术劳动和创造劳动的解释与管理：
中国经济奇迹背后的理论

——《劳动创造价值的规范与实证研究——
新的活劳动价值一元论》第一卷评述

［加拿大］艾伦·弗里曼[*]

孙业霞[**]

西方马克思主义学者对中国马克思主义知之甚少，更不用说英文版大众读物了。因此，本书具有双重重要性。第一，它是对中国经济思想的介绍，适用于任何想要以开放的心态研究中国经济成就及其背后原理的人。第二，它将西方马克思主义者引入中国马克思主义思想。

马克思主义经济思想分析对中国成功背后的政策是不可或缺的，但是对于那些仅限于阅读新古典主义经典文献的受大学教育者来说，能接触中国经济学的非常有限。然而，西方的"标准经济学"决不是中国政治决策的基础。《劳动创造价值的规范与实证研究——新的活劳动价值一元论》[①]说明，马克思主义思想在中国政策方面发挥着重要作用，而决策者在面临选择时会首先考虑马克思主义者发起的辩论。因此，本书具有高度的实践性。为了适应中国经济奇迹的

---

　　* 作者：艾伦·弗里曼(Alan Freeman)，加拿大曼尼托巴大学地缘政治经济研究中心，世界政治经济学学会副会长。

　　** 译者：孙业霞，东北师范大学马克思主义学部副教授。

　　① 程恩富、朱奎、汪桂进：《劳动创造价值的规范与实证研究——新的活劳动价值一元论》第一卷引言，卡努特国际出版社 2019 年英文版。

复杂性和独特性,作者用创新的方式发展了马克思主义理论,展示出有效政策、有效理论、有效事实,是中国学术的一股清流。

这本书非常完美地介绍了中国马克思主义者和马克思主义经济学家所面临的问题的活力与广度。它创造性地扩展了马克思主义政治经济的边界,这些内容不仅对中国而且对世界具有重要性意义。

一、劳动和技术:中国马克思主义的世界意义

大家需要明白中国马克思主义的世界意义。中国学者通常称中国经济为"中国特色社会主义经济",这是一种合理的形容。但是,这会让人产生误解:中国的成就对中国来讲是独一无二的,其他地方是不能复制的。

就像在每个国家一样,虽然中国经济增长的新发展模式是与中国特有的方式结合在一起的,但是它们本身是普遍的。在西方,这些问题也处在争议的最前沿。本书对于创造性劳动、科技劳动、研发、管理劳动和服务劳动的讨论,适用于当今世界任何一个经济体。

本书的优点在于及时性。其核心内容是从理论上详细讨论了劳动的属性和功能。这具有重要意义,因为劳动力会一直是所有经济体的通用资源。

劳动力也是研究现代经济的正确出发点。当人们试图理解技术的作用时,西方的"大师话语"很容易集中在机器上,例如,微芯片手机、纳米技术、生物科学、新材料,尤其是机器人技术。

但是,他们的出发点是错误的。人们想起了一个关于夜间丢失钥匙的醉汉的笑话。一个路人问他为什么只在街灯下寻找。"因为那有光",醉汉回答。西方经济思想的"光"围绕的是机器世界及其不断扩张的能力。这"醉"得惊奇,它忘记了制造机器的人类。

迪卡·德赛和我(Desai and Freeman,2011;Freeman,2014a)将此称为"机械主义"观点,机械主义者与那些错误地认为价值来自大自然的重农主义者类似。机械主义将创造价值的神奇力量归功于机械,这就导致他们无法理解劳动的独特作用。

由此产生的论述，特别是那些围绕所谓的"后工业社会"的论述，忽略了机器日趋代替劳动所产生的重要后果。劳动不会从生产中消失，而是以新的形式存在。更确切地说，研究表明，如果用机器代替了劳动的机械或苦力功能，则生产者不是简单地放弃劳动力，而是要寻求新的机械无法替代的劳动类型。事实上，"夕阳工业带"出现在没有跟上莫雷蒂（Moretti，2012）所说的"智能"革命的公司以及目光短浅的管理者没能成功培养出劳动力的地区。

总而言之，当机器取代劳动时，它们不会消除劳动力，通常劳动会转化为更高级的形式。机器的功能不是取代人类，而是使之成为真正的人类。

这个过程显示劳动力类型是多种多样的。在某些情况下，劳动比机器更有优越性，因为消费者更喜欢与人类打交道。因此，机器人足球运动员在技术上肯定是可行的，但却难以吸引大众。同样的，目前的社会还是更倾向于人类活动和人类照顾，因此机器人儿童保育员目前并没有广阔的市场。

在其他情况下，劳动力可以完成机器无法完成的任务，特别是创造性生产、文化的生产、研究及管理等。这些分类通常可以重叠，这就是手工制品比大规模生产的商品价格更高的原因。这些劳动不限于但通常存在于生产领域，其中服务是生产过程的核心，或者实际上构成产品。以因特网等为媒介的递送服务构成服务消费者的使用价值，和内容相比，媒介的物理属性处于从属地位。关键的一点在于，生产是由人类所从事的，因为它是为人类消费服务，劳动的这一特征被新古典经济学极其冷漠地忽略了。若是人类发现机器人同伴比他们自己的同伴更好，他们就不会被机器人所废除，而是会成为与机器人一起建立一种人机联合的社会，正如科幻作家伊恩·班克斯（Ian Banks）所幻想的那样。

所有这些都是幻想，但有助于阐释新古典主义方法的根本错误。正如本书所示，中外经验极有力地证明，此时此地，决定未来经济的关键性技术革命恰恰不是发生在机器领域，而是劳动使用机器的领域。

因此，本书首先是一本关于劳动的著作，但正如《星际迷航》（A Star Trek）的粉丝所说的那样，并不像我们所知的那样。本书展示了中国马克思主义的复杂性和独创性，及其为马克思主义和西方在经济学、革新、创造力等方面的知识所做出的开创性贡献。

二、马克思主义在新技术研究中的优越性

马克思主义非常适合这项任务。劳动是马克思主义最基本的范畴,可以说马克思主义是最关注劳动,又最了解劳动的经济思想学派。

这并不是说劳动在新古典主义中没有受到关注,作者引用了大量非马克思主义的研究和方法。然而,新古典主义也为研究这些新型劳动自设了障碍,本书清楚地解释了这一点。其中最重要的是新古典主义将重心放在"物品"和物理属性上,并错误地将"物品"理解为允许这些东西在市场上买卖的社会关系。

由于这种混淆(马克思称之为"商品拜物教"),新古典经济学进一步误解了生产本身。而对于马克思来说,生产概念需要明确区分劳动本身和劳动转变的对象——原材料和生产资料。新古典经济学将机器和劳动放在平等地位上,统称为"生产要素"。因此,劳动和机器可以完全互换,劳动没有了特殊地位。

机械主义观点是商品拜物教和资本拜物教的延伸,它盲目崇拜资本,错误地将资本理解为生产资产的简单集合。马克思则将资本视作自我增殖的价值,该价值可以在私人所有者手中增殖,这是由于资本主义的特定财产关系,理论上赋予了这些所有者拥有雇拥劳动力生产一切物品的至高权力。

将无生命的机器转化为自行增殖价值的"迈达斯点金术"不是国王的作品,而是劳动者的作品。资本之所以增殖,只是因为它让人类劳动使用机器来改变自然。

产生资本自身就可以完成增殖的错误观念,笔者称之为"资本崇拜"的现象(Freeman,2014c)。可悲的是,这种观念在西方马克思主义者和新古典主义者那里都很常见。资本崇拜只强调资本在其狂热的"长期繁荣"中所展现的革命性、变革性特征。在"长期繁荣"中,被资本掌控的创新带来了惊人的技术革命,像维多利亚时期的"工业时代"、世纪末的"黄金时代",以及战后的现代繁荣。

这种疯狂的乐观主义漠视了马克思最基本的发现之一——资本主义内部产生了无法解决的矛盾。"长期繁荣"与"大萧条"交替出现,在此期间,资本统

治下的经济的所有矛盾和问题似乎都在无休无止地增加，最终在战争、革命以及极其野蛮的法西斯主义等政治动荡中迸发出来。

"大萧条"这个词最早用于 1870—1893 年的萧条，这种大萧条滋生了新的帝国主义，最终引发了世界大战和俄国革命。1929—1942 年的大萧条导致了德国和日本的法西斯主义的出现、新的世界大战和中国革命。我们目前生活的时代显然不是资本主义扩张的阶段，许多学者谈论的第三次大萧条也名副其实。事实上，目前的萧条可以追溯至 20 世纪 70 年代，这是迄今为止程度最深、最长久的萧条。因此，那些忍受着肮脏财富占有下的日益贫困、严重不平等以及更加专制的政府等萧条后果的国家，需要向其他摆脱了这些后果的国家尤其是中国学习。

三、劳动、财产以及财富的创造和分配

与机械主义的方法不同，作者详细分析了不同形式的劳动，特别是劳动服务的作用。在劳动服务中，劳动活动或者直接消耗在生产中，就像专业公司或研究中心提供的科研或管理咨询服务，或者消耗在表演、医疗或看护等消费中。

本书借鉴了程恩富教授关于价值、财富和分配的"新四论"，其中"新的活劳动价值论"非常具有创新性。其基本思想是这样的：根据马克思的观点，市场中所有直接生产物质和精神或文化产品的劳动，或直接用于劳动商品的生产和再生产的服务，包括内部管理劳动和科技劳动，都属于创造价值的劳动或生产劳动的范畴。"新的活劳动价值论"在对物质生产的分析中遵循的正是马克思的思路，并将这一分析扩展到所有社会和经济部门。

理解劳动力在新兴技术密集型劳动中的具体作用的第二个障碍，是新古典经济学只关注私人生产。这种方式的基本前提是理想的生产系统中，各个法人实体完全独立地进行生产，产品只是为了市场生产，并仅通过市场与他人进行交换。

但是，科研劳动、创造劳动甚至管理等脑力劳动越来越多地采用社会一般的形式，其本身具有社会性的特点。马克思将其称为"一般社会劳动"。企业内

部的私人劳动既吸收了这种一般的社会劳动,又吸收了通过市场所获得的投入。这种劳动同样也适用于众多的文化劳动,它们是劳动力再生产以及形成生产力的过程。其最明显的例子就是教育,即便是新古典主义者,也在一定程度上将其视为"公共利益"。

正如作者所指出的,中国的经济是公有制、私有制和集体所有制的混合,而且在中国明确的、独特的社会条件下的这些所有制形式与西方社会中的对应形式本质上也存在着不同。例如,18 世纪英国的土地所有制与同一时期法国旧制度下的盛行的土地制度虽然形式相同,但是它已经具有了资本主义特征,与那些在 1789 年革命中被一扫而空的特征相去甚远。

即使是完全的私人资本的运作,在中国也比在资本主义国家受到更为严格甚至性质不同的公共约束,并且能够使用不同形式的公共资源。当然,所有的社会都存在着公共限制和公共资源,包括那些自豪地宣称自己是资本主义的社会。

然而,新古典主义经济学忽略了这一事实,认为所有的生产都像莱布尼茨的单子论一样私密。因此,其必须煞费苦心地设计迂回辞令来否认事实,即政府、教育、健康、护理和无数其他公共活动,不仅有助于增加社会价值和财富,而且形成了不可或缺的精神建设的基础,没有它们,就没有私有生产,就好比没有空气、水或阳光的存在一样。西方理论并没有给予政府生产要素的地位,更不用说公共领域了。难怪西方理论无法解释中国经济的增长。

国家政策在优化劳动力总体情况时,不仅要考虑劳动力对个体受雇企业的贡献,而且要考虑劳动力的总体生产力水平和带来的总体福祉。因此,不能脱离分配来研究财富的创造。如果没有按照创造的价值比例来奖励某个部门的劳动力,则无论奖励是多是少,都会导致劳动力分配的效率低下,因为如果没有报酬,劳动力就不会进行再生产,像艺术家;而如果获得的报酬过多,就会产生过多的寄生者,像金融家。这是一个显而易见的原则,令人惊讶的是,经济理论直到现在才提出了以理论为基础、阐述清晰、按照劳动贡献计算的最佳收入分配原则。

这一原则的最好例子是，该书对新古典经济学所极力回避的问题进行了创造性的处理：资本所有者的报酬应该是多少？由于新古典经济学认为资本主义和私有制是理所当然的，因此它在没有任何证据的情况下假设，生产性企业、土地、专利权，或者作为货币工具的股权等增殖资本，其所有者应有权获得与资本规模成比例的收入。

新古典主义经济学最优理论一股脑塞给学生，例如证明市场资源分配最优的帕累托理论，都理所当然地认为没有其他的收入分配制度可以应用。

一种不同的、社会主义的原则是，资本所有者的收入应与其在财富创造中的贡献相一致。这是本书在按劳分配理论的基础上发展的概念。

四、劳动创造了多少价值？

资本所有者究竟为生产做出了什么贡献？该书表明，在历史上和实际上，资本主义所有制都涉及资本管理。马克思的研究表明，利润可以由"监督劳动"即由所有者支付给管理者的工资，"企业利润"以及剩余部分组成，剩余部分是所有者以剥削的方式获得的部分，这是资本主义赋予所有者的合法权利。然而，这种分法并不像现代管理理论让我们相信的那样彻底。在中小企业中，所有者通常也是管理者，"勤劳的老板"是资本主义成功的韦伯式理想解释。但另一方面，正如皮凯蒂（Piketty，2014）所述，现代企业经理的报酬远远超过他们对价值的实际贡献，他们得到的是利润的一部分，而非工资。他们被有效地整合到公司的资本之中，这一点从以股本形式发放的"奖金"制度就可以清楚地看到。

说到这里，人们很容易将管理人员的高工资视为贿赂或变相的利润，这是错误的。管理是企业的必要功能及集体社会劳动的一部分。此外，正如作者用实例证明的那样，良好的管理能够并且确实对企业实现的价值产生重大影响。这不仅仅是因为管理者帮助他们的企业在某种零和游戏中参与竞争，而且是因为他们真正地组织生产，并根据消费需求和趋势进行生产，优化了企业和全社会价值的实现。

因此，马克思主义分析的任务实际上是有效地衡量这种贡献，以提供可行的政策工具。为此，作者发展并应用了马克思关于复杂劳动和劳动强度的概念。

马克思认可劳动是唯一的价值源泉的基本原则，但他并不排除不同劳动，甚至是以不同方式组成的同一劳动，在同一时间会创造不同的价值的可能甚至现实存在。如果通过更努力、更好、用更少的停工时间或通过更有效的合作创造了更多的使用价值，劳动强度就会更大。如果通过产品创造更多价值，劳动就更复杂。例如，一位艺术家的作品在市场上被珍而重之，那么，这种重视不仅仅来源于艺术家的高声望，而且因为其提供了更高质量的劳动，如社会主义艺术批评家罗斯金（Ruskin）所言，这就解释了为什么创造性劳动在完全的资本主义经济体和中国经济中都越来越成为附加值的来源。

关于劳动复杂性的西方马克思主义文献很少且流于肤浅，这些文献常常把复杂劳动和简单劳动的区别与具体劳动和抽象劳动的区别相混淆，没有像区分舞者和木匠的劳动那样把复杂劳动和简单劳动或无差别劳动区分开来。复杂劳动不创造特定产品或在生产中完成特定功能，而是通过更加熟练或可以说通过实现更强的社会功能，在同一生产部门中比非复杂劳动创造出更多的价值。经过七年训练的木匠一定是比学徒更好的木匠；充满灵感的芭蕾舞演员一定是比新手更好的舞者。因此，他们创造了更多的价值。

笔者证明了现代管理者的劳动不仅是必要的，而且是复杂的。现代管理者对创造商品的价值和社会财富做出了重要贡献。当然，与劳动者一样，一个糟糕的管理者的贡献比好的管理者少。在科学的基础上衡量管理层的贡献并相应地给予奖励是可行的。

初看，这似乎与边际效应发放报酬的新古典主义原则没什么区别，直到我们意识到，它不仅是计算适当管理报酬的手段，而且是对于按照其规模来奖励资本的替代方案。这是彻底的，而非细微的差异。如果系统地加以应用的话，它会剥夺资本的大部分特权。毫无疑问，这构成了马克思和恩格斯在《共产党宣言》中所说的"财产专制"。

但是复杂劳动的问题，以及对不同经济部门劳动的适当报酬，在许多地方也会出现。事实上，这是一个非常普遍的问题，因为主导新技术的脑力劳动和服务劳动在本质上是社会性的。一旦出现了新的定理或公式，或者发布一首新歌，任何人和任何企业都会对它发出呼应。实际上，通过限制版权和专利立法来限制获取知识和文化的企图，是商品形式局限性的主要表现。当特朗普指责中国"窃取"美国技术时，他忽视了美国自己从全世界科学家那里"窃取"知识，同时他还忘记了脑力劳动的最基本特征，那就是当所有人都能获得其成果的时候，他们会表现最佳。

这一点对于科学劳动来说是显而易见的，因为公认的科学劳动是创新和生产力增长的驱动力。新古典经济学从未完全理解科学劳动在国家和企业发展中的作用，尽管专门研究该问题的新古典经济学家在一定程度上对我们了解创新与研发的内部关联做出了贡献（Freeman，2015）。本书讨论的基本理论问题是对研究劳动的具体特征的正确分析。

同样，创造性劳动也是现代经济增长最具活力的驱动力之一，这个方面也明显需要更为恰当的分析。创造性劳动和文化劳动在价值创造中的作用对于新古典主义思想来说是一个谜，新古典主义者、特别是保守主义政府通常将创造性劳动和文化劳动视为损耗公共开支的奢侈品，创造性劳动和文化劳动成为紧缩政策的首个目标。除了其中包含的道德犯罪之外，还表现出严重的经济上的无知，因为他们通过限制其存在的条件而限制了现代社会中最有活力的增长部门之一。

五、理论、辩论和政策

本书破除的第三个误解是由西方宣传者刻意搭建的神话故事，即中国是一个不存在辩论且不允许异议的独裁政权。这一虚构的神话故事色彩随着特朗普的"贸易战"攻势愈加浓重。

这些神话的主要目的是为不公平和好战找借口。这产生了一个附属效应，他们给人一种错觉或借口：既然中国的成功源于"独裁"和压制性的国家制度，西方就必须也独裁。西方资本在寻求一个解决方案,但它与中国神话和现实都相去甚远,但却可以让它拥有目前所不具备的权利。还有一部分西方资本——幸亏只是少数,在朝着法西斯主义的方向摸索。

很有可能用不了多久,特朗普的支持者们就会告诉美国民众,为了和中国竞争,美国不仅必须无情地压制移民和少数族裔,而且要无情地压制"外国势力发动的"反抗、"非美国"民间组织以及"颠覆性"工会主义者。

这个神话忽略了一个重要的事实:社会主义中国是充满激情、充满活力的可以自由辩论的地方,这些辩论对历史发展、重要的政策变化影响深远。本书正是这一事实的证据,它由资深人士和专家撰写,不仅仅是为了庆祝中国现在发生的事情,也对改变进行了讨论。书中提出了许多正在激烈争辩的提议。然而,这些辩论不是在总统的推特上进行的,而是通过严肃的、相互尊重的、科学的参与展开的。

总之,本书所述的辩论,不是枯燥的学术兴趣问题,而是在坚实的实证研究的支持下处理深刻的理论问题,具有重大的现实意义。

没有比这更好的推荐了。

参 考 文 献

[1] A. Freeman. "What Causes Booms"[M]. In Bagchi, A. K. and A. C. Chaterjee. (eds) *Marxism: with and Beyond Marx*. Routledge,2014c.

[2] A. Freeman. Introduction to Chris Freeman's "Schumpeter's business cycles' revisite"[J]. *European Journal of the Social Sciences*. vol 27 No 1 - 2. July 2015. https://ideas. repec. org/a/ris/ejessy/0003. html.

[3] Alan Freeman, Andy Pratt and Richard Naylor[M]. In *London: a Cultural Audit*. London: London Development Agency. March 2008. ideas. repec. org/p/pra/mprapa/9008. html.

[4] Alan Freeman. Twilight of the machinocrats: Creative industries, design, and the new future of human labour[M]. In *Van Der Pijl*. K (2014), ed. *The International*

Political Economy of Production. Cheltenham：Edward Elgar，2014b.

［5］E. Moretti. *The New Geography of Jobs*［M］. London：Mariner Books，2012.

［6］Freeman，A.. 2014a. The new driver of economic and human growth：the scientific basis for the DCMS's new Creative Economy employment and output data. 14 January 2014. https：//www. academia. edu/5712049/The＿new＿driver＿of＿economic＿and＿human_growth_the_scientific_basis_for_the_DCMS_s_new_Creative_Economy_employment_and_output_data.

［7］Radhika Desai and Alan Freeman. Value and Crisis Theory in the "Great Recession"［J］. *World Review of Political Economy.* Vol 2 No. 1，Spring 2011. pp 35 - 47. ideas. repec. org/p/pra/mprapa/48645. html.

［8］Thomas Piketty. *Capital in the Twenty-First Century*［M］. Translated by Arthur Goldhammer. Cambridge Massachusetts：Belknap Press. An Imprint of Harvard University Press，2014.

论《劳动创造价值的规范与
实证研究——新的活劳动价值一元论》
（第一卷）

［英］保罗·库科肖特*

孙业霞**

这是一部两卷本著作。因笔者的论述集中在第一卷，其目的是评估由程恩富教授领导的学术团队对现代马克思主义经济学的贡献。

该书对马克思主义劳动价值论进行了系统的研究，包括对劳动价值论的历史的全面回顾，涵盖了从古希腊到现代中西方学者的相关论著。总体而言，该书论述十分清晰，有力地捍卫了可能被称为正统的对马克思主义的阐释。在此，我将集中讨论书中较有争议的部分。

政治经济学研究总是在政治历史背景下展开的。正如毛泽东指出的，社会主义社会将经历一个漫长的历史时期，期间存在着阶级斗争。因此，社会主义经济背景下的政治经济学都会受到阶级利益冲突的影响。最明显的是工人阶级和资产阶级之间的利益冲突。在中国，这表现为马克思主义经济学和新古典经济学之间的冲突。本书既然从马克思主义价值论出发，当然也就表达一种政治立场。

* 作者：保罗·库科肖特(Paul Cockshott)，英国格拉斯哥大学计算机科学教授与政治经济学教授。
** 译者：孙业霞，东北师范大学马克思主义学部副教授，博士生导师。研究方向：数字帝国主义、马克思主义政治经济学和中国的经济发展。

但工人阶级内部也存在着次要矛盾和非对抗性矛盾，潜在的工人和农民之间的矛盾，抑或是体力劳动者和苏联时代所谓的知识分子之间的矛盾。在《劳动创造价值的规范与实证研究——新的活劳动价值一元论》（第一卷）（以下简称《新的活劳动价值一元论》）所涉及的争论中显而易见。

本书的第二主题是捍卫服务业和非体力劳动者的利益。我不熟悉中国关于政治经济学的讨论，但该书提出辩护观点的事实表明存在着持不同立场的反对者。该书从服务业发展开始论述，指出不仅西方国家发展服务业，中国也需要发展服务业："科学技术的进步，以及由此带来的生产资料的改进，促进了经济中劳动活动的重大发展。在大多数国家，国民经济结构发生了巨大变化，物质产量的减少就是明证，通常表现为农业和工业在整个经济中所占的份额下降。由此，从事农业和工业活动的劳动力在经济中所占比例下降，而从事服务业的劳动力在经济中所占比例却上升了。"(Cheng et al. , 2019：14)①

确实如此吗？

因果关系恰恰相反，物质生产并没有萎缩。我们不妨回顾一下美国的经济和农业。美国的物质生产在数量上没有减少，粮食产量并没有缩减。美国玉米产量大幅增长，由1960年的39亿蒲式耳增长到2020年的141亿蒲式耳。现在的情况是，农业劳动力的数量占总劳动力的比例下降了，因此，农业部门的货币价值占国民收入的比例下降了。正是因为劳动力少了，产值才会下降，并非产值下降而导致劳动力数量减少。

但本书提出的基本问题是"服务业"是否能产出价值。

"服务业劳动力产出价值吗？从事教育和文化生产劳动是否也创造价值呢？""让我们以有形商品和服务的世界贸易为例来阐释这个问题。第二次世界

---

① 译者注：本文中《资本论》的引文全部转化成为中文版本中的文字，以便于读者阅读和理解。本文所有对《劳动创造价值的规范与实证研究——新的活劳动价值一元论》的引文都是由英文直接翻译而来，并非中文版的原文内容。这是因为在翻译和校对过程中，为了适应西方读者的思维方式，编译者弗里曼对文中的一些内容进行了改写。这就可能出现这种情况：由于汉译英翻译过程中的翻译不准确，或编译者弗里曼和孙业霞并没有充分理解原文作者的观点而造成中文版没有准确地表达著作作者的观点。而本文作者是基于英文版本的内容进行评价的。

大战结束时,世界贸易总额为 600 亿美元;到 2000 年,这个数字上升到了 7.8 万亿美元。世界贸易组织随后预测,到 2005 年世界贸易总额将达到 10 万亿美元。"(Cheng et al.,2019:14)

该断言的准确性因使用美元作为衡量标准而大打折扣。本书中经常使用货币单位进行跨期比较,这是一个潜在的弊端。美元的价值在此期间发生了巨大的变化。无论是用美元来衡量的劳动时间价值,还是用美元来衡量的黄金价值,都是如此。世界贸易确实有所增长,但书中所提到的 55 年内增长了 100 倍,实则在一定程度上反映了美元的贬值。以黄金价格计算,其实增幅只有 12 倍左右。衡量世界贸易增长的更合理的方式是计算世界商船队的吨英里数。

20 世纪 80 年代的中国经济体系有别于马克思的设想,该书对此有了较为清晰的认识:

> 劳动者必须进入就业市场找工作。将劳动者的劳动与生产资料相结合,从事社会生产,市场可以配置劳动力资源和其他生产要素。在社会主义市场经济体制下,一种产品只有在市场上公开交易,才能成为真正意义上的社会商品。这与马克思的设想大相径庭。马克思指出,在社会主义社会中,既不存在价值,也不存在贸易,生产资料属于集体所有。生产将以自主统一的劳动力为基础,产品和服务将根据每个个体提供的劳动投入按比例分配。但在市场经济中,大多数产品是通过市场这个媒介进行交易的。因此,社会生产的产品的真正价值将通过市场交易体现出来。(Cheng et al.,2019:15)

摆在理论家面前的问题是研究马克思主义的价值理论在多大程度上适用于中国的生产关系。

> 强调实证或定量方法是本书的显著特点。为了判断劳动在每个领域所创造的价值,并让研究更可靠,判断更准确,书中采用了各种计量经济学

模型。大量的定量分析和案例研究进一步加强了方法中内在理论逻辑的准确性。与此形成鲜明对比的是,对劳动价值理论的研究大多局限于抽象的理论分析层面,实证或定量研究则屈指可数。(Cheng et al., 2019:20)

即使对于这一领域内的大量西方著作而言,这也是一个公允的批评。然而,我认为书中的实证工作还不够好。此问题将在后面进行讨论。书中的工作几乎都是在 20 年前完成的,自那时以来,标准一直在提高。

因此,我们提出了"按照生产要素的贡献来分配收入"的概念。这一概念通常是根据参与财富或价值创造的生产要素的规模提出的。然而,我们认为,当活劳动被重新确认为价值来源时,收入应按照这些要素所有者的贡献来分配。(Cheng et al., 2019:23)

乍一看,这似乎颇有为某些人辩护的嫌疑。后面章节的语气和重点似乎证实了部分猜疑。

我们提出了这样一种观点,即资本家的生产管理劳动也可以创造价值。虽然国际资本和中国的私人资本可能具有剥削性,但在一定程度上受到像中国这样的社会主义国家的制约和监管,并将在国家限定的范围内继续存在和发展。(Cheng et al., 2019:25)

显而易见,从本书其余部分明确阐述的马克思主义剩余价值论来看,作者知道私人资本并不只是可能具有剥削性。这一点无疑说明书中的口吻和语言表达了对资本的政治的妥协。

他们随即概括了一个颇有争议的论点。

劳动生产率与价值量成反比的事实是建立在一系列严格的假设之上

的。由于劳动生产率的提高必然伴随着劳动强度的提高,而劳动强度的时间周期将与自然时间周期相背离,因此有理由认为,劳动生产率的提高有增加商品价值量的潜能。(Cheng et al.,2019:25)

为什么这是不可避免的?人工挖掘建筑物的地基与机械挖掘机相比强度如何?通过对能量消耗、呼吸频率、心率的客观测量,人工挖掘的强度确实更大,不是吗?这些观点在后面还会出现。

该书颇为详尽地叙述了劳动价值论的历史发展。关于佩蒂,作者说道:

正如我们所指出的,佩蒂在阐释价格时,基本上认为劳动决定价值。因为以工作时间来衡量,生产白银与生产小麦消耗了相同的劳动量,所以一盎司白银是一蒲式耳小麦的自然价格。虽然采用的是两种不同的劳动形式,但它们在劳动量上是可以比较的。这表明佩蒂已经掌握了一般劳动的存在,即这些不同形式劳动的共同属性。这构成了所有交换的基础,其占比取决于劳动时间。佩蒂还指出,白银的价值不是固有的,而是由生产和运输白银的劳动量决定的,比如从秘鲁运到伦敦。(Cheng et al.,2019:36)

这表明,作者含蓄地反对了抽象劳动概念是由马克思首先提出的。鉴于海因里希学派的影响,这一点意义重大,海因里希学派认为抽象劳动或一般劳动的概念是由马克思首先提出的。

该书是集体努力的结晶,然后由中文翻译成英文,而英文版的编辑在审阅过程中可能接触不到或因不懂中文而无法理解原文,出现了一些错误的或令人迷惑的段落。

当生产转移到新的矿场时,以前生产两盎司白银所需的劳动力现在只能生产一盎司,那么佩蒂推断,在其他因素不变的情况下,小麦的价格将会

翻倍。(Cheng et al.，2019：37)

该书把这个问题搞错了。由于现在一个银币所含的劳动与以前两个银币所含的劳动相同,因此价格下降了。故而,以前卖两个银币的小麦现在只能卖一个银币。此错误可能是在翻译过程中造成的。

> 因此,李嘉图从生产的角度解释了必要劳动,西斯蒙第从需求的角度解释了必要劳动。(Cheng et al.，2019：39)

价值形态学派则混淆了这两个概念!
谈及李嘉图到马克思的劳动价值论的历史时,书中写道:

> 无法运用劳动价值论来解释利润的来源及同等资本产生同等利润的原因,这最终导致了李嘉图学派的瓦解。(Cheng et al.，2019：41)

作者认为,同等资本产生同等利润是既定事实,但没有给出依据。利润率实际上是有差异的。书中并未引用任何 19 世纪的实证研究,是否有此类关于利润率分散程度的研究？回顾 18 世纪或 19 世纪的科学研究,就会看到一些关键实验,使一种理论取代另一种理论。例如伦福德的大炮镗孔实验①就否定了热量理论。若如书中所言,李嘉图理论的失败源于其与一个重要的观察结果不符,那么作者就应该找到并引用得出该观察结果的研究。当然,说"一般利润率确实存在"也不准确。充其量可以说,人们认为存在一般利润率。但即使要建立这个较薄弱的论点,也需要引用李嘉图的批评者的论点:第一,他们真的相信存在统一利润率吗？第二,他们是否提供了这方面的证据？

———————————

① 本杰明·伦福德(Benjamin Count Rumford)所做的关于摩擦生热的来源的调查,参见伦敦皇家社会哲学汇刊(Philosophical Transactions of the Royal Society of London),1798：80‐102。

另一方面,作者对主观价值论和新古典价值论的批判是一致的。他们指出:

> 这一理论的混乱本质表明,当效用被纳入价值决定时,不可避免地会出现理论障碍。由于具有主观性,因此无法量化,然而作为客观标准(比如价值衡量标准)本身就存在缺陷。(Cheng et al.,2019:43)

这是一个非常合理的观点。

作者从指出马克思认为竞争导致不同的利润转化为平均利润,转变为了简单地将其作为事实来陈述。

> 在资本主义社会,不同行业的生产者相互竞争,以争取有利的投资地点和更高的利润。这种竞争把不同的利润转化为平均利润,从而将商品的价值转化为生产价格,它分为两部分:成本价格和平均利润。(Cheng et al.,2019:49)

但这是混乱的。任何不同值的集合,无论是利润率还是人类身高,总是有一个平均值。作者的意思是,马克思认为竞争会导致一个等价于平均水平的统一利润率。

马克思在《资本论》第三卷中,他也说了一些与这种阐释完全相悖的话。假设整个国民经济的平均利润率=总利润/总资本存量。行业平均利润率≥制棉业的总利润/投资于制棉业的总资本。显而易见,马克思认为并不是制棉业的每个资本家都能赚取同样的利润率。他明确表示,使用现代化及高效劳动技术的资本家比使用低效技术的资本家所赚取的利润更多。他认为每个行业的平均利润率都是相同的吗?他认为每个行业的平均利润率都会等于整个经济的全国平均利润率吗?作者暗示这就是马克思的想法。

但是,举例而言,有没有可能铁路业的平均利润率与制棉业的平均利润率完全不同呢？从马克思对利润率下降的讨论中可以看出,马克思持有不同行业平均利润率不同的观点。马克思明确表示,资本密集型产业的利润率低于其他产业,"另一方面,像铁路之类的规模极大的企业,不变资本占的比例异常巨大,它们不提供平均利润率,只提供它的一部分,即利息"[《资本论(第3卷)》,第十五章]。因此,马克思明确表示,不变资本与可变资本比率偏高的行业所赚取的利润率较低,不会高于利率。[1] 提及马克思对各产业间利润率的看法,他对具有高水平不变资本的产业的评价往往被人遗忘。对马克思关于利润率均衡化的看法,人们往往会做出刻板的解读,而在读完《资本论(第3卷)》后,人们就会明白这种解读并不成立。

但作者似乎不仅过度简化了马克思关于这方面的论述,而且他们似乎忘却了这充其量只是一个假设。他们从将其描述为马克思的看法,转变为将其描述为关于资本主义经济的事实。这不仅过度简化了马克思的思想,而且把假设当作事实来陈述。但他们作为事实所陈述的内容却是不真实的。在整个经合组织中,部门利润率与资本有机构成呈负相关。为了减轻影响,揭示这种情况的研究是在本书的中文原版出版一年后发表的。

然而,提高劳动生产率的主要因素是技术进步,技术进步提高了劳动的复杂性、熟练度和强度,从而提高了劳动所产生的价值的数量,具体表现为:

(1)如果劳动生产率的变化仅仅是由于劳动的客观条件发生变化,而主观条件不变,那么劳动生产率和价值量的变化方向相反。这种情况是在一定时期、一定条件下存在的。

(2)如果劳动生产率的变化仅仅是由于劳动的主观条件发生改变,而客观条件不变,那么劳动生产率和价值量的变化方向相同。

[1] 马克思关于高有机产业利润率低的观点在经验上仍然是正确的。有关这方面的计量经济学数据,请参阅考克肖特、保罗和阿林·科特雷尔。"马克思需要转型吗?"参阅《马克思经济学:再解读》,伦敦,帕尔格雷夫·麦克米伦,1998:70-85。

（3）如果劳动生产率的变化是由主观条件和客观条件共同变化引起的，那么劳动生产率和价值量的变化方向可能相反，也可能相同，或者两者均保持不变。

（4）因为总体而言，价值量随着劳动生产率的提高而呈上升趋势，所以总价值不是保持不变，而是呈上升趋势。（Cheng et al.，2019：95）

这是一段令人困惑的段落。目前尚不清楚主观条件在这里的意思。

该书在关于财富的全要素理论一节中很好地区分了价值创造和财富创造。但这样的陈述有些笼统。

财富全要素理论表明，在现代社会，丰富的劳动对象、先进的劳动手段、高素质的劳动者这三种物质生产资料，以及管理的组织要素、科教的精微要素、信息的联结要素和环境的制约因素，则是社会物质财富、精神财富和管理财富的直接来源和组成部分。（Cheng et al.，2019：98）

由于财富不同于价值，属于不可比较的使用价值，因此对其进行任何定量说明都难免充满模糊性。作者指出：

物化劳动创造价值的观点无法从数量上说明此物化劳动与其所产生的价值之间的关系……剑桥学派早在 20 世纪 50 年代就已经提出了这种批评意见。（Cheng et al.，2019：100）

劳动只能创造一次价值。劳动者的每一次劳动，都会创造价值。劳动过程结束时，价值创造过程停止。物化劳动可以创造价值的观点引出了一个错误的结论，即劳动多次创造价值。（Cheng et al.，2019：99）

此评述意义深远，我以前从未领略过如此清晰的评述。

一、复杂劳动与简单劳动

书中写道：

> 复杂劳动者必须经过培训，所以复杂劳动要比简单劳动消耗更多的劳动时间，其所创造的价值也更大。假设单个劳动者培训所需时间为 A 小时，所产生的培训费用也纳入到商品生产中，假设生产商品需要的劳动时间为 B 小时。那么，本次培训所消耗的劳动时间为 A＋B 小时，这就是培训复杂劳动所需要的劳动时间。这反映在随后的生产过程中。例如，一个工人一生总共可以工作 10 万小时，并在培训中投入相当于简单劳动 5 万小时的时间。那么他工作的每一个小时都应该计算作 1.5 小时的简单劳动。(Cheng et al.，2019：103 - 104)

他们将这一基本论点归功于斯威齐和希法亭，二人的观点是一致的。如果培训一名护士需要 5 万人的直接和间接劳动，假设这名护士一生中工作 10 万小时，就意味着每两名主动工作的护士中，必须有一个人在接受培训，或者直接或间接地提供培训。这就是"价值创造"所包含的全部内容。问题在于，必须分配出多少社会集体劳动力来提供商品或服务，在此指护理服务。如果社会上有 100 万名护士，那么就需要 50 万名护士直接或间接参与培训。

但是，这个有效的论点却被图 1 所混淆了。

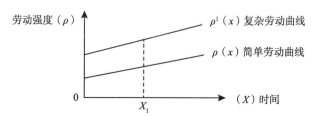

图 1　复杂劳动和简单劳动创造的价值

为什么两条曲线都是向上倾斜的？为什么纵轴上标注的是劳动强度？此前的论点是，经过培训后，熟练工人以恒定速率每小时要比非熟练工人增加50％的劳动。如果强度相当于每小时的劳动价值，那么这两条线应该是水平的。

时间轴的持续期是多少？这是工人一生的劳动时间吗？如果是这样的话，为什么熟练工人的价值创造在图1的第一部分不保持在0，而是在后来上升到非熟练工人的1.5倍处？

为了与前面的文字相吻合，图1应如图2所示：

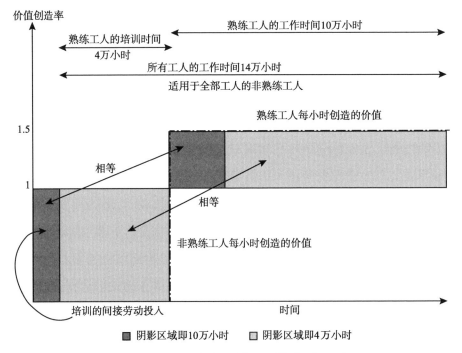

图2 所显示的内容应该与所附的说明相一致

培训的社会时间成本曲线下的区域应等于10万小时培训时间的终身额外价值，其中浅灰色代表护士自己的时间，深灰色代表培训者的时间。

在绘制了第一张令人困惑的图后，作者又接着绘制了第二张（图3），这张图的阐释也极不充分，甚至与原始论点相去甚远。

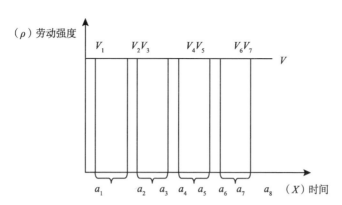

图3 高级劳动强度下复杂劳动和简单劳动创造的价值

图 3 给出的阐释如下所示：

如图 3 所示，由于连续性较弱(生产过程中劳动间歇更多)，劳动强度较小，劳动强度时间较短，因此简单劳动创造的价值为 $\int_{a_1}^{a_2} x \, \mathrm{d}x + \int_{a_3}^{a_4} x \, \mathrm{d}x + \int_{a_5}^{a_6} x \, \mathrm{d}x + \int_{a_7}^{a_8} x \, \mathrm{d}x$。而复杂劳动连续性强、劳动强度大、劳动强度时间长，其创造的价值 $\int_{a_1}^{a_8} x \, \mathrm{d}x$ 明显大于简单劳动创造的价值。

毋庸讳言，这里本应讨论简单劳动和复杂劳动之间的区别，可这张图却显示了完全不同的内容——工作日的变化所产生的影响。不言而喻，如果工人在 a_2 和 a_3、a_4 和 a_5 等之间有更多的休息间隔，那么其工作时间就会少于没有休息间隔的时间。但是，休息间隔的数量与劳动的复杂性毫不相关，在解释性数学中使用积分只是故弄玄虚。

$$\int_{a_1}^{a_2} x \, \mathrm{d}x = 0.5(a_2^2 - a_1^2)$$

这是所花费时间的二阶函数，即每小时创造价值的速度随着工作日的增加而增长。根据此公式，1 小时的工作日创造 0.5 小时的价值，2 小时的工作日创造 2 小时的价值，但 10 小时的工作日却创造 50 小时的价值。究竟为何会这样？

马克思认为,创造的价值与工作日成线性增长,而不是与工作日的平方成正比。

此处看起来像是图弄混了,后来有人试图用一些数学公式来理顺已有图,但没有成功。

简单劳动和复杂劳动之间的关系可以用 20 世纪 60 年代中国农村中的一个故事来说明:如果一个铁匠为一个村民制作一把锄头,这个村民就会通过为铁匠劳动三天的方式来支付制作费。笔者表示,村里的每个人都认识到,三天的劳动置换一把锄头是公平交易。

"为什么村民不用一天或四天的劳动进行交换呢? 因为他们都知道,这种交换是公平的,是可以接受的。"

但是,说村民们知道 1 把锄头=3 天是因为他们知道 1 把锄头=3 天,这很难构成一个答案。

政治经济学的问题在于揭示产生这些交换关系的基本规律。简单地说交换关系产生了,或者人们认为交换关系是公平的,都不能说明问题。

笔者认为,工资率是劳动力的价格,而劳动力价格在概念上不同于劳动创造的价值,因此不同类型劳动的价值创造率不能用工资率来衡量。这是正统的马克思主义的观点。但他们继续道:

> 将复杂劳动简化为简单劳动是在市场上实现的。在交换之前,之所以没有人能够将其劳动的复杂性计算出来,是因为它是通过对方提供的交换产品体现出来的。因此,所有试图计算出稳定的简化率或系数的尝试在方法论上都是徒劳的。(Cheng et al. , 2019:106)

这似乎又回到了用价格来解释价格上,或者说,价值是由交换而不是由生产条件决定的。但即使如此,它也是没有逻辑的。假设在生产一种产品时,譬如制造一架客机,会有大量不同类型的劳动,涉及性质不同的各种技能,该如何判断这些技能各自贡献了多少价值?

我们所掌握的数额只有客机的最终售价，2017 年波音 737 的售价为 5 140 万美元，中国国产大飞机 C919 的售价为 6 800 万美元。我们不可能从这样的最终数据中确定每架飞机所使用的数百种不同技能劳动的相对价值贡献。因此，说市场决定了每一类技能劳动所代表的抽象劳动的数额，这是没有逻辑的。市场所能做的只是为所有波音公司或所有中国国产大飞机的生产公司员工的集体劳动设定一个交换价值。每个行业、每项技能或职位创造的价值数额尚不明确。

然后，在学术上向市场投降之后，他们相当坦率地解释了这一立场的意识形态动机。"然而，将复杂劳动简化为简单劳动的理论解释可以提供实践指南。它证实了培训在提高劳动成果方面的优势，也证明了脑力劳动可以比普通体力劳动创造更多的价值。此外，应该遵循以劳动为基础的分配原则，优先考虑科技领域的劳动者和管理人员。"（Cheng et al.，2019：106）

如果这不是为管理人员和科学家的高薪提供理由的具体学说，我不知道它是什么。在第 103 页，作者以一个符合逻辑的立场开始，这个立场他们早先是归因于希尔费丁的。然后他们用几张荒唐的图和无稽的数学来歪曲希法亭的论点，继而又说这一切都是由市场决定的奥秘。但是，由于市场事实上并没有揭示集体劳动力中不同成员的价值创造贡献，因此他们就只能不加批判地为管理者给自己支付的任何工资率提供理由。

每个时代都有一个持久的诱惑，即强调自己是多么的特别，比前人有多么大的优势，是多么的先进。因此，作者写道：

> 进入 21 世纪，科学技术达到了新的历史高度。在马克思时代，蒸汽是工业生产的唯一动力。现在我们有了核能。（Cheng et al.，2019：108）

这是不准确的，也是令人困惑的。在马克思时代，工厂是由蒸汽机和水力混合发电的。核能不是蒸汽动力的替代品，因为所有的核电站都使用热能将水煮沸，然后通过蒸汽涡轮发电机转化为电能。

关于一次能源和产生动力的技术需要做一些区分。核能确实是 20 世纪发展起来的一种新的一次能源,但就像 19 世纪那样,现代工业生产仍然极度依赖于化石燃料和可再生能源的组合。

化石燃料的来源已经从煤炭转向石油,且与 19 世纪相比,现在风力发电比水力发电更重要,但基本面没有改变。"在马克思时期,工厂里只有低级机器;现如今,自动化已经普及。以前工人们直接作用于生产资料,但现在则多通过控制室的计算机操控生产。"(Cheng et al.,2019:108)毋庸讳言,这是对马克思时代的经济情况的曲解。工人只在生产期间直接作用于生产资料,这就是马克思所说的劳动对资本的形式上的从属关系。在这一阶段,工具由工人掌握,生产顺序由工人自己控制。但是,随着所谓的自动机械的出现,操作元件被固定在机械结构中,由机器本身操控生产顺序。

马克思在描述这一转变时写道,"所有发达的机器都由三个本质上不同的部分组成:发动机、传动机构、工具机或工作机。发动机是整个机构的动力,它或者产生自己的动力,如蒸汽机、热能机、电磁机等;或者接受外部某种现成的自然力的推动,如水车受落差水推动,风磨受风推动等。传动机构由飞轮、转轴、齿轮、蜗轮、杆、绳索、皮带、联结装置以及各种各样的附件组成。它调节运动,在必要时改变运动的形式(如把垂直运动变为圆形运动),把运动分配并传送到工具机上。……工具机是这样一种机构,它在取得适当的运动后,用自己的工具来完成过去工人用类似的工具所完成的那些操作。至于动力是来自人还是来自另一台机器,这并不改变问题的实质"[1]。

这种转变的典型例子是,从动力和顺序都由人控制的手摇纺纱转变为使用"自动"装置的机器纺纱。

工序使用的是纯粹的机械装置,而非电子装置,但它仍是当时所谓的"自动"操作。事实上,"自动"一词只是翻译成了更为复杂的希腊词根的古英语工业语言。《新的活劳动价值一元论》一书的作者描述的是发生在工业革命初期

---

[1] 《资本论》(第一卷),人民出版社 2018 年版,第 413 页。

的一个过程,一个作为资本主义物质生产方式的显著标志的东西,仿佛是某种新生事物。他们所描述的过程(Cheng et al.,2019:108),即用自动机械取代活劳动的过程,是马克思对资本主义长期趋势分析的核心,也是他对利润率下降阐释的核心。显然,作者的意图是要反对像李嘉图那样认为机器创造价值的人。他们实际上提出的论点援引了马克思对劳德代尔的批评来反对李嘉图,这是正确的,但在反对李嘉图的时候,一开始就把自动化说成新事物是无济于事的。

二、自动化和价值

作者提出了这样一个问题:在雇佣工人较少的情况下,自动化工厂的价值和剩余价值如何提高? 但他们这样问是在假定自动化工厂提高价值和剩余价值是一个既定事实。这又如何加以佐证呢? 如何确定工业部门的产值是否增加? 作者并未提供证据。有美国统计数据显示工作岗位从蓝领转向白领,但没有证据证明美国制造业的价值增加了,甚至没有数据表明制造业的美元价值上升了,更没有证据证明把美元贬值考虑进去之后制造业的价值上升了。

作者声称,到1960年,74%的美国工人担任监管职务。但他们没有阐释清楚这种说法的来源,也没有明确说明他们讨论的是整个经济,还是某个特定部门。当前的美国就业统计数据显示:美国的1.47亿人中只有1 800万人担任管理或监督职务。① 因为美国政府的分类与马克思主义政治经济学中使用的分类大相径庭,所以要采取十分谨慎的态度看待这些数据。危险在于把生产性工人和非生产性工人合并起来。该书在第122页对此二者做出了区分。如果按行业部门看美国的就业情况就会发现,有4 600万人从事马克思主义者所说的物质生产行业(包括农业、公用事业、运输、酒店等商品生产),占总劳动力的28%;有5 200万人从事马克思主义者划分的非生产性部门(政府、金融、批发和零售贸易),占总劳动力的32%;其余40%的人在生产性和非生产性活动混合

---

① 2020年的统计数据见 https://www.bls.gov/cps/cpsaat11.htm。

的部门。[①]

在研究美国劳动力的分布方面,该书的第 110 页至第 112 页的论述忽略了生产性劳动和非生产性劳动之间的区别。

在论述科学劳动创造价值的作用时,书中写道:

> 科技产品价值的实现具有不同寻常的特点,即科学劳动的价值只能间接实现。科学劳动所创造的价值属于那些拥有自动化机械系统的人。然而,"作为资本关系的基础和起点的现有的劳动生产率,不是自然的恩惠,而是几十万年历史的恩惠。"[②]因此,研究高度自动化部门的价值创造,不应局限于某一特定企业的劳动方式,而应全面考虑相关人类劳动价值的历史背景。(Cheng et al. , 2019:112)

这充其量只适用于受专利保护的商业机密或信息。在公开文献中发表的科研成果不是私有财产。马克思和恩格斯所说的科学知识是悠久历史的馈赠,正是指这一点。它不以交换价值的形式表现出来,也不增加后来依赖于这一研究的机器的价值。所有依赖无线电通信的设备最终都依赖于 19 世纪麦克斯韦、赫兹等人的工作成果。但电磁学的基本物理知识都是免费的,不是作为不变资本的一部分购买的。所以这项工作并没有对手机或电视机的价值做出贡献。另外,受专利保护的具体设计或发明可以以商品的形式表现出来,而后受价值规律的制约。像英国 ARM 公司的微处理器设计授权公司会花费可变资本雇用工程师来完成这些设计,然后卖给苹果、高通等其他公司。

作者声称,自动化生产可以让更少的工人加工更多的生产资料,从而提高工厂的产出价值。从某种程度上讲,这也无可厚非。但只有在原材料生产部门没有同等程度的自动化时,这样说才是准确的。自动化劳动强度更大,也更复

---

① 2019 年的统计数字在 https://www. bls. gov/emp/tables/employment-by-major-industry-sector. htm。

② 《资本论》(第一卷),人民出版社 2018 年版,第 586 页。

杂的说法(Cheng et al.，2019：113)颇具争议性。受自动化过程的支配会增加
劳动强度的说法有一定道理。但是，也有一派的马克思主义分析指出，在自动
化支配下，工人只剩下监督机器的职能，最终会使他们不再具备专业技能。[①]

自动化减少了直接作用于劳动对象的工人数量的说法(Cheng et al.，
2019：113)是有根据的，这是机械化的一般特征，自动化使得机器取代了劳动主
体的直接操作。纺纱用骡机或细纱机，运土是用机械挖掘机而非铁锹，炼钢是
用液压机而非锤子。虽然这最大的影响不是"知识工人"数量的增加，而是制造
机器的工人数量的增加，但我们仍需当心，不要把"控制、维护和设计"工作的增
加描绘得过于美好。自从工业革命以来，控制和维护工作就用来描绘很大一部
分工厂作业。

值得一提的是，书中写道，"主观因素"，作者似乎是指劳动力的知识水平，
也进入了价值创造过程，并表示"劳动强度发生了变化"。情况可能属实，但要
确定是否真是这样，就需要有一些测量劳动强度的操作程序。劳动强度最明显
的衡量标准是能量消耗，可以用燃烧食物卡路里或耗氧量来衡量。一个人工作
得越努力，所消耗的能量就越多，因此呼吸速度就越快。

如果我们看一下像亚马逊仓库这样的现代化仓库，就会发现管理层正不遗
余力地确保拣货工人们不得停歇。他们的活动受到自动化监测，以确保其工作
不得松懈。我们有理由认为，与那些在数字监控或劳动力较少的旧仓库里工作
的人相比，他们被迫从事更高强度的工作。这是劳动强度发生变化的解释之
一——变得更糟糕了。但在有些情况下，劳动强度的变化更好了。试比较 20
世纪 70 年代中国老式蒸汽机车的机组人员的劳动和复兴号子弹头列车司机的
劳动，现代列车司机的劳动强度似乎比老式蒸汽机车司机和司炉工的强度要
小。那么，我们该如何判断书中关于劳动生产率不再与单位产值成反比的观点
呢？这一观点在这两个方面没有得到证实。

---

① 布雷弗曼·哈里：《劳动与垄断资本：20 世纪劳动的退化》(*Labor and monopoly capital: The degradation of work in the twentieth century*)，纽约大学出版社，1998 年。

（1）以亚马逊仓库为例，在劳动强度增加的情况下，需要证明产出的增加与工人消耗的能量的增加不成正比。如果是这样的话，那么单位产出的确"凝结了"更多的"人体能量"。这很可能是事实，但需要真实的数据来支撑，该书没有提供此类案例研究。另一种诠释，尽管亚马逊的老板能够通过工人更努力地工作来赚取更多的利润，但是打包每个包裹所消耗的体力保持不变，所以劳动生产率在客观意义上仍保持不变。这就是马克思所说的绝对剩余价值的生产。

（2）以蒸汽机车和复兴号列车为例，在劳动强度较小的情况下，马克思关于劳动生产率的提高与价值成反比的分析仍然有效。

本章的其余部分对生产性和非生产性劳动以及通过生产相对和绝对剩余价值产生剥削的过程进行了非常完善的马克思主义阐述。但在结尾处有段非常不和谐的文字：

> 当前，我们应充分利用各种生产要素，包括劳动力、科技、信息、管理、环境、资本等，以保护全部要素所有者的合法利益，促进人民生活水平和公有制经济快速健康发展。(Cheng et al.，2019：135)

令人出乎意料的是，我们从用马克思主义的语言转到用新古典主义的术语来谈论"生产要素"。在马克思看来，资本不是"生产要素"，而是一种社会关系。这种新古典主义语言似乎表明作者在说：我们知道资本主义剥削是如何运作的，也知道可以在不提及"生产要素"的情况下加以阐释，但我们要在文章结尾加入这段话以安抚之。

三、文化生产的实证研究

书中所列数据显示，在 22 年的时间里，中国服务业的规模从 860 亿元增长至 32 250 亿元，文化产业增长至 5 620 亿元。每个工人的平均增加值为 15.38 万元。用人民币作为跨时期的价值尺度的问题是显而易见的——特别是考虑到本书前面对斯密和李嘉图的工作的讨论。

　　作者强调,报业在很大程度上依赖于高度机械化和昂贵的设备。它也产出物质产品。目前尚不清楚为何作者将其视为"服务业"的一部分,而不是工业的一个分支。作者宣称,所有的产出价值都是由文化工作者创造的。但报纸需要印刷工人。产出价值还包括所使用的纸张、油墨,以及开动机器所需的电力的价值。如果不对这些生产投入进行细分,何以确定全部价值都是由"文化工作者"所创造?作者提供了《广州日报》招聘的记者所持学位的一些数据,但没有详细说明记者在其所有工作人员中所占的比例,也没有将该公司的营业额细分为 $c+v+s$。

　　作者描绘了这样一幅画面:新闻工作者受到高强度剥削,工作时间长,几乎没有机会睡觉。对于印刷人员的工作强度,却没有类似的描述。

　　在本书第 166 页的表中,作者指出文化部门的货币附加值在两年内提高了12.3%,而劳动力则增长了 10.3%。目前尚不清楚附加值的确切定义。它是否排除了马克思主义术语中 c 的所有元素? 2000 年的 2 391 亿元的文化附加值产出是否包含了 500 亿元不变资本投入?

　　在此期间,周工作时间有什么变化呢? 初看,12.3% 的货币附加值与10.3% 的工人数量增长相差无几。如果周工作时间以每年 1% 的速度递增,那么在此期间,劳动对应的货币金额将保持不变。但这与提供的数据迥然不同。

四、服务业的劳动生产率

　　该书第八章有一节论述了服务业的生产力问题。众所周知,与农业或工业生产相比,服务业不易实现机械化或自动化。尽管如此,作者还是提出了一个假设,即服务业的产出价值将由其使用的活劳动量决定。他们用回归模型来检验这一假设,该模型将 1985 年至 2001 年中美服务业的就业人数与其产出的国内生产值进行了对比。

　　模型显示 R^2 为 0.99,所以初看这个回归模型似乎支持他们最初的论点,即活劳动力是产出货币价值的主要决定因素,但仔细观察就会发现一些问题。

　　所列方程式为:生产价值 $=2.33\times10^4 W-1.79\times10^{12}$,其中,$W$ 是服务业

工人数量。

如图 4[①] 所示：

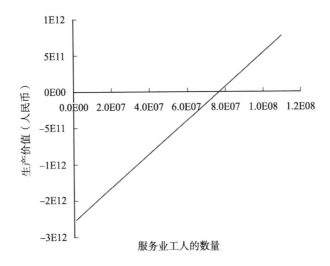

图 4　中国服务业对国内生产总值的贡献

注：根据《新的活劳动价值一元论》第 200 页所列模型绘制，用于说明中国服务业创造的
　　价值。

问题是，该模型中的常数项大得离谱。这意味着，如果服务业雇用 100 万
名劳动者，那么产值将是−1.8 万亿元，也就是说，这是一个巨大的损失。如果
活劳动实际上是价值的来源，那么截距应等于或趋近于 0，因为 0 工人产生 0
价值。

问题在于，作者用人民币做回归计算，而人民币的价值本身是变化着的。
正如亚当·斯密很久以前所主张的，货币不可能成为跨时期价值的衡量标准。
他认为，跨时期价值的真正衡量标准是市场上的商品所需（体现）的人的劳动。

在这一时期，中国政府的货币政策旨在稳定物价。也就是说，以人民币计
价的商品价格稳定。但与此同时，提供这些使用价值的农业和工业的劳动生产
率正在迅速提高。因此，平均而言，2001 年平均一元钱消费品所包含的劳动时

---

① 原文中没有此图，此图有可能是译者根据文中的数据绘制的，但是由于数值较大目前显示的并
不是数据。

间相较于 1985 年会更少。

人民币本身的实际价值正在变化,试图回归以人民币为单位来衡量价值创造会产生巨大的负截距。更为合理的做法是,首先计算出所研究年度中国整体经济的平均劳动时间的折算金额。也就是说,得到经济中整个商品生产部门的年度货币附加值,然后将其除以商品生产部门的总工作时数。把这个系列称为 $MELT_y$,y 代表每一年。进而,针对服务部门,可以得出 S_y,即每年的服务时间总数。然后将 S_y 乘以 $MELT_y$ 与服务部门的实际货币附加值进行回归。如果假设货币价值是由抽象的活劳动创造的,则其斜率约等于 1,截距接近于 0,R^2 值较高。这样就验证了这个假设,即一个部门在经济总附加值中所占的份额将主要由投入该部门的活劳动决定。

五、结论

该书体现了海派经济学派在面对其他各种阐释的情况下捍卫正统的马克思主义的努力,因此,该书保留了 21 世纪头几年的关注点和争议。该书一个显著的特点就是试图用实证数据来支持马克思主义的价值理论。虽然作为早期尝试,实证分析有些零散,但是自此以后,实证马克思价值理论领域无疑在中国取得了重大进展。

关于生产性和非生产性劳动
概念的一些思考

——评《劳动创造价值的规范和实证性研究——新的活劳动价值一元论》(第一卷)

［法］托尼·安德列阿尼*

遇荟**

　　程恩富教授和他的两位合作者所撰写的《劳动创造价值的规范和实证性研究——新的活劳动一元价值论》(第一卷),是对马克思价值论的精彩且扎实的论证,揭示了新古典主义的"生产要素"理论及其衍生概念的错误之处。

　　该书对马克思价值论有关概念展开了深入研究,并将概念进行拓展,实属罕见。因为自《资本论》的创作以来,生产资料的性质,以及实施生产资料的劳动的性质,都发生了很大的变化。马克思已预见到了这些变化,但无法预见数字化、机器人化和"人工智能"所带来的自动化的迅猛发展。

　　如果笔者试着总结一下这本书的中心论点,那么,正如马克思理论所认为的那样,活的劳动是价值的唯一创造者,而且不管它以何种具体形式进行,不管它是物质劳动还是非物质劳动,不管它是手工劳动还是智力劳动,不管它是普通劳动还是高技术劳动,都是如此。但这样一来,什么工作会是无生产的呢?

---

　　* 作者:托尼·安德列阿尼(Tony Andreani),法国巴黎第八大学马克思主义政治学教授、《国际思想评论》主编。

　　** 译者:遇荟,中国社会科学院马克思主义研究院副研究员。

作为马克思曾援引过的观点,作者也对斯密有关只有为资本家生产剩余价值的劳动才是生产性的,而那些只为换取收入的劳动,如家庭工人的工作,则不是生产性的①这一观点加以论证。作者认为真正的非生产性工作是资本家为提取剩余价值所做的工作,这一点极为重要,但这不是资本家所做的唯一工作,因为他们还需要参与管理工作,"管理工作"无关资本主义性质,是任何生产过程中不可或缺的环节。

我将首先集中讨论"生产力"的问题。具体形式下的劳动则会使用不同的生产资料,这些方法来源于自然界或人类活动的产品。而我们能说这些生产资料就是"生产力"吗?对笔者来说,所给出的答案非常清楚,但仍要加以论证得出所有的结果。

另一个重要的问题是复杂劳动,这一问题是马克思主义理论中的难点问题,书中作者较好地处理了这一难点问题。但我仍想就这一问题谈谈个人的看法,特别是收入分配与复杂劳动之间的关系。

不过,根本问题在于非生产性劳动。我首先要论证的是:马克思构建了一个理论,即生产性劳动是真正使用价值的生产者,而非生产性劳动只生产形式上的使用价值,仅仅是效用,如买卖的纯劳动,因此,只能用生产性劳动产生的价值来支付报酬,而这并不意味着任何剥削。然后,笔者将论证生产性劳动直接或间接地存在另一面,即一种剥削形式。

一、论生产力性质

事实上,从《资本论》的分析中可以看出,只有劳动本身才有生产力。在《共产党宣言》中,马克思说的是"生产力",而在《资本论》中,他更常用"劳动的生产力"这样的表述。同时,他有了自己的重大发现:所有劳动既是劳动过程中的具体劳动,也是价值形成过程中的抽象劳动或劳动支出,这两个过程是生产过程

---

① 原文"制造业工人的劳动,通常会把维持自身生活所需的价值与提供雇主利润的价值,加在所加工的原材料的价值上。反之,家仆的劳动,却不能增加什么价值。"引自亚当·斯密:《国富论》,中央编译出版社 2010 年版,第 2 卷,第 3 章,第 372 页。

的两面,如同硬币的两面。

即使是简单的收集劳动,也不仅仅是收集自然界的产品:它预设了一个明确的时间;一个工具,如篮子;一种技术以及对劳动对象的属性的描述。正如作者指出的那样,最自动化的设备本身并不生产。它总是需要控制、维护和修理工作以及随之而来的复杂知识,以便产生使用价值,进而产生价值,因为正是这种工作,无论多么微小,都能使生产资料的价值一方面得到保存,另一方面,增加新的价值,这可能是巨大的。不再像有人所说的那样,科学直接就是生产力。作者认识到这一点:科学只是一种"间接的生产力",而科学技术极大地影响了劳动的生产力。① 马克思把这些生产资料精确地定义为劳动生产力的"梯度",使其生产力成倍增长,而且是在准确的意义上:在同样的时间内生产更多的使用价值,或者用更少的时间生产同样多的价值。应该指出的是,区分这种生产力和"产出"是很重要的,而"庸俗"的经济学并没有这样做,因为它混合了两个过程:由这种生产力的收益所导致的使用价值的增加和由劳动时间和强度的增加所导致的使用价值的增加。

这一点不可谓不重要,因为劳动手段的安排方式对劳动力本身有双重影响。当工人不得不跟随机器的节奏或被限制在一个零散的任务中时,与机器的使用和任务的简化相联系的生产力收益(亚当·密斯已经强调过)被主观强度(持续关注、疲劳、无聊)所削弱,他有一种不适感。这就是马克思赋予异化概念的含义之一。因此,作为劳动工具的机器和包裹劳动所代表的生产力因素是有限的。我们离这些生产力因素的中立性或客观性还很远。这同样适用于"精益管理"的社会技术(零缺陷、零库存等)。如果我们想增加生产的使用价值和降低商品的价值,不可避免的部分就是技术,因为其他方法(多样化的劳动)虽有效,但资本主义管理部门丝毫不感兴趣。以富士康这样的公司(与传统的中国小型私营公司不同)的外来务工者的劳动为例,便足以说明上述观点。我们还

① Cheng Enfu, Wang Guijin and Zhu Kui: The Creation of Value by Living Labour: A Normative and Empirical Study (Volume 1), Canut International Publishers, 2019, 105.

可以谈一谈技术对工人本身的损害,如对他的健康、工作兴趣(我们应该包括"激励的有效性")和他的创造力(我们就可以援引"动态的有效性")。最为关键的是,新技术往往对劳动力本身产生灾难性的影响。这就是技术进步的黑暗面。

二、论复杂性劳动

让我们再来讨论一下复杂性劳动。作者在书中对简单劳动和复杂劳动进行了准确的区分,其区别在于复杂性劳动所需的教育培训时间。我十分认同这种必要的区分。

也就是说,同样的劳动,以不同的熟练程度进行。在具体工作方面,复杂的劳动可以大大地提高生产力:一个有经验的工人相比于一个学徒,产生的使用价值数量可以乘以 2,甚至更多;就抽象劳动而言,即价值的生产,差异将小得多,仅限于两个时间相加,即当前劳动的时间和以前教育培训工作的时间(我们还应该提到"在职"的学徒,正如马克思指出的那样,简单的合作导致了相互学习的效果,这是生产力的一个要素)。

如果我们现在比较一个工人和一个工程师的劳动,即两种不同的劳动,工程师的劳动确实是密集的(它意味着更长的教育培训期),但它本身并没有更多的生产力:他只是间接地作用于使用价值的生产,因为他通过使用他所开发的技术和机器使工人的劳动更有生产力,这减少了后者的活的劳动。换句话说,他确实创造了价值,但他本身并没有提高生产力(在马克思的意义上),除非他的个人劳动比另一个工程师的劳动更有效率。他创造的价值必须纳入工人的产品中,工人在使用生产资料时保留了这些价值。

重中之重的问题就是复杂性劳动意味着高附加值的经济,其产生的价值远高于技术升级所产生的价值。但我认为上述问题必须与收入分配问题加以区分,因为收入分配一般不反映简单和复杂劳动之间的差异。

如何严格地衡量工程师的实际资质?首先,通过他所花的时间,特别是进行教育培训的年数。例如,一个高素质的工程师将比一个工地工人多花 10 年时间进行培训,显然后者至少必须具备基本知识,如阅读、写作和计算能力。在工程师接受培训的这段时间里,如果工人的家人没有为他提供食物,工人就不得不供养自己,并在这方面花费时间。他还必须为他的教师的服务付费,除非这些服务由国家免费提供的。最后,工程师的资质只在一定时间内有效,因此他必须继续接受培训(但这段时间一般会包括在他的生产工作中)。如果我们把所有这些额外的工作时间加起来,并根据工程师的劳动支出支付他的工资,工程师创造的价值就仅比工人高出一点,也许是两倍,但与资本主义工资等级制度所呈现的情况相差甚远。在这里,完全违背"按劳分配"的原则,尽管两人创造的商品价值不一样,但分配不能是任意的(它必须以某种方式,甚至是大约,考虑到社会范围内的教育培训成本)。这意味着,工程师事实上得到了工人创造的部分价值的回馈。

我们能从这一切中得出什么结论?在苏维埃制度中,矿工或冶金师的工资比医生或教师高。这样做的理由是,前者的工作更难,而且还因为政治制度是无产阶级的。但可以说,即使考虑到教育培训是免费的(而在今天的中国,父母往往为其子女支付学费,以使他们在社会阶层可更上一层楼),不同类型的劳动者所得的报酬还是低于其劳动产生的价值。

这使笔者想到以下问题:在社会主义经济中,严格意义上的资质应该是决定工资等级的唯一标准(除了劳动时间和受累程度)吗?我们不要忘记这样一个事实:就业市场仍然存在,而且可能不处于平衡状态,特别是在被雇佣的劳动力供应大于雇方的需求的领域,反之亦然。在笔者看来,还可以考虑另外两个标准:其一是作者在书中强调的创造力,某些岗位劳动者的创造力无疑比工人更具决定性;其二是劳动者承担的责任,至少在某些管理岗位上,要知道不是每个人都愿意承担这种责任。于是,社会主义原则变成了:既要根据每个人的劳动(现在和过去),也要根据劳动者的创造力和他承担的责任。

但我们还是要回到社会主义社会初级阶段的现状。显然,我们离这样的工资等级制度安排还有很长的路要走,即使是在国有企业。我们应该对此感到遗憾吗?不,在笔者看来,更高的工资在今天仍然是提高个人素质的强大动力(不是唯一的动力）。是的，只要它超过一定的界限，就会令无资格认证的劳动者产生强烈的社会不公正感和消极感。在资本主义经济中就可以任由上述情况的发生吗？笔者不这么认为。这些带动经济发展活力的领域，是资本家趋利的领域，在不断推动创新的同时，劳动强度也在增大。因此，我认为整个问题在于国家在工会的协助下如何进行工资管理。

三、论生产性劳动和非生产性劳动

在马克思之后，程恩富教授和他的团队也认为，生产性劳动不限于物质产品的生产。它还生产非物质服务，同样是使用价值。正是在这方面，作者详细地讨论了服务和服务行业的有关概念。概念涵盖了所谓的"第三产业"，就是国民经济核算中用来指定不属于农业和工业的活动，这是一个庞大且边界不够清晰的产业。

根据通常的定义，服务是不涉及物质转化的任何劳动，不产生有形和可储存的货物。但事实上，根据作者的说法，有两种类型的服务。第一种服务是，如运输、电信、维修和餐饮，以自己的方式生产物质产品；第二种服务是，如音乐、科学研究、教育、医疗、信息，生产非物质产品，尽管它们主要是通过物质手段来实现的，如音乐厅、科学仪器、书籍、医院、报纸。[①] 这种区别是有意义的。但在我看来，另一个区别则更为有用，即一些作品作用于物质；一些作品作用于人，这些人要么是劳动者，要么是推广者，要么是消费者。我们可以为后者保留"服务"这一概念。在任何情况下，所有这些作品都将是生产性的，具有使用价值和价值。但这些使用价值的性质是否相同？作者认为，"服务工作不仅包括为物质生产提供的服务，如电信和缝纫，以及有关文化生产的服务，如艺术行动和绘画，还包括商品和货币流通的服务工作，以及政府机构提供的服务"。[②] 但他们

---

① Cheng Enfu, Wang Guijin and Zhu Kui: *The Creation of Value by Living Labour: A Normative and Empirical Study* (Volume 1)[M]. Canut International Publishers, 2019, 175.

② Cheng Enfu, Wang Guijin and Zhu Kui. *The Creation of Value by Living Labour: A Normative and Empirical Study* (Volume 1)[M]. Canut International Publishers, 2019, 189 - 190.

补充说：并非所有的服务工作都能创造价值。国防和政府机构并不创造价值。只有被个人消费并进入物质产品（包括文化产品）的生产性服务工作才能创造价值。若是没有理解错误的话，这类劳动与商品流通和货币流通无关。这也就是马克思所论证的，但可以细化这类劳动的标准。

马克思确实让我们走上了一条基本区分道路：实际使用价值和简单使用价值之间的区分，前者对应于实际劳动，后者对应于形式劳动。对他来说，一切对商品或人有实际影响的东西都是真正的使用价值，与生产需要或人类需要相对应，因此构成社会财富。这就是他如何使运输（产品或人）和保管成为生产性的工作：运输在空间中进行运动，保管并保持产品的质量，防止自然退化或盗窃。维修工作也可以这样说，它将产品恢复到原来的状态。这里没有物质的转化，没有明显的、可储存的产品，但有一个具体的、真实的效果。同样，教育、医疗、文化或艺术服务等服务也对人们产生了真实的、通常可衡量的影响。另一方面，诸如购买或销售的行为、会计、银行、金融市场运作、保险等工作，并没有改变他们所处理的产品，因此也没有创造任何价值。马克思在上述关于纯商业劳动的章节中毫不含糊地说：当产品从一个人手中转到另一个人手中时，"状态的变化花费时间和劳动力，但不是为了创造价值，而是为了使价值由一种形式转化为另一种形式"。① 这是一个"固有的非生产性功能"。然而，商人还必须将商品储藏在仓库里，并防止商品变质。在这种情况下，这种看守工作确实是生产性劳动，但它"以循环工作的形式被隐藏"。让我们再举一个例子，就是商店里的收银员生产性劳动。当她收取购买金额并提供发票时，她并没有改变所购买产品的性质，事实上可以由自动支付装置取代。但是，当她按要求寻找货架上所需商品并将商品转运，同时为客户提供服务，她从一个部门拿起一个要求的产品时，她在运输的同时也为客户提供了服务。这就是生产性劳动，同样适用于提供信息或建议的销售助理。

如果非生产性劳动不创造使用价值，也不创造任何价值，它就必须由生产

---

① 《马克思恩格斯全集》，中共中央编译局1972年版，第24卷，第6章，第147页。

性劳动创造出的价值来资助,通过市场经济机制(也由国家通过税收)进行的转移。这种转移绝不意味着对生产劳动的剥削,只要这些服务确实有用(对商业和银行雇员工作的剥削问题是另一回事)。但问题是它们的实际效用是什么?笔者想就此事说几句。

让我们以劳动过程中的管理工作为例,即以车间主任的工作为例。如果他的工作任务是协调和简单地控制执行时间,如同马克思向我们描述的那样,这个车间主任就像乐队指挥参照乐谱进行指挥一样,他是"集体劳动者"的一部分,并贡献一部分生产价值,那么,马克思告诉我们,它就像指挥家对执行乐谱一样必要,因此对生产的价值(在这种情况下是文化)是有贡献的。但是,如果他通过加强监管增大工作强度,便有可能创造更多的价值,但其本人并未创造价值,而是如马克思所说的"剥削社会劳动"。

现在看一下"非生产性"的劳动,我们会发现财务的工作显然是有用的,但当它服务于资本,则它在完全不同的意义上是非生产性的。接着,我将研究"管理性"劳动的问题。这项劳动不仅没有创造任何价值,而且从社会角度来看,它成为一种"不实用"。

这同样适用于商业工作。例如,营销工作具有两面性。介绍(没有欺骗)产品,包括其有用的功能和使用说明,甚至强调其美学的一面,无疑是有用的工作,但用想象中的价值来包装它,就变成了一种社会的不实用性。家务机器人可能对家庭主妇有用,但它不会像电视广告会让我们相信的那样,完全为主妇提供便利。很多设计者为此产品工作,产品越加昂贵。随着"诱惑的资本主义"的出现,我们正在目睹一种商品拜物教的加速发展,它不仅掩盖了其价值的来源,而且赋予了它只能诱惑拜物教徒的特性。在计划经济时代,广告并不存在,因为我们还没有进入不受约束的市场经济,没有多余的产品和它们的戏剧化的多样性。人们可以对当时产品的朴素特点感到遗憾,但不会因现代化过程中社会劳动的浪费而遗憾。

关于金融领域的工作,非生产性劳动的双重性更加明显。人们很难想象一个没有银行信贷和保险制度的发达经济体(马克思特别强调了对"储备基金"的需要)。我们仍然可以承认,金融市场的参与者在部分情况下发挥了有益的作用(例如,当他们评估一家公司的健康和前景时),甚至在"衍生品"部门也是如此(当后者只具有保险作用时),但当他们致力于投机时,肯定不会如此(马克思当时谈到了基于承诺的"虚构资本",凯恩斯已经充分证明了这种"赌场经济"的运作)。

据估计,今天,金融部门本身进行的交易量占世界交易量的95%,而商业部门只占5%,而且大部分是为了投机。这意味着这是一种巨大的价值浪费,而新古典主义经济学家认为它只是众多用途中的一种。这些交易现在基本上是自动化的,这并没有改变什么;计算机基础设施是有成本的,剩下的工作也是有成本的(交易者较少)。我们可以看到马克思在生产性劳动和非生产性劳动之间的对立的利益,这两种劳动都与实际财富有关,而寄生的非生产性劳动只为使其委托人致富。

四、论管理性劳动

程恩富教授和他的团队说得很对,这是真正的工作,资本家远不是一个闲人,一个纯粹的租借者,他必须自己做(在小公司)或让高层管理人员做(在大公司和控股公司)。除了满足于获得股息的小规模被动股东外,资本的大持有人,特别是投资基金,必须确保管理层为他们提供良好的投资回报。

作者赋予"管理工作"一词非常广泛的含义,包括所有管理职能,直至车间主任。他们的共同特点是:(1)脑力劳动;(2)针对某一人群;(3)必须创新。笔者同意前两点,这反映管理者在办公室是开展工作的,而不是直接面向工作对象,无论对象是什么。但是,运营者就仅仅是执行吗?在现实中,他们可以而且应该进行创新。正是在传统的资本主义大企业中,他们被排除在创新工作之外,而现代管理部门则试图让他们参与进来,从著名的"创意箱"开始,但在等级制度的严格控制下,这引起了更多的恐惧(这将有助于更多地压榨他们)而不是热情。留在办公室里的管理者会剥夺经营者的这种创新能力,因为它与经营者保持着距离。这就是为什么一些资本主义公司本身,诚然大多是家族企业,要求他们未来的经理人在车间工作一段时间,如果不是在生产线上,至少也是在车间,以便学习。社会主义体制下的企业则应该更多地利用其普通工人的创新力。笔者认为值得商榷的第二点是,操作性强的工作,包括服务业,需要的脑力劳动更少,因为大脑不需要那么多氧气和其他营养物质。这就是忘记了它需要持续不断地关注,如果只是为了避免意外,那么从生理上讲,所消耗的能量一般要大于管理人员的能量。

但我在这里将重点讨论高层管理,即公司董事和他们的员工。作者说,他们的工作创造了更多的价值,因为它更复杂(这是不可否认的),而且必然要更负责任(他们作出重大决定,承担更多风险)和创新(因为他们面临竞争)。笔者对此没有异议,但笔者注意到,它涉及其他概念,而不是纯粹的熟练劳动力的支出。而且,这仍然是形式上的工作,它不创造真正的使用价值,而只是效用。这并不重要,因为它在实现价值方面是必不可少的(尽管不能使其过度),但他们的工作有什么特殊之处?

我想说的是,它首先包括将生产的价值划分为必要产品(用于工人的生存和替换他们的生产资料)和积累资金。他们实行以前决定的工资政策(有其工资标准和他们的标准),而且不管是不是资本主义企业,他们都必须产生剩余(不一定是价值上的,如果生产力的提高使所有成本降低成为可能)。这就是资本主义剩余价值与社会主义剩余的不同之处:它以红利和增加股权的形式归私人业主所有,另一部分则以非常高的工资和其他酬金的形式用于支付高层管理人员的报酬,而在国有上市公司中,剩余则归国家所有,管理人员原则上根据其资格和(让我们补充)其责任获得报酬。

高级管理层的第二个职能是确定未来的生产过程。这就是所谓的操作和战略选择。这些选择包括确定要使用的产品和技术(研究和开发的重要性),但也包括社会技术。然而,这些社会技术不是中立的,它们不具有一般的科学性质。我们在这里发现,例如泰勒主义或更多的现代技术,如"精益管理",只要它们提高了劳动生产率(在马克思的意义上),它们就具有普遍性,但只要它们增加了工作量(在时间上,通过消除闲置时间或工作日的"多孔性",在强度上特别是通过增加节奏),它们就只有助于增加剥削。照搬资本主义的方法就是赞成资本主义式的积累。

在笔者看来,我们需要从资本主义那里借鉴的是其创新能力。而笔者想在这里讨论一下企业家的作用。在发展理论中没有资本主义利润的理论依据。资本的提供者通过他们在预付资金时承担的风险使其合法化。实际上,这是银行家的工作(笔者撇开银行利润的问题不谈)。那么,资本家应该只被视为内部贷款人。值得考虑的是他们的创业工作(寻找市场机会,实施创新技术)。这里可以举出初创企业的例子,在这里,企业家不一定是被利润的诱惑所驱使,至少最初是这样。社会主义经济不能没有这样的企业家,这并不意味着他们必须使用自己的钱或私人风险资本,因为公共或其他资助者也可以帮助他们。但笔者欣然承认,他们得到的奖励可能超出了他们客观上创造(或者说,帮助创造)的价值。然而,这只是在一定范围内是合理的,因为一旦他们启动了他们的项目,就需要一支由工程师、技术人员,当然还有操作员组成的队伍来实现它。

这使得笔者对社会主义初级阶段展开了思考。

五、通过资本主义实现转移

马克思认为,社会主义革命必须利用资本主义的"资产",以确保快速发展,使穷人脱贫。这并不是说革命只可能发生在最发达的资本主义国家(相反,他在后来的著作中预计,革命更有可能发生在如列宁所说的制度的"薄弱环节",以及仍然存在社区形式的地方,这可以作为其支点)。这种转向资本主义的做法在苏联的新经济时期就曾尝试过,这是一种向资本主义学习如何降低成本和如何竞争的方式,特别是通过研究和开发以及创新。还有必要通过合资企业从技术转让中获益,这涉及组建股份公司和开放资本。创业精神必须得到鼓励,无数的小企业被创建。为了能够进口尖端产品,有必要生产低成本、低端的出口商品,这些公司往往成为外国跨国公司的分包商,尽管社会成本可以说是高昂的(笔者这里想到的是外来务工人员的工作条件和工资)。因此,通过资本主义进行的转移取得了巨大成功,但这种成功有可能为自由主义,更不用说新自由主义的意识形态插上翅膀，认为市场是分配资源、奖励"最佳"和满足所有最奢侈的个人需求的完美系统。正是为了反对这种意识形态，一些教研机构在共产党的号召下，包括由程恩富教授领导的教研单位，已经着手对马克思主义进行发展，正如这本关于价值理论的专著所阐述的。但自由主义者没有看到或忘记的是，如果没有国家干预，这种成功就是不可能的，正如该书所建议或明确论证的，国家经济调节与价值理论密切相关。

首先，强大的国有企业在经济的战略中，以较低的价格向私营企业提供投入，因为它们抛弃了过高的工资，减少了对劳动力的压力，让他们更好地参与并支付更多的报酬，抑制了大量的非生产性工作，从而更接近按劳分配（主要）和有效价值的生产。此外，它们并不以生产剩余价值为导向。当然，考虑到实际成本（有一章详细介绍的杭钢公司的例子表明了这一点），它们应该产生利润。然而，比起劳动力的低成本，这些公司的低成本投入（电力、钢铁等）更促进了私营经济的发展。

其次，凯恩斯主义的经济政策，特别是计划，大大有利于增长。这是一种调节市场的方式，而不是让市场自生自灭，将经济导向产生实际使用价值的商品和服务。这也是马克思不可否认的。

最后，应该强调的是，在整个改革开放时期，私人资本主义始终以各种方式受到控制，而今天它比以往任何时候都更应该受到，或必须受到控制。特别是面对互联网巨头的"资本无序扩张"，对其进行监管，这是笔者长期以来所希望的，或者指蓬勃发展的私人辅导公司有义务转型为非营利公司。所有这些控制都是有意义的：确保价值的生产是针对社会需求的，而不仅仅是为了让中国的亿万富翁和外国股东更富有一点。正在进行的税收改革（财产税、遗产税）应该既能恢复一些平等，又能给国家带来额外的资源。

资本主义转移的出路会是什么？正是在这里，马克思的价值理论和生产劳动与非生产劳动的理论使我们有可能制定指导性的路线。首先，正如程恩富教授和他的团队在书中发出的号召，这将是一个从以剩余价值生产为基础的资本主义经济转向以非市场部门为主的社会主义经济（严格意义上的公共服务，如教育、卫生、信息和其他商品)的问题。其次,一个公共企业的市场部门(用于战略产品),有适量的竞争,专注于生产社会主义剩余产品。最后,在笔者看来,合作型企业将其利润分配给工人。我们将从资本主义那里借鉴其提高生产力的技术和方法,摒弃所有那些剥削劳动力的方法。只要资本主义的某些方法仍有其价值,那么它就会被保留下来。但笔者还想划出另外两条线:第一,减少与贸易有关的非生产性工作,即使它是有用的(例如,限制商业平台的扩散,同时防止它们垄断),特别是当它是寄生的(笔者已经暗指营销的某些方面)。金融活动也应减少到最基本的内容,排除所有与投机有关的活动和大部分与咨询有关的活动。另一条线的力量是支持文化职业(新闻、出版、艺术活动、体育和娱乐),其目的是满足大多数人的需求,而不是少数特权精英的需求,是真正的需求而不是人为的需求(如电子游戏的成瘾性使用)。这将是社会主义的"第二阶段"。

简评《中国经济辩证法——改革的初心》序

［美］约翰·贝拉米·福斯特[*]

叶正茂[**]

中国在过去四十年中的加速经济增长和持续工业革命是史无前例的。从1978 年到 2015 年,虽然处于世界体系中心的发达资本主义经济体在经济方面停滞不前(每十年的平均增长率不断下降到 3% 以下),但中国的实际国内生产总值(GDP)却增长了 30 倍(Yi Wen,2015)。1978 年,中国 8 亿人口的人均收入仅为撒哈拉以南非洲地区的 1/3。1981 年,中国人口日均生活费不足 1.25美元,是一个典型的农业国家(Yi Wen,2016)。到 2018 年,中国的人均收入已攀升至世界中等收入水平,如今已消除国内的绝对贫困(Yi Wen,2018)。当今中国是全球领先的工业强国和全球最大的制成品出口国。自 2014 年以来,中国一直是资本的净输出国(Yi Wen,2015),且主导着一部分世界最先进技术的行业。正如经济学家兼美国圣路易斯联邦储备委员会副行长文一所指出的那样,"中国将英国在 1700—1900 年、美国在 1760—1920 年以及日本在 1850—1960 年经历的大约 150 到 200 年(或更长时间)的革命性经济变革压缩至一代人的时间。"(Yi Wen,2015)然而,这一切尚不能体现中国成就的全部内容,这些成就构成世界经济史上最伟大的转折点。要理解这一点,有必要回到工业时

---

* 作者:约翰·贝拉米·福斯特(John Bellamy Foster),美国俄勒冈大学社会学教授,《每月评论》主编。

** 译者:叶正茂,上海财经大学经济学院副教授。

代开端。1800 年,中国占世界总产业潜能的 33.3%。到 1900 年,由于殖民主义和奴隶制(包括西方通过"炮舰外交"强加于中国的不平等条约)推动的西方工业革命,中国占世界工业潜能的份额降至 6.3%,到 1953 年,进一步降至仅 2.3%(Christian,2004:406 - 409)。1978 年,W. W. 罗斯托(W. W. Rostow,1978)在《世界经济》中如此写道,"在 1840—1949 年期间,中国人根本无心专注于经济发展和社会现代化",虽然从 1949 年到 1978 年,"工业扩张的步伐相对较快"(Rostow,1978:522)。转折点当然是 1949 年的中国革命,在经过一个世纪的殖民资本主义入侵之后,中国再次掌握了自己的命运。

在两个三十年左右的时期,第一个时期(1949—1977)与毛泽东有关,第二个时期(1978—2008)主要与邓小平有关,中国从最初的集体社会主义经济并实行中央计划经济革命性建设时期(在此期间其发展受到美国"冷战"政策的阻碍),进入改革开放的市场经济时代,重新融入了世界经济。从 1978 年开始,中国在保持庞大的国有部门的同时,大部分行业或企业走上了市场化道路。2001 年,中国正式加入世界贸易组织。在许多人眼中,中国正在成为领先的二线资本主义经济体。始于美国并蔓延至全球经济的 2008 年金融危机是一个分水岭。中国遭遇了商品外部需求的大幅下降,但它却能够以惊人的速度扭转危机。然而,所谓"华盛顿共识"的面纱突然被撕开,暴露了那些鼓吹新自由主义重组的错误观点,使北京重新重视维护其国有企业的战略地位(Dittmer,2021:3 - 40)。

在习近平新时代,从 2012 年开始,中国已成为经济大国,其重心回到促进社会主义共同富裕的初心。习近平新时代强调反腐倡廉、促进平等以确保经济增长利益惠及全体人民、发展"生态文明"和乡村振兴。这一巨大转变随着席卷全球的"一带一路"倡议而带动了非洲、拉丁美洲及大部分亚洲等全球南部地区。中国现在正在快速实现第二个百年奋斗目标,继 2021 年提前实现第一个百年目标——"小康"社会之后,到 2049 年,中国将成为"富强、民主、文明、和谐的社会主义现代化强国:有中国特色的现代社会主义"(Xi,2017:15)。

如何解释中国的巨变?实现方式是什么?为什么势不可挡?(Fishman,

2004)正统的新古典经济学无法真正回答这些问题,因有限的分析框架,习惯将资本主义制度视为普遍的、不可逾越的现实,并以此来衡量一切。所有西方霸权主义,试图根据资本主义经济学的主要学派来分析中国的尝试都失败了,包括将中国政治经济学界定为新自由主义、凯恩斯主义、社会民主主义、福利资本主义或国家资本主义的努力,都是荒谬和徒劳无功的。中国政治秩序的性质(在西方被简单地视为"专制政权"而普遍摈弃)及其经济体制的性质鲜为人知,因为它不符合定义为自由主义世界观占主导地位的陈旧意识形态。广泛接受的信念,源自华盛顿共识,即中国将落入中等收入陷阱或成为其国内资产阶级腐败的牺牲品,迄今为止已被证明是错误的(Spence,2011:195-198)。同样,西方普遍预期中国将被 COVID-19 的传播而打败,结果证明也是错误的。相反,中国展示了其政体的力量,能够依靠人民的自我动员,利用人民革命战争的模式,结果至 2021 年 9 月,中国每百万人中仅有 3 人死于 COVID-19,而美国每百万人中有 2 140 人死亡(Wang Hui,2020)。

事实是,在中国共产党的领导下,中国模式尽管在迅速吸收西方思想和技术,但始终以马克思主义政治经济理论和中国特色辩证唯物史观为战略指导,在理论和实践上都比以往的发展道路具有优势。事实上,中国发明了一种新的经济和社会发展模式,摒弃了许多传统资本主义经济学所谓的"自由市场"秘诀,避免了垄断金融资本的陷阱。要理解这一点,就必须向有中国特色的马克思主义学习。

所有重大社会动荡的历史时期都产生了革命性的新思想和孕育这些思想的新思想家。弗雷德里克·恩格斯在评论文艺复兴时观察到,在罗马废墟下重新发现希腊文明,是导致现代早期科学和文化全新开花的原因。其结果是出现了拥有"思想、热情和个性力量且兼具普适性和学识的巨人",他们成为那个时代世界历史上的知识分子。在当前新时代的蓬勃发展中,中国正经历这样一场植根于其漫长革命的复兴,而孕育时代精神的新知识分子"巨人"正崭露头角。

本书的主要作者程恩富无疑是一位与当前中国马克思主义政治经济学新时代的复兴有关的世界历史思想家。他曾任中国社会科学院马克思主义研究院院长与西方经济学术史研究会会长,现任中国社会科学院经济社会发展研究中心主任,兼任世界政治经济学会会长、中国创新马克思主义论坛主席。他主编两本英国出版的国际期刊,《国际批判思想》和《世界政治经济学评论》,以及两本中国学术季刊《政治经济学研究》和《海派经济学》。在程恩富众多的经济和政治著作中,与汪桂进、朱奎合著的《劳动创造价值的规范与实证研究——新的活劳动价值一元论》(2019)是其代表作。

在程恩富和包括丁晓钦在内的学术团队协助撰写的《中国经济辩证法》中,我们发现这项研究抓住了中国政治经济学的内在逻辑,同时表述了各个层面的战略和政策问题。因此,这本著作充分阐明了"中国特色社会主义"在经济调控模式方面的意义。中国特色社会主义市场体系的核心仍然是政府制订的五年计划,强调国有和集体经济的重要作用,以及国有部门对私营部门的持续战略主导地位,同时为后者的繁荣留有空间,在国家规定的范围内,在中国共产党的领导下,引导经济发展。经济社会的关键需求被理解为在不同时代会发生变化,代表着不同的"主要矛盾"(毛泽东,1967:346)。在中国革命解放初期,主要矛盾为集体财产和中国在世界上的独立自主地位。改革开放时期,主要需求是经济快速增长和工业化。在新时代,重点是建设强大的以中国经济为核心的,依靠加强自主创新、双循环战略(包括外贸和内需增长、城乡协同发展)、更大程度的平等,并恢复人民当家作主的群众路线(Amin,1976:76-78)。随着进一步强调国家所有权的战略地位和更加公平的按劳分配,国有和私营部门之间的平衡再次发生变化。这些问题和许多中国经济相关的其他问题,正是这本书主要讨论的问题。

如果说中国在习近平时期进入了一个新时代,专注于实现中国革命的"初心",那么程恩富在本书中的研究可以被视为葛兰西(Gramscian)意义上的"有组织观念的知识分子"的研究。这些知识分子抵制更早期的思潮,并在学术界迈向创新马克思主义的新方向上发挥了关键作用。因此,他的作品代表了对中国当前阶段分析的先期的辩证综合学派。

对于西方马克思主义者来说,最令人惊叹的可能是贯穿于作品中所展现的马克思主义多维分析方法。这反映了在持续的世界社会主义斗争中,对培养开放的马克思主义、借鉴不同的观点与辩论以及多元的本土话语权运动的高度重视(Cheng and Wang,2018)。在这里,我们看到了符合马克思和恩格斯关于历史唯物主义思想知识体系(wissenschaft)的统一批判视角的呈现。"wissenschaft"这一术语常英译为"science",但事实上,其含义更广地代表:一种根植于辩证唯物主义探究的知识、学习和科学系统(Fracchia,1999)。以程恩富的著作为例,当今中国马克思主义可被视作 21 世纪提供具有中国特色的崭新的、创造性的"历史唯物主义思想知识体系"。

参 考 文 献

〔1〕Cheng Enfu and Ding Xiaoqin. "A Theory of China's 'Miracle': Eight Principles of Contemporary Chinese Political Economy"〔J〕. *Monthly Review*. 68, no. 8, January 2017:46-57.

〔2〕Cheng Enfu,Wang Guijin, and Zhu Kui. *The Creation of Value by Living Labour* 〔M〕. Istanbul: Canut,2019.

〔3〕David Christian. *Maps of Time*〔M〕. Berkeley: University of California Press. 406-409; Paul Bairoch. "The Main Trends in National Economic Disparities Since the Industrial Revolution"〔M〕. in Bairoch and Maurice Lévy-Leboyer, eds.. *Disparities in Economic Development Since the Industrial Revolution*. New York: St. Martin's Press. 1981:7-8. See also Yi Wen. "China's Rapid Rise", Figure 1. The Chinese percentage of world industrial potential rose from 2.3 in 1953 to 3.9 in 1973, as a result of the industrialisation in the Mao period. Christian *Maps of Time*,2004:408.

〔4〕Frederick Engels. *Dialectics of Nature* 〔M〕. Moscow Progress Publishers. printing,1972:21.

〔5〕In relation to open Marxism see: the preface to this book; Cheng Enfu and Wang Zhongbao, "Enriching and Developing Marxism in the Twenty-First Century in Various Aspects: Six Definitions of Marxism"〔J〕. *International Critical Thought* 8. no. 2, 2018: 1-16; and John Bellamy Foster. "Marx's Open-Ended Dialectic". *Monthly Review* 70, no.

1, May 2018: 1 - 16. Cheng's approach to revolution in the Global South, and his understanding of the need for different strategies and revolutionary vernaculars, builds on Lenin's theory of imperialism and its continuing relevance in the contemporary phase of global monopoly-finance capital. See Cheng Enfu and Lu Baolin. "Five Characteristics of Neoimperialism: Building on Lenin's Theory of Imperialism in the Twenty-First Century" [J]. *Monthly Review*. 73, no. 1, May 2021: 22 - 58. On the concept of vernacular revolutionary movements see Teodor Shanin. *Late Marx and the "Russian Road"*[M]. New York: Monthly Review Press, 1983: 243 - 279.

[6] Joseph Fracchia. Dialectic Itineraries[J]. *History and Theory*. 38. no. 2, May 1999: 194.

[7] Lowell Dittmer. Transformation of the Chinese Political Economy in the New Era [M]. in Dittmer, ed. *China's Political Economy in the Xi Jinping Epoch*. Singapore: World Scientific Publishing, 2021: 3 - 40.

[8] Mao Tse-Tung (Zedong). *Selected Works*. vol. 1[M]. Peking: Foreign Languages Press, 1967: 346.

[9] On "autocentric" development see Samir Amin. *Unequal Development*. New York: Monthly Review Press. 1976: 76 - 78, 191 - 197. On "dual circulation" see Xi. *The Governance of China*. vol. 3, 20; "What We Know About China's 'Dual Circulation' Economic Strategy". *Reuters*. September 15, 2020.

[10] On the role of the model of people's revolutionary war in combatting the SARS-Cov-2 virus see Wang Hui. "Revolutionary Personality and the Philosophy of Victory: Commemorating Lenin's 150th Birthday". *Reading the Chinese Dream* (blog), April 21, 2020, https://www. readingthechinadream. com/wang-hui-revolutionary-personality. html.

[11] Lant Pritchett and Lawrence H. Summers. "Asiaphoria Meets Regression to the Mean". National Bureau of Economic Research, Working Paper, no. 20573, October 2014: 2 (abstract), https://www. nber. org/system/files/working_papers/w20573/w20573. pdf. What Spence and Summers failed to understand is that, in the case of China, historic trends (including the middle-income trap and the corruption trap) do not necessarily apply in the same way, given that it is a partially planned, state-regulated socialist-market economy. Thus, the current "dual circulation" strategy aimed at the development of internal markets,

and the goal of a socialist "common prosperity", are both directed at transforming economic and social institutions to avoid these two classic traps of capitalist development.

[12] W. W. Rostow. *The World Economy: History and Prospect* [M]. Austin: University of Texas Press. 1978: 522, 536. Rostow's statement that China's industrial growth had been "relatively rapid since 1949"—an observation that he backed up with extensive statistics—has added significance given the 1978 date of his book, since he was referring to the successful industrial growth path of the Chinese economy during its first thirty years following the revolution, *prior to the reform period*.

[13] Xi Jinping. *The Governance of China*, vol. 2[M]. Beijing: Foreign Languages Press. 2017: 15. The first centennial marked the hundredth-year anniversary of the formation of the Chinese Communist Party.

[14] Yi Wen. China's Rapid Rise: From Backward Agrarian Society to Industrial Powerhouse in Just 35 Years[EB/OL]. Federal Reserve Board of St. Louis, April 11, 2016, https://www. stlouisfed. org/publications/regional-economist/april-2016/chinas-rapid-rise-from-backward-agrarian-society-to-industrial-powerhouse-in-just-35-years; John Ross, *China's Great Road*, 23.

[15] Yi Wen. Income and Living Standards Across China[J]. Federal Reserve Bank of St. Louis, January 8, 2018.

[16] Yi Wen. "The Making of an Economic Superpower": 9.

[17] Yi Wen. "The Making of an Economic Superpower": 114.

[18] Yi Wen. "The Making of an Economic Superpower: Unlocking China's Secret of Rapid Industrialization", Federal Reserve Board of St Louis. Economic Research. Working Paper Series, August 2015: 2, https://research. stlouisfed. org/wp/more/2015-006; John Bellamy Foster and Robert W. McChesney. *The Endless Crisis*[M]. New York: Monthly Review Press. 2012: 4; John Ross. *China's Great Road*[M]. Glasgow: Praxis Press, 2021: 13, 178.

论《经济学方法论：马克思、西方主流 与多学科视角》的标高与问题意识

［日］大西广*

童珊　薛宇峰**

　　《经济学方法论：马克思、西方主流与多学科视角》(简称《经济学方法论》)一书的主编程恩富先生与我已有十多年的交情。十几年前，我向认识的中国马克思主义经济学家陈述自己想促进国际交流的愿望时，问及中国马克思主义经济学的关键人物是谁，回答说，非程恩富先生莫属。于是，我便邀请程恩富先生来日本经济理论学会成立纪念大会上演讲，并一直交往至今。由于在上海成立"世界政治经济学学会"一事，我们之间的交流更加密切。我自己一直有创办日中韩三国马克思主义经济学学会的想法，并向程恩富提出了这个建议，没想到程恩富回答说，"这种志向很好，但只局限于中日韩三国未免有些小家子气了，我们这一代必须创立世界级的国际学会"。世界政治经济学学会成立后，果然获得了较大的发展，这足以证明程恩富的提议比我的提案更为高明。

　　拥有如此博大胸怀和气魄的人即程恩富教授，让人不得不钦佩"中国马克思主义"的博大精深。或许这也是中国地大物博的体现吧。这种博大气魄的标高，在这里尝试用书评的形式，对程恩富教授和胡乐明教授编著的《经济学方法论》(上海财经大学出版社 2002 年版、日本八朔社 2015 年版)一书的结构、对象

　　*　作者：大西广(Hiroshi Onishi)，世界政治经济学学会副会长，日本庆应义熟大学经济学教授。
　　**　译者：童珊，华东政法大学外语学院教授、文学博士；薛宇峰，云南财经大学教授。

和框架进行评论时也能感觉到。该书不仅吸收了众多国家的马克思主义经济学的研究成果，还回顾了当代西方主流经济学的发展进程，而且打算吸收政治学、法学、社会学、美学、系统论、生物学等领域的研究成果，并从哲学和方法论的高度开展此类研究。马克思主义原本就是"人类知识的集大成者"，所以涵盖如此广泛的内容是理所当然的，但是仅凭一本书即可囊括如此丰富的内容，仍实属罕见。正因为如此，程恩富亲自策划编撰本书以便充分展现"那才是本来的马克思主义"，我完全赞同该意旨。

正因如此，将程恩富在马克思主义经济学改革的必要性方面的强烈问题意识作为该种博大胸怀气魄的标高来认识，也许就是件非常重要的事。本书也花费了大量篇幅陈述西方主流经济学正在逐渐引进相关社会科学和自然科学的研究成果，以便谋求自身的创新和发展。而且，我们面临的"马克思主义经济学的数学化"问题，也需要学习包括西方主流经济学在内的相关社会科学和自然科学。本书之所以用"方法论"作为标题，并对此进行了彻底的研究，是因为，为了以"马克思主义经济学"的形式吸收、活用相关社会科学和自然科学的研究成果，就必须重新确定马克思主义经济学自身的方法论。不仅仅是简单吸收，而且要做到"以马克思主义经济学的形式进行吸收"，为了实现此目的，就必须界定什么是马克思主义经济学的"界线"。实际上，我也抱有同样的愿望一直从事着相关的理论研究，所以一直都对"什么是属于马克思主义经济学，什么是不属于马克思主义经济学"这一原则性问题非常感兴趣。于是，我与程恩富院长不谋而合，怀着同样的问题意识，一直在进行着相同领域的研究。

因此，我对本书几乎所有的论点都有着自己的独特见解。作为对本书的赞赏，在此我想陈述几点自己的愚见。拥有如此多的私见，恰好说明我自己对相同问题也有着深切的关注。

一、作为"相关社会科学和自然科学"的历史学的重要性

我想在上述所说的"相关社会科学和自然科学"其中之一，提及广义的"历史学"本身。例如，恩格斯著有《家庭、私有财产和国家的起源》，马克思著有《资

本主义生产之前的各种形式》,这本身就表明在该领域的研究有望获得较大的发展。另外,恩格斯在《关于劳动在从猿进化到人过程中的作用》一书中论述的古人类学,在其后也显示出惊人的发展。这些研究在证明"马克思主义"主体内容的正确性方面,都起着直接的重要作用,我也想在自己的研究成果中反映这方面的最新研究结论。

例如,在这方面,我非常关注下述古人类学的最新研究成果。也就是说,从猿进化到人类的过程中,有一个短暂的重视肉食作用的阶段,这个阶段到底是"搜寻死物肉"还是"狩猎",一直争论不止,但是,认为该阶段应该为"狩猎"的意见逐渐增多。这对于历史唯物主义来说,是一个巨大的进步。之所以这样说,是因为"搜寻死物肉"无需工具,但如果要"狩猎"的话,棍棒和投石等工具则将起着非常重要的作用。物质生产资料的发展和人类自身的发展有如同一枚硬币的两面。另外,"狩猎"中由个体组成的集团的合作行动也非常重要。于是,现代古人类学作为马克思主义的强力支持者,开始逐渐凸显作用。

我之所以强调历史学的另一个原因是,在我看来,马克思的《资本论》本身就是历史唯物主义的一部分。马克思之所以写作《资本论》一书,其根本原因是为了展现"资本主义"只不过是特定历史阶段的特定生产方式这一主张。在农奴制时代,农奴在领主的土地上工作3天,在自己的土地上工作4天,此种情形下,何人对何人"剥削"一目了然。但是,在等价交换的市场经济条件下,劳动力以等价的形式进行买卖,表面上看此时资本和劳动对等,并无剥削。但是,即便在此种情形下仍然存在着剥削,为了阐释此观点,需要写作有相当深度的书——这就是《资本论》。所以,《资本论》从一开始就是作为历史唯物主义的一部分而构思的。如果是这样,那么在历史唯物主义的发展进程中定位此书,并通过最新的历史学研究成果强化历史唯物主义本身,就显得极为重要。中国社会科学院相关历史学科的研究院承担着该课题的研究任务,但是我认为,本书也想反映这方面的研究成果。

二、关于西方经济学的"经济人假设"

下面我想解说的是西方经济学中的"经济人假设"。在本书中，上篇、中篇、下篇全都详细而屡次严厉地批判了该假设。我当然也对西方"经济人假设"持批判态度，因为我也重视本书言及的"历史制度条件不同导致人类行为发生变化"。例如，在土地制度很重要的时代里人类的生存方式，在非常需要水利等方面合作行动的村落共同体里人类的生存方式，以及在资本主义竞争社会里人类所必需的生存方式都完全不同，如果在这些不同的历史制度条件下都抽象出相同的人类行为假设，则几乎是不可能的事。或者，可以更为直接地说，"人类随着时代的变化而变化，这就是历史唯物主义"。总之，我赞成此观点。

但是，另外我想强调的是，正如本书中篇第 5 章和下篇第 4 章所阐述的那样，即便使用"经济人假设"，也能够在"合作博弈"设定条件下解释人类的合作行动，换句话说，就是能够解释人类的"利他行动"。对这样的范例做特别说明之所以重要，那是因为通过该种分析，还可以明确什么样的条件能够促进或者阻碍该类合作行动，明确这些条件，对于探寻上述所示的人类社会形态变迁的原因起着非常重要的作用。另外，实际上，也可以了解企业间合作和竞争的各种条件。或者可以更为直接地说，对于建设道德文明社会这一实践性课题也起着重要的作用。总之，即便是"经济人假设"，也可在某种假定条件下解释人类的共同行动，这才是要点。

我之所以强调该种观点，还有更深层次的理论依据。这就是，如果原本我们属于"唯物主义"，则最初应该被设定的人类必须是"人类为了食物而行动"。人类有时"合作"，但"合作"本身并非目的，而是为了更好地生活而进行"合作"，原本的目的在于个人利益。或者，人类有时会"斗争"，但这"斗争"本身也并非目的，而是为了生存而斗争。如此，人类之间既"合作"又"斗争"，这就是现实。一些人宣扬理想主义人性，认为"人类原本是合作的"，这不符合事实。从动物行为学角度考察，也许可以成立。

例如，现在我们试着考察"阶级斗争"这种"斗争"。这明显不是"合作"，而属于"斗争"。同时,资产阶级和工人阶级各个阶级内部基本上是合作的,也是理所当然的事。为什么呢?因为资产阶级的各成员在其内部都有着相同的阶级利益,另外,工人阶级的各成员在其内部也有着相同的阶级利益。也就是说,如果利益一致则合作,如果利益冲突则斗争。这是因为各自的成员为了"利益"而行动的缘故。这不就是唯物主义吗?从这个意义上说,我认为表面看上去与马克思主义矛盾的西方主流派经济学的"经济人假设",实际上也与马克思主义有着某种亲和性。还期望能进一步研究。

另外,虽然与以上论述的意旨不同,但本书下篇第 7 章论述的"利己性基因"假设的利他主义从不同的角度值得一读。这是因为考察长期贯穿人类发展史的"各种斗争"(包括阶级斗争)时,从生物学的角度将其看作作为"基因"的人类的最佳行动,比使用个体利益最大化假设来解释更为恰当。对于这个问题,我也想单独进行研究。

三、马克思学派的"政治经济模式"的方案

因为我认为本书的目的是指明"马克思主义经济学的新发展"方向,所以我对下篇中社会科学和自然科学的研究成果介绍也持较高的评价态度,但是,在书中让我特别关注的是在下篇第 2 章中所论述的政治和法律问题。因为马克思主义经济学特别重视政治过程的影响,所以这也是必然的结果。由此让我们特别关注的是书中所介绍的"规制经济学"(斯蒂格勒,1971)的模型。该模式内容如下:

(1)国家拥有的基本资源是强制力,各个利益集团正是利用该强制力谋求自身利益最大化。

(2)"生产者"和"消费者"为了使该强制力有利于自己而游说政府,但是"生产者"一方往往能够顺利实现该目的(游说成本较低),所以结果是"生产者"往往成为胜利者。这里的"生产者"和"消费者"实际上可以分别理解为"资本家"和"劳动者"。也就是说,这是一种能够解释,为何"资本家

支配"模式在议会制民主制度条件下能够成立。"马克思主义经济学"所应
该追求的目标不正是这种能够解释阶级支配国家的理论框架吗？

另外，还要重新回顾一下与此相关的内容。这里的"政治集团""生产者"
"消费者"都属于以自己的利益为目标的"经济人"，此其一；还有一点是，这些玩
家之间，要么建立"合作"关系（"政治集团"与"生产者"之间），要么发生相反的
"非合作"或"斗争"关系（"政治集团"＋"生产者"同盟和"消费者"之间）。从这
个意义上说，我们马克思主义者即便是对"非合作博弈"也需要更多地给予"马
克思主义式"的关注。确实，人类不只具有"利己性"，但这毕竟是最基本的人
性，这一现实引出了包括争夺国家政权在内的阶级斗争。我所属的研究小组，
目前正进一步发展这种框架，努力弄清楚"生产者"即"资本家"与"政治集团"进
行紧密结合的条件，将其看作"垄断资本主义模式"或"国家垄断资本主义模
式"，并试着开始展开研究。

还应该从"政治的失败"论这一思路重申上述对西方主流经济学批判的重
要性。这是因为，相对于西方主流经济学实际上宣扬各种社会性问题的原因只
不过是"市场失灵"，我一直强调马克思学派应该主张问题的核心在于"政府
失灵"。

例如，日本目前正举国展开追究福岛核电站事故责任的运动，但是这里应
该尖锐地指出的是，政府和电力垄断企业因无视安全大力推进核发电事业而应
承担主要责任。我们抵抗美帝国主义的斗争也必须揭露推行军工复合体主义
的机制。当然在各个国家频繁发生的政治家的腐败问题也是"政治的失败"论
的实际事例。因此，实际上世界上的各种问题，与其说是因为外部性、信息不
全、人类的非理性所导致，不如说是因为"政府失灵"所导致。这种观点，部分西
方经济学者，如詹姆斯·布坎南和阿道夫·瓦格纳等也是赞同的。但更早主张
这种观点的是马克思。现从《资本论》第一卷第 24 章中摘抄部分重要的内容
如下：

政府通过发行国债来应对临时性开支,纳税人是难以直接感知的,但是最终还是需要增加税收来还债。另一方面,因为国债不断增加所增加的税收,又使政府发生新的临时性开支,又不得不发行新国债。因此,以针对生活必需品征税(因此税收增加)为轴心的近代财政制度,在其自身内部就已经包含了累进比例的萌芽。过重征税已不再是随机事件,而是必然发生的问题了。

如此,就发展成为"针对生活必需品征税"即消费税的"过重"问题。也就是说,"政府""失灵"了。这里的要点是,一方面,"政府"践踏了"消费者"的利益;另一方面,由此发生的"临时费用的支出"被用于资本家。本书记述了与斯蒂格勒(1971)所阐述的基本相同的内容。

四、置盐信雄的"剥削的证明"定理——基于日本马克思经济学的研究成果

以上是对本书的主要评论,除此以外还想做若干补充说明的是,日本推进"马克思经济学的数学化"的关键学者——置盐信雄的研究成果。在某种意义上,西方经济学者们认为置盐信雄的功绩在森岛通夫之上,因为他留下了几项划时代的研究成果,其中尤为重要的是被称为"马克思=置盐的定理"——"剥削的证明"(与本书上篇第 4 章第 3 节所提及的"马克思的定理"不同,务请注意)。置盐信雄认为,只要存在利润,下述的公式即成立,并对此进行了证明:

$$Rt_2 < 1$$

公式中,R 为实际工资率;t_2 为生产 1 单位消费品所必需的直接和间接的劳动量。也就是说,劳动者 1 单位劳动时间获得的工资中所包含的劳动量低于1 单位时间。因此,这正好说明劳动者没有获得自己的劳动支出所应得到的报酬,即存在着对其劳动的剥削。日本和世界的马克思经济学者们基本上赞同该定理,并开展了后续的研究,因此我期盼中国的马克思主义经济学者也了解该

定理。该定理的证明是"战后日本马克思主义经济学"的最优秀的研究成果，这已经是许多日本马克思主义经济学者的共识。

之所以在此一定要提及该定理的证明，是因为，本书在重要问题的认识中有"马克思主义经济学的数学化"。还有一点原因是，该"证明"无需否定"经济人假设"即可成立，并且进一步说，可以不用批判"边际原则"和"一般均衡论"即可成立。从这个意义上说，我感觉本书的重点过于着重展开批判"经济人假设""边际主义""一般均衡"等。我们这些受置盐信雄的影响而成长起来的日本数理马克思主义经济学者，并不是想要批判现代西方主流经济学的"经济人假设""边际主义""一般均衡"等，而是想用其他更为深刻的论点进行阐述。例如，先前所陈述的"政府失灵"的视点。

总之，从本书中真的可以学到很多东西。在我的想象里，是不是程恩富教授将所有必要的研究领域都分配给研究院内的众多研究人员，让其分别开展研究的呢？这让我再次深切地感受到能够实现该种可能性的社会主义中国的大国力量，并在此致以最美好的赞语，真心希望本书能够在各国翻译出版。